Ausgabe 2013

Indien
Der Norden

Autoren:
Helmut Köllner, Julia Ziegelmaier, Ravinder Kumar,
Nirmal Ghosh, Zothanpari Hrahsel,
R. Nagaswamy, Sumita Paul, Bill Aitken,
Hamdi Bey, Shalini Saran, Varsha Das, Probir Sen

W0045150

INDIEN

KARTENVERZEICHNIS

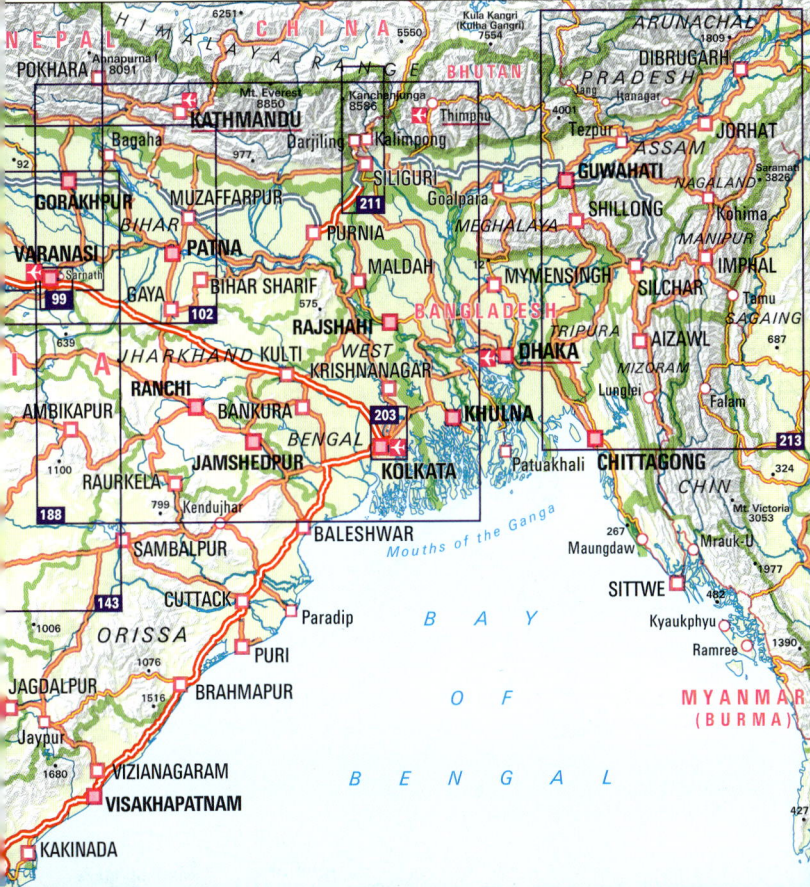

Liebe Leserin, lieber Leser,

AKTUALITÄT wird in der Nelles-Reihe groß geschrieben. Unsere Korrespondenten dokumentieren laufend die Veränderungen der weltweiten Reiseszene, und unsere Kartografen berichtigen ständig die auf den Text abgestimmten Karten.

Wir freuen uns über jeden Korrekturhinweis! Unsere Adresse: Nelles Verlag, Machtlfinger Str. 11, D-81379 München, Tel. +49 (0)89 3571940, Fax +49 (0)89 35719430, E-Mail: Info@Nelles.com, Internet: www.Nelles.com

Haftungsbeschränkung: Trotz sorgfältiger Bearbeitung können fehlerhafte Angaben nicht ausgeschlossen werden, der Verlag lehnt jegliche Produkthaftung ab. Alle Angaben ohne Gewähr. Firmen, Produkte und Objekte sind subjektiv ausgewählt und bewertet.

LEGENDE

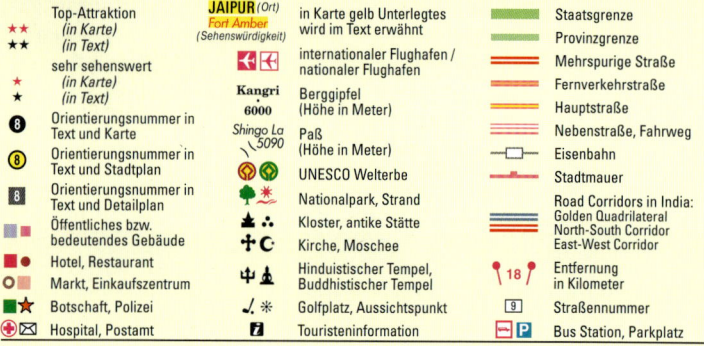

★★ / ★★	Top-Attraktion (in Karte) / (in Text)	
★ / ★	sehr sehenswert (in Karte) / (in Text)	
❽	Orientierungsnummer in Text und Karte	
⑧	Orientierungsnummer in Text und Stadtplan	
▣	Orientierungsnummer in Text und Detailplan	
▪▪	Öffentliches bzw. bedeutendes Gebäude	
▪●	Hotel, Restaurant	
○▪	Markt, Einkaufszentrum	
▪★	Botschaft, Polizei	
⊕✉	Hospital, Postamt	

JAIPUR (Ort)
Fort Amber (Sehenswürdigkeit)

Kangri 6000 — Berggipfel (Höhe in Meter)
Shingo La 5090 — Paß (Höhe in Meter)
🌳🌳 UNESCO Welterbe
♣ ✳ Nationalpark, Strand
♣ ∴ Kloster, antike Stätte
✝ ☾ Kirche, Moschee
卍 卐 Hinduistischer Tempel, Buddhistischer Tempel
⛳ ☀ Golfplatz, Aussichtspunkt
🛈 Touristeninformation

in Karte gelb Unterlegtes wird im Text erwähnt
🛧 🛧 internationaler Flughafen / nationaler Flughafen

▬▬	Staatsgrenze
▬▬	Provinzgrenze
▬▬	Mehrspurige Straße
▬▬	Fernverkehrsstraße
▬▬	Hauptstraße
▬▬	Nebenstraße, Fahrweg
▬□▬	Eisenbahn
▬▪▬	Stadtmauer
▬▬	Road Corridors in India: Golden Quadrilateral North-South Corridor East-West Corridor
⑂ 18	Entfernung in Kilometer
9	Straßennummer
🚌 P	Bus Station, Parkplatz

IMPRESSUM

INDIEN – Der Norden

© Nelles® Verlag GmbH,
81379 München
All rights reserved

Auflage 2013
Druck: Bayerlein, Germany
Einband durch DBGM geschützt

1 GESCHICHTE UND KULTUR

2 DIE FRUCHTBAREN EBENEN DES NORDENS

3 IM REICH DER FANTASIE

4 MAJESTÄTISCHE GIPFEL

5 LAND DER WEISEN UND DICHTER

6 VERBOTENE GRENZEN

7 TREKKING

8 FEATURES

9 REISE-INFORMATIONEN

HÖHEPUNKTE

*Delhi (S. 59): Besuchermagneten der dynamischen indischen Hauptstadt sind der islamische Turm ****Qutab Minar** von 1199, ****Humayuns Grabmal** (16. Jahrhundert, Vorläufer des Taj Mahal), das ****Nationalmuseum** (Kunstgeschichtsexponate von Weltrang) und das quirlige Basarviertel ****Old Delhi** mit ***Jama Masjid** und ****Rotem Fort**.

*Agra (S. 87): ****Taj Mahal**, ****Agra Fort**, ****Itimad-ud-Daulah** und ***Akbars Mausoleum** sind absolute Höhepunkte der Mogularchitektur.

Fatehpur Sikri (S. 91): 1569 errichtete Residenz des Mogulkaisers Akbar mit dem prachtvollen Siegestor ****Buland Darwaza.

*Varanasi (Benares, S. 97): Stimmungsvolle Ruderbootfahrt zum Sonnenaufgang entlang der ****Ghats**.

Sarnath (S. 102): Das über 2200 Jahre alte ****Löwenkapitell ist der Stolz des ****Archäologischen Museums** dieser frühbuddhistischen Stätte.

*Jaipur (S. 113): Eine der sehenswertesten Städte Rajasthans, mit ***Stadtpalast**, Observatorium ***Jantar Mantar** und der fantastischen Fassade des ***Palasts der Winde**.

Udaipur (S. 123): Traditionsreiche Rajputen-Residenzstadt mit monumentalem ****Stadtpalast.

Dilwara (S. 124): Faszinierende Marmortempel der Jaina am ***Mt. Abu aus dem 11. bis 13. Jahrhundert.

Vorherige Seiten: Auf dem Kunzom-Pass (4551 m) zwischen Lahaul und Spiti. Hochzeit in Bharatpur. Links: Das göttliche Liebespaar Vishnu und Lakshmi, zu Stein geworden in Kajuraho.

*Ranakpur (S. 126): ****Adinath-Tempel** von 1432 aus weißem Marmor, mit feinst gearbeiteten Skulpturen.

Jaisalmer (S. 128): Großartiges mittelalterliches Wüstenfort mit kunstvoll verzierten ****Havelis.

**Khajuraho (S. 146): Tempel (11. Jh.) und erotische Skulpturen vom Feinsten.

**Bhimbetka (S. 150): 9000 Jahre alte Felsmalereien, die ältesten Zeugnisse indischen Kunstschaffens.

Sanchi (S. 150): Der ****Große Stupa aus frühbuddhistischer Zeit (3. Jh. v. Chr.) mit seinen vier kunstvoll behauenen ****Steintoren** ist eines der wichtigsten buddhistischen Pilgerziele der Welt.

*Srinagar (S. 160): Nostalgische Hausboote ankern zwischen Lotusblüten im ****Dal-See** und ****Nagin-See**; die Sicherheitslage ist allerdings prekär.

Ladakh (S. 165): Tibetisch geprägte Himalayaklöster – u. a. ****Lamayuru, ****Alchi**, ****Leh**, ****Hemis**.

Zanskar (S. 168): Weltabgeschiedene Klöster in großartiger Landschaft: ****Rangdum, ****Karsha**, ****Thonde**

Tabo Gompa (S. 176): 1000 Jahre alte Sakralkunst in einem gut erhaltenen tibetisch-buddhistischen Himalaykloster im Tal von ***Spiti.

*Calcutta (S. 194): Bengalens Mega-Metropole bietet das ***Indische Museum**, das größte des Landes – mit einer Million Exponaten aus Kunst, Geschichte, Kultur und Natur Indiens.

*Darjeeling (S. 205): Nepalesisch geprägte Himalayastadt mit ****Himalayablick** und zum UNESCO-Welterbe zählender ****Himalayabahn**.

7000-3000 v.Chr. Erste neolithische Lehmziegelsiedlungen im nordindischen Mehrgarh; Getreideanbau und Viehwirtschaft beginnen.

2150-1750 v. Chr. Hochkultur im Industal (Mohenjodaro u. Harappa). Erste Städte mit Wasserversorgungs- und Entsorgungssystem.

Ab 1400 v. Chr. Die Arya, kriegerische Nomaden, wandern über den Hindukusch ein und erobern nach und nach den Subkontinent.

1300-1000 v. Chr. Entstehung der Veden (Hymnen u. Anrufungen), die bereits das Kastensystem als göttliche Ordnung enthalten.

1000-600 v. Chr. Spätvedische Zeit. Entstehung der Upanishaden; Idee vom Kreislauf der Wiedergeburten (Samsara) wegen individ. Taten (Karma); die Seele des Menschen (Atman) ist eins mit dem Göttlichen (Brahman).

6. Jh. v. Chr. Siddhartha Gautama „Buddha" und Vardhamana „Mahavira" gründen die Reformreligionen Buddhismus und Jainismus, predigen Selbsterkenntnis, beten keine Schöpfergötter an, ignorieren Kastengrenzen.

325 v. Chr. Siegeszug Alexanders des Großen bis zum Indus.

273-232 v. Chr. Großreich des Maurya-Kaiser Ashokas umfasst fast den ganzen indischen Subkontinent. Ashoka tritt zum Buddhismus über und wird sein großer Förderer.

20-250 n. Chr. Kushana-Reich des Kanishka erstreckt sich von Ost-Turkestan, Afghanistan über den Punjab bis nach Benares. Förderer des Buddhismus.

2. Jh n. Chr. Entstehung des figürlichen Buddhabildnisses in den Kunstschulen von Mathura und Gandhara.

4.-6. Jh. Gupta-Reich, Förderer buddhistischer und hinduistischer Kunst.

711 Arabereinfall in das Industal.

740-1036 Gujara-Pratihara Dynastie.

998-1030 Raubzüge des Mahmud von Ghazni im Namen des Islams nach Nordindien.

1192 Die Truppen Mohammed von Ghurs erobern Nordindien. Sein General Qutub-ud-Din Aibak gründet das erste Sultanat von Delhi.

1290-1320 Khalji Dynastie.General Malik Kafur erobert Südindien bis Madurai.

1320-1398 Tughluq-Dynastie. Gründung von drei Städten im Bereich Delhis. Mohammed Tughluq verlagert die Hauptstadt zum Dekkan.

1398/99 Der Mongole Timur (Tamerlan, Timur Lenk) erobert Delhi.

1484-1526 Lodhi Dynastie. 1498 Vasco da Gama landet in Indien.

1526 Babur gründet das Mogulreich. Sohn Humayun muss nach Entmachtung durch Sher Shah Sur nach Persien fliehen, erobert aber Delhi 1555 zurück.

1556-1605 Mogulkaiser Akbar zeichnet sich durch religiöse Toleranz aus. Bündnispolitik mit hinduistischen Rajputenhöfen.

1600 Gründung der britischen Handelsgesellschaft East India Company.

1605-1627 Jehangir festigt das Mogulreich.

Ein stolzer Rajpute aus der Wüste West-Rajasthans.

1628-1688 Mogulkaiser Shah Jahan baut Delhi aus, Bau des Taj Mahal in Agra.

1658-1707 Aurangzeb erreicht die größte Ausdehnung des Mogulreichs.

1738/39 Nadir Shah erobert und plündert Delhi und nimmt den Pfauenthron mit nach Persien – der Anfang vom Ende des Mogulreichs.

1757 Robert Clive besiegt den Nabob von Bengalen; die Briten dehnen ihren Einfluss aus

1761 Die hinduistischen Marathen, die nun stärkste Macht in Indien, werden 1761 in der Schlacht von Panipat von Afghanen besiegt.

1818 Vormachtstellung der East India Company in Indien, indische Herrscherhäuser bestehen weiter, sind aber Rechenschaft schuldig.
1857 Niederschlagung des Sepoy-Aufstandes. Die britische Krone übernimmt die Herrschaft über die indischen Besitzungen der East India Company, Königin Viktoria wird 1877 Kaiserin von Indien, ein britischer Vizekönig regiert in ihrem Namen von Kalkutta aus.
1855 Gründung des Indian National Kongress.
1906 Ali Jinnah gründet die Muslimliga.
1911 New Delhi wird neue Hauptstadt und Ge-

Hinduistische Inderin mit Schal (dupatta) und rotem Punkt (bindi).

orge V. dort zum Kaiser von Indien gekrönt.
1920 Mahatma Gandhi ruft zum gewaltlosen Widerstand gegen die Briten auf.
15.8.1947 Unabhängigkeit Indiens, Gandhi und Nehru als Vorkämpfer. Abspaltung des muslimischen Pakistan, in Folge Massaker, Vertreibungen und Flucht auf beiden Seiten.
1948 Indo-pakistanischer Krieg um Kashmir, Teilung durch Waffenstillstandslinie(LOC). Ein Hindu-Fanatiker ermordet Gandhi, Jawarharlal Nehru wird erster Premierminister Indiens.
1962 Grenzkrieg mit China.

1965 Zweiter indo-pakistanischer Krieg.
1966 Indira Gandhi, Nehrus Tochter, wird Premierministerin.
1971 Dritter indo-pakistanischer Krieg; Ostpakistan wird als Bangladesh selbständig.
1974 Erster indischer Atomtest.
1975 Das Königreich Sikkim wird Unionsstaat.
1984 Indira Gandhi lässt den von Sikh-Separatisten besetzten Goldenen Tempel in Amritsar stürmen und wird in Folge ermordet. Ihr Sohn Rajiv gewinnt die Wahlen.
1991 Ermordung Rajiv Gandhis durch eine tamilische Selbstmordattentäterin. Nachfolger P.V.N. Rao und Finanzminister Manmohan Singh liberalisieren die Wirtschaft; der Aufschwung beginnt.
1992 Hindu-Nationalisten zerstören die Babri-Moschee in Ayodhya (Geburtsort Ramas).
1993 Bombenterror von Muslimen in Bombay.
1997 K.R. Narayanan wird als erster Dalit („Unberührbarer") Präsident Indiens.
1998 Die hindu-national ausgerichtete BJP gewinnt die Wahlen; Atal Bihari Vajpayee, ein Mann der Mitte, wird Premierminister. Atombombentests in Indien und Pakistan.
1999 Vajpayee fährt zu Friedensgesprächen nach Lahore, zeitgleich besetzen pakistanische Truppen die Kargilregion: Erneut Krieg und Rückzug Pakistans.
2001 Angriff vermutlich pakistanischer Extremisten auf das Parlament in Neu-Delhi.
2004 Wahlsieg der Kongresspartei unter Sonia Gandhi. Wirtschaftsreformer Manmohan Singh wird Premierminister. Ein Tsunami im Süden kostet fast 9000 Menschenleben.
2006 Anhaltender Wirtschaftsboom. Die USA bieten nukleare Zusammenarbeit an.
2007 Pratibha Patil wird Präsidentin Indiens.
2008 „26/11": Terroranschläge in Mumbai durch pakistanische Attentäter, die sich u.a. im Taj-Mahal-Hotel verschanzen; 166 Tote.
2009 Wahlsieg für die Kongresspartei mit Manmohan Singh als Premierminister.
2010 Commonwealth Games in Neu-Delhi, Maoisten-Anschläge, Überschwemmungen in Ladakh, Unruhen in Kaschmir.
2011 Indien hat 1,21 Mrd. Einwohner. Frauenquote für das Parlament verabschiedet. Islamisten-Anschläge in Mumbai und Delhi. Scharmützel an der LOC. Erdbeben in Sikkim.
2012 Unruhen in Assam.

STREIFZUG DURCH DIE INDISCHE GESCHICHTE

Indien ist ein Land voller Widersprüche. Einerseits begegnet man Aufgeschlossenheit gegenüber modernen Ideen und Herausforderungen der westlichen Welt, andererseits aber herrscht ein geradezu defätistischer Gleichmut in vielen Lebensbereichen.

In über 5000 Jahren haben die Inder durch ihr handwerkliches Geschick, durch Fleiß und die Entwicklung intellektueller und philosophischer Eigenständigkeit eine einzigartige Kultur und Gesellschaftsordnung geschaffen, deren Merkmale sowohl Beständigkeit und Hartnäckigkeit, als auch Lebenskraft und Überschwänglichkeit sind. Auf unvergleichliche Weise wird heute in Indien Altes und Neues miteinander verknüpft; jahrhundertalte Moralvorstellungen, Bräuche und Arbeitsmethoden existieren gleichwertig neben modernen Ideen und Produktionsmitteln. Die fast unübersehbare Vielfalt der gesellschaftlichen Schichten, Kasten und Stämme sowie die Gegensätze zwischen Arm und Reich, zwischen Hindu-Mehrheit und Muslim-Minderheit bilden ein spannungsgeladenes weil im Kern starres Sozialgefüge, an dem die raschen sozioökonomischen Veränderungen der letzten Jahre zerren.

Will man Indiens kulturelles Hauptfundament, den Hinduismus, in dem Berge und Flüsse heilig sind, besser verstehen, sollte man zunächst einen Blick auf die geografischen Verhältnisse des Subkontinents werfen: Seine Nordgrenze verläuft mitten durch das majestätische, von ewigem Schnee bedeckte Himalaya-Gebirge, das geologisch betrachtet eines der jüngsten Gebirge der Erde ist.

Im Nordwesten, im Karakorum, und im Osten, in Sikkim, erreichen die Berge über 8000 m. Von Kaschmir ziehen

Links: Die Schlacht von Khanua (aus dem Barburnama, 1598).

sich mittelhohe Sandsteingebirge in einem weiten Bogen zum Arabischen Meer hin; sie markieren die Westgrenze des Subkontinents.

Lebensadern des indischen Subkontinents

Die fruchtbaren Ebenen des Ganges und des Indus, die einen wesentlichen Teil des indischen Subkontinents ausmachen, verdanken ihre Entstehung der Kontinentalverschiebung und deren Knautschzone – dem Himalaya. Ein weit verzweigtes Netz von kleinen und großen Flüssen aus dem Gebirge hat fruchtbaren Schlamm in die Ebenen geschwemmt und hier abgelagert. Die Quellen der drei großen indischen Flüsse Indus, Ganges und Brahmaputra liegen im Himalaya. Auf ihrem Weg zum Arabischen Meer oder zum Golf von Bengalen durchziehen diese Lebensadern des Subkontinents die vielfältigsten Landschaften.

Der Indus fließt zunächst nach Westen, macht dann einen Bogen und lädt schließlich seine mitgeführten Feststoffe in der Ebene ab, die sich als Schwemmland auch seiner Nebenflüsse Jhelum, Chenab, Ravi, Beas und Sutlej über Jahrtausende hinweg gebildet hat. Dieses heute in Pakistan gelegene Schwemmland war der Boden, auf dem die älteste indische Zivilisation vor Mohenjodaro einst erblühte. Heute fehlen dort jedoch der Regen und die fruchtbare Erde, welche die Ganges-Ebene zu einem der dichtest besiedelten Zentren ganz Indiens gemacht haben.

Die Quellen des Ganges und des Brahmaputra entspringen beide unweit der Indusquelle im zentralen Himalaya. Der Ganges fließt zunächst in südöstlicher Richtung und erreicht bald die ersten Ausläufer der Ebenen seines Schwemmlandes. Dann fließt er über 1000 Kilometer weiter in östlicher Richtung und mündet schließlich in Bangladesch in den Golf von Bengalen. Durch den Zufluss seiner wichtigsten

Nebenflüsse Yamuna, Gomti, Sone und Rapti vergrößert er sich ständig, und noch bevor er ins Meer mündet, öffnet er sich den gewaltigen Wassermassen des Brahmaputra, der auf seinen Schwemmlandebenen ebenso fruchtbar wie zerstörend wirken kann.

Die ausgedehnten Ebenen des Ganges und seiner Nebenflüsse bilden das Kernland der indischen Zivilisation. In diesem ist geschlossenen Teil des Subkontinents – 400 km in seiner Nord-Süd-Ausbreitung und etwa 1200 km entlang einer West-Ost-Achse – konnte sich eine eigenständige Gesellschaftsordnung entwickeln. Die Ebenen des Ganges standen dabei von Anfang an im Mittelpunkt der indischen Geschichte. Da die Landwirtschaft und damit das Leben entlang des Flusses auf Gedeih und Verderb auf ihn angewiesen sind, spielt der Ganges eine große Rolle in den Mythen der Inder. Kein Fluss der Welt, so glauben die Inder, lässt sich mit dem Ganges vergleichen. Jawaharlal Nehru hat gesagt, dass die indische Gesellschaft durch eine Nabelschnur mit dem großen Fluss verbunden sei – durchtrenne man sie, zerstöre man die indische Kultur.

Ein entscheidender Faktor, der das Klima Indiens prägt, ist der Monsun. Dieser saisonale Regen entsteht durch die feuchten Winde, die in den Sommermonaten vom Arabischen Meer und dem Golf von Bengalen in nordöstlicher Richtung auf das Festland ziehen. Während der regenbringende Monsun vom Kap Komorin bis nach Kaschmir zieht, schafft er die nötigen Voraussetzungen für das Wachstum auf den Feldern und hält so den jährlichen Kreislauf aufrecht, der den Rhythmus der hier lebenden Menschen prägt.

Den Süden der fruchtbaren Ganges-

ebene begrenzt das flache Vindhya-Gebirge, dessen Gipfel nur rund 1000 m hoch sind. Dieses Gebirge trennt die Ebenen Nordindiens vom Rest des Subkontinents. Das halbinselförmige Land südlich des Gebirges wird von mehreren Flüssen durchzogen, die bis auf die Narmada allesamt in den Gebirgen entlang der Westküste, den West-Ghats entspringen.

Während die Narmada in den Golf von Khambhat mündet, fließen die Mahanadi, Godavari, Krishna und Kaveri ostwärts und münden in den Golf von Bengalen. Diese Flüsse südlich der Vindhya-Berge können es zwar mit denen des Nordens weder hinsichtlich ihrer Wasserkapazitäten noch hinsichtlich der Fruchtbarkeit ihrer Schwemmlandebenen aufnehmen. Dennoch entstanden auch an deren Ufern agrarische Gesellschaftsformen, denen das Wasser dieser Flüsse als Lebensader ihrer Zivilisation heilig war.

Frühgeschichtliche Kulturen

Frühe Zeugnisse einer prähistorischen Kultur lassen sich bis in die Altsteinzeit zurückverfolgen. Ab dem 3. Jahrtausend v. Chr. entstand dann im Industal des heutigen Pakistans eine erste Hochkultur auf dem Subkontinent, die sich bis ins heutige Gujarat, Rajasthan und den Punjab ausdehnte.

Von etwa 2600 bis 1800 v. Chr. erblühte hier eine Stadtkultur im Landesinneren und an den Küsten. Lebensgrundlage waren die Landwirtschaft und der Handel, Hauptanbaugetreide war der Weizen. Vermutlich herrschte damals, im 3. Jahrtausend v. Chr., im Fünfstromland ein feuchteres Klima als heute.

Im Indus-Tal erblühte die bronzezeitliche Gesellschaft vor allem in den Städten Mohenjodaro und Harappa, beide am Ufer des Indus gelegen und nur 600 km voneinander entfernt. Dort existierte bereits eine sozial differenzierte Gesellschaft. Die durchdachte

Anlage dieser Städte, deren Straßen schachbrettartig nach allen vier Himmelsrichtungen ausgerichtet waren, blieben auf dem indischen Subkontinent lange, bis in die Neuzeit, unübertroffen – die Häuser waren sogar an eine Art Kanalisation angeschlossen!

Eine Administration kontrollierte die Nutzung der für die Gemeinschaft lebensnotwendigen natürlichen Ressourcen wie etwa die Wasserversorgung und baute auch öffentliche Getreidespeicher oder Hafenanlagen. Einer dieser Häfen war Lothal, von wo die Schiffe aufbrachen, um mit anderen Kulturen Westasiens Handel zu treiben.

Das vielleicht auffallendste Vermächtnis der Indus-Kultur ist eine große Anzahl von Siegelbildern. Gefertigt wurden die Siegel aus Steatit und anderen Materialien; in Form kleiner Reliefs sind Götter, Göttinnen und Tiergottheiten, Totemzeichen, rituelle Symbole oder einfach Szenen aus dem Alltag dargestellt. Diese Siegel tragen auch bisher nicht entschlüsselte Inschriften.

Das archäologische Erbe wäre unvollständig aufgelistet, würde man nicht auf die Kleinplastiken hinweisen: Unter ihnen findet man schlichte Bronzefiguren wie das tanzende Mädchen, einen Torso mit fehlendem Kopf oder den berühmten „Kopf des Priesterkönigs". Manche Fundstücke interpretierten einige Historiker als Vorläufer späterer hinduistischer Kulte, wie etwa die unzähligen Terrakottafiguren von Muttergöttinnen oder das Siegel des „Protoshiva", auf dem eine Person mit gekreuzten Beinen sitzend und von Tieren umgeben dargestellt ist – doch dies muss spekulativ bleiben, solange die Schrift dieser Hochkultur nicht entziffert ist.

Die Ankunft der Arier

Die Herkunft der Indoarier liegt nach wie vor im Dunkeln, vielleicht kamen sie aus den südrussischen Steppen. Mit großer Wahrscheinlichkeit wanderten sie schließlich vom Aralsee in südöstlicher Richtung und gelangten um 1500 v. Chr. über den Hindukusch auf den indischen Subkontinent. Sie drangen ins Fünfstromland (Punjab) vor und besie-

Oben: Die Stadt von Mohenjodaro um 2300 v. Chr., fantasievoll rekonstruiert.

delten die großen Ebenen des Indus und seiner Nebenflüsse.

Unklar bleibt, welches sesshafte Volk die arischen Nomaden bei ihrer Ankunft besiegten. In den alten vedischen Schriften findet man Schilderungen, in denen die arischen Führer als Götter beschrieben werden – Indra war nur einer von ihnen –, die schon existierende befestigte Siedlungen, so genannte *pura*, zerstörten. Da zu dieser Zeit die Städte der Harappa-Kultur bereits seit Jahrhunderten entvölkert waren, ist es unwahrscheinlich, dass damit die Siedlungen dieser alten Hochkultur gemeint waren. Zudem werden die Einheimischen als kleinwüchsig, dunkelhäutig und Verehrer des Phallus geschmäht. Auch Auseinandersetzungen mit Jäger- und Sammlergemeinschaften, die in den Wäldern lebten, sind beschrieben. Diese halbmythologischen Erzählungen lassen vermuten, dass die Arier bei ihrer Einwanderung auf erheblichen

Widerstand stießen. Sie setzten sich aber schließlich durch, wurden sesshaft und gründeten ihre eigenen Siedlungen entlang der Flüsse, zuerst am Indus, später auch in den Ganges-Ebenen. Allmählich passte sich dieses Hirtenvolk so der Agrarwirtschaft an, ohne jedoch die Viehzucht völlig aufzugeben.

Veden, Brahmanen und die Entstehung der Kasten

Schriftliches Zeugnis aus dieser Zeit ist der Veda, die älteste Sammlung indischer Schriften, die über viele Jahrhunderte nur mündlich überliefert wurden. Namentlich sind es der *Rigveda*, der *Samaveda*, der *Yajurveda* und der *Atharvaveda*, die in der Sprache der Arier, dem *Sanskrit*, geschrieben wurden. Der gesamte Veda gilt in den orthodoxen Traditionen als Offenbarung und wurde von den Priestern etwa als Lobeshymnen oder magische Formeln angewandt. Der zeitliche Rahmen, in dem dieses umfangreiche Werk entstand, ist nicht präzise zu datieren; die ältesten Teile, im *Rigveda* und *Atharvaveda*, wurden wohl Anfang des 1. Jt. v. Chr. verfasst.

In manchen Versen beschrieben sie ihre neue Umwelt, die sie nun besiedelten, in anderen wiederum suchten sie nach dem Ursprung des Universums und der Menschen und versuchten, sich selbst als Sozialwesen zu begreifen. Fragen des Glaubens und der Zauberei wurden angesprochen; das gesprochene Wort hatte noch Macht über die Elemente und die Geschicke der Menschen. Eines ist den vier Veden gemeinsam: Es existiert in allen eine Vielheit von Göttern, denen man später im Pantheon des Hinduismus wiederbegegnet: u. a. Indra, Varuna, Agni, Prajapati. Die später bedeutendsten Hindugötter Vishnu und Shiva erscheinen damals noch in untergeordneter Position.

Die Veden beschränkten sich nicht nur auf Texte oder Formeln heiliger Kulthandlungen: Sie offenbaren auch die Sozialordnung und politische Struktur der Arier. Als die Arier mit ihrer militärischen Überlegenheit auf dem Subkontinent vordrangen, waren sie gesellschaftlich bereits stark gegliedert. Es gab Führer und berittene Krieger auf der einen Seite und die große Menge des Fußvolkes auf der anderen Seite, dessen Arbeit und Fertigkeiten die Säulen der arischen Gesellschaft bildeten. Eine wichtige Persönlichkeit jedes Stammes war der Priester oder Schamane, dessen Wissen und Weisheit das sittliche Rüstzeug zum Leben und Überleben lieferte. Alle Erfahrungen und das Wissen einer Gruppe konzentrierten sich in der Priesterschaft, die mündlich an ihre Schüler weitergab. Dieses Wissen und andere Fähigkeiten machten die Arier den Einheimischen überlegen, so dass sie sich ohne größere Probleme in ihrer neuen Heimat durchsetzen konnten. Ihr kultisches Brauchtum, das von den Priestern bestimmt und kontrolliert wurde, war ein derart elementarer Bestandteil des Alltags der Arier, dass es noch heute, nach über drei Jahrtausenden, im rituellen Leben der orthodoxen Hindus anzutreffen ist.

Dank des Veda können wir uns ein Bild von der bronzezeitlichen Arierkultur machen – wie aus einem Hirtenvolk ein Volk von Bauern wurde, nachdem es sich in seiner neuen Heimat etabliert hatte. Die riesigen Viehherden, die es mitgebracht hatte, blieben anfangs wichtigste Grundlage seines Wohlstands, verloren aber später an Bedeutung, als die Arier in die weitaus fruchtbarere Gangesebene im Nordosten Indiens vordrangen. Dort ging man dann vom Weizen- zum Reisanbau über.

Auf den Gehöften der Siedlungen – die meist an einem Flussufer lagen – hatte der Sippenälteste das Sagen. Seine Stimme entschied und schlichtete Zwistigkeiten in der Sippe; innerhalb des Ältestenrates der agrarischen Gemeinschaft wurden die Probleme, die die Gemeinschaft betrafen, erörtert.

Besonders mächtige Familien einer oder mehrerer Siedlungen bildeten die Elite der Krieger eines Stammes, die sich von den anderen Ariern schon allein durch ihren Namen, *Kshatriya*, abhoben. Diese wählten ihrerseits einen Führer, der über die Gesamtheit der Stämme und Ansiedlungen herrschte.

Der geballten politischen und militärischen Macht der Kriegerkaste stand eine andere Gruppe gegenüber: die der Priester, später *Brahmanen* genannt, deren Macht darin lag, dass sie als einzige die kultischen Rituale beherrschten und als Verbindungsglieder zu den Göttern für die Menschen der damaligen Zeit extrem wichtig waren.

Diese Brahmanen waren die Schöpfer des Veda. Die Beziehungen zwischen den Kshatriyas, die die politische Macht verkörperten, und den Brahmanen, den religiösen Führern, waren von einem ständigen Wechsel zwischen Auseinandersetzung und Zusammenarbeit gekennzeichnet.

Erst unterhalb der Klasse der Krieger und Priester stand die große Masse der Bevölkerung, die die Felder bestellte und das Vieh hütete. Sie nannte man zunächst *Vis*, später dann *Vaishya*.

Im Veda gibt es Hinweise, dass die Ureinwohner des Subkontinents, die in die Wälder und Randgebiete abgedrängt worden waren, in den Siedlungen der Arier die niedrigste soziale Position innehatten. Sie mussten die schwersten Feldarbeiten übernehmen und für die Aufzucht der Tiere sorgen. Die Menschen dieser untersten Klasse wurden *Shudras* genannt. Im Veda ist festgehalten, dass die Shudras ein Volk minderen Wertes seien, da sie nicht-arischer Herkunft waren.

Der Ursprung des Kastensystems der Hindus liegt demnach weit zurück in der Bronzezeit, als die Arier einwanderten und die Ebenen des Nordwestens und Nordens besiedelten, nach und nach sesshaft wurden und auf den fruchtbaren Feldern Weizen und Reis anbauten, wobei sie das Land der Urbevölkerung, einem Volk von Jägern und Sammlern, abringen mussten. Die Ureinwohner wurden unterjocht, zu schweren Arbeiten herangezogen und als niedrigste Kaste ein Glied in der arischen Gesellschaftsstruktur.

Öfter wird im Veda nicht nur von Konflikten zwischen den Ariern und den Ureinwohnern Indiens, sondern auch zwischen Arierstämmen gesprochen; von kriegerischen Auseinandersetzungen zwischen rivalisierenden Clans um die Kontrolle der fruchtbarsten Gebiete.

Aufschluss darüber geben zwei wichtige epische Schriften aus jener Zeit, das *Mahabharata* und das *Ramayana*, die die Einwanderung der indogermanischen Arier und deren Besiedlung des Subkontinents überliefern.

Mahabharata und Bhagavadgita

Das ältere der beiden Epen ist das *Mahabharata*. Hierin werden das Leben und die Kämpfe der arischen Stäm-

Rechts: Ein Brahmane bei der morgendlichen Andacht am Ganges-Ufer.

me anschaulich geschildert, nachdem sie sich im oberen Ganges-Tal und am Fluss Yamuna in der Umgebung des heutigen Delhi niedergelassen hatten. Verfasst wurde es zu Beginn des 1. Jahrtausends v. Chr. angeblich von dem mythischen Weisen Vyasa; im Lauf der Jahrhunderte erfuhr die Urfassung jedoch zahlreiche Exkurse und Ergänzungen durch verschiedene Autoren.

Erzählt wird die Geschichte eines Krieges zwischen Vettern, den niederträchtigen Kauravas und den vorbildlich tugendhaften Pandavas. Da die Kauravas einen blinden Vater hatten, der aufgrund seines Gebrechens den Pflichten eines Königs nicht nachkommen konnte, erhielt dessen jüngerer Bruder Pandu die Königswürde. Als aber die Söhne des alten Königs herangewachsen waren, machten sie ihren Herrschaftsanspruch durch ihren ältesten Bruder geltend, einen ehrgeizigen Krieger. Um sie zufriedenzustellen, wurde ihnen ein Teil des Reiches zugewiesen, in dem sie eine neue Hauptstadt gründeten, Indraprastha – das sich nach Ansicht indischer Historiker am Ufer der Yamuna im heutigen Delhi befand.

Obwohl das Stammreich ihrer Ahnen zwischen den Kauravas und den Pandavas aufgeteilt worden war, stellte sich zwischen den Vettern kein Frieden ein. Der Konflikt gipfelte in einem blutigen Krieg, in dessen Verlauf die Pandavas die Oberhand und damit die Vorherrschaft in dieser Region gewannen.

Eine wichtige Rolle in diesem Krieg spielte der Gott Krishna. Er regierte das Volk der Yadavas, Viehhirten, die in der Umgebung der alten Stadt Mathura, unweit von Delhi, lebten. Mit Krishnas Hilfe konnten die Pandavas ihre Vettern besiegen und ihre Herrschaft über den Norden Indiens festigen.

Dank späteren Ergänzungen bietet das *Mahabharata* einen detaillierten Einblick in das Leben der Arier, ihre religiösen und metaphysischen Vorstellungen, ihre Politik und Gesellschaftsordnung. Den Höhepunkt des Epos bil-

det ein philosophischer Exkurs, die *Bhagavadgita*, angelegt als Dialog zwischen Gott Krishna und dem Pandava-Krieger und Helden Arjuna am Vorabend des Bruderkriegs: „Alle Handlungen, alle Werke, alles Karma, gehören zur Natur, nicht zum Göttlichen. Der Mensch ist es, der sein irdisches Los bestimmt. Die Menschen besiegeln ihr Schicksal selbst... Die Seele ist ungeboren, uralt, immer dauernd. Sie wird nicht erschlagen, wenn der Körper erschlagen wird."

Alles in allem bietet das *Mahabharata* – das längste bekannte Epos mit einem Gesamtumfang von rund 100 000 Doppelversen – eine Enzyklopädie der vedischen Zeit und erlaubt einen Einblick in die Lebenswelt der Menschen Nordindiens vor fast 3000 Jahren.

Ramayana

Das *Ramayana* wurde zu einem späteren Zeitpunkt – als sich die Arier auf dem Subkontinent bereits weitgehend etabliert hatten – von dem legendären Dichter Valmiki geschrieben.

Das allgemeine Thema des *Ramayana* ist die Machtpolitik der arischen Stämme im Zentrum der Ganges-Ebene, in der Umgebung des heutigen Ayodhya. Im Brennpunkt des Geschehens stehen das Königshaus Raghu und seine Herrscher. Der König von Ayodhya, Dasharata, sollte für ein Verbrechen büßen, das er in seiner Jugend begangen hatte. Er wurde deshalb gezwungen, seinen Sohn, den Prinzen Rama, ins Exil zu schicken. Durch die ihm aufgezwungene Wanderschaft stieß Prinz Rama über das Vindhya-Gebirge, die natürliche Südgrenze der Ganges-Ebene, in Gebiete vor, die bis dahin noch unbekannt waren. Ramas Wanderung symbolisiert das erste Eindringen der Arier in eine Landschaft, die vorher von Jägern und Sammlern besiedelt war. Hier, jenseits des Gebiets der Arier, geriet der Prinz zwischen die Fronten der in Streit lebenden Stämme. Von einem Stammeshäuptling wurde seine Gattin Sita, die ihn auf der Reise begleitete, entführt. Mit Hilfe eines befreundeten Volkes gelang jedoch ihre Befreiung. In der folgenden Zeit lehrte er die Urbewohner des Subkontinents arisches Gedankengut. Die spätere Vergöttlichung Ramas erhöhte das *Ramayana* zu einem heiligen Buch. Außerdem wurde der geografische Raum, in dessen Grenzen Rama reiste und seine Abenteuer bestand, im nachhinein ausgedehnt.

Mahabharata und *Ramayana* gelten bis heute den Hindus – der Elite wie dem einfachen Volk – als unverzichtbare Bestandteile indischer Kultur.

Beginn eines neuen Zeitalters

Mit dem Ende der alt-vedischen Zeit begann die Besiedlung der Ganges-Ebenen, die bis zum 5. Jh. v. Chr. andauerte. Die Stabilisierung des sozialen Hierarchie und der politischen Ordnung, die in diese Zeit fällt, spiegelt sich vor allem in der Literatur und den archäologischen Funden wider. In der Gangesebene wird nun zunehmend Reis angebaut.

Der folgenreichste Impuls zur Weiterentwicklung der Gesellschaft war die Entdeckung reicher Eisenerzvorkommen, besonders in dem Gebiet um das heutige Patna, das damals Magadha hieß. Mit Hilfe der neuen Eisenwerkzeuge konnten die Wälder leichter gerodet werden; folglich stand mehr Boden für die Landwirtschaft zur Verfügung. Ein weiterer Gewinn war der eisenbeschlagene Pflug, der es den Bauern ermöglichte, den Acker tiefer umzupflügen. Die landwirtschaftlichen Erträge stiegen, und die Kriegerkaste konnte sich nun mit Eisenwaffen ausrüsten, die Waffen aus Kupfer oder Bronze weit überlegen waren.

In dieser Epoche fanden viele kriegerische Auseinandersetzungen zwischen den neu entstehenden Reichen statt. Die stärkste Position hatte Magadha, das über fruchtbares Ackerland und große Eisenerzvorkommen verfügte. Als strategisch günstig gelegen erwies sich die Hauptstadt des Reichs, Pataliputra, das heutige Patna, von der man Schiffsverkehr und -handel auf dem unteren Ganges überwachen konnte.

Im 6. Jh. v. Chr. gab es ein Dutzend bedeutsamer Staaten, die sich bogenförmig ausbreiteten – im Nordwesten bis in das Einzugsgebiet des Indus, im Südosten bis ins Gangesdelta.

Die jeweiligen Regierungssysteme waren uneinheitlich. In einigen Reichen herrschte die Kaste der Kshatriya-Krieger, die einen der ihren zum Führer oder *rajanya* wählten. In anderen hatte sich eine Art republikanisches Prinzip durchgesetzt, das die Macht in die Hände einer Kshatriya-Gruppe legte, die gemeinsam das Reich regierte.

Monarchien waren in der Überzahl; in den fruchtbarsten Gebieten, wo landwirtschaftlicher Überschuss erzielt werden konnte, setzte ein Prozess der Macht- und Besitzkonzentration ein. Bald wurden Ämter, die mit politischer Macht verbunden waren, erblich; der Vater übertrug sie auf die Söhne. Die eher demokratisch organisierten Staaten lagen in den trockeneren Gebieten im Vorland des Himalaya, wo weniger Getreideüberschuss erzielt wurde.

Einige der wichtigsten Reiche des 6. Jh. v. Chr. waren Gandhara, Kuru, Panchala, Matsya, Kosala, Kashi, Anga und das bereits erwähnte Magadha. Magadha stellte alle anderen in den Schatten und sollte sich später als erster Staat in der Geschichte Indiens über einen Großteil des Subkontinents ausbreiten.

Die rasch zunehmende Bedeutung der Agrarwirtschaft und die Entwicklung der Regionalreiche ging einher mit einer Änderung der Weltanschauung in der Bevölkerung. Wieder ist es der Veda, der die sozialen, politischen und ökonomischen Veränderungen dokumentiert. Er schildert eine verzweigte und beziehungsreiche Sozialordnung, die die Menschen nach einer göttlichen kosmologischen Ordnung suchen ließ.

Zeugnisse dieser späten, philosophi-

Rechts: Eine Versammlung von Dorfältesten, deren Wort noch immer Gewicht hat.

schen Zeit des Veda sind insbesondere zwei spätvedische Schriften: die *Brahmanas* und die *Upanishaden*.

Grundlagen des Hinduismus

Die wichtigsten Schlüsselbegriffe der hinduistischen Philosophie finden sich erstmals in den *Brahmanas*, die aber erst in den *Upanishaden* eine dominierende Bedeutung gewinnen. Gemeint sind Begriffe wie *brahman, atman, moksha, dharma, samsara* und *karma*, die nachfolgend kurz erläutert werden sollen.

Brahman bedeutet das schöpferische Weltprinzip, die große Weltseele hinter den vergänglichen Erscheinungen der Dingwelt. *Atman* ist das innerste Prinzip unseres eigenen Selbst, unser ureigenstes Wesen, und – das mag für europäische Ohren seltsam klingen – *atman* ist eins mit *brahman*.

Ein weiterer zentraler Begriff der indischen Philosophie – also nicht nur der hinduistischen, sondern aller in Indien entstandenen Religionen - ist die Vorstellung von der Seelenwanderung, dem ständigen Wechselspiel von Sterben und Wiedergeburt; diesen Kreislauf nennt man *samsara*. Die eigenen Taten und Handlungen, die Lebensgestaltung im großen wie im kleinen, *karma* genannt, bedingen die niedrige oder hohe Stufe im wiedergeborenen Leben. Voraussetzung, um in diesem ewigen Kreislauf nicht auf niedrigem Niveau wiedergeboren zu werden, ist ein Leben in Rechtschaffenheit, *dharma* genannt.

Da Leben Leiden bedeutet und der Tod keine Erlösung verspricht, sucht der Hindu – wie auch der Buddhist und der Jaina – ständig diesem Kreislauf zu entrinnen. Im Mittelpunkt des religiösen Strebens steht also die Erlösung, steht *moksha*. Die Erlösung erreicht der, der zuallererst rechtschaffen lebt, sich seiner eigenen Identität bewusst wird, durch Askese und Versenkung *atman*, sein ureigenstes Wesen, erkennt und dabei nicht durch Wissen, sondern durch Intuition begreift, dass *atman* zugleich *brahman* ist, das Weltprinzip. Das erst ist der Augenblick der endgültigen Erlösung aus dem ewigen Kreislauf von Tod und Wiedergeburt.

Die Religion der Arier

Es mag an dieser Stelle nützlich sein, in wenigen Sätzen auf den prinzipiellen Unterschied zwischen der hinduistischen Religion und den semitischen Religionen wie Judentum und Christentum einzugehen. Ganz im Gegensatz zu diesen respektierte der Hinduismus zu jeder Zeit eine Unzahl religiöser Glaubensrichtungen oder philosophischer Erklärungsansätze und ihre Anhänger, die sich in kaum überschaubaren Gruppierungen, Sekten und Konfessionen zusammengefunden hatten. Keine dieser Gruppierungen bestand auf der Alleingültigkeit ihrer Lehrsätze, und so wurden die Dogmen anderer Gruppen so gut wie nie als Irrlehre bekämpft. Will man die damalige Welt, die religiöse wie die weltliche, mit einer Epoche in Europa vergleichen, so bietet sich die Götterwelt der griechischen Antike oder die der skandinavischen Völker an, bevor sie missioniert wurden und die christliche Ethik die Welt des Glaubens grundsätzlich veränderte.

Neben den offiziellen Lehrmeinungen und Schulen, die, weil innerhalb der oberen Klassen entstanden, elitären Charakter hatten, existierten noch höchst lebendige Glaubensströmungen mit eigenen Anschauungen und Ritualen, die sich mit den „offiziellen" Glaubensrichtungen in keiner Hinsicht vereinbaren ließen; ganz zu schweigen vom Glauben der Jäger- und Sammlergemeinschaften, die an den Rand der arischen Gesellschaft gedrängt worden waren.

Die niedrigen arischen Kasten und die Urbevölkerung des Subkontinents schufen zusammen einen mehr oder minder selbständigen Glauben, der eng verbunden war mit den Göttern, Göttinnen und dem Ahnenkult der angestammten Bevölkerung. So bedingte die strenge Trennung in Kasten eine Vielfalt von unterschiedlichen Glaubensrichtungen und Weltanschauungen, die, ähnlich dem Kastensystem, nicht miteinander, sondern nebeneinander existierten. Dennoch wurden einige der ursprünglichen Gottheiten in den arischen Götterkult mit aufgenommen und schufen so neue Verbindungen zwischen den sozialen Schichten.

Krishna, jener Gott und Held, der uns bereits im *Mahabharata* als bedeutsamste Figur begegnet war, wurde zum Mittelpunkt eines neuen Kultes, in dem sich verschiedene Stämme, die eine Muttergottheit anbeteten, zu einer großen Gemeinschaft zusammenschlossen. Diese alle Schichten übergreifende Verbrüderung auf religiöser Ebene spiegelte sich in den Liebesspielen Krishnas mit den *gopis,* den Milchmädchen, wider.

Allerdings gibt es bedeutendere Beispiele für eine volkstümliche Literatur, die das Volk, seine Ansichten und seinen Glauben nicht nur beschreiben. Diese sind unter dem Gattungsbegriff *lokayata* zusammengefasst. Diese *lokayata,* was „Weg des Volkes" bedeutet, hatten nur wenig Ähnlichkeit mit all den Versen, Beschwörungsformeln und philosophischen Abhandlungen der Veden, ob Brahmanas oder Upanishaden. Die Verfasser der *lokayata* beachteten die metaphysische Begriffswelt, die einstmals das Herz der hinduistischen Philosophie bildete, kaum. Sie blieben statt dessen der Realität verpflichtet und beschrieben die Welt so, wie sie sie erlebten.

Leicht ließe sich die Weltanschauung der *lokayata* als materialistisch im Gegensatz zu der rein idealistischen Welt der Upanishaden charakterisieren. Doch träfe eine solche Definition nicht den Kern dieser Literatur, die eher als formlos, locker und nicht durchstrukturiert bezeichnet werden kann. Es versteht sich von selbst, dass diese sehr bodenständige Weltanschauung der unte-

Rechts: Divali, das Lichterfest im Oktober / November, bedeutet ursprünglich die Heimleuchtung Ramas und Sitas bei deren Rückkehr aus dem Exil im Dschungel.

ren Kasten, die mit den Ariern lebten, überhaupt nicht mit den philosophischen Gedanken der Brahmanas und Upanishaden in Einklang zu bringen war: dem Kreislauf der ewigen Wiedergeburt, der (möglichen) Erlösung, *moksha*, und dem Einssein der eigenen Seele, *atman*, mit dem Weltprinzip, *brahman*. Die unteren Kasten hatten ganz andere Sorgen.

Das Zeitalter des Buddha

Zu einem Zeitpunkt, als sich sowohl die Sozialordnungen der frühen Reiche als auch die geistige Entwicklung stabilisiert hatten, trat in der Mitte des 1. Jahrtausends v. Chr. in der nordindischen Gesellschaft eine redegewandte Persönlichkeit auf, die die indische Zivilisation nachhaltig prägen sollte: Prinz Siddhartha aus dem Geschlecht der Shakya, bekannt unter dem Namen Buddha, der Erleuchtete – geboren ungefähr in der Mitte des 6. Jh. v. Chr. Die Welt der Arier mit ihrer sozialen Hierarchie und Akzentuierung von Ritualen und Opferungen stützte sich einerseits auf die weltliche Macht der Könige und der Kshatriya, der Kriegerkaste, zum anderen auf die Macht der Priester und Schamanen als alleinigen Mittlern zu den Göttern. Wie wir aus den *lokayata* wissen, wurde diese Ordnung weder dem Einzelnen noch der Gesamtheit gerecht. Die Unzufriedenheit und das Unbehagen mit den elitären Schichten der Krieger und Priester, die auf Kosten der Bevölkerung lebten, wuchs mehr und mehr.

Zum besseren Verständnis sei gesagt, dass Siddhartha in einen gemäßigt monarchistisch geführten Staat hineingeboren wurde. Buddhistische Schriften berichten von einer langen Wanderschaft Siddharthas durch die Ganges-Ebenen, immer auf der Suche nach Erfahrungen und Erkenntnissen, um die Welt, so wie sie sich ihm darstellte, zu verstehen. Übrigens war er nicht der einzige auf der Suche nach Wahrheit. Auf einen anderen, Mahavira, werden wir später zurückkommen. Als Buddha sich nach langer fruchtloser Askese einmal unter einem Baum in der Nähe von Bodh Gaya, im heutigen Bihar, in tiefe

Meditation versenkte, fand er seine Erleuchtung. Fortan predigte er den Menschen der Ganges-Ebene einen neuen Weg, den „Mittleren Pfad" zwischen extremer Askese und ungezügelter Sinnesfreude.

Buddha setzte das Rad des *dharma*, das Gebot eines rechtschaffenen Lebens, durch seine Predigten in Bewegung. Einigen Schülern verkündete er die wenigen Grundvoraussetzungen, die zur Erleuchtung führen. So sah er in der Habgier und im Begehren den Ursprung allen menschlichen Leidens und Elends. Folgerichtig glaubte er, die Gier nach Besitz müsste wie jegliche Leidenschaft durch Selbstdisziplin in ihrer zerstörerischen Beschaffenheit erkannt werden, erst dann sei die Grundlage für ein ausgeglichenes Leben geschaffen. Ein untadeliger Lebenswandel sei allemal einer unreflektierten Achtung und Respektierung sozialer Gebote und rituellen Forderungen vorzuziehen, um endlich die Erlösung aus dem ewigen Kreislauf der Wiedergeburt zu finden.

Darüber hinaus lehnte Buddha jegliche Spekulation über die Existenz Gottes ab. Diese Frage spielte in seinen Überlegungen keinerlei Rolle. Ganz im hinduistischen Sinn ist auch bei ihm Leben nur Leiden und Wiedergeburt nur neues Leiden; diesem Gesetz gilt es zu entrinnen.

Buddha war nicht nur der Begründer einer neuen Ethik, sondern er richtete auch mit der *sangha* einen Mönchsorden ein, der seine Ideen tatkräftig unterstützte. Damit schuf er erstmals in der Geschichte einer Weltreligion eine Basis für seine Schüler und Anhänger, die ihnen ein Leben in Müßiggang und Erbauung ebenso erlaubte wie das Verbreiten der Ansichten ihres Lehrers.

Buddha, der ständig von einer größeren Zahl ausgewählter Schüler begleitet wurde, verbrachte lange Zeit seines Lebens mit den Menschen der Ganges-Ebene, um ihnen seine Erkenntnisse zu vermitteln. Im Jahr 483 v. Chr. gelangte er der Überlieferung zufolge ins *nirwana*: Es war ihm gelungen, den Kreislauf von Tod und Wiedergeburt zu durchbre-

Oben: Eine halbverwitterte Brahma-Statue in einem hinduistischen Tempel.

chen. Durch Buddha erfuhr das soziale und moralische Klima in jener Zeit eine entscheidende Veränderung.

Mahavira und der Jainismus

Ein Zeitgenosse Buddhas, Mahavira, vermochte die Sorgen und die allgemeine Unruhe der Zeit mit ähnlich treffenden Worten zu beschreiben. Er begründete den Jainismus, eine streng asketische Bewegung. Mahavira, im Jahr 540 v. Chr. geboren, hatte einen Lebenslauf, der Buddhas Werdegang vergleichbar ist. Auch er wanderte auf der Suche nach Erkenntnis bis zu seiner Erleuchtung durch das Ganges-Tal. Das Verdienst Mahaviras liegt weniger in der Entwicklung neuer Ideen als vielmehr darin, bereits bekannte Gedanken und Vorstellungen der Menschen aufgegriffen und in eine zusammenhängende Form gebracht zu haben. Zentralgedanke war das ewige Prinzip, ein universales Gesetz, nach dem der Kosmos zerstört und wieder erneuert wird.

Jedes menschliche Wesen hat eine Seele, die erst gereinigt werden muss, will der Mensch immer während Glückseligkeit erreichen – vorausgesetzt, das ist das Ziel des einzelnen. Die Reinigung der Seele, so Mahavira, schafft man nur durch konsequente Gewaltlosigkeit und selbstlosen Lebenswandel, was aber von kaum einem Menschen eingehalten werden kann, ist er nicht Mitglied einer religiösen Gemeinschaft. Obwohl der Jainismus nie die Popularität des Buddhismus erreichte, hat er sich über die Jahrhunderte hinweg auf dem Subkontinent ausbreiten können. Heute hat er noch etwa vier Millionen Anhänger.

Ashoka und das Magadha-Reich

Die brahmanische und buddhistische Weltanschauung standen sich feindlich gegenüber. Die indische Gesellschaft war jedoch von jeher pluralistisch angelegt und zeichnete sich durch eine Vielzahl philosophischer Spekulationen aus, die gleichzeitig nebeneinander existieren konnten. Zu Recht kann man behaupten, dass sich die Unterschiede zwischen dem brahmanischen und dem buddhistischen Denken ergänzten zu einer Gesamtheit des indischen Geisteslebens in einer Zeit, wo sich die Landwirtschaft rasch weiterentwickelte, das Sozialgefüge sich unaufhaltsam verzweigte und die Politik mehr und mehr institutionalisiert wurde. Die Fragen, die mit der komplizierter werdenden Gesellschaftsordnung zwangsläufig auftauchten, ließen sich also nicht mehr mit den Theorien einer einzigen philosophischen Schule erklären.

Buddha suchte nach einer neuen, inneren Haltung für die Menschen, die in dieser Epoche voller sozialer Unruhen lebten. Gleichzeitig forderte er die uneingeschränkte Freiheit, die man den Asketen, den *sannyasin,* innerhalb dieser vielschichtigen Gesellschaft einräumte, damit jedermann seinen eigenen Weg zur Erlösung finden konnte.

Ob Buddha damals Erfolg hatte, lässt sich heute nicht mehr genau feststellen. Dennoch gibt es Hinweise, die für einen bedeutenden Einfluss bereits zu seinen Lebzeiten sprechen. Er setzte sich sowohl mit Adeligen, Reichen und Händlern als auch mit dem einfachen Volk auseinander. Er vermittelte seine Lehre also nicht nur einer sozialen Schicht. Bedenkt man seinen im Lauf der Jahrhunderte immer größer werdenden Einfluss weit über die Grenzen Indiens hinaus, sieht man in ihm zweifellos den größten Sohn Indiens.

Die bereits angesprochenen sozialen und politischen Unruhen bildeten einen fruchtbaren Boden für die moralischen Werte, die Buddha durch seine neue Lehre setzte. Wen wundert es da, dass im 3. Jh. v. Chr. die Herrschergestalt Ashoka in der Lage war, ein großindisches Reich zu gründen, dessen ethische Grundsätze auf der Lehre Buddhas basierten, auf dem *dharma,* dem Gebot eines sozialen Lebenswandels.

Ashoka war schon vor seiner Herrschaft von den Lehren Buddhas beeinflusst worden. Später, als Herrscher, schuf er einen Verhaltenskodex für die Bewohner seines riesigen Reiches, die unterschiedlichen regionalen Kulturen, Glaubensrichtungen, Stämmen und Kasten angehörten. In seinem Kodex forderte er von jedem einzelnen Toleranz gegenüber anderen Klassen und Glaubensrichtungen. Im ganzen Land mahnten auf Säulen und Steinen, die in vielen Städten auf Marktplätzen, an Straßenkreuzungen und Hauptverkehrswegen aufgestellt wurden, die Gebote des von ihm aufgestellten Kodex. Ashoka hatte vorausschauend erkannt, dass in einem Land mit so unterschiedlichen Wertvorstellungen, Kulturen und sozialen Schichten ein Nebeneinander nur dann möglich ist, wenn Toleranz herrscht.

Vielleicht sollte an dieser Stelle eine weitere Errungenschaft Ashokas hervorgehoben werden: Zu diesem Zeitpunkt nämlich setzte eine neuerliche Verstädterung der Gesellschaft ein, wie sie Indien vorher schon einmal, in der Harappa-Kultur, erlebt hatte. Die Geschichtsforschung kennt zwar einige Gebiete, wo einst Städte gewesen sein müssen, doch baute man im Magadha-Reich mit wenig dauerhaften Materialien, die im Lauf der Zeit zerfielen, so dass es für einen Zeitraum von über 1000 Jahren keine architektonischen Zeugnisse gibt. Geblieben sind nur die Steinsäulen, die Ashoka in Auftrag gab und die noch heute im ganzen Land den liberalen Geist des Magadha-Reiches verkünden.

Einige dieser Steinsäulen, in die Ashoka seinen Kodex hatte einmeißeln lassen, tragen auf ihrer Spitze Skulpturen, Löwen oder Stiere, als Wahrzeichen des Reiches. Der persische Einfluss auf die Säulenskulpturen ist hier unübersehbar, doch spielten bei der Gestaltung auch heimische Elemente eine große Rolle. Darüber hinaus veranlasste Ashoka den Bau einer Reihe von *stupas,* Gedenkstätten für Buddha, die aus Ziegelsteinen in Form einer Halbkugel errichtet wurden. In einer späteren Bauphase, um das 1. Jh. v. Chr., wurden sie mit einer steinernen Einzäunung umgeben, die reich dekoriert wurde, entweder mit eingemeißelten Szenen aus dem Leben des Erleuchteten oder aus dem Alltag der Menschen. Diese Kultdenkmäler und ihre steinerne Umzäunung unterscheiden sich grundsätzlich von den Steinsäulen und deren Skulpturkapitellen. Unbeeinflusst von den Kulturen außerhalb des Subkontinents manifestiert sich in den Stupas die Fertigkeit und Tradition des indischen Handwerks, das vorher mit anderen Materialien wie Holz, Knochen und Elfenbein gearbeitet hatte.

Es kann nicht oft genug betont werden, welch überragende Bedeutung sowohl der Herrscher des Magadha-Reiches, Ashoka, als auch sein einflussreicher Lehrer Buddha in der Geschichte Indiens hatten. Dieser Tatsache zollte Indien 1950 Tribut, als es unabhängig wurde und das buddhistische *Dharma-Chakra,* das Heilige Rad des Gesetzes, in die Nationalflagge der neu gegründeten Republik aufnahm und die Löwenskulptur auf den Kapitellen der Steinsäulen zum Wahrzeichen des modernen Indien erhob.

Klassisches Erbe im Wandel der Zeit

In der 2. Hälfte des 1. Jahrtausends v. Chr. vollzogen sich einschneidende Veränderungen, die die Basis für das zukünftige politische und soziale Gesellschaftsgefüge, das Geistesleben und die künstlerischen Anstrengungen bildeten.

Doch bevor wir die Spur verfolgen, die später zu tiefgreifenden Veränderungen führte, richten wir unser Augenmerk noch einmal auf die vergangenen

Rechts: Ruinen der Nalanda-Universität, wo einst Buddha und Mahavira lehrten.

Jahrhunderte. Dabei fällt auf, dass sich die schöpferische Kraft der Menschen in den Stromlandebenen meist in religiösen Reflexionen und in der Schaffung einer reich gefächerten Sozialordnung ausdrückte, nicht aber in politischen Fähigkeiten oder technischen Erfindungen – wohl ein Grund, warum sich Staaten von der Größe des Magadha-Reiches, das nahezu den gesamten Subkontinent umfasste, auf Dauer nicht behaupten konnten. Großreiche bildeten immer nur über kurze Perioden eine Art Ausnahmezustand; der Großteil der indischen Geschichte spielte sich innerhalb der Regionalstaaten ab. Der Grund ist auch der, dass zwischen den kleinen Zentren der Zivilisation riesige Wald- oder Steppengebiete lagen, die nicht oder von gefährlicher Stammesbevölkerung bewohnt waren, die diese Zentren voneinander isolierten und die Kommunikation schwierig machten. Politische Herrschaft konnte sich innerhalb der Zentren, die durch wirtschaftliche und kulturelle Verflechtungen bedingt eine gemeinsame Struktur besaßen, viel eher entwickeln. Die Herr-

scherdynastien dieser Regionalstaaten wechselten, sie entstanden jedoch immer wieder an der gleichen Stelle, in wirtschaftlich begünstigten Gegenden, die eine Überschussproduktion und damit weitergehende Differenzierung ermöglichten.

Ein weiterer Aspekt, der maßgeblich zu gesellschaftlichen Veränderungen beitrug, lag darin, dass die Arier nicht die einzigen Einwanderer in das Fünfstromland und in die Ganges-Ebenen waren: Auf jede wirtschaftliche oder sozialpolitische Umwälzung in Zentralasien folgte eine Abwanderung in die Schwemmlandebenen des Subkontinents, wo sich dank der Fruchtbarkeit des Landes und der daraus resultierenden großen Ernährungskapazitäten ganze Völkerscharen niederlassen konnten.

Ein rascher Blick auf die Geschichte Indiens zeigt, dass die Kultur und die sittlichen Normen der Bevölkerung unter dem Einfluss der Einwanderer unaufhörlich Veränderungen unterlagen und die Immigranten somit einen nicht unerheblichen Beitrag zur Entwicklung

der indischen Gesellschaft und Kultur lieferten.

Diese beiden Punkte, zum einen die Tendenz zu vielen regionalen Staats- und damit auch kulturellen Zentren, und zum anderen die Veränderungen in sämtlichen Lebensbereichen durch die Einwanderer, sollten gerade in den Jahrhunderten bedeutsam werden, die auf die Herrschaft Ashokas folgten. Seine Nachfolger waren Regionalherrscher, die selten ein größeres Reich als allenfalls das nordindische regierten. Dies hat der kulturellen Entwicklung auf allen Gebieten jedoch keinerlei Abbruch getan.

Das Reich der Kushana

Eine neuerliche politische Konsolidierung erlebte Nordindien unter der Herrschaft der Kushana, die als ein kriegerisches Volk von Zentralasien aus eingewandert waren. Wie Ashoka betrachteten auch diese Herrscher den Buddhismus als eine starke Basis für ihr neues Staatswesen und folgten den Fußspuren ihres großen Vorgängers. Das Reich der Kushana erstreckte sich vom südlichen Zentralasien über Kaschmir und Afghanistan bis nach Mittelasien.

Das Reich wurde von zwei Zentren aus regiert; das eine war Peshawar im heutigen Pakistan, das andere war Mathura, das auf der oberen Ganges-Ebene lag und geistig eng mit dem Held des *Mahabharata*, dem Gott Krishna, verbunden war. Eine neue Blütezeit erlebte vor allem die Bildhauerei, die als Gandhara-Schule in die Kunstgeschichte eingegangen ist. Sie verdankt ihre Entstehung einem engen Zusammenwirken der indischen Kunsttradition mit den griechischen Kunstvorstellungen über ein ästhetisches Idealmaß.

Übrigens hatte die griechische Kunst schon vorher in Westasien Fuß gefasst. Die Buddha-Skulpturen der Gandhara-Schule verblüffen durch ihre Ähnlichkeit mit dem griechischen Apollo. Durch die faszinierende Verbindung

Oben: Jain-Nonnen verzichten auf irdische Freuden und leben in strenger Enthaltsamkeit.

von zwei so unterschiedlichen Stilen der Bildhauerei konnten diese Skulpturen jedem Vergleich mit den Leistungen anderer Hochkulturen standhalten.

Das Reich der Kushana zerfiel im 3. Jh. n. Chr. Im Westen wurde es von den mächtigen Sassaniden aus Persien angegriffen, in den restlichen Gebieten geschah etwas typisch Indisches: Das Reich zerfiel in regionale Nachfolgestaaten, und die Könige zentralasiatischer Herkunft „indisierten" sich immer mehr, z.B. auch durch die Annahme indischer Namen.

Typisch für die Entstehung neuer Staaten ist auch, dass sie sich meist nicht im alten Zentrum, sondern am Rande des alten Herrschaftsgebietes entwickelten. Nun nahm wieder eine Dynastie ihren Aufstieg, die in der östlichen Gangesebene beheimatet war.

Das Gupta-Reich

Im 4. Jh. n. Chr. erschien auf der machtpolitischen Bühne eine bis dahin noch nicht aufgefallene Herrscherdynastie, der es gelang, am oberen Ganges ein Reich zu gründen, das sie vom 4. bis zum 6. Jh. regierte – die Guptas. In vielerlei Hinsicht brach damit eine neue Zeit an, die durch politische Stabilität und kulturelle Blüte gekennzeichnet war. Dank der militärischen und politischen Fähigkeiten ihrer Herrscher, wie Samudragupta und Chandragupta Vikramaditya, um nur zwei zu nennen, vermochten sie ihr Reich effizient zu regieren.

Mit der Gupta-Dynastie veränderte sich der Stellenwert der Religion, da die Gupta-Herrscher die brahmanische Weltanschauung wieder der buddhistischen vorzogen. Damit erstarkte auch wieder die Sprache der Arier, in der der Veda verfasst worden war, das *Sanskrit*. Die literarischen Schriften dieser Epoche stellen Meisterwerke der klassischen Hindukultur dar.

Erst in dieser Phase bildete sich der Hinduismus heraus, wie er heute noch

weitgehend vorzufinden ist. Der tiefgreifende Wandel ist nicht zu unterschätzen. An dem langsamen Übergang von der Förderung buddhistischer zu der hinduistischer Stätten, ohne dass es jedoch zu einer Verfolgung von Buddhisten kam, kann man dies erkennen. Dies manifestierte sich beispielsweise in der Bildhauerei, explizit in einer neuen Bildhauerschule bei Mathura, die Buddhafiguren, aber auch hinduistische Statuen schuf, welche zu den größten Leistungen der Bildhauerei in der Kunstgeschichte gehören.

Interessant ist, dass die Könige zu dieser Zeit vor allem hinduistische Monumente förderten, die Spenden der Königinnen hingegen erhielten meist die buddhistischen Klöster – die Zentren des Buddhismus.

Durch wiederholte Angriffe der zentralasiatischen Hunnen und Thronfolgestreitigkeiten fand die Gupta-Dynastie um 500 ihr Ende. In den Randgebieten dieses großen nordindischen Reiches formierten sich in den folgenden Jahrhunderten neue Staaten, die wieder einen anderen regionalen Charakter besaßen und die sich bis zum 12. Jh. ganz Nordindien bis nach Bengalen einverleibten: die so genannten Rajputenstaaten. Ihr Ursprung war das heutige Rajasthan, mit dem Zuwachs ihrer Macht nahmen sie jedoch auch die fruchtbareren Gebiete wie die Ganges-Ebene ein. Diese Staaten waren nur kurz unter einer Ägide vereint, den Gurjara-Pratiharas im 10. Jh. Den größten Teil der Zeit jedoch bildeten sie unabhängige politische Einheiten, waren aber durch Heiratspolitik und zahlreiche andere Verbindungen so miteinander verflochten, dass man deutlich die Entwicklung einer gemeinsamen Rajputenkultur erkennen kann.

Unter den Rajputen erlebte die hinduistische Tempelbaukunst eine Blütezeit, aufgrund der Kriege mit den Muslimen ab dem 11. Jh. ist von den damaligen riesigen Tempelzentren jedoch fast nichts erhalten.

Sakrale Architektur

Das herausragendste Beispiel indischer Kunst und Architektur des 1. Jahrtausends n. Chr. erlaubt leider keinen umfassenden Überblick über die schöpferischen Kräfte der nordindischen Gesellschaft. In einer unwegsamen Gebirgsregion, in Ajanta, etwa 100 Kilometer von Aurangabad entfernt, stößt man heute auf eine Reihe in den Fels geschlagener Höhlen, die den Geist des Buddhismus ahnen lassen. Diese *Chaitya*-Hallen und Höhlenklöster wurden in der Zeit vom 2. bis zum 7. Jahrhundert, also in über fünf Jahrhunderten, ausgeschachtet.

Die Innenarchitektur dieser Höhlen fasziniert wegen des tiefen Verständnisses der buddhistischen Geisteshaltung. Bestechend sind die Wandmalereien, die von hochspezialisierten Malschulen gefertigt wurden. Ein Teil der Fresken ermöglicht uns eine unmittelbare Vorstellung vom Leben der Inder der damaligen Zeit, andere wiederum stellen die buddhistische Metaphysik und religiöse Weltanschauung dar. In beispielloser Weise werden Formen und Farben eingesetzt, die die Wirkung der Fresken noch verstärken; beredter Höhepunkt sind die Darstellungen der beiden *Bodhisattvas*, die den letzten Schritt bis zur eigenen Erleuchtung hinauszögern, um andere Gläubige zu unterweisen – Padmapani und Avalokitesvara.

Sakrale Baukunst beschränkte sich keineswegs auf die Bauwerke zur Verehrung Buddhas, seit dem Gupta-Reich wurden vermehrt (und später nur noch) hinduistische Sakralbauten errichtet. Auslöser war die zunehmend menschenähnliche Darstellung hinduistischer Götter und Göttinnen, und so war es nur noch ein kleiner und folgerichti-

ger Schritt, diesen Figuren auch ein Dach über dem Kopf zu geben.

In der zweiten Hälfte des 1. Jahrtausends trat im Tempelbau eine dramatische Entwicklung ein. Zwei grundsätzliche Variationen bestimmen den nordindischen und einen südindischen Stil. Besonders die Rajputenstaaten überboten sich gegenseitig im Bau von Tempelzentren in ihren Hauptstädten. Die meisten sind, wie gesagt, später zerstört worden, denn sie lagen in Arealen, die die Muslime begehrten und wo sie schließlich selbst ihre Hauptstädte bauten, z. B. in Delhi, Ahmedabad (Gujarat), Ujjain (Madhya Pradesh) etc. Auch von den Tempeln in Varanasi ist aus dieser Zeit nichts übriggeblieben. Nur eines der Zentren ist durch einen glücklichen Zufall erhalten geblieben: die Tempelanlage von Khajuraho, die uns das Können dieser Zeit vor Augen führt. Bau und Skulpturierung dieser Monumente ist exquisit, die Größe und Harmonie der Anlagen unerreicht.

Aus der Rajputenzeit haben wir auch die ersten Informationen zur inneren Organisation dieser Staaten, die wir der vermehrten Existenz von Stifterinschriften verdanken. Daraus wird klar, dass diese Staaten kaum ein stehendes Heer oder einen effizienten Beamtenstab hatten. Nur ein kleines so genanntes Kerngebiet wurde vom Palast aus direkt verwaltet. Die ganzen restlichen Gebiete wurden wie Lehen vergeben; besonders an jüngere Brüder des Königs, die ein Recht darauf hatten, an andere Bluts- und angeheiratete Verwandte sowie Brahmanen und Tempel. Die Steuereinnahmen aus diesen Gebieten kamen dem König nicht zugute, er bekam allenfalls einen Tribut. Dies verhinderte zum einen die Expansion zu Großreichen, hatte andererseits jedoch auch positive Seiten. Immer noch war der größte Teil Indiens unbesiedelt und wild. Die Lehensherren waren angehalten, diese wilden Gebiete zu zivilisieren, sie landwirtschaftlich nutzbar zu machen und die hinduistische Kultur zu

Rechts: Mathura war ein Zentrum des Reichs der Kushana. Hier wurde und wird Krishna verehrt. Die Miniaturmalerei (18. Jh.) zeigt Gott Krishna, der den Milchmädchen (gopis) die Kleider geraubt hat.

verbreiten. Dies kam im Endeffekt auch dem König zugute. Besonders durch die verwandtschaftlichen Bindungen bekamen die Staaten eine feste Struktur, die sie vom europäischen Feudalismus unterscheidet. Die größte Schwäche dieser Struktur war jedoch, dass es kein stehendes Heer gab. Die Lehensherren waren verpflichtet, im Kriegsfall eine bestimmte Anzahl von Reitern und Fußvolk zu stellen, doch war ein derart zusammengestelltes Heer einem gut trainierten und straff organisierten Söldnerheer, wie es die afghanischen Muslime hatten, unterlegen. Die Plünderungszüge der Afghanen begannen bereits im 11. Jh. und hatten verheerende Folgen.

Indien unter dem Einfluss des Islam

Im frühen 13. Jh. begannen die Afghanen dann auch, Rajputenterritorien zu erobern. Das Zusammentreffen mit den Muslimen war zwar für die Rajputen desaströs, kulturell jedoch sollte es sich im Nachhinein als äußerst fruchtbar erweisen. In allen Bereichen der indischen Gesellschaft, der Politik, der Wirtschaft und im sozialen Leben fanden infolge des islamischen Einflusses fundamentale Wandlungen statt; die gesamte indische Kultur, wie sie sich bis dahin manifestiert hatte, erfuhr dieselbe Beeinflussung wie das religiöse und profane Geistesleben. Wie so oft in der Geschichte erwiesen sich auch hier neue Elemente als ungemein belebend.

Der Islam ist eine streng monotheistische Religion, was allein schon seine sprachliche Ableitung, „Ergebung in Gottes Willen" oder die seiner Anhänger, den Muslimen, „die sich Gott unterworfen haben", andeutet. Er betrachtet sich als Überhöhung des Christen- und Judentums und gründet sich auf die Lehren des Koran, das Vorbild des Propheten und die heilige Überlieferung.

Die indischen Religionen hingegen duldeten stets mehrere Götter nebeneinander, sofern Götter dabei überhaupt eine Rolle spielten. Den Buddhismus beispielsweise kann man, falls man einen Gott zur Voraussetzung für die Definition des Begriffs „Religion" macht, fast eine nicht-religiöse Religion nennen. Im Koran dagegen sind die Worte Gottes oder Allahs, wie die Muslime ihn nennen, so niedergeschrieben, wie sie dem Propheten Mohammed nach muslimischem Glauben zwischen 610 und 632 verkündet wurden.

Neben dem Koran existieren noch zwei weitere Glaubensquellen: die *Sunna*, eine Überlieferung des Lebens und Wirkens des Propheten, und die *Hadith,* eine Sammlung der Worte Mohammeds. Alle drei Quellen zusammen bilden die *Sharia*, die bis heute die islamische Wertordnung, das islamische Gesetz verkörpern, das für jeden gläubigen Muslim verbindlich ist und zudem eine Art Ratgeber für das diesseitige wie jenseitige Leben darstellt.

Als die kriegerischen Völkerscharen unter dem Banner des islamischen Halbmondes in die Ganges-Ebenen einbrachen, kam es zu heftigen Kämpfen zwischen ihnen und den Rajputen sowie deren Verbündeten. Bald schon zeichnete sich ab, dass die fremden Heere den nordindischen technisch weit überlegen und überdies straffer organisiert waren, was ihnen die Kriegsführung erheblich erleichterte. So folgte auf dem Schlachtfeld ein Sieg der islamischen Heere über die nordindischen Rajputen nach dem anderen.

Die Führer der islamischen Heere huldigten einer politischen Vorstellung vom Staat, dessen Macht in der Hand eines einzelnen oder einer kleinen Gruppe lag, wodurch sie rasch auf politische und militärische Ereignisse reagieren konnten. Herz des neuen und zentralistisch angelegten Staates wurde Delhi, wo wo aus die islamischen Herrscher die fruchtbaren Schwemmlandebenen des Ganges und Indus unter Kontrolle hielten. Im 13. und 14. Jh. konzentrierten sie sich darauf, ihr politisches System fest zu etablieren, um dann in den nachfolgenden Jahrhunderten auch Südindien zu unterwerfen. Am erfolgreichsten war die Expansion unter dem Herrscherhaus der Khiljis; einem von ihnen, Alladin Khilji, gelang es sogar, dieses riesige Reich zu organisieren und durch ein gesellschaftspolitisches Fundament zu stabilisieren.

Die Mogul-Dynastie

Aber die kreativste Phase in der Auseinandersetzung zwischen Hinduismus und Buddhismus auf der einen und dem Islam auf der anderen Seite sollte erst im 16. Jh. einsetzen, als nämlich aus Zentralasien, genauer gesagt aus dem heutigen Usbekistan, ein kriegerisches Volk unter der Führung des noch jungen Zahiruddin Mohammed Babur in Nordindien einfiel und den Herrscher von Delhi, Ibrahim Lodi, vertrieb. Babur begründete das Mogul-Reich (herzuleiten von dem persischen Wort für Mongole), das im Hochmittelalter des Subkontinents nahezu die gleiche Bedeutung erlangte wie im 3. Jh. v. Chr. das Magadha-Reich mit seiner überragenden Führergestalt Ashoka.

Nach der Eroberung Indiens durch Babur gelang seinem Enkel Akbar, der von 1556 bis 1605 das Land regierte, die endgültige Stabilisierung des Mogul-Reiches auf dem Subkontinent. Der neue Souverän ging dabei vorsichtig vor. Zunächst einmal, im ersten Jahrzehnt seiner Regierung, bemühte er sich, seine Herrschaft in Nordindien zu konsolidieren. Dabei kam ihm sein militärisches, taktisches und strategisches Talent zugute. Bis zur Mitte des 16. Jh. war die Epoche politischer Festigung im wesentlichen abgeschlossen, und Akbar konnte sich nun einer anderen Aufgabe zuwenden: Er schuf eine neue politische, wirtschaftliche und sittliche Infrastruktur für sein riesiges Reich, das dauerhaft zu erhalten erst den islamischen Herrschern gelungen war.

Der weitsichtige Akbar richtete die Kaste der Adligen, der *mansabdari* ein, die ihrerseits von Machthabern aus

Rechts: Dieses Fresko in den Ajanta-Höhlen ist über tausend Jahre alt.

Zentralasien oder Persien und den landbesitzenden, islamischen und hinduistischen Aristokraten regiert wurden. Scharfsinnigerweise hatte Akbar dafür gesorgt, dass sich auch die hinduistischen Rajputen in diese Klasse der *mansabdari* eingliedern konnten. So festigte er seine Macht und die des Mogulreiches auf lange Zeit.

Auch das Finanzwesen erfuhr unter Akbar eine grundlegende Umstrukturierung. Von Nord nach Süd, von Ost nach West veranlasste er zunächst eine Bestandsaufnahme aller Ländereien, um eine Neuordnung einleiten zu können. Ein Großteil des Wirtschaftslebens basierte auf der Besteuerung der Landgüter. Nutznießer dieses Steuersystems waren die Mogule selbst und die *mansabdari*. Akbars Steuersystem wurde eine nahezu unerschöpfliche Geldquelle, die das Mogul-Reich zum reichsten Staat der damaligen Welt machte. Obwohl sich Akbar auf diese Weise eine fast unantastbare Machtposition geschaffen hatte, zeigte sich seine Größe in der Toleranz anderer Kulturen und Religionen gegenüber. Selbst ein Muslim, setzte er sich völlig unorthodox mit Islam, Hinduismus und anderen in Indien vorkommenden Religionen auseinander und suchte nach einer Art Synthese.

Exkurs: Religiöse Neuerungen

Um das Jahr 800 n. Chr. hatte der Philosoph Shankara aus Kerala den Hinduismus auf der Grundlage spätvedischer Schriften so reformiert, dass er mit dem Buddhismus konkurrieren konnte. Allerdings war die Weltsicht des Mönchs Shankara viel zu erhaben, um die breite Masse des Volkes beeinflussen zu können.

Um 1050 gelang dies jedoch einem anderen Denker aus dem Süden des Landes, Ramanuja, dessen philosophische Bewegung erstmals breite Bevölkerungsschichten erfasste und die herrschenden Wertvorstellungen einem Wandel unterzog.

Wo lag der Unterschied? Shankara hatte als Grundlage seiner Philosophie die klassischen Texte herangezogen, namentlich Texte des Veda, sowie die

Upanishaden und der *Vedanta*, und das *Mahabharata,* mit einem wesentlichen Akzent auf der zentralen Passage der *Bhagavadgita*. In dieser wird noch *brahman* als Weltprinzip, *atman* als spiritueller Kern jedes Individuums und ihrer beider Einheit dargestellt. Das ist die zentrale Stelle. Aufbauend auf älteren Strömungen, löste Ramanuja die Einheit von *brahman* und *atman* auf. Er erkannte in *brahman* ein übergeordnetes Prinzip, das es ermöglichte, in *brahman* einen Gott oder zumindest ein göttliches Prinzip zu sehen. Das könnte man als erste Annäherung an die monotheistische Weltanschauung von Islam, Christentum und Judentum interpretieren. Der zweite Schritt war, dass Ramanuja zur Überzeugung kam, *brahman* – oder Gott – ließe sich nur durch Hingabe und Liebe begreifen, durch *bhakti*. Dieses übergeordnete Wesen, ein mitfühlender, allgegenwärtiger Gott, war allzeit bereit, seine göttliche Gnade all

jenen, ungeachtet ihrer Herkunft und Position, zu schenken, die *bhakti*, dem Weg der Liebe, folgten.

Die Möglichkeit, durch fromme Ergebenheit Erlösung zu finden, wie es Ramanuja verkündete, stand in Kontrast zu Shankara und seinem *gyana marga*, dem Weg des Wissens. Ramanujas allgegenwärtiger Gott lebte gleichsam unter den Menschen und führte sie durch das Leben und *samsara* auf eine Art, wie es bei der Gottesvorstellung Shankaras nicht denkbar war. Kein Wunder also, dass Ramanuja eine große Anzahl von Schülern und Anhängern seiner Lehre fand – gerade aus den unteren Schichten, die in seinen Predigten das Licht der Erlösung sahen.

Weil Ramanuja die breite Masse der indischen Bevölkerung ansprach und darüber hinaus auch eine Brücke über die soziale Kluft zwischen den Kasten schlug, gebührt ihm ein zentraler Platz im Pantheon des Hinduismus. Dank seiner vielen Schüler, die seine Lehre dem einfachen Volk verkündeten, wurde aus der Idee eine breite religiöse Bewegung des indischen Mittelalters.

Oben: Künstlerischer Ideenreichtum an einer Tempel-Fassade in Khajuraho.

Sein berühmtester Schüler wurde Ramananda, der im 15. Jh. lange in Varanasi, dem geistigen Zentrum des Hinduismus, lebte und später eine Schlüsselfigur der *bhakti*-Bewegung wurde.

Die Bhakti-Bewegung

Zwei nicht minder bedeutsame Anhänger dieser Bewegung, die vor allem den Nordteil des indischen Subkontinents erfasste, waren Tulsidas und Kabir. Die religiöse Literatur der beiden, die selbst im heutigen Indien wie Heilige verehrt werden, hatte einen immensen Einfluss auf die unteren Bevölkerungsschichten. Sowohl Tulsidas als auch Kabir waren begeisterte Anhänger der Lehre Ramanandas; wie er, so glaubten auch sie, dass die Erlösung, *moksha*, aus dem ewigen Kreislauf von Tod und Wiedergeburt nur durch den Weg der Liebe und Hingabe, *bhakti,* zu erreichen sei. Dieser Glaube war auch das einzige, was die beiden miteinander verband, denn jeder von ihnen hatte seine eigene Gottesvorstellung.

Nach der Vorstellung Tulsidas verkörperte der halbgöttliche Rama dieses übergeordnete Wesen, wie er es in seinem Epos *Rama-charita-manasa*, zu deutsch Heiliger See der Taten Ramas, schildert. Da er es in dem Dialekt schrieb, der in der Mitte der Ganges-Ebene gesprochen wurde, in Avadhi, fand das Werk, durchdrungen von poetischem und spirituellem Geist, Anklang sowohl in den unteren als auch den oberen Bevölkerungsschichten. Überall begegnet man noch heute diesem Einfluss – 500 Jahre nachdem die Schriften erschienen sind. Tulsidas, im Gegensatz zu Kabir, begehrte nicht gegen das ungerechte Kastensystem auf, denn er bezweifelte keineswegs dessen Berechtigung.

Kabir dagegen, ein Weber aus Varanasi, war ein Rebell, dessen charakteristischer Theismus eng mit der Vorstellung von einer tiefgreifenden Umstrukturierung der Gesellschaft und der Abschaffung der Ausbeutung verbunden war. Sein soziales Engagement und seine starke Beeinflussung durch die *sufis*, islamische Mystiker, führten zu einem Gottesbild, das sich von dem poetisch verklärten des Tulsidas unterschied. Kabirs Gotteswesen war bar jeder Körperlichkeit und konnte nur abstrakt beschrieben werden.

Sikhs und muslimische Sufis

Mehr oder weniger ein Zeitgenosse Kabirs war Nanak, der Gründer der Sikh-Religion. Zwar wurde er als Hindu geboren, doch prägte weit mehr der Islam seinen Glauben. Er lehnte das Vokabular und die Kultrituale der anderen Religionen ab und vertrat einen strikten Monotheismus. Seine Lehre wurde später in einem heiligen Buch, *Adi Granth*, niedergeschrieben. Seine religiöse Bewegung, der Sikhismus, in der Mann wie Frau wie auch die Menschen aller Schichten als gleichwertig galten, wurde und wird durch die loyale Treue einem einzigen, allwissenden Gott gegenüber zusammengehalten.

Ihm folgten hauptsächlich die Benachteiligten der indischen Gesellschaft – Bauern, verarmte Geschäftsleute und Handwerker.

Unter Govind Singh, einem Anhänger der Sikh-Religion im späten 17. Jh., wurden die Sikhs deutlich aggressiver und separatistischer; sie wollten einen eigenen, theokratischen Staat im Punjab gründen. Der legendäre Kampfgeist der heutigen Sikhs stammt noch aus dieser Tradition.

Der weit verbreitete Hinduismus der *bhakti*-Heiligen Tulsidas und Kabir fand einen ähnlich starken Widerpart im Islam. Die Umwandlung eines transzendenten Gottes, der sich über seinen Propheten Mohammed mitteilte, in einen mitfühlenden, allgegenwärtigen und allwissenden Gott, der seine unendliche Barmherzigkeit all jenen schenkt, die den Islam für den einzigen Weg des Glaubens halten, diese Umwandlung gelang erst den so genannten *sufis*, den islamischen Mystikern. Das Erstarken des Sufismus hatte großen Einfluss auf das weitere Schicksal des Islams in Indien. Im Gegensatz zu den orthodoxen Korangelehrten, den *ulema* (einer Gruppe von Rechts- und Theologie-Experten), erreichten die Wanderprediger des Sufismus mit ihrer toleranten Gottesliebe die Herzen der gläubigen Inder. Die Sufis erkannten in Gott ein Wesen, das seine Liebe jedem einzelnen ungeachtet dessen gesellschaftlicher Stellung oder Kaste schenkt.

Religiöse Toleranz zu Akbars Zeit

In der Zeit des Mogulherrschers Akbar (1556-1605) gelang es also dem Hinduismus und dem Islam, sich einander anzunähern und somit die Gläubigen beider Religionen zusammenzuführen. Die nun ähnlichen Wertvorstellungen zweier einst so gegensätzlicher Religionen ermöglichten es, ein Staatswesen zu schaffen, in dem die beiden bedeutendsten Religionen des Subkontinents mehr und mehr Verständnis füreinander fanden.

Die Toleranz Akbars offenbarte sich sowohl in der Politik wie in der Behandlung der Glaubensgemeinschaften. Den Fels- und Steininschriften des Herrschers Ashoka im 3. Jh. v. Chr. nicht unähnlich, veröffentlichte Akbar einen Erlass, der alle Religionsgemeinschaften ermahnte, in Frieden und Harmonie miteinander zu leben. Möglicherweise entstanden die beiden Kodizes nicht rein zufällig unter den beiden herausragenden Herrschergestalten Ashoka und Akbar, die pragmatisch genug dachten, um zu erkennen, dass sich der multiethnische und multireligiöse Subkontinent nur regieren ließ, wenn in allen Bereichen des Lebens Toleranz herrschte. Im volksfernen Leben am Hof ging Akbar sogar noch einen Schritt weiter. In der *Din-i-Illahi*, dem Glauben an Gott, begründete er eine neue Lehre, zu der alle Angehörigen des Hofes übertreten mussten, vielleicht auch, um die endlosen Streitereien zwischen den islamischen Untergruppen zu beenden. Diese Lehre, die Elemente aus Islam, Hinduismus, Christentum, Jainismus und Parsismus vereinigte, ist jedoch mit Akbar, den ein fanatischer Muslim wegen dessen Abkehr vom reinen Islam ermordete, untergegangen.

Die Kunst der Mogulzeit

Keine Beschreibung der hochentwickelten nordindischen Gesellschaft dieser Zeit ist vollständig, wirft man nicht auch einen Blick auf die Leistungen in der Architektur und Kunst. Zu Beginn des 11. Jahrhunderts n. Chr. erlebte die hinduistische Tempelarchitektur eine Blütezeit, die später kaum mehr erreicht wurde, da die großen königlichen Bauhütten mit dem Ende der unabhängigen Rajputenkönige aufhörten zu existieren. Die Handwerker verdingten sich bei den Muslimen, die andere Bedürfnisse hatten. Nun fand z.B. das Bauelement der Kuppel, die einerseits Raum schafft und andererseits Raum überbrückt, in die indische Architektur Eingang. Glanzleistungen dieser kunstgeschichtlichen Periode findet man in nahezu allen Städten Indiens, sei es in Delhi und Agra oder in den Provinzhauptstädten Allahabad und Patna.

Neben großartigen Palästen und Ehrfurcht gebietenden Festungsanlagen, die um die Städte herum oder an strategisch wichtigen Punkten entstanden, liegen zahlreiche nicht weniger eindrucksvolle Bauwerke wie Moscheen und Mausoleen. Letztgenannte lassen sich in zwei Stilrichtungen einteilen; die eine Phase liegt vor der Herrschaft der Mogule, die andere danach. Beispiele für beide Stilrichtungen findet man in Delhi. Der Qutab Minar und die Lodi-Mausoleen repräsentieren die Feinsinnigkeit des Prä-Mogul-Stils, wohingegen das Humayun-Mausoleum, das Rote Fort oder die Jama-Mo-

DAS MOGUL-REICH
© Nelles Verlag GmbH, München

Ausdehnung 1605 A.D.
Ausdehnung 1707 A.D.

schee bereits den Einfluss der Mogulherrscher spüren lassen.

Um einen Blick auf die vollkommenste architektonische Leistung unter den Mogul-Kaisern werfen zu können, muss der Interessierte nach Agra fahren, knapp 200 Kilometer von Delhi entfernt. Hier findet er das in der ganzen Welt bekannte Mausoleum Taj Mahal, das im 17. Jh. der Kaiser Shah Jahan als Denkmal für seine über alles geliebte Frau, Mumtaz Mahal, erbauen ließ. In seiner makellosen Perfektion ist der Taj Mahal zweifellos das bedeutendste Bauwerk des Islams in Südasien.

Die meisten Mogule waren Freunde und Gönner der Kunst, was sich als sehr fruchtbar erwies. Weiter oben erwähnten wir bereits die buddhistische Kunst des ausgehenden ersten Jahrtausends – vor allem die Höhlen von Ajanta mit ihren herrlichen Wandmalereien. Leider fand diese Kunstrichtung ein jähes Ende, denn als die Muslime nach Indien kamen, wurden die meisten figürlichen Darstellungen zerstört, ihr Wiedererstehen verhindert. Den Muslimen gilt bekanntermaßen die Darstellung von Le-

bewesen als Blasphemie. Nichtsdestoweniger erlebte die indische Kunst besonders unter Jehangir und Shah Jahan eine Blütezeit, die auf einer Synthese zwischen einheimischer und persischer Kunst beruhte. Durch die neue Verbindung islamischer und lokaler Kunstelemente gelang es, besonders die Architektur und Miniaturmalerei populär zu machen. Die Adligen aus der Kaste der Rajputen, die in den Regierungsapparat integriert worden waren, eiferten ihren Herrschern nach. Und so blühte die Miniaturmalerei nicht nur in den Hauptstädten der Mogule, sondern auch an den Höfen in Provinzen wie Rajasthan und sogar in den Bergen der Punjab. Abgesehen von künstlerischen Nuancen liegt die Verschiedenheit dieser Miniaturmalschulen in der Motivwahl begründet. Während man sich am Hof auf Porträts und die Darstellung des höfischen Lebens konzentrierte, ließen die Rajputen, neben der Darstellung des eigenen Lebens, hinduistische Epen illustrieren oder versuchten ein Gefühl von Harmonie bildnerisch überzeugend umzusetzen.

41

Die Stütze des Mogulstaates war nach wie vor die Landwirtschaft. Sie wurde weiterentwickelt, neue Anbaugebiete erschlossen und die Steuerveranlagung effizienter gestaltet. Damit wurde Geld frei für die Bezahlung eines stehenden Heeres, spezialisierter Beamten und nicht zuletzt für das Säckel des Kaisers und der herrschenden Schicht, die Handel und Kunst förderten. Das Mogulreich entwickelte sich im 17. Jh. zur wohlhabendsten Monarchie der damaligen Welt. Da es zeitweise außerdem möglich war – dank der *bhakti*- und *sufi*-Bewegung – zwei ursprünglich grundverschiedene Religionen nebeneinander existieren zu lassen und der Kunst wesentlich neue Impulse zu geben, kann die Epoche der Mogule zu recht mit der des Magadha-Reiches während der klassischen Jahrhunderte vor der Zeitwende verglichen werden.

Das koloniale Indien

Durch langanhaltende Thronfolgekriege nach dem Tod des letzten großen Mogul Aurangzeb und bedingt durch Schwachstellen in der politischen wie administrativen Struktur zerfiel das Mogulreich im 18. Jh. besonders an seinen weit vom Zentrum gelegenen Rändern in Nachfolgestaaten, in denen sich ehemalige Gouverneure und andere Provinzherren selbständig machten.

Nur wenige Jahre nach Aurangzebs Tod im Jahr 1707 dominierten wieder Kleinstaaten in der politischen Landschaft Indiens, deren Herrscher für eine übergeordnete Reichsmacht bestenfalls Lippenbekenntnisse übrig hatten.

Noch ein Ereignis führte zum endgültigen Zusammenbruch des Mogul-Reiches. Anfang des 18. Jh. entdeckten europäische Handelsgesellschaften Indien als Geschäftspartner. Sie kauften Agrarprodukte und die Arbeiten von Kunsthandwerkern billig ein, die sie auf

Rechts: Ein Kabirpanthi trägt ein Lied vom „heiligen Weber" Kabir vor.

den westlichen Märkten teuer verkaufen konnten. Die europäischen Handelsgesellschaften – unter ihnen war die britische Ostindienkompanie die bedeutendste – errichteten ihre Niederlassungen vor allem entlang der Küstenlinie. Städte wie Bombay, Madras und Calcutta verdankten ihnen ihre wachsende Bedeutung. Von diesen Brückenköpfen aus – gedeckt durch die europäische Vorherrschaft auf den Meeren – bauten diese Gesellschaften für den Handelsverkehr Straßen ins Landesinnere. Nach und nach gewannen sie, indem sie ihr Handelsnetz über weite Teile des Subkontinents ausbreiteten, auch politische und wirtschaftliche Macht.

Obwohl anfangs vor allem die Franzosen und Niederländer die wirtschaftliche Ausbeutung des Landes und die Einflussnahme auf die Politik vorantrieben, setzten sich letztlich die Engländer, vertreten durch die Ostindienkompanie, als stärkste ausländische Handelsmacht durch.

Ende des 18. Jh. hatte die Ostindienkompanie bereits weite Landstriche im Nordosten, Süden und Westen erworben, und de facto lag auch die politische Macht in ihren Händen. Um 1800 gehörte Indien, abgesehen vom Nordwesten, zu einem nicht unerheblichen Teil diesem Handelsimperium. Die einheimischen Staaten wurden nach und nach als abhängige Tributärstaaten in das koloniale Machtgefüge integriert; so ließ sich die politisch zwar mächtige, aber nunmehr von den Handelsgesellschaften abhängige Schicht bestens unter Kontrolle halten.

Für den Inder war die britische Herrschaft eine völlig neue Erfahrung. Niemals zuvor waren die einzelnen Kleinstaaten und Regionen verwaltungstechnisch und politisch so eng zusammengerückt wie während der britischen Kolonialherrschaft. Nach und nach wurde die britische Verwaltung ausgebaut, die einheimische Industrie jedoch vernachlässigt. Regierungssitz der Kolonialherren war bis 1911 Calcutta, danach Del-

hi; Stellvertreter der englischen Regierung war der Generalgouverneur, nach 1857 der Vizekönig, der mittels einer weitverzweigten Administration ganz Indien unter Kontrolle hatte.

Eng verbunden mit diesem aufwendigen Verwaltungsapparat entstanden so elitäre Gesellschaftsschichten wie die Herrscher der Fürstenstaaten, der Landadel und eine neue Bürgerschicht, die bis ins letzte Viertel des 19. Jh. hinein als leitende Angestellte der Handelsgesellschaften fungierten und so auch mit neuem, europäischem Gedankengut und damals in Indien ungewohnten Ideen vertraut wurden.

Obwohl es den Briten gelang, ein zumindest administrativ vereintes Indien zu schaffen, wie es früher nicht existiert hatte, ist der britische Einfluss auf Politik und Sozialgefüge eher negativ zu bewerten. Die wirtschaftliche Eroberung Indiens erfolgte durch die Suche der europäischen Handelsgesellschaften nach neuen Partnern. In Europa bahnte sich zu dieser Zeit bereits die industrielle Revolution an, deren Schrittmacher Großbritannien war. Das konnte nicht ohne Auswirkung auf Indien bleiben.

Das koloniale Indien blieb vorerst wichtiger Lieferant vieler Lebensmittel wie z. B. Getreide. Im Zug der Industrialisierung fertigte Großbritannien nun aus der – auch aus Indien – importierten Baumwolle billige Textilien, die zu Schleuderpreisen wiederum auf dem Subkontinent verkauft wurden. In der Folge sanken auch die Preise aller anderen indischen Produkte. Zum ersten Mal in seiner Geschichte stellte Indien nichts anderes als einen großen Abnehmer für Billigartikel dar, während die eigene Wirtschaft kurz vor dem Bankrott stand. Im 19. und 20. Jh. floss zwar viel Geld von Indien nach England, das aber seinerseits Indien, abgesehen von der zum Abtransport der Rohstoffe nötigen Infrastruktur wie Straßen, Eisenbahnen und effizienter Verwaltung wenig Materielles zurückgab.

Erwachendes Nationalbewusstsein

Zu den langlebigsten Vermächtnissen der Engländer zählt ihr europäisches Gedankengut, das sie den Indern näher brachten und das schließlich zu einer Neustrukturierung der indischen Politik führte. Die Engländer hatten die allgemeine Schulpflicht eingeführt und verbreiteten wissenschaftliche Erkenntnisse und humanistisches Gedankengut. Die Folge war die Entstehung einer neuen, britisch geprägten Bildungsschicht.

Diese neue indische Bildungsschicht, die sich zuerst in Hafenstädten wie Bombay, Madras und Calcutta, später allerdings auch in den Städten des Landesinneren entwickelte, war bald nicht mehr gewillt, die britische Fremdherrschaft länger zu dulden.

Noch bevor das 19. Jh. zu Ende ging, forderten führende Persönlichkeiten aus dieser Schicht Indiens Unabhängigkeit. Um sich des britischen Jochs zu entledigen, bildeten sie lokale und regionale Organisationen, die sich 1885 trafen, um sich zu einer pan-indischen Organisation zusammenzuschließen, dem *Indischen Nationalkongress.*

Die britische Wirtschaftpolitik, Indien mit Billigprodukten zu überschwemmen, brachte den ohnehin bereits verarmten Bevölkerungsschichten große Probleme. Die Folge war eine Woge antiimperialistischer Unruhen und Aufstände der Bauern, Arbeiter, Handwerker und anderer sozialer Schichten. Höhepunkt dieser Unruhen war der *Sepoy-Aufstand* von 1857, dessen Anführer aus der ehemals herrschenden einheimischen Schicht stammten. Die Kolonialherren konnten den Aufstand brutal niederschlagen, doch der Hass auf die imperialistische Macht wurde dadurch nur noch größer.

Mahatma Gandhi

Die Aufgabe, den Nationalismus der Mittelschicht mit dem aufgestauten Hass der Armen zu koordinieren und zielgerichtet einzusetzen, löste einer

Rechts: Taj Mahal – Höhepunkt der Mogul-Baukunst.

der größten Söhne Indiens: Mahatma Gandhi. Zu Recht wird er als „Vater der indischen Nation" verehrt.

Bereits in Südafrika, wo er 15 Jahre lebte, hatte er gegen die Erniedrigung der indischen Minderheit durch die Weißen gekämpft und dabei eine neue Form des Widerstandes entwickelt, dessen Prinzip die Gewaltlosigkeit war (*satyagraha*, Macht der Wahrheit). Auch ständige gewaltlose Massendemonstrationen zeigen Macht und stellen eine Bedrohung dar. Auf diese Weise übertrug Gandhi den moralischen Rigorismus des indischen Denkens auf das Feld der Politik und vereinte so Arme und Reiche, die sich gemeinsam, aber gewaltlos gegen die Briten auflehnten.

Mit seiner Politik des *satyagraha* gelang es Gandhi in der Zeit zwischen den zwei Weltkriegen, ungeheure Menschenmassen zu mobilisieren, was in diesen Ausmaßen im 20. Jh. einmalig bleiben sollte. Gandhis Bewegung führte schließlich im Jahr 1947 zur indischen Unabhängigkeit. Dank dieses Erfolges nimmt Mahatma Gandhi bis heute im Herzen aller Inder nach wie vor einen zentralen Platz ein.

Das heutige Indien lässt sich nicht verstehen, wenn man sich nicht den Freiheitskampf unter Gandhi vor Augen hält, der die bedeutendste Kolonialmacht der Welt aus dem Land vertrieb. Dieser Kampf sollte die indische Gesellschaft von Grund auf verändern. Die Führer des Widerstandes schafften es, alle indischen Klassen und Religionsgemeinschaften für das gemeinsame Ziel der Unabhängigkeit zusammenzuschließen; miteinander protestierten Hindus, Muslime und Sikhs, die Reichen und die Armen, Industrielle, Händler, Handwerker und Bauern.

Doch war der Freiheitskampf nicht nur politisch motiviert, denn aus der alten kolonialen und feudalen Gesellschaftform sollte ein moderner Nationalstaat entstehen; das neue Fundament sollte nicht mehr die Landwirtschaft sein, sondern die Industrie.

Hindus und Muslime – die Teilung

Jede Münze hat zwei Seiten. Zwar war die Entlassung in die Unabhängigkeit am 15. August 1947 ein Triumph für das indische Volk, andererseits aber wurde zugleich der islamische Staat Pakistan abgetrennt, obwohl für ein vereintes Indien gekämpft worden war. Die Folgen dieses Fehlschlages sind noch heute in der indischen Innen- und Außenpolitik spürbar (z. B. in Bezug auf Kaschmir). Unruhen in den Grenzgebieten und die Gründung von Pakistan, zu dem damals auch Bangladesh gehörte, führten zu einer von tragischen Umständen begleiteten Massenflucht von 10 Millionen Menschen in beide neue Staaten. 250 000 Hindus, Sikhs und Muslime wurden dabei massakriert.

Nicht minder problematisch war die politische Integration der Fürstentümer, denen immerhin 40 % des Landes gehörten und deren Bewohner 20 % der Gesamtbevölkerung stellten. In Kaschmir etwa, im neuen Grenzgebiet zwischen Indien und Pakistan, herrschte ein Hindu-Raja über eine Muslim-Mehrheit – kriegerische Konflikte resultierten daraus und die bis heute andauernde unglückselige Teilung des landschaftlich reizvollen Bundesstaats mit seinem großen Tourismuspotential.

Gandhi hatte bis zuletzt versucht, zwischen dem Congress-Führer Nehru und dem Muslimführer Jinnah zu vermitteln, um Massaker und Indiens Teilung zu verhindern – vergeblich. Schließlich wurde Ghandi 1948 von einem Hindufanatiker umgebracht.

Die indische Verfassung

Die in nur vier Jahren ausgearbeitete Verfassung sieht vor, die einzelnen, sich durch ihre Sprache unterscheidenden Regionen und die religiösen Glaubensgemeinschaften zu einem Nationalstaat zusammenzufassen, doch gleichzeitig den Einzelstaaten eine gewisse Autonomie zu verleihen. Die Rechte der Minderheiten und der unteren Bevölkerungsschichten wurden in die Verfassung aufgenommen. Mut bewies man auch durch die Einführung des allgemeinen Wahlrechts in einer Gesell-

schaft, die in dieser Hinsicht keinerlei Erfahrung hatte.

So entstand eine parlamentarische Demokratie, in der der Nationalkongress (Congress) zur führenden Partei wurde. Er stellte den ersten Ministerpräsidenten Indiens, Jawaharlal Nehru, der von 1947 bis zu seinem Tod 1964 regierte. Außenpolitisch suchte er, obwohl theoretisch „blockfrei", angesichts der feindlichen Nachbarn China und Pakistan (das von den USA unterstützt wurde) die Nähe zur UdSSR.

Nach etwa anderthalb Jahrzehnten Unabhängigkeit hatte der Landadel einen großen Teil seines Besitzes abgeben müssen, besaß aber noch immer erheblichen politischen Einfluss. Ende der 50er Jahre bemühte man sich, durch Planwirtschaft und die Verstaatlichung der Schwerindustrie den Fortschritt voranzutreiben, während man gleichzeitig neue Anreize für die Privatwirtschaft schuf, die Handwerker und das Kunsthandwerk förderte und somit

Oben: Die erste Landung der Briten bei Surat (Radierung aus dem Jahr 1671).

durch nur geringfügige Investitionen Millionen von Arbeitsplätzen schuf.

Die Zeit nach Nehru

Zu einschneidenden sozialen Neuerungen kam es nach 1947 nicht. Als Nehru 1964 von der politischen Bühne abtrat, hinterließ er viele ungelöste Probleme. Während einerseits der extreme Feudalismus, der in der Vergangenheit die herrschende Gesellschaftsordnung gewesen war, zwar beschnitten werden konnte, saß andererseits die landbesitzende Klasse nach wie vor in den politischen Machtpositionen, da sich die unteren Schichten nicht zu organisieren wussten. Trotz Abschaffung des feudalen Großgrundbesitzes der Rajas wuchs die landwirtschaftliche Produktion nicht in dem erwarteten Maß; Großbauern und Landlose gab und gibt es weiterhin. Die Industrie konnte sich nicht ohne staatliche Hilfe über Wasser halten, das Wirtschaftswachstum stagnierte. Auch die indische Außenpolitik war schuld daran, die das Land zwang, einen großen Teil der Staatseinnahmen in

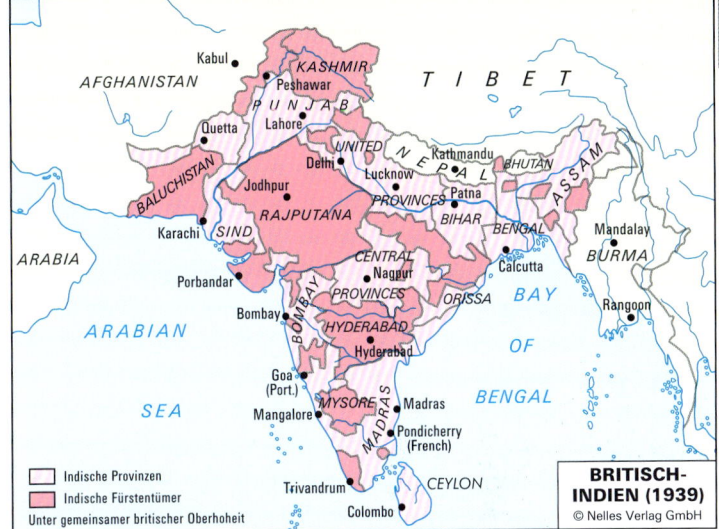

BRITISCH-
INDIEN (1939)
© Nelles Verlag GmbH

☐ Indische Provinzen
▨ Indische Fürstentümer
Unter gemeinsamer britischer Oberhoheit

die Rüstung zu stecken. Die Aufgabe, diese ungelösten Probleme in Angriff zu nehmen, fiel Indira Gandhi zu, der Tochter Nehrus.

Indira Gandhi

Die akute Krise der Landwirtschaft ließ Kassandrarufe laut werden, das Land sei bald nicht mehr in der Lage, seine ständig wachsende Bevölkerung zu ernähren. Der ursprüngliche Enthusiasmus der Industrie war längst verpufft, die unterdessen herrschenden Cliquen waren nur noch auf eigene Vorteile bedacht, und durch die wirtschaftliche Stagnation wurden wieder längst überwunden geglaubte Spannungen zwischen den Kasten und Glaubensgemeinschaften wach.

Die Regierung Indira Gandhis stützte sich auf die Ideen Nehrus, nur interpretierte sie diese radikaler. Indira Gandhi verfolgte einen eher sozialistischen Kurs mit Schwerpunkten bei der Verbesserung der Ernährungsgrundlagen und beim Aufbau der Industrie, verbunden mit wirtschaftlicher Abschottung nach außen und der Nutzung eigener Ressourcen. So prägte das Straßenbild jahrzehntelang der „Ambassador", Indiens Trabbi, im Verbund mit Tata-Bussen und Tata-Lkws – konstruiert zwar mit Hilfe (vorgestriger) ausländischer Lizenzen, gebaut jedoch mit einheimischen Kräften und Materialien.

Mit dem Slogan *Garibi Hatao* (Vernichtet die Armut!) machte man auf ein Programm aufmerksam, das im Grunde genommen keines war. Dennoch konnten Fortschritte erzielt werden: Die Banken wurden verstaatlicht, die letzten Spuren adliger Privilegien abgeschafft und die Landwirtschaft kräftig subventioniert; das Schlagwort von der „Grünen Revolution" war in aller Munde. Dank verbessertem Saatgut für Reis und Getreide, dem Einsatz von Kunstdünger, Pestiziden und moderner Bewässerungstechniken gelang es innerhalb eines Jahrzehnts, die gesamte Bevölkerung Indiens zu ernähren und darüber hinaus sogar noch landwirtschaftliche Überschüsse zu erwirtschaften.

Ende der 70er Jahre war das Experiment der großen sozialen Umstruktu-

rierung einigermaßen zum Abschluss gebracht. Die Säulen der neuen indischen Gesellschaft waren nun die großen Industriebetriebe. Indien hatte den Sprung ins Industriezeitalter vollzogen, eine eigene Atombombe getestet (1974) und die Geburtswehen der Demokratie überstanden.

Die Gandhis: Triumph und Tod

Die Reife der indischen Demokratie zeigte sich, als Indira Gandhi im Jahr 1975 die Verfassung außer Kraft setzte und mit Notstandsgesetzen das Land regieren wollte. Bei den darauffolgenden Wahlen gewann erstmals seit der Unabhängigkeit nicht die Kongress-Partei, sondern die geeinte Opposition mit dem Motto „Demokratie oder Diktatur". Trotzdem wählten die von der Opposition enttäuschten Wähler Indira Gandhi bei den nächsten Wahlen 1980 mit großer Mehrheit wieder zur Regierungschefin.

Oben: Mahatma Gandhi (Detail des Gandhi Denkmals von Kanniya Kumari).

Politisch hat Indien in den darauffolgenden Jahrzehnten einige Krisen erlebt. Indira Gandhi musste den von ihr 1984 befohlenen Sturm auf den heiligen Goldenen Tempel der Sikhs in Amritsar, wo sich militante Sikh-Separatisten verschanzt hatten, mit ihrem Leben bezahlen – ermordet von ihrer eigenen Sikh-Leibwache. In den anschließenden Ausschreitungen gegen Angehörige der Sikh-Religion wurde allein in Delhi rund 3000 Sikhs massakriert.

Nachfolger wurde ihr Sohn Rajiv Gandhi, der letzte Ministerpräsident der „Nehru-Dynastie". Nachdem er 1989 wegen Korruptionsvorwürfen abgewählt worden war, befand er sich 1991 mitten in einem erfolgreichen Wahlkampf, als auch er Opfer eines politisch motivierten Anschlages wurde, durch eine tamilische Selbstmordattentäterin. Seine Witwe Sonia Gandhi entschloss sich erst im Jahr 1997 der Kongresspartei beizutreten, ein Jahr später war sie bereits Parteivorsitzende. Im Jahr 2004 gewann die Kongresspartei unter ihrer Führung die Bundeswahlen.

2009 wurde die Kongresspartei mit

dem Premierminister Manmohan Singh im Amt bestätigt. Rahul Gandhi, der Sohn Sonia und Rajiv Gandhis, ist nun das neue junge Gesicht der Kongresspartei.

Liberalisierung der Wirtschaft führt zum Boom

Das bedeutende Erbe Rajiv Gandhis war es, erste Schritte zur Liberalisierung der indischen Wirtschaft eingeleitet zu haben. Sein Nachfolger Narasimha Rao setzte diese Politik von 1992 an zusammen mit dem damaligen Finanzminister Manmohan Singh fort. Seit dem gab es kein Zurück. Indiens Umgestaltung zur modernen Industriegesellschaft hat im letzten Jahrzehnt zunehmend an Fahrt gewonnen – seitdem zählt das Wirtschaftswachstum Indiens zu den stärksten weltweit.

Zugpferde dieser Entwicklung sind der sehr gut ausgebildete Mittelstand und der Boom der Software-Industrie. Jedes Jahr machen 1 Million Studenten an den technischen Hochschulen Indiens ihren Abschluss: Das sind zehnmal mehr als in den USA und Europa zusammen!

Die ausländischen Investitionen vervielfachten sich besonders vom Beginn des 21. Jahrhunderts an, was einen Boom an der Börse in Mumbai bewirkte: Von September 2001 stieg der Index der Börse von knapp 2600 Punkten bis auf 21000 Punkte im Januar 2008. Unter den acht reichsten Menschen der Welt waren laut Forbes-Magazin nun vier Inder!

Der wirtschaftliche Aufschwung blieb nicht nur auf die Software-Branche und Call-Center beschränkt, sondern kam in allen Bereichen zum Zug. So wuchs etwa die Zahl der Mobiltelefonbenutzer von 2000 bis 2005 von 1 Mio. auf 100 Mio Inder. Diese wirtschaftlichen Veränderungen haben auch zu einem moderneren Erscheinungsbild Indiens geführt, was sich, besonders in den Städten, an neuen Autos,

zeitgemäßer Architektur, riesigen Shopping Malls, westlich moderner Kleidung oder neuen Highways erkennen lässt. Schicke Geschäfte, Boutiquen und Restaurants zeugen vom wachsenden Wohlstand des Mittelstandes.

Die fast überhitzte Phase des Wirtschaftswachstums wurde dann von hoher Inflation und deren negativen Auswirkungen für die am Boom wenig beteiligte Landbevölkerung überschattet. Erst die weltwirtschaftskrisenähnliche Situation 2008 ließ die Börse merklich abkühlen.

Großen Nachholbedarf hat Indien weiterhin bei der Verbesserung der Lebensverhältnisse der über 300 Mio. Armen, die einen Großteil der Landbevölkerung ausmachen – die Lebensbedingungen für Kleinbauern, Pächter und landlose Tagelöhner sind nach wie vor miserabel. Auch beim Umweltschutz liegt viel im Argen.

Nachholbedarf besteht auch bei der Modernisierung der maroden Infrastruktur. So freut sich die europäische Flugzeugindustrie über Rekordbestellungen aus Indien für modernste Passagiermaschinen, während die indische Mittelschicht eine immer kaufkräftiger werdende Zielgruppe für Autofirmen abgibt. Preiswerte Kleinwagen wie der Nano aus dem indischen Tata-Konzern sollen die stetig wachsende Nachfrage bedienen. Jedoch hinkt der Straßenneubau dieser Entwicklung noch hinterher.

Seinem übermächtigen Nachbarn und Rivalen China gegenüber hat Indien den Vorteil eines auf Englisch basierenden Bildungssystems, der Rechtssicherheit und demokratischer Strukturen. Chinas wirtschaftlicher Vorsprung als „Fabrik der Welt" erscheint auf absehbare Zeit zwar uneinholbar. Aber Indien kann und möchte China nicht einfach kopieren, sondern mit seinem gut ausgebildeten Nachwuchs nun der „Schreibtisch der Welt" werden – der „Indische Elefant" jagt den „Chinesischen Drachen".

Eine neue politische Landschaft

Zu Beginn der 1990er Jahre verlor die Kongresspartei ihre dominante Stellung in der indischen Politik: Korruption und Machtmissbrauch begünstigten den Wunsch nach Wechsel und trieben die Wähler in die Arme der Opposition. Nachdem Anfang der Neunziger Jahre eine linke Regierungskoalition den Kongress verdrängt hatte, erstarkte bald die im rechten Spektrum angesiedelte indische Volkspartei BJP, die auch mit religiös besetzten populistischen Argumenten Wähler mobilisierte.

Seitdem ist die politische Stimmung Indiens auch durch zunehmenden Hindu-Nationalismus gekennzeichnet, der sich v. a. gegen die angeblich bisher bevorzugte muslimische Minderheit wendet. Neben der BJP gelang es auch der in Maharashtra beheimateten Shiv Sena, mit populistischen Slogans gegen Minderheiten, u. a. gegen Christen, erfolgreich zu sein. Die Bundeswahl 1998 gewann die BJP aber wegen ihres als integer und gemäßigt geltenden Spitzenkandidaten Atal Bihari Vajpayee, der als Premierminister Indien ins 21. Jh. führen konnte. Er setzte die wirtschaftlichen Reformen fort und beschleunigte den Ausbau der Infrastruktur.

Diese bei der Mittelschicht willkommene Politik seiner Regierung veranlasste Vajpayee 2004, vorgezogene Wahlen anzuberaumen. Die Kongresspartei mit ihrer aus Italien stammenden Spitzenkandidatin Sonia Gandhi, der Witwe Rajiv Gandhis, schien keine Chance zu haben – und gewann doch diese Wahl. Anfeindungen wegen ihrer italienischen Abstammung ließen sie jedoch auf das Amt des Premierministers verzichten, das sie Manmohan Singh überließ, einem Sikh und Wirtschaftsfachmann, der bereits 1992 als Finanzminister die Liberalisierung der indischen Wirtschaft eingeleitet hatte.

Doch die politische Landschaft Indiens ist zunehmend am Zersplittern.

Oben: Verehrung von Kühen in Hindutempeln – für indische Muslime Götzenanbetung. Rechts: Mit der Parade am Republic Day in Delhi (26. Januar) feiert Indien seine Unabhängigkeit und militärische Stärke.

Immer mehr Bundesstaaten werden von Regionalparteien regiert, so gewann die für die Rechte der Kastenlosen kämpfende BSP mit ihrer Parteivorsitzenden Kumari Mayawati 2007 die Wahlen im bevölkerungsreichsten Bundesstaat Uttar Pradesh. Auch die in Westbengalen regierende Kommunistische Partei hat eher den Charakter einer Regionalpartei. Eine noch stärkere Zunahme können die Regionalparteien in Südindien verzeichnen. Wegen dem Erstarken der Regionalparteien können in Delhi seit langem nur noch Koalitionen regieren.

Das von Manmohan Singh und der Kongresspartei vorangetriebene Abkommen zur nuklearen Zusammenarbeit mit den USA führte zur Aufnahme Indiens in den Club der Atommächte.

Die Festigkeit der indischen Demokratie zeigt sich auch in der Wahl der letzten drei Präsidenten des Landes wider: K.R. Narayan, ein Jurist und Diplomat aus Kerala, war ein Angehöriger der Unberührbaren-Kaste, die hindunationale BJP-Regierung machte Abdul Kalam, einen muslimischen Physiker, zum Präsidenten, und 2007 wurde mit Pratibha Patil erstmals eine Frau Präsidentin von Indien.

Indien und Pakistan: Zwei Atommächte im Dauerkonflikt

Ein gewichtiger Grund für die zunehmende Spaltung der indischen Gesellschaft und die Stimmengewinne der hindunationalen Parteien sind die Bedrohung durch muslimische Terroristen und die daraus resultierenden Spannungen mit Pakistan.

Seit der mit der Unabhängigkeit einhergehenden Teilung des indischen Subkontinents in Pakistan und Indien schwelt der Konflikt um Kaschmir. Nachdem Pakistan Freischärlerverbände einmarschieren ließ, erklärte der auf eine Unabhängigkeit spekulierende Maharaja von Kaschmir seinen Beitritt zur indischen Union und bat um militärische Hilfe. Indische Truppen vertrieben daraufhin die Invasoren aus dem Kaschmirtal, während Pakistan den Westen des Landes behielt. Diese von Pakistan nicht akzeptierte Teilung Kaschmirs war 1965 erneut Kriegsgrund zwischen den beiden Staaten.

Internationale Mujahedin erklärten von den späten 80er Jahren an die „Befreiung" Kaschmirs zum heiligen Krieg, der auch von Terrororganisationen wie Al Kaida unterstützt wird. Als Hintermänner und Geldgeber des islamistischen Terrors beschuldigt Indien ferner das Nachbarland Pakistan. Von dessen Gebiet aus agieren radikale Befreiungsbewegungen ungehindert, teilweise sogar mit staatlicher Unterstützung.

Gegen Ende des 20. Jh. veränderte sich die Qualität des Konfliktes mit Pakistan im wörtlichen Sinn mit einem Knall: Indien, das bereits 1974 einen erfolgreichen Atombombentest durchgeführt, auf die Herstellung von Atomwaffen jedoch verzichtet hatte, fühlte sich durch den 1996 vereinbarten Atomwaffensperrvertrag diskriminiert. Dadurch war festgeschrieben, dass nur China eine legitime Atommacht in Asien sein sollte. Die BJP Regierung unter Atal Bihari Vajpayee führte daraufhin im Mai 1998 einen erneuten, erfolgreichen Atomwaffentest durch, woraufhin Pakistan die Existenz seiner „islamischen Bombe" offenbarte.

Anschließend versuchten beide Länder zwar ihre Spannungen abzubauen, doch Hardliner in Pakistans Armee vereitelten diese Friedensbemühungen durch die Besatzung indischen Territoriums entlang der „LoC" (Line of Control) genannten Grenze. Die Folge war der Kargil-Krieg 1999, der angesichts der nuklearen Optionen beider Länder mit dem Abzug der pakistanischen Truppen ein glimpfliches Ende fand.

Terroristische Bedrohung

Zugleich verschärften sich die Angriffe von Islamisten auf zivile Ziele. Ein erster Höhepunkt war die versuchte

Rechts: „Bollywood" – die Filmstudios von Mumbai, produzieren mehr Filme als Hollywood. „Veer und Zaara" mit R. Mukerji und S. Khan war ein internationaler Blockbuster.

Erstürmung des indischen Parlaments durch ein Selbstmordkommando. Wenige Monate später kam es in Gujarat zu blutigen Ausschreitungen zwischen Hindus und Muslimen, bei denen über 1000 Menschen, darunter 790 Muslime, ihr Leben verloren. Ein muslimischer Mob hatte zuvor einen mit Hindupilgern besetzten Zugwaggon von außen verriegelt und in Brand gesteckt, wobei 58 Hindus – darunter über die Hälfte Frauen und Kinder – ums Leben gekommen waren. Nur ein halbes Jahr später starben 34 Menschen im gleichen Bundestaat, als islamistische Terroristen in einem großen hinduistischen Tempelkomplex wahllos Feuer auf die Pilger eröffneten. 2003 starben bei einer Bombenanschlagsserie allein in Bombay (Mumbai) über 50 Menschen.

In den folgenden Jahren blieb der islamistisch motivierte Terrorismus eine tödliche Bedrohung und es gab alljährlich Anschläge mit hunderten Toten. Weltweit sind in Indien – nach dem Irak – in den letzten Jahren die meisten Terroropfer zu beklagen.

Tragischer Höhepunkt dieser Terrorserie waren die Anschläge in Bombay am 26.11.2008, bei denen zehn aus Pakistan stammende Terroristen in den bekanntesten Luxushotels der Stadt, einem Straßencafé, dem Hauptbahnhof, einem Frauen- und Kinderkrankenhaus, einem Kino und einem jüdischen Zentrum ein Massaker veranstalteten, dem 173 Menschen zum Opfer fielen.

Obwohl die Spuren der Attentäter auf Unterstützung aus Pakistan hindeuteten, widerstand Indien der Versuchung, die pakistanische Regierung für das Massaker zur Rechenschaft zu ziehen. Die deshalb von der Opposition als zu weich und moslemfreundlich geschmähte Regierungspartei gewann trotzdem überraschend die anstehenden Wahlen in drei Bundesstaaten, was ein Zeichen für die Besonnenheit indischer Wähler ist; außerdem gab es weder in Bombay noch sonstwo in Indien Ausschreitungen gegen Muslime.

Doch der islamistische Terror ist nicht die einzige Bedrohung von Indiens Sicherheit: Maoistische Rebellen töteten allein im Jahr 2008 über 650 Menschen – eine sehr ernstzunehmende Gefahr. Die sich Naxaliten nennenden Guerillakämpfer sind militärisch organisiert und haben ihre Hochburgen in ländlich abgelegenen Gegenden der Bundesstaaten Westbengalen, Jharkhand, Bihar, Orissa und Chhattisgarh.

Weitere Terrorgruppen sind in Assam und im Nordosten aktiv. Die ULFA genannte Befreiungsbewegung für Assam kämpft für einen unabhängigen Staat und gegen die Übervölkerung ihrer Heimat durch illegale Zuwanderer, vor allem aus Bangladesh.

2011 kam es wieder zu islamistischen Anschlägen in Bombay und Delhi.

Die größte Demokratie der Welt

Trotz dieser immensen Probleme sind in Indien die demokratischen Strukturen nie ernsthaft in Frage gestellt worden. Anders als im großen Rest Asiens hat das Militär in Indien nie eine politische Rolle gespielt, sondern sich immer als Instrument einer demokratisch legitimierten Regierung begriffen. Dadurch konnte sich Indien zu einer stabilen Demokratie mit 3800 unzensierten Tageszeitungen entwickeln. Das Erfolgsgeheimnis der indischen Demokratie ist, dass sie nicht einfach vom Westen übernommen, sondern indischen Gegebenheiten angepasst wurde und nun zum indischen Selbstverständnis gehört; in einer Zeit, zu der nicht nur in Asien die Demokratie angesichts des wirtschaftlich höchst erfolgreichen autoritären chinesischen Modells unter Druck gerät und der erfolgreiche „Export" von Demokratie – wie etwa in den Irak – zweifelhaft erscheint, ist dies für viele Teile der Welt ein Hoffnungsschimmer.

2009 wurde erneut gewählt und – direkt nach den Terrorattacken von Bombay – der besonnene Premierminister Manmohan Singh von der Kongresspartei im Amt bestärkt. Indien konnte sich zu Recht als größte Demokratie der Welt feiern lassen und bot 2010 sogar dem Erzfeind Pakistan Hilfe bei dessen Flutkatastrophe an. Zugleich aber bekämpften indische Soldaten mit großer Härte Unruhen im geteilten Kaschmir – dem Zankapfel der beiden Atommächte. 2011 kam es an der LOC wieder zu Grenzscharmützeln mit Pakistan. 2012 gab es Unruhen in Assam, wo die Bodo nach Unabhängigkeit streben.

Unberührbare im modernen Indien

Obwohl das wirtschaftsstarke moderne Indien viele Probleme auf dem Weg ins 21. Jh. bewältigt hat, ist es noch alten Traditionen wie den Kasten verhaftet. Das Kastensystem diente ursprünglich als eine Art Sozialversicherungssystem, das den Großfamilienzusammenhalt – ähnlich dem europäischen Zunftwesen im Mittelalter – auf die Berufsgruppe und die ethnische Gemeinschaft ausdehnte. Die Staffelung der Stände erfolgte nicht nach materiellem Wohlstand oder politischer Macht, sondern nach ritueller Reinheit. Dementsprechend befinden sich oben die Brahmanen mit ihrer Tätigkeit als Priester und außerhalb dieser Ordnung die unreinen mit Tod und Schmutz in Beziehung stehenden Berufsgruppen. Dazwischen die Könige und Ritter (Kshatriyas), Händler und Bauern (Vaishyas), Arbeiter und Dienstboten (Shudras).

Diesem System der *varnas* („Farben"), das noch aus der Zeit der Einwanderung der Arya auf dem Subkontinent stammt, gaben die Portugiesen den Namen *casta*. Viel bedeutsamer für das gesellschaftliche Leben bis in die heutige Zeit sind allerdings Aufspaltungen dieser *varnas* in *jatis* („Geburtskasten"), deren Namen wie z. B. Sharma oder Patel oft als Familienname verwendet werden. Diese Jatis spielen heute noch eine Rolle bei der arrangierten Verheiratung. Überschreitungen der Kastengrenzen können in ultraorthodoxen Familien gerade der unteren Mittel-

klasse noch immer zu Ausschreitungen und Tragödien führen.

Bereits Mahatma Gandhi kämpfte aufgrund von Erfahrungen von Diskriminierung, die er als junger Mann im Apartheid-geprägten Südafrika erlebte, gegen die innerindische Diskriminierung aufgrund von Kastenzugehörigkeiten. Daher nannte er Kastenlose nicht mehr ‚Unberührbare', sondern *harijans* – „Kinder Gottes". Während Mahatma Gandhis Kampf aber der eines religiösen Humanisten war, wurde Dr. Ambedkar politisch gegen diese Diskriminierung aktiv. Er selbst wuchs als *dalit* („Unterdrückter", die Bezeichnung, die Kastenlose heute selbst wählen) auf, konnte jedoch dank eines brahmanischen Gönners Jura studieren und gilt als einer der Väter der indischen Verfassung. In dieser ist verankert, dass niemand aufgrund seiner Kasten-, Stammes- oder Geschlechtszugehörigkeit diskriminiert werden darf und dass Verstöße dagegen strafbar sind.

Die indische Regierung versucht, durch Quotenregelungen für staatliche Stellen oder Bildungseinrichtungen für mehr soziale Gerechtigkeit zu sorgen: 50 % der Plätze in staatlichen höheren Bildungseinrichtungen und der Beamtenstellen sind daher nun Kastenlosen und anderen niedrigen Kasten (OBC „other backward classes") vorbehalten. Dies hatte Proteste höherer, aber auch einiger niedriger Kasten zur Folge, die nun ihre Kaste als OBC anerkennen lassen wollten, um auch von der Quotenregelung für Unterprivilegierte profitieren zu können. Ebenso protestierten mittellose Brahmanen, die zwar den rituell höchsten Rang in der alten Kastenordnung besaßen, in der modernen Gesellschaft außerhalb des Tempeldienstes aber verarmt waren. Nicht zuletzt protestierte der Mittelstand, der bei der hohen Quote eine Gefährdung des Leistungsprinzips sah, weil die eigenen Kinder bei gleicher Leistung ohne Stelle bleiben könnten. Mayawati, die Vorsitzende der Bahujan Samaj Party

Rechts: Indien im dritten Jahrtausend – die IT-Branche boomt, aber die Kastenzugehörigkeit spielt noch immer eine Rolle.

(BSP), einer Partei für die Belange Kastenloser und Niedrigkastiger, und Tochter einer Dalit-Familie, die seit 2007 politisch sehr erfolgreich ist, setzt sich nun auch für mittellose Brahmanen ein.

Zur Situation der Frau heute

Obwohl eine 33 Prozent-Frauenquote für das Unterhaus des indischen Parlaments vielleicht bald Realität wird, Indien 2007-12 eine Staatspräsidentin hatte, mit Sonia Gandhi eine Frau hinter der mächtigen Kongresspartei steht und mit Mayawati an der Spitze der BSP eine weitere Frau die politische Landschaft mitbestimmt, sehen die Sozialdaten im patriarchalisch geprägten Nordindien nicht rosig aus. Weiterhin gibt es in Indien kein ausgeglichenes Mann-Frau Verhältnis und werden weibliche Föten nach Ultraschall-Geschlechtsbestimmung, obwohl diese verboten ist, oft per Pille abgetrieben – ein Phänomen besonders der neuen Mittelschicht-Kleinfamilie, die lieber konsumieren bzw. in die Ausbildung ihres Nachwuchses investieren will und

wo der Ehemann nur ein Kind möchte – einen Sohn, was ökonomisch sinnvoller erscheint. So kommen in Delhi heutzutage auf 1000 neugeborene Jungen nur noch 860 Mädchen.

Frauen erhalten bei gleicher Tätigkeit oft weniger Lohn als Männer und müssen auf dem Land oft körperliche Schwerarbeit für eine Zusatzeinkunft der Familie verrichten, etwa im Steinbruch. Bildung und ein gutes eigenes Einkommen können einer Frau niedriger Herkunft heutzutage jedoch zu einem besseren sozialen Status verhelfen.

In der patriarchalischen Dorfgemeinschaft wird die Geburt eines Sohnes – gerade in den traditionell geprägten armen Bundesstaaten des nördlichen Indien wie Haryana – noch immer freudiger begrüßt als die eines Mädchens, da der Sohn im Haus der Eltern bleibt und eine Frau anheiratet, während die Tochter ihre Familie verlassen und zur Familie des Ehemannes ziehen wird. Zudem ist trotz des Verbots von Mitgift diese als Bedingung für die Verheiratung eines Mädchens noch weit verbreitet und oftmals ruinös für die Brauteltern.

1 Himachal Pradesh	
2 Uttaranchal	
3 Haryana	
4 Jharkhand	
5 Chhattisgarh	

DIE FRUCHTBAREN EBENEN DES NORDENS

**DELHI
HARYANA
PUNJAB
UTTAR PRADESH
AUF BUDDHAS SPUREN**

Delhi 2

★DELHI

★**Delhi ❶** ist mit über 17 Mio. Einwohnern eine der größten Städte der Welt. Von den vielen erst in der Kolonialhandelszeit begründeten Megastädten Asiens wie Hongkong, Mumbai oder Bangkok unterscheidet sich Delhi jedoch – ähnlich wie Beijing – durch eine jahrtausendealte Stadtgeschichte. Neu-Delhi verdankt seine Entstehung zwar ebenso wie Madras, Mumbai oder Kolkatta erst britischen Kolonialherren, aber Neu-Delhi ist nur die letzte von mindestens acht, heute noch im Stadtgebiet nachzuweisenden historischen Stadtgründungen Delhis.

Des weiteren ist Delhi von seiner Rolle als Hauptstadt geprägt: Während Mumbai (Bombay) mit Börse, Bollywood und einer ständig wachsenden Skyline am Meer protzt oder das kommunistisch regierte Kolkatta sich gerne als die Stadt der Intellektuellen, der Schriftsteller und unabhängigen Filmemacher darstellt, so ist Delhis Flair vor allem durch Botschaften, Beamte und Politiker geprägt.

Neu-Delhi überrascht die meisten Besucher mit großartigen islamischen Sehenswürdigkeiten wie dem Grabmahl Humayuns oder dem Qutab Minar, britisch-kolonialem Charme und einer im sonstigen Asien kaum anzutreffenden großzügigen, modernen Stadtplanung: breite Straßen mit ebenso breiten Gehsteigen, grüne Alleen und gepflegte Parks.

Alt-Delhi hingegen ist die Stadtgründung des Mogulkaisers Shahjahan und besteht neben dem Roten Fort und der berühmten Freitagsmoschee vor allem aus einem scheinbar im Verfall befindlichen Labyrinth überfüllter Basare und mittelalterlich anmutender Gassen voller orientalischer Geschäftigkeit.

Das „Tor nach Indien"

Delhi ist seit mindestens 3000 Jahren mehr oder weniger ununterbrochen besiedelt. Allein seit der islamischen Eroberung Nordindiens Ende des 12. Jh. gab es acht Stadtgründungen auf dem Gebiet des heutigen Delhi. Dessen historische Bedeutung beruht auf seiner geostrategischen Lage als „Pforte nach Indien": Seit alters her waren einwandernde Eroberer von Zentralasien über den Hindukusch auf den indischen Subkontinent gezogen: Den Arya-Stämmen vor 3500 Jahren folgten Skythen, Hunnen und schließlich islamische Eroberer. Nachdem diese den Punjab durchquert hatten, bildeten das Araval-

Vorherige Seiten: Die Ghats von Varanasi ziehen seit über 2000 Jahren Pilger aus ganz Indien an. Links: Das Qutab Minar in Delhi, begonnen 1199 unter Qutabuddin.

li-Gebirge im Südwesten sowie die Ausläufer des Vorhimalayas im Norden eine letzte natürliche Hürde vor der breiten, fruchtbaren Gangesebene, die sich weit nach Osten erstreckt. Die Yamuna durchbrach einst diese Barriere und öffnete so die „Pforte nach Indien", über die seit alter Zeit Delhi wacht.

Die acht historischen Stadtgründungen

Von den vorislamischen Stadtgründungen in Delhis Stadtgebiet ist kaum etwas erhalten. Einzige Zeugen dieser Zeit sind eine Felsinschrift des Maurya-Kaisers Ashoka (3. Jh. v. Chr.), seine beiden Steinsäulen, die rund 1600 Jahre alte, nichtrostende Eisensäule im Hof der Moschee im Qutab-Komplex und die dort als Baumaterial verwendeten Tempelsäulen aus der Rajputenstadt Quila Rai Pithora.

Indische Historiker vermuten in der Nähe des heutigen Purana Quila den Standort der legendären Pandava-Hauptstadt Indraprastha, einer der Orte des Geschehens aus dem großen Hindu-Epos *Mahabharata*. Dort gefundene grau bemalte Töpferware bestätigt immerhin die Besiedelung dieser Gegend vor rund 3000 Jahren.

Ein klareres Bild ergibt sich erst vom Ende des 10. Jh. n. Chr. an, als sich die Tomar-Rajputen in den Aravalli-Hügeln südlich von Delhi niederließen. Die hoch aufragenden Felsen dienten als Zufluchtsstätte, von den Rajputen „Dhilli" oder „Dhillika" genannt. Mit den Befestigungsanlagen von **Lal Kot** schuf der König Anangpal das Herzstück der ersten der acht Städte Delhis. Die Chauhan-Rajputen eroberten später Delhi und entrissen es den Tomars. Prithviraj III., auch bekannt als Rai Pithora und berühmt wegen der erbitterten Schlachten, die er sich mit den islamischen Erobe-

rern lieferte, erweiterte Lal Kot um massive Festungsmauern; **Qila Rai Pithora** wurde so zur ersten Stadt Delhis.

Prithviraj herrschte, als die Truppen des Mohammed von Ghor in Indien einfielen, er starb während der zweiten großen Schlacht 1192. Mohammed kehrte nach Afghanistan zurück und hinterließ als Vizekönig seinen Sklaven Qutabuddin Aibak, der sich 1206 zum ersten Sultan von Delhi krönte. So wurde Delhi zur Hauptstadt der ersten „Sklaven-" oder „Mamluken"-Dynastie, der ersten islamischen Dynastie, die über ganz Nordindien herrschte. Die Quwwat-ul-Islam-Moschee im **Qutab-Minar-Komplex** erbaute er *in situ* aus den Trümmern der eroberten Rajputenstadt Quila Rai Pithora und ihren zerstörten Tempeln.

Die über sechs Jahrhunderte während islamische Herrschaft über Delhi ist heute in einer Fülle islamischer Baudenkmäler offensichtlich. Das gemeinsame Gebet im islamischen Glauben erforderte ein völlig anderes Architekturkonzept für die Gottesverehrung als der Hindu-Tempel. Die Moschee hat dafür einen weiträumigen Hof mit einer großen Gebetshalle, die gen Mekka ausgerichtet ist, was in Indien westwärts bedeutet. Der *mihrab* ist eine Gebetsnische in der Wand der Moschee, die diese Richtung anzeigt (*kiblah*). Der Innenhof *(sahn)* mit Wasserbecken für die rituellen Waschungen ist meist von Bogengängen umgeben. In der Architektur der Moschee darf das Minarett (*minar*) nicht fehlen, von dem aus die Gläubigen zum Gebet gerufen werden.

Da die Muslime ihre Toten begruben und nicht verbrennen, führten sie die Grabstätte ein, die im wesentlichen aus einer Kammer mit einem Kuppeldom und einem Kenotaph in der Mitte, einem *mihrab* in der westlichen Wand und dem Grab der unterirdischen Kammer (*maqbara*) besteht.

Alauddin Khilji, der Begründer der gleichnamigen Dynastie, legte im Jahr 1304 den Grundstein zur zweiten Stadt

Rechts: Blick auf Alt-Delhi von der 1644-1658 erbauten Mogulmoschee Jama Masjid.

von Delhi, **Siri**. Von Siri ist jedoch wenig übriggeblieben. Zeitgenössische Geschichtsschreiber berichten, dass in dieser Zeit Delhi „von Bagdad beneidet wurde, mit Kairo wetteiferte und Konstantinopel ebenbürtig war".

1321 kamen die Thughlaqs auf den Thron. Ghiyasuddin, der erste Sultan, gründete **Tughluqabad**, 8 km östlich des Qutab-Minar-Areals, als dritte Stadt Delhis, von der heute noch ein weitläufiges Ruinengelände mit imposanten Festungsmauerresten zeugt.

Ghiyasuddins Nachfolger, Muhammad bin Tughlaq, erbaute bereits im Jahr 1325 die vierte Stadt Delhis, **Jahanpanah**, die im wesentlichen aus einer befestigten Anlage in der Nähe des Qutab Minar, zwischen Siri und Qila Rai Pithora, bestand. Sie ist größtenteils unter Neubauvierteln verschwunden.

Muhamad bin Tughlaq beschloss nach nur zwei Jahren, die Hauptstadt seines Großreiches von Delhi 1000 Kilometer weit in den Süden auf den Dekkan zu verlagern, nach Daulatabad. Mongoleneinfälle und Aufstände brachten Muhamad bin Tughlaq jedoch schon bald wieder zurück nach Delhi. Sein Cousin und Nachfolger Firuz Shah Tughlaq schuf im Jahr 1351 die fünfte Stadt Delhis, Firuzabad, heute unter dem Namen **Feroz Shah Kotla** bekannt. Sie liegt 2,5 km nordöstlich des Connaught Place; unter den wenigen erhaltenen Gebäuden dieser Zitadelle ist eine Moschee, in der Timur gebetet haben soll, während seine Soldaten die Bevölkerung Delhis massakrierten: Der Tod von Shah Firuz hatte ein Machtvakuum hinterlassen, das den Mongolen Timur im Jahr 1398 nach Delhi lockte. In nur 15 Tagen eroberte er Delhi und hinterließ eine vollkommen geplünderte, zerstörte und für Monate nahezu menschenleere Stadt.

In der folgenden Zeit der Sayyid- und Lodi-Herrschaft stagnierte daher erstmals das vorher enorme Wachstum Delhis. Es wurde kaum Neues gebaut; als bedeutende Werke der Architektur entstanden lediglich Grabmäler. Die eindrucksvollsten stehen in den Lodi-Gärten, der grünen Lunge Delhis.

Das nächste Jahrhundert war Zeuge einer Blütezeit der indo-islamischen

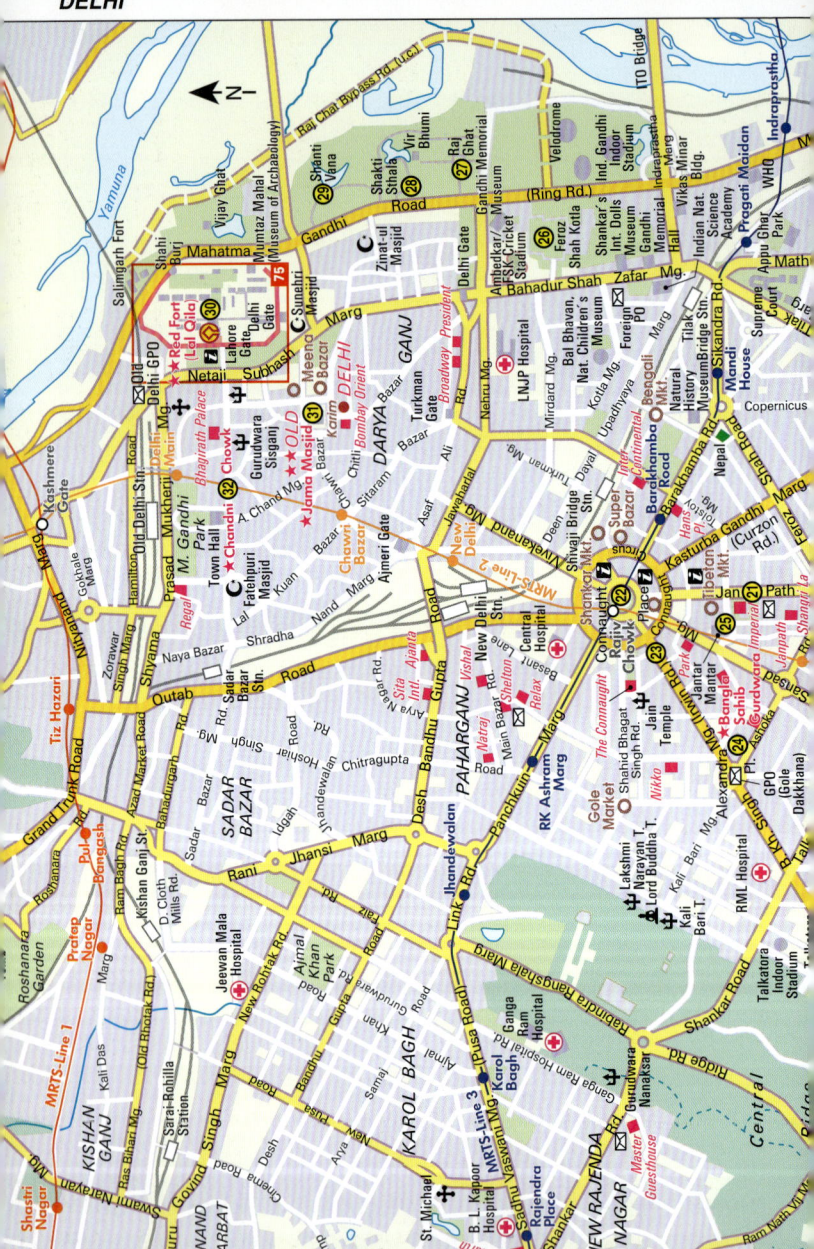

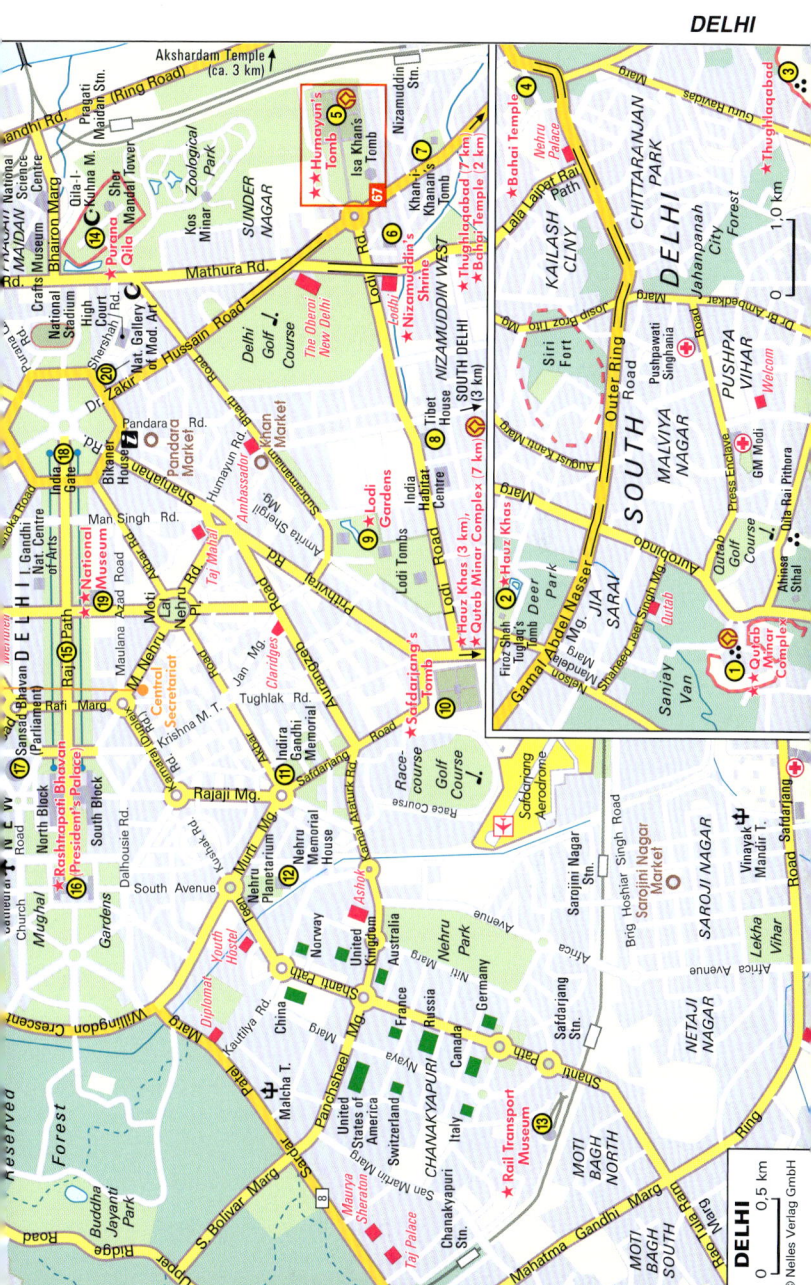

DELHI

Kultur, die mit der Geburt und dem Aufstieg der Moguldynastie einherging. 1526 wurde der letzte Lodi-Herrscher von Babur besiegt, dem Gründer des Mogul-Reiches. In alter Mongolentradition bevorzugte Babur das Nomadenzelt und hinterließ in Delhi keine architektonischen Spuren. Als 1530 sein Sohn Humayun den Thron bestieg gründete er **Dinpanah**, die sechste Stadt Delhis mit dem **Purana Qila** als Zitadelle. Die dort heute noch erhaltenen Ruinen sind jedoch vor allem dem Afghanen Sher Shah Sur zu verdanken, der Humayun zeitweise entthronte. An dem Ort von Humayuns Stadt erbaute er in der Zeit von 1538 an seine Hauptstadt **Shergarh**.

Der Urenkel Humayuns erbaute schließlich im Jahr 1639 die siebte Stadt Delhis, das nach ihm benannte **Shahjahanabad**, das heutige Old Delhi. Als Zitadelle begründete er dort das Rote Fort und unweit davon die große Freitagsmoschee.

Die achte und letzte Stadtgründung fand im 20. Jh. statt, als die Briten im Jahr 1911 **New Delhi** zur Hauptstadt von British India ausriefen. Das prachtvolle Regierungsviertel, der Gartenstadtcharakter Neu-Delhis mit seinen Beamtenbungalows und dem runden Connaught Place mit seinen vielen Geschäften prägen bis heute das Stadtbild. Doch schon wenige Jahrzehnte später war die britisch-imperiale Pracht Geschichte und Neu-Delhi die Hauptstadt des unabhängigen Indien.

SÜD-DELHI

★★Qutab Minar

Die beeindruckendsten Überreste der frühen islamischen Baukunst können im **★★Qutab-Minar-Areal** ①, 12 km südlich des Connaught Place, dem Zen-

Rechts: Säulenumgang der Quwwat-ul-Islam, der ältesten Moschee Indiens (im Qutab-Minar-Areal).

trum New Delhis, besichtigt werden. Nachdem Qutabuddin **Qila Rai Pithora** erobert hatte, ließ er hier, noch bevor er Sultan wurde, die Quwwat-ul-Islam-Moschee (Macht des Islam) errichten. Sie ist heute die älteste erhaltene Moschee Indiens. Qutabuddin verwendete für den Bau Säulen und Steine von 27 hier zerstörten Hindutempeln der Rajputen-Hauptstadt.

1199 legte Qutabuddin auch den Grundstein zum **★★Qutab Minar** (Bild S. 58, UNESCO-Weltkulturerbe), dem höchsten und prachtvollsten Steinturm in der islamischen Welt. Von einer 14,32 m^2 großen quadratischen Basis erhebt er sich 72,5 m hoch, wobei er sich nach oben bis auf 2,75 m^2 verjüngt. Qutabuddins Schwiegersohn und Nachfolger Iltutmish vollendete das Minar. Nur die unteren drei Stockwerke stammen aus der Gründerzeit, die oberen beiden ließ Firuz Shah Tughluq im 14. Jh. aufsetzen, nachdem ein Blitzschlag den Turm beschädigt hatte. Wahrscheinlich erhöhte er dabei das Minar und setzte anstelle ursprünglich eines obersten Stockwerks zwei auf, die sich sowohl vom Baumaterial als auch in ihren Proportionen vom unteren Teil unterscheiden. Es ist eines der größten islamischen Bauwerke aller Zeiten und ein Wahrzeichen Delhis. Heute ist es Touristen allerdings nicht mehr erlaubt, auf den Turm hinaufzusteigen.

Die Bauwerke rund um Qutab Minar stammen aus verschiedenen Zeiten und Dynastien. Nach dem Eingang im Nordosten der Anlage sticht als erstes der unvollendete **Alai Minar** ins Auge: Er stammt aus der Zeit Alaud-din Khiljis und sollte den Qutab Minar noch an Größe übertreffen, ist aber nie über das unterste Stockwerk hinaus gekommen.

Dahinter, nordwestlich der Moschee, liegt das im Inneren mit geometrischen Mustern und Arabesken fein verzierte **Grab des Iltutmish**, das sich dieser Herrscher 1235 erbauen ließ. Es ist nach drei Seiten offen, im Westen befinden sich drei, mit Koraninschriften

wunderschön verzierte Gebetsnischen, als Material für den Kenotaph verwendete er erstmals weißen Marmor.

Die ****Quwwat-ul-Islam-Moschee** wurde zweimal erweitert, die erste Verlängerung der fein verzierten Gebetsmauer unter Iltutmish ist bereits südöstlich von seinem Grab sichtbar. Die ursprüngliche Moschee besitzt einen rechteckigen Grundriss von 65,2 m x 45,4 m und ist von einem Kreuzgang umgeben. Dessen Säulen sind ebenso wie die Kuppeln der Überdachung Spolien aus alten Hindu- und Jaintempeln. Die Gebetsmauer im Westen besticht durch ihre Verzierung mit lebhaften Rankenbändern und Arabesken: Hier kann man an dem sich hinaufschlängelnden Rankenwerk noch deutlich die Hände der Hindusteinmetze spüren, welche für diese Verzierungen verantwortlich waren. Im Südwesten der Moschee befindet sich eine alte Koranschule.

Als Alauddin Khilji, der Begründer der Khilji-Dynastie, 1311 eine weitere östliche Vergrößerung der Moschee anordnete, ließ er zugleich die **Alai Dar-**waza errichten, das südliche Eingangstor zu diesem Komplex. Es ist das erste Gebäude, das vollständig nach islamischen Bau- und Dekorationsprinzipien gestaltet wurde.

*Hauz Khas

Alauddin ließ auch ein großes Wasserreservoir für die Bewohner seiner (untergegangenen) Hauptstadt **Siri** in ***Hauz Khas** ② (3 km nördlich des Qutab Minar) anlegen. Es existiert noch heute abseits der Straße Sri Aurobindo Marg. Hauz Khas wurde von Firuz Shah Tughlaq, einem späteren Sultan, renoviert, der eine zweistöckige Schule für religiöse Unterweisung und eine Moschee hinzu baute. Sein **Grab** ist hier zu besichtigen. Im heutigen Ort Hauz Khas sind exklusive Geschäfte, Galerien und einige Restaurants in den *havelis* – um einen Innenhof angelegte Häuser – eingerichtet worden. Unweit davon stellen rund 200 Kunsthandwerker aus ganz Indien ihre lokalen Produkte auf einem gepflegten Freiluftmarkt zum Verkauf aus: im **Dilli Hat,**

gegenüber des INA Marktes an der Aurobindo Marg, kann man auch Spezialitäten aus verschiedenen Regionen Indiens ausprobieren.

*Tughluqabad

Acht Kilometer östlich des Qutab Minar liegt ***Tughluqabad** ③, die dritte Stadtgründung Delhis 1321. Die beeindruckenden Ruinen der wuchtigen, 6,5 km langen Stadtmauer mit ihren 13 Toren zeugen von der einstigen Größe der Stadt, die jedoch nur wenige Jahre als Hauptstadt diente. ***Ghiyasuddins Grabstätte**, südlich der verlassenen Festung, ist mit ihrer gedrungenen Kuppel eines der schönsten und besterhaltenen Beispiele der Thughlaq-Architektur. Das als **Darul Aman** – Ort des Friedens – bekannte Grabmal lag ursprünglich mitten in einem großen Wasserreservoir und war mit der Festung durch einen Damm verbunden.

Oben: Ein Vorläufer des Taj Mahal – die Grabstätte des Mogul-Kaisers Humayun in Delhi.

*Lotostempel der Bahai

Drei Kilometer nördlich befindet sich eines der modernen Wahrzeichen Delhis: Der ***Lotostempel der Bahai** ④, einer toleranten Weltreligion, die 1844 Baha'u'llah im Iran begründete. Besonders beeindruckend wirkt das in Form einer Lotusblüte konstruierte Gebäude, wenn es nachts angestrahlt wird.

Unweit davon findet sich in der Sant Nagar Main Rd. der moderne **Krishna-Tempel** der Hare Krishna Bewegung Iscon, der wegen moderner Roboterstatuen von Krishna, Arjuna und dem Begründer der Sekte Sri Prabhupada eine skurrile Berühmtheit erlangt hat.

**Humayuns Grabmal

2 km südlich der Purana Qila steht in einem gepflegten Park ****Humayuns Grabmal** ⑤ (UNESCO-Welterbe), ein Mogul-Mausoleum aus dem 16. Jh.

Der heutige Haupteingang führt von Westen an einer Reihe kleinerer Sehenswürdigkeiten vorbei. Die rechteckige Grünanlage mit den stattlichen

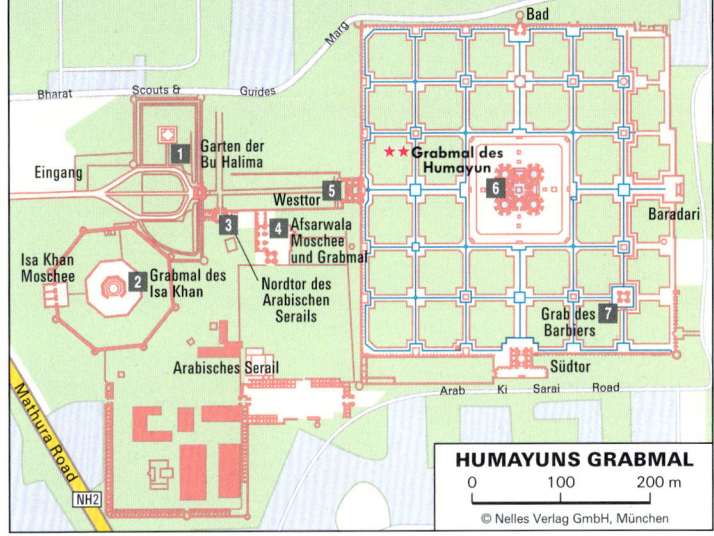

HUMAYUNS GRABMAL

0   100   200 m

© Nelles Verlag GmbH, München

Königspalmen gleich hinter dem Eingang heißt im Volksmund **Garten der Bu Halima** **1**, deren Grab sich in der anschließenden nördlichen Ummauerung befinden soll. Die achteckige Ummauerung südlich umschließt das **Grabmal des Isha Khan** **2** von 1547. Isha Khan war Schatzmeister unter Sher Shah, sein Grabmal aus grauem Quarzit und rotem Sandstein war einst mit Stuck und Fliesen verziert. Daneben steht die Isha-Khan-Moschee.

Folgt man dem Hauptweg ostwärts, passiert man das 12 m hohe **Nordtor des Arabischen Serails** **3**, wo die Handwerker und Baumeister von Humayuns Grabmal wohnten. Dahinter liegen das Grabmal und die Moschee eines unbekannten Offiziers der frühen Mogulzeit: das **Grab des Afsarwala** **4** und die **Afsarwala-Moschee**.

Der Hauptweg führt weiter zum über 10 m hohen **Westtor** **5**, dessen Öffnung bereits einen schönen Blick auf die Kuppel in der Gartenanlage zulässt.
Humayuns Grabmal **6 ist das erste und eins der schönsten Beispiele des Mogul-Gartengrabs, das mit dem

Taj Mahal zu höchster Perfektion gelangte. Die Idee des *Charbagh*, des durch Fußwege und Kanäle in „vier Höfe" unterteilten Mogulgartens, stammt von Humayuns Vorgänger Babur. Das Paradies war für die Muslime Arabiens ein Garten, weshalb das in der Wüste so seltene Grün auch als Farbe dieser Religion erwählt wurde. Die vier Kanäle symbolisieren die vier paradiesischen Ströme aus Wasser, Milch, Wein und klarem Honig.

2003 wurden Kanalsystem und Bepflanzung nach alten Plänen restauriert. Inmitten dieser Gartenanlage befindet sich, auf einer knapp einen Meter hohen Steinbasis, ein 6,5 m hohes, mit je 17 Bögen verziertes quadratisches Podium (Länge: 47,56 m) mit Gräbern. Darauf erhebt sich das aus rotem Sandstein erbaute Mausoleum mit hohen Bögen und der imposanten 38 m hohen Kuppel aus weißem Marmor – eine der ersten doppelten Kuppeln Indiens –, umgeben von pfeilergetragenen Pavillons (*chattris*). Die prächtige Architektur harmoniert mit den eleganten Verzierungen aus eingelegtem schwarzem und weißem

Marmor und spiegelt timuridische, persische und indische Einflüsse wieder. Das Grabmal wurde erst 1569, 14 Jahre nach seinem Tod, von Humayuns Witwe Haji Begum nach Plänen des persischen Architekten Mirak Mirza Ghiyas erbaut. Die Witwen Humayuns, Shah Jahans Sohn Dara Shikoh und einige spätere Mogul-Kaiser sind ebenfalls hier beigesetzt.

Im Südosten des Gartens steht ein kleineres Grabmal, das im Volksmund **Grab des Barbiers** 7 genannt wird: Der Barbier war damals auch der engste Vertraute eines Herrschers, schließlich vertraute er ihm bei der Rasur sein Leben an. Dahinter ist, außerhalb der Gartenanlage, die blaue Kuppel der **Nila Gumbaz** sichtbar, eines Grabmals für einen unbekannten Höfling der frühen Mogulzeit. Ein weiteres Mausoleum mit einer renovierten blauen Kuppel aus der frühen Mogulzeit steht auf einer Verkehrsinsel kurz vor dem Westeingang zu Humayuns Grabmahl, sein

Oben: Der Bahai-Tempel – New Delhis spektakuläres neues Wahrzeichen.

Name **Sabz Burj** (grüne Kuppel) deutet auf die ursprüngliche Farbe hin.

*Dargah Nizamuddin

In Nizzamuddin West, auf der gegenüberliegenden Straßenseite der Mathura Rd., stößt man auf einen der ältesten Stadtteile Delhis, **Hazrat Nizamuddin**. Dieses Stadtviertel ist mit dem Namen des Sufis **Nizamuddin Auliya** (gest. 1325) aufs engste verbunden, der hochverehrte Sufi-Heilige ist hier begraben. Der Weg zum *Dargah Nizamuddin 6, dem Grab des Heiligen, führt an den Läden muslimischer Schlachter vorbei durch Gassen, in denen Händler Devotionalien und Berge von Rosenblättern feilbieten. Donnerstagabends treffen sich Sufimusiker, um die Gedichte von **Amir Khusro** (gest. 1325), einem Nizamuddin-Schüler, zu singen, der hier ebenfalls begraben ist.

Gegenüber, an der Ostseite der Mathura Rd., liegt das einstmals prachtvolle **Grabmal des Abdur Rahim Khan-i-Khanan** 7 (gest. 1627). Er war der Sohn des loyalen Bairam Khan, der einst dem jungen Akbar auf den Thron verhalf. Das aus rotem Sandstein erbaute Mausoleum hatte einst wie Humayuns Grabmal eine marmorne Kuppel, in späterer Zeit sind alle Ziersteine abgenommen und beim Bau des Grabmals Safderjungs verwendet worden.

*Lodi-Gärten

Folgt man der Lodi Road weiter nach Westen, so ist rechter Hand zunächst der exklusive **Delhi Golfclub** zu sehen, ein Stück weiter westlich steht auf der gegenüberliegenden Straßenseite das **Tibet-Haus** ⑧, ein kleines **Museum** in dem Zeremonialgegenstände ausgestellt sind, die von Anhängern des Dalai Lama aus Tibet mitgebracht wurden. In einem kleinen **Laden** wird tibetisches Kunsthandwerk verkauft.

Darauf folgen die ***Lodi-Gärten** ⑨, die erst 1936 durch die Bemühungen von Lady Willingdon, der Frau des damaligen Vizekönigs entstanden sind. Sie ließ hier einen **Stadtpark** mit gepflegtem englischen Rasen anlegen, der heute von den Einwohnern Delhis oft als Gegenstück zum Central Park New Yorks bezeichnet wird; hier treffen sich Frühsportler und Yogaschüler, Liebespaare und stolze Hundebesitzer. An Wochenenden ist der Park voll mit Familien, die auf dem Rasen ihr Picknick auspacken, während die Jugend Cricket spielt. Im Park befindet sich das **Grabmal des Muhammad Shah** (1434-1444). 300 m nordöstlich liegt das 1495 fertiggestellte **Bara Gumbad** und die gleichnamige **Moschee** – ein Beispiel für den Übergang vom Lodi-Stil der afghanischen Lodi-Dynastie (1451-1526) zur frühen Mogulkunst. 50 m nördlich steht **Shish Gumbad**, eines der quadratischen **Lodigräber** mit doppelstöckiger Fassade. Das von einem Garten umgebene **Grab des Sikander Lodi** (gest. 1517) liegt noch 250 m weiter nördlich. Es ist der älteste Entwurf eines Gartengrabes, der beim Mausoleum des Humayun und den späteren Mogulgräbern weiterentwickelt wurde. Am Parkeingang lockt das schöne **Lodhi Garden Restaurant** mit europäischen Snacks, gutem Cappuccino, Kuchen – und Baumschatten.

*Grabmal von Safdarjang

An der Kreuzung von Lodi Road und Sri Aurobindo Marg sieht man das ***Grabmal von Safdarjang** ⑩, der unter der Mogulkaiser Muhammad Shah (1719-1748) Premierminister war. Die Proportionen dieses Gartengrabs zeugen sowohl von der Konstanz als auch dem beginnenden Niedergang der großartigen Mogularchitektur. Dies war das letzte Mogulgrab Delhis.

Nicht weit davon, an der Safdarjang Road, wo die Premierministerin bis zu ihrer Ermordung lebte, befindet sich das **Indira Gandhi Memorial Museum** ⑪. In dem nahen **Nehru Memorial House** ⑫, dem einstigen Wohnsitz Jawaharlal Nehrus, Indiras Vater, ist ein Museum eingerichtet, das anhand von Zeitungsartikeln und Fotografien einen faszinierenden Einblick in die Geschichte der Unabhängigkeitsbewegung vermittelt. Auf dem Gelände befindet sich auch ein **Planetarium**.

*Rail Transport Museum

Im Westen schließt sich **Chanakyapuri** an, das **Botschaftsviertel** von Neu-Delhi. Dort lohnt sich – nicht nur für Eisenbahnfans – ein Besuch des ***Rail Transport Museum** ⑬, in dem die über 150 Jahre alte Geschichte der Eisenbahn in Indien lebendig wird. Indien hat nicht nur das zweitgrößte Streckennetz der Welt, sondern auch eine besondere Liebe zur Eisenbahn entwickelt. Unter den ausgestellten Lokomotiven ist die **Fairy Queen** von 1855 hervorzuheben: Sie gilt als eine der ältesten funktionsfähigen Lokomotiven der Welt. Der Speisewagen des britischen Vizekönigs oder die luxuriös ausgestatteten **Salonwagen** der Maharajas aus

dem 19. Jh. sind weitere Highlights unter den zahlreichen Ausstellungsstücken.

*Purana Qila

Rund zwei Kilometer nördlich von Humayuns Grabmal liegt dessen Stadtgründung **Dinpanah** und die „alte Festung" ***Purana Qila** ⑭. Die beiden bedeutendsten Bauwerke verdanken ihr Entstehen jedoch Sher Shah Sur, der hier eigentlich seine Stadt **Shergarh** errichtet hatte; die aus rotem Sandstein erbaute und mit weißem und schwarzem Marmor verzierte **Qila-i-Kuhna-Moschee** (1541) gilt als der schönste Bau dieses Herrschers. **Sher Mandal** diente einst als Lustschloss, ehe es Humayun als Bibliothek nutzte. Hier stürzte sich der Mogulkaiser – angeblich durch den Ruf des Muezzin erschreckt – zu Tode. Westlich des Sher

Oben: Der Park am 1921 errichteten India Gate wird zur Naherholung genutzt. Rechts: Britische Architektur der 1930er Jahre am Connaught Place.

Mandal befindet sich ein altes **Hammam** (Bad), im Süden des Fußwegs zur Moschee ein 22 m tiefer **Stufenbrunnen** (*baoli*).

Gegenüber, im **Pragati Maidan**, lohnt ein Abstecher ins **Crafts Museum**, in dem nicht nur Kunsthandwerk und Textilien aus ganz Indien ausgestellt sind, sondern sich auch Einkaufsmöglichkeiten bieten. Im **Museums-Café** gibt es exzellente *Masala Dosa*, leckere südindische Crêpes aus Reismehl mit vegetarischer Füllung.

Eine neue Sehenswürdigkeit Delhis liegt auf der anderen Seite der Yamuna, am Ostufer: der **Akshardham-Tempel**. Dieser gigantische Tempelkomplex einer Hindusekte aus dem Jahr 2005 beeindruckt vor allem durch seine Größe. Er ist aus traditionellen Materialien wie Sandstein gebaut und bietet – kostenlos – farbig beleuchtete Brunnenfontänen mit Musikuntermalung zu bestimmten Zeiten sowie eine IMAX-Vorführung. Taschen und Kameras (Fotoverbot!) müssen am Eingang abgegeben werden. (Metrostation Akshardham, bei Noida Mor / Nizamuddin Bridge)

NEU-DELHI, MITTE

Regierungsviertel und
**Nationalmuseum

Im Nordwesten von Purana Quila, gleich hinter dem Nationalstadion, beginnt das 1521-1931 errichtete prachtvolle, vormals britische Regierungsviertel Neu-Delhis. Der von Gartenanlagen und Zierteichen umgebene **Rajpath** ⑮, die Prachtstraße Neu-Delhis, führt vom Rashtrapati Bhavan zwischen den beiden imperialen Regierungsgebäuden im Norden und Süden hindurch knapp 3 km weiter bis zum India Gate (s. u.) im Osten. Der Rajpath ist alljährlich am Nationalfeiertag (26. Januar) Schauplatz der *Republic Day Parade*, Indiens größter Militärparade, bei der man stolz die Atomrakete *Agni* präsentiert.

In den 340 Räumen des ***Rashtrapati Bhavan** ⑯ auf dem Raisina-Hügel residierte einst der britische Vizekönig, heute wohnt hier der indische Staatspräsident. Das Gebäude ist eine Mischung aus westlicher und Mogul-Ar-

chitektur, 1921-29 geplant von den Architekten Neu-Delhis, Henry Baker und Edwin Lutyens. In der Nähe befindet sich der von Kolonnaden umgebene runde **Sansad Bhavan** ⑰, das Parlament für die 543 Abgeordneten der Volkskammer. Am Ostende des Rajpath steht das 42 m hohe **India Gate** ⑱ von 1921 – ein Triumphbogen zum Gedenken an die 90 000 indischen Gefallenen des 1. Weltkriegs.

In der Nähe des India Gate gibt es zwei bedeutende Museen: Das umfangreiche ****National Museum** ⑲ am Janpath besitzt eine der sehenswertesten Sammlungen Indiens, mit seinen Ausstellungsobjekten aller Epochen, von der Harappa-Zivilisation (2400 v. Chr.) über die frühe buddhistische Kunst bis zu hinduistischen Bronzen und Skulpturen oder wertvollen Mogulmanuskripten und Miniaturen aus dem 16. Jh.

Ein weiteres wichtiges Museum ist die **Nationalgalerie der Modernen Kunst** ⑳. Sie zeigt moderne indische Malerei von Raja Ravi Varma über Tagore und Amrita Sher-Gill bis zu aktueller Gegenwartskunst.

Janpath und Connaught Place

Vom Nationalmuseum führt der **Janpath** ㉑ direkt zum Connaught Place, dem von den Engländern geplanten **Geschäftszentrum** Neu-Delhis. Moderne Hochhäuser am Janpath wie das Le Meridien Hotel oder das Shangri La Hotel zeigen, dass Neu-Delhi – ansonsten weitgehend wie in den 1930er Jahren erhalten – nicht immun gegen Neubauten ist. Der sich in nördlicher Richtung anschließende **Western Court** und der gegenüberliegende **Eastern Court** verbreiten hingegen noch kolonialen Charme, wie auch das exklusive **Imperial Hotel** ein Stückchen weiter Richtung Connaught Place. Es ist das exklusivste Hotel aus der Kolonialzeit und ist in einem von Art-Déco beeinflussten Stil erbaut. Ihm gegenüber liegt das **Central Cottage Industries Emporium**, ein

Oben: An seinem Einäscherungsplatz Raj Ghat bezeugen Besucher aus der ganzen Welt Mahatma Gandhi ihren Respekt. Rechts: Am besten lässt sich Old Delhi mit der Fahrradrikscha erkunden.

modernes staatliches Einkaufszentrum für allerlei indisches Kunsthandwerk und Textilien, mit festen Preisen. Am **Tibetischen Markt** hingegen reihen sich Verkaufsstände für allerlei Kunsthandwerk, Textilien, Pseudo-Antiquitäten oder Bücher entlang des westlichen Janpaths aneinander: Hier kann und muss gefeilscht werden!

Der **Connaught Place** ㉒, neuerdings an die **U-Bahn** angeschlossen, besteht aus einem von zwei Kreisverkehren (Inner und Outer Circle) umschlossenen Areal, an denen sich unter 1930er-Jahre-Arkaden Boutiquen, Restaurants, Kinos, Bars und Banken aneinanderreihen. Auch wenn hier internationale Fastfoodketten längst ihre Ableger haben: Für schnelle Snacks ist immer noch **Nizam's Kathi Kebab** (H-5 Plaza) ein guter Tipp; für Snacks, Pizza und 21 Sorten Eiskrem ist **Nirula's** (135 L-Block) angesagt. Echte Klassiker wie das **United Coffee House** (Inner Circle, E-15) mit seinem legendären Cona Coffee oder das seit 1939 geöffnete **Kwality Restaurant** (Parliament St.) empfehlen sich zum Ausspannen.

Echt cool präsentieren sich – aufgrund der starken Klimaanlage im wörtlichen Sinn – hippe Bars wie das **Q'ba** (E-42) oder **Agni** (Parliament St./Park Hotel).

Auf der **Baba Kharak Singh Marg** ㉓ Richtung Südwesten liegen weitere staatliche Einkaufszentren mit Textilien und Kunsthandwerk.

Im ***Bangla Sahib Gurdwara** ㉔ bietet sich die Gelegenheit, mehr über die Religion der Sikhs zu erfahren, die die meisten Turbanträger Delhis stellen. In einem eigenen Empfangsraum kann man seine Schuhe abstellen, bekommt ein Kopftuch aufgesetzt und dazu noch eine Broschüre über die Sikh-Religion ausgehändigt. Im Zentrum der Verehrung steht der Grant Sahib, das heilige Buch dieser Religion, die Elemente aus Islam und Hinduismus in sich vereint. Der Tempel ist auf einer Seite von einem riesigen Wasserbecken umgeben, auf der anderen befindet sich eine Armenküche, in der jeder, egal welcher Religion, Kaste oder Geschlechts, ein schmackhaftes Mahl bekommt – zubereitet wird das Essen von Gläubigen.

Ein kurzer Spaziergang auf der **Sansad Marg** führt zum **Jantar Mantar** ㉕, einem der fünf Observatorien des Maharaja Sawai Jai Singh II von Jaipur. Es besteht aus futuristisch anmutenden Bauten aus dem frühen 18. Jh. sowie einer riesigen Sonnenuhr, die als Messgeräte zur Bestimmung des Sternenhimmels dienten.

Feroz Shah Kotla

2500 m nordöstlich des Connaught Place liegt **Feroz Shah Kotla** ㉖, die fünfte Stadtgründung von Delhi. Die selten besuchten **Ruinen** liegen in einem kleinen Park und lohnen wegen der **Ashokasäule** aus dem 3. Jh. v. Chr. – dort nach 1351 von Feroz Shah aufgestellt – einen Besuch. Die Ashoka-Inschriften auf der Säule waren die ersten Brahmi-Schriftzeichen, die man 1837 entziffern konnte und bedeuten damit den Anfang der indischen Geschichtsschreibung. Gegenüber steht eine **Moschee**, in der bereits Timur betete.

Etwas weiter nordöstlich, außerhalb der Ringstraße, befinden sich in Grün-

anlagen **Raj Ghat** ㉗, **Shakti Sthala** ㉘ und **Shanti Vana** ㉙, die Verbrennungsstätten von Mahatma Gandhi, Indira Gandhi und Jawaharlal Nehru.

OLD DELHI (SHAHJAHANABAD)

Die Mogulkaiser mussten überall in ihrem Herrschaftsgebiet Präsenz zeigen, deshalb unterhielten sie oft mehrere Hauptstädte zur gleichen Zeit. Shah Jahan entschloss sich, Delhi am prächtigsten auszubauen – als „sein" Taj Mahal in Agra gerade erst vollendet war. 1639 wurden die Fundamente für Delhis siebte Stadt gelegt, an der man neun Jahre lang baute. Sie fasste die gesamte, mit dem Mogul-Reich assoziierte Herrlichkeit auf kleinstem Raum zusammen; aber zweieinhalb Jahrhunderte später war Jahans Hauptresidenzstadt **Shahjahanabad** alles, was vom Reich übrig war. Doch trotz Verwüstung, Aufruhr und fremder Einflüsse wurde Shahjahanabad nie verlassen. Heute ist

Oben: Das Rote Fort.

es eines der am dichtesten besiedelten Gebiete der Welt: 90 % der Muslime Delhis leben hier in **Old Delhi**, meist in den kühlen, abgeschirmten *havelis,* die abseits der geschäftigen Straßen liegen. Die Lebendigkeit, die den Charme dieses Stadtteils mit seinen vielen Gassen ausmacht, lässt sogar Verkehrschaos und Lärm zuweilen vergessen.

**Rotes Fort

Shah Jahans Zitadelle aus rotem Sandstein, das **Rote Fort** ㉚ (*Lal Quila*), wurde 1639-1648 am Ostrand der befestigten Stadt gebaut. Man betritt es durch das imposante **Lahore-Tor** ①, das zur überdachten Basar-Passage **Chatta Chowk** ② führt, die heute Antiquitätengeschäfte säumen. Sie endet beim **Naubat Khana** ③ (Trommel-Haus), dem Eingang zum herrschaftlichen Bezirk. Hier wurde die Ankunft der königlichen Familie angekündigt, heute befindet sich in dem Gebäude das **Indian War Memorial Museum**.

Über einen weiten Platz gelangt man zum **Diwan-i-Am** ④, der Halle der öffentlichen Audienzen. Da das Rote Fort oft geplündert wurde, bedarf es stellenweise viel Fantasie, um sich den Palast zu Zeiten der Mogul-Herrscher vorstellen. Die Pfeiler und Decken der Hallen waren mit vergoldetem Stuck verziert, schwere Brokatvorhänge und exquisite Teppiche schmückten die kaum möblierten Räume. Der Thron stand auf einer mit Halbedelsteinen und Schnitzereien reich verzierten Marmorplattform. In einer Nische hinter dem Thron sind **Pietra-Dura-Arbeiten** eingelassen, die neben Blumen, Vögeln und Löwen auch eine Orpheus-Darstellung zeigen, ein ungewöhnliches Motiv in einem muslimischen Palast.

Die sechs Hauptpaläste, von denen einer verschwunden ist, waren hinter dem Diwan-i-Am erbaut und vom Nahr-i-Bihisht, dem Paradiesstrom, durchflossen. Am südlichen Ende kommt man zum **Mumtaz Mahal** ⑤

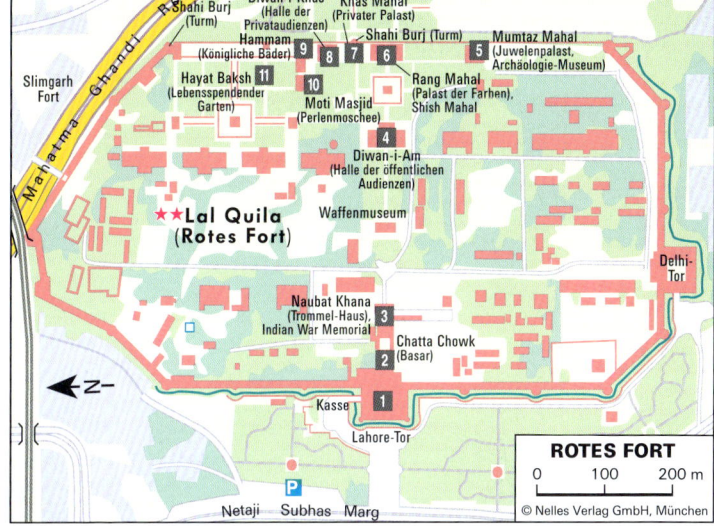

ROTES FORT

0   100   200 m

© Nelles Verlag GmbH, München

Netaji Subhas Marg

("Juwelenpalast"), einem Teilstück des königlichen Harems. Heute befindet sich darin ein kleines **Archäologie-Museum**, das hauptsächlich Exponate aus der Mogul-Zeit zeigt.

Der **Rang Mahal** 6 (Palast der Farben) war auch Teil des Harems, wurde aber von den Briten geplündert, als diese das Fort als Garnison benützten. Er besteht aus sechs Wohnungen, einschließlich des über und über mit Glas dekorierten **Shish Mahal**.

Der **Khas Mahal** 7 (privater Palast) besteht aus drei Teilen: der **Tasbih Khana**, Kammer der Perlen, die der Herrscher für seine private Andacht nutzte; der **Khwabgah**, Kammer der Träume, und dem **Baithak**, Raum zum Sitzen, einer langen Halle mit feinsten Verzierungen. Das Khas Mahal hat ein schön verziertes Gitterwerk aus Marmor, das die Waagschalen der Gerechtigkeit darstellt. Hinter diesem Sichtschutz standen der Herrscher und seine Gemahlinnen, um Elefantenkämpfe zu beobachten oder Zauberern und Akrobaten zuzusehen. Auf dem halb-oktogonalen Turm, genannt **Shahi Burj**,

zeigte sich der Herrscher jeden Tag für kurze Zeit seinen Untertanen.

Im **Diwan-i-Khas** 8, der Halle der Privataudienzen, traf der Kaiser ausgewählte Höflinge und Besucher. Einst stand der legendäre juwelenstrotzende Pfauenthron auf dem Marmorpodium; ein Jahrhundert später wurde er von dem persischen Eroberer Nadir Shah als Kriegsbeute abtransportiert. Der Diwan-i-Khas hat einige seiner exquisiten **Intarsien** bewahren können.

Das etwas nördlich gelegene **Hammam** 9 (die königlichen Bäder) ist in einem besseren Zustand; hier sind die **Halbedelstein-Intarsien** fast vollständig erhalten.

Nordwestlich des Diwan-i-Khas trifft man auf die **Moti Masjid** 10, die Perlenmoschee, die von Aurangzeb für seine private Andacht aus Marmor gebaut wurde. Nördlich dieser Moschee erstreckt sich der **Hayat Baksh** 11, der „lebensspendende Garten".

Von Dienstag bis Sonntag, jeweils nach Sonnenuntergang, erstrahlen die alten Paläste im Scheinwerferlicht der **Light & Sound Show**.

★Jama Masjid

Auch das andere berühmte Bauwerk Old Delhis, die **★Jama Masjid** ③, wurde unter Shah Jahan in den Jahren 1644 bis 1658 erbaut. Sie war lange Zeit die größte Moschee Indiens, perfekt proportioniert. Der riesige Innenhof mit seinen vier Ecktürmen ist über drei große Tore zugänglich und wird von zwei hohen **Minaretten** überragt, die eine schöne Aussicht bieten.

Die Moschee ist von der Hauptverkehrsstraße durch eine ausladende **Esplanade** getrennt, die am Abend zum Schauplatz vielfältigster Aktivitäten wird. Hier gibt es Verkaufsstände, und in Basaren wird für die Bedürfnisse der Pilger gesorgt: durch Ohrenreiniger mit roten Turbanen, Computerastrologen, Masseure, Schachspieler, *bhishtis*, die Wasser in Ziegenhäuten transportieren, Zahnzieher, Akrobaten und Potenzmittelverkäufer. Außerdem gibt es

Oben: In der Jama Masjid. Rechts: Nach dem Freitagsgebet ist der Andrang bei den Fladenbäckern an der Jama Masjid groß.

hier einen Brieftaubenmarkt und eine Ringkampfarena.

Kulinarisch lohnend ist der Besuch des ältesten Mogulrestaurants Delhis: **Karim** am Matiya Mahal, nahe der Freitagsmoschee, ist seit über 90 Jahren eine Institution für alle Arten von Kebabs und Biryanis.

★Chandni Chowk

Der **★Chandni Chowk** ③ stößt genau ins Herz von Old Delhi. Hier vermischt sich der Verkehrslärm mit dem Echo der Gebete, dem Feilschen der Händler, den Flüchen der Rikschafahrer und den unablässigen Versprechungen der Schlepper. Dieses größte Handelszentrum Indiens war einst eine ruhige Straße, von Banyan-Bäumen beschattet. Jahanara, Shah Jahans Tochter, ließ auf dieser Straße einen Platz mit einem Wasserbecken bauen. In klaren Nächten spiegelte sich der Mond im Wasser; so erhielt der Platz den Namen Chandni Chowk, mondbeschienener Platz. Die Adligen erbauten an dieser Stelle hochherrschaftliche Häuser, Geschäfte

schossen aus dem Boden; Chandni Chowk wurde zum elegantesten Viertel des gesamten Reiches.

1837 schrieb Emma Roberts in ihr Tagebuch, dass die Straßen vom Gebrüll zum Verkauf angebotener Geparden und Jagdleoparden widerhallten. Beim Handel mit Perserkatzen und Windhunden mischte sich das Trompeten der Elefanten mit dem Knarren von Wagenrädern und den Klängen fahrender Musikanten. Die Geschäfte wurden mitten im Getümmel und dem Wirrwarr der Straßen getätigt. Das gilt auch heute noch, obwohl Emma Roberts den Chandni Chowk wahrscheinlich nicht wiedererkennen würde. Aber **Ghantewala**, den 1740 eröffneten Konfektladen, und die Parfümerie **Gulab Chand** von 1860 gibt es immer noch. Ebenso wie den **Gewürzgroßmarkt** hinter der **Fatehpuri-Moschee** am Westende des Chandni Chowks; bei einem Rundgang durch die dunklen Hallen kommen so manchem aufgrund der Berge von Chilis die Tränen.

Der **Gurudwara Sis Ganj** erinnert an die Stelle, wo Aurangzeb den neun-

ten Sikh Guru Theg Bahadur enthaupten ließ. Die dritte britische Einheit führte später ihren Angriff entlang dieser Straße, und einige Jahrzehnte später zog Lord Curzon in feierlicher Prozession hier vorbei. Die neuen britischen Herrscher bauten eine Baptistenkirche, schütteten den Kanal und das Wasserbecken der Jahanara zu und errichteten einen Uhrturm, der in den 1940er Jahren einstürzte. Während der Unabhängigkeitskämpfe wurden an dieser Straße Freudenfeuer mit ausländischen Handelswaren entzündet.

Die Gassen, die vom Chandni Chowk abzweigen, sind gleichermaßen faszinierend: **Khari Baoli**, der **Gewürzmarkt**; **Dariba**, die **Silberstraße**; **Parathewali Gali**, wo man immer noch die besten *parathas* in der Stadt essen kann, und **Kinari Bazaar**, weithin bekannt für seinen glitzernden Schmuck.

Eine bequeme und doch aufregende Art, das Gewühl in den Gassen zu erleben, ist die Fahrt mit einer **Fahrradrikscha** vom Roten Fort zur Jama Masjid und weiter durch interessante Altstadtgassen wie den Kinari Bazaar.

DELHI (☎ 011)

 Government of India Tourist Office, 88 Janpath, Tel. 3320005; in den Flughäfen, www.tourismofindia.com. **Delhi Tourism Development Corporation**, 18-A D.D.A.SCO Complex, Defence Colony, New Delhi 24, Tel. 24647005, 24698431, www.delhitourism.nic.in. Das Magazin *Time Out Delhi* gibt aktuelle **Veranstaltungstipps**.

Viele Restaurants aller Stilrichtungen am **CONNAUGHT PLACE**:

United Coffee House, koloniales Plüsch-Ambiente, gute indische u. internationale Küche, Spezialitäten: *Conacoffee* (Filterkaffee), Inner Circle, E-Block.

Kwality Restaurant, berühmt für seine Punjabi-Küche u. Eiskrem, 7 Regal Building.
Indisches Fast Food (wie z. B. Mahaburger) und 21 verschiedene köstliche Eiskremsorten bei **Nirula's**, L-Block, und **Nirula's Potpourri**, 64 Outer Circle (Snacks und Salate).

Bonsai, thai., japan., indon., Außenterrasse, Connaught Place B49 Middle Circle.
Hervorragende Kebabs bei **Nizam's Kathi Kebab**, H-5 Plaza.
Preiswerte südindische Küche findet man im **Bananaleaf**, Connaught Circus, N-Block oder **Kovil**, E-Block, Inner Circle.
Nordindisch, billig und gut bei **Kake's**, H-Block, Plaza Building.
Bester Tex- Mex Delhis im **Rodeo**, A-12.
Chinesisch im populären **Berco's**, L-Block.
Hochprozentige Drinks und Punjabiküche im **Agni** des Park Hotel, 15 Parliament Street, Tel. 23743000.
Q'BA Restobar, mediterrane Küche und Cocktails, Live- Musik, E 42, 45 Middle Circle, Connaught Place, Tel. 41512888.
JANPATH: Exklusives Ambiente und feine asiatische Küche (thai, vietn., südindisch) im berühmten **The Spice Route** des kolonialen Imperial Hotel.
Am Janpath 46, schräg gegenüber des Imperial preiswerte, sehr gute südindische Küche im modernen **Saravana Bhavan** auf 2 Ebenen, ebenso am Connaught Circus P19/90 (Nähe Madras Hotel).
The China Kitchen, sehr gute chinesische Küche, Hyatt Regency.

Le Meridien Belvedere Rooftop, chin. Küche mit Aussischt, Lounge Bar, oben Restaurant, Connaught Place, 13 Regal Building.
Dilli Haat bietet auf einem marktähnlichen Areal Spezialitäten aus allen Gegenden Indiens, daneben Bazaar mit Shoppingmöglichkeit, im Süden Delhis, Richtung Hauz Khaz.
Thugs, nette kleine Bar, Chandri Chowk Gegend, Bradway Hotel, 4/15 A Sat Ali Rd.
NEU-DELHI: **Varq**, ind. Gourmetküche im Hotel Taj Mahal. Top-Tandoorlokale sind das **Lazeez Afaire**, 6/48 Malcha Marg in Chankyapuri, Tel. 26878155-6 und das berühmte **Bukhara** im Sheraton Hotel, Tel. 26112233.
The „Lodhi" Garden Restaurant, guter Cappuccino und Kuchen, schön zum draußen sitzen, Lodhi Rd., am Eingang zum Lodhi Garden Park.
ALT-DELHI: **Chor Bizarre**, beliebtes Lokal für Tandoor-Spezialitäten, Broadway Hotel.
Moti Mahal Restaurant, Open-air Restaurant, gutes Tandoori, tgl. Gesangsvorführungen, Netaji Subhash Marg, Daryaganj.
Karim's, einfaches Lokal, berühmt für traditionelle Mogulküche (Kebabs, Biryani), Gali Kababiyan, südlich der Jama Masjid.

National Museum, sehr schöne Exponate früher u. klassischer indischer Kunst, Audio Guide erhältlich, Di-So 10-17 Uhr, Janpath, Tel. 23019272, Karte/Stockwerkplan: www.nationalmuseumindia.gov.in.
National Gallery of Modern Art, klass. Moderne, 19. Jh., Di-So 10-17 Uhr, Jaipur House, India Gate, Tel. 23382220.
Archaeological Museum, Di-Do u. Sa-So 10-17 Uhr, Red Fort, Tel. 23273703.
National Rail Museum, Di-So 9.30-17.30 Uhr, Chanakyapuri, Tel. 26881816.
Tibet House Museum, Mo-Fr 9.30-17.30 Uhr, 1 Lodhi Road, Institutional Area, Tel. 24611515. **Nehru Memorial Museum & Planetarium**, Di-So 9-17.30, Teen Murti Road, Tel. 23016734.
Gandhi Museum, Di-So 10-17 Uhr, gegenüber Raj Ghat, Tel. 23311495.
Devi Art Foundation, Kunsthalle f. indische Gegenwartskunst, Di-So 11-19 Uhr, Sirpur House, Plot 39, Sector 44, Gurgaon, nahe Unitech B. Park, www.deviartfoundation.org. Galerien für indische Gegenwartskunst:

Nature Morte, A-1 Neeti Bagh, New Delhi, Tel. 26867596. **Anant Art Gallery**, F-213-B, Lad Sarai, New Delhi, Tel. 41554775.

➕ Die Botschaften haben Listen von guten Ärzten (auch deutschsprachigen) und Krankenhäusern. Die Luxushotels beschäftigen sogar eigene „Doctors on Call".
All India Institute of Medical Sciences, Krankenhaus mit 24 h-Apotheke, Ansari Nagar, Sri Aurobindo Marg, Tel. 26588500.

📮 **Head Post Office**, 10-20 Uhr, So 10-17 Uhr, Sansad Marg, Tel. 275605. **Eastern Court Post & Telegraph Office**, 10-20, So 10-17 Uhr, Janpath, Tel. 3321878. **G.P.O.**, *die* Adresse für postlagernde Briefe, Mo-Sa 8-19 Uhr, Ashoka Place, Tel. 2534269. **Internationale Telefonate und Telegramme**, 24 Std. offen, Bangla Sahib Road.

🛒 Lohnende Boutiquen, Galerien und Antiquätenläden liegen im dörflichen **Hauz Khas Village** verstreut; weitere schöne Einkaufsgegenden im Süden Neu Delhis sind die **Dilli Haat**, in der Kunsthandwerksprodukte aus ganz Indien feilgeboten werden, und der **Khan Markt**. Geschäfte am **Janpath** bieten ein vielseitiges Warenangebot: Textilwaren, Modeschmuck, Bücher, etc. – aber das Feilschen nicht vergessen! Im staatlichen **Central Cottage Industrie Emporium** am Janpath gibt es zu Festpreisen Kunsthandwerk und Textilien, ebenso in den **Government Emporien** der Bundesstaaten in der Baba Kharak Singh Marg (nahe Connaught Place). Eine weitere Einkaufsgegend, etwa für Bücher und Textilien, Jeans, Sportswear etc. ist der **Connaught Place**.
Sehenswerte Boutiquen sind **Anokhi** (Khan Market), **Fab India** (Khan Market oder Connaught Place B 28), **Khazana** (im Taj Mahal Hotel) und **The Collection** am Taj Palace.
Vielseitig sind die Stadtteilmärkte, z. B. **Karol Bagh**, **Flyover Market**, **Lajpat Nagar Market**, **Greater Kailash Market** u. v. a.
BUCHHANDLUNGEN: The **Bookworm**, 29B Connaught Pl. **Bahri & Sons**, Khan Market. **The Book Shop**, Khan Market. **E. D. Galgotia & Sons**, Conn. Pl. **Picadilly Bookstore**, 64 Shankar Market.

BÜCHEREIEN: **Max Mueller Bhavan**, deutsche Zeitungen, Filme, Veranstaltungen, 3 Kasturba Gandhi Marg, Tel. 3329506. **Sahitya Akademi**, Rabindra Bhawan, Ferozeshah Road, Tel. 388667. **American Info Center**, 24 Kasturba Gandhi Marg, Tel. 3316841.

🫳 *AUSFLÜGE:* Das GITC (Fremdenverkehrsamt), Janpath 88, bietet Stadtrundfahrten, Busausflüge u. Busreisen an, z. B. zum Taj Mahal oder nach Jaipur. Weitere Anbieter: DTC, Tel 23868836, www.dtc.nic.in, und DTDC, www.indiatransit.com.

🛫 *FLUG:* Der **Indira Gandhi International Airport** liegt am Stadtrand (17 km vom Connaught Place), Tel. +91 124 3376000, www.newdelhiairport.in. Am **Terminal I** starten Inlandsflüge (Airbusse haben eig. Terminal), am **Terminal II** Auslandsflüge. **Terminal III** ist der neue Gebäudekomplex für internationale und einige Inlandsflüge. Im Flughafen kann man **Pre-Paid-Taxis** oder **Bus**-Tickets buchen; die Fahrt in die City dauert ca. 40 Min.; 20 Min. mit der **Metro**. Bustransfers zwischen Inlands- und Auslandsflughafen.
BAHN: Es gibt drei **Hauptbahnhöfe**: Delhi Main (Old Delhi), New Delhi und Hazrat Nizamuddin, Reservierungen sind auch online möglich unter www.indianrailgov.in
U-BAHN: Die **Metro** ist das schnellste und beste Verkehrsmittel, besonders nach Alt-Delhi. (www.delhimetrorail.com).
BUS: Gute Straßen verbinden Delhi mit den Nachbarbundesstaaten. „Luxusbusse" haben Klimaanlage und Video, „Sleeperbusse" für Nachtfahrten Stockbetten. Abfahrt der staatl. Busse nach Norden ist am **Inter-State Bus Terminus** nahe Kashmere Gate (Old Delhi), dort auch Ticketreservierung (empfohlen). **Nahverkehrsbusse** sind blau-gelb; Nr. 505 fährt vom Connaught Place zum Qutab Minar.
TAXI: Die schwarz-gelben **Taxis** fahren mit Taxameter, die weißen Touristentaxis zum vorher auszuhandelnden Festpreis.
Funktaxi: Dial-a-Cab, Tel. 1920. **Auto-Rikschas** sind praktisch für Kurzstrecken, sie haben Taxameter, die jedoch selten eingeschaltet werden, deshalb vor Fahrtbeginn den Preis aushandeln. Nachtzuschlag 95 %.

HARYANA

Im 19. Jahrhundert formierte sich im Nordwesten Indiens der Sikh-Staat Punjab, den dann die Briten annektierten. Dieser alte Staat wurde 1947 zwischen Indien und Pakistan aufgeteilt, vom indischen Teil 1966 nochmals die Bundesstaaten Delhi, Haryana und Himachal Pradesh abgetrennt. Die Menschen in Haryana und Punjab sind auch heute noch überwiegend Bauern: ausdauernd, hart arbeitend und erdverbunden. Sie feiern farbenfrohe Feste und pflegen ihre traditionellen Tänze.

Haryana, der 1966 abgespaltene hindisprachige Teil des Punjab (90 % Hindus), besteht aus weiten ländlichen Ebenen, die wegen guter Bewässerungsmöglichkeiten große Teile des Jahres genutzt werden können. Im Herbst sind die Felder Haryanas ein einziger gelber Teppich – es ist die Blütezeit der Senfpflanzen. Den Großteil

Oben: Ochsenkarren in Haryana. Rechts: Der fröhliche Bhangra-Tanz, wichtiger Bestandteil der Sikh-Kultur im Punjab.

der Bevölkerung bilden die Jats, eine streng religiöse und wirtschaftlich erfolgreiche Kaste, deren konservative Einstellung dazu beiträgt, dass Haryana heute ein besonders schlechtes Geschlechterverhältnis bei Neugeborenen aufweist (nur 861 Mädchen auf 1000 Jungen).

In starkem Kontrast zu dieser ländlichen Lebensart hat Haryana in der Nähe von Delhi neue Sonderwirtschaftszonen ausgewiesen. Dort haben sich moderne Ballungsräume gebildet, in denen elegante Bürogebäude der IT-Branche und Call Center vom wirtschaftlichen Aufstieg Indiens zeugen. So ist Haryana heute einer der wohlhabendsten Bundesstaaten Indiens. **Gurgaon** ❷, im Südwesten Delhis, gilt als das „neue Neu-Delhi"; neben Bürogebäuden und Fabrikhallen wachsen dort Einkaufszentren, Hotels und Apartmenthäuser in den Himmel. Lohnend ist hier der Besuch der **Devi Art Foundation**, dem privaten Museum für Gegenwartskunst des Kunstsammlers Anupam Poddar. Gut zu erreichen über die Huda City Center Metro Station.

Haryana und Punjab 2

Zu den beliebtesten Ausflugszielen im südlichen Haryana gehört **Surajkund** ❸, etwa 15 km südlich von Delhi. Die Überreste eines Sonnentempels aus dem 8. Jh. sind hier zu sehen und jedes Jahr findet in den ersten zwei Februarwochen eine *mela* (Jahrmarkt) statt, auf der Handwerker aus dem ganzen Land ihre Fertigkeiten zeigen und Waren verkaufen. **Sohna** ❹ (56 km von Delhi) ist bekannt für seine heißen Schwefelquellen. Das **Vogelschutzgebiet** bei **Sultanpur** ❺ (46 km von Delhi) am Delhi-Jaipur-Highway, ist besonders zwischen September und März interessant, wenn Zugvögel hier ihren Winter verbringen.

Die alte Reichsstraße von Delhi nach Agra verlief einst durch das heutige Haryana, und noch heute kann man die *Kos Minar* (Meilensteine) der Mogul-Kaiser sehen.

Durch das nördliche Haryana zogen jahrhundertelang immer wieder muslimische Eroberer aus dem Nordwesten zur Ganges-Ebene. Hier sind einige von Indiens mörderischsten Schlachten geschlagen worden, z. B. an Plätzen wie **Panipat** ❻ und **Karnal** ❼. Mausoleen und Kenotaphe, über die ganze Region verteilt, sind Zeugen von Triumphen und Niederlagen. Etwas weiter nördlich liegt **Kurukshetra** ❽, Schauplatz einer großen Schlacht, über die das Epos *Mahabharata* berichtet.

CHANDIGARH

Chandigarh ❾, Hauptstadt sowohl von Haryana als auch des Punjab (selbst aber Unionsterritorium), ist berühmt für seine Stadtarchitektur, die von dem gebürtigen Schweizer Le Corbusier entworfen wurde. Mit den Bergen von Himachal Pradesh gleich vor ihren Toren, ist sie für den, der die Sichtbeton-Architektur der 1950er Jahre mag, eine der interessantesten Hauptstädte aller indischen Staaten.

Die baumbestandenen Avenuen und Parks verleihen der Stadt eine grüne Anmutung. Bemerkenswert ist der 10 Hektar große **★Rock Garden**, den der Künstler Nek Chand als einzigartiges Gesamtkunstwerk aus Müll und Geröll gestaltet hat. In der Nähe befin-

det sich der **Sukna-See**, mit Cafeterias und Ruderbootverleih.

20 km nördlich von Chandigarh, an der Straße nach Simla, liegen die faszinierenden **Pinjore-Gärten ❿** aus der Zeit der Mogule mit historischen Palästen und Wasserspielen.

PUNJAB

Der von grünen Reisfeldern geprägte Staat Punjab (60 % Sikhs) hat außer dem berühmten Goldenen Tempel der Sikhs nur wenige Sehenswürdigkeiten zu bieten.

Beim Sikh-Heiligtum von **Anandpur Sahib ⓫**, am Fuß des Himalaya, findet einen Tag nach *Holi* (März/April) das große Fest *Holla Mohalla* statt, bei dem alte Schlachten von historisch Kostümierten nachgestellt werden.

Sirhind ⓬ (etwa 60 km von Chandigarh) ist ein bedeutendes sunnitisches Pilgerzentrum mit schönen Moscheen und Gräbern.

Oben: Der goldene Tempel von Amritsar – das höchste Heiligtum der Sikhs.

Die größte Stadt des Staates Punjab ist **Amritsar ⓭**, dessen ***Goldener Tempel** das höchste Heiligtum der Sikhs darstellt. Der Tempel (*Gurdwara*), erbaut im 16.-19. Jh., steht in einem Becken mit heiligem Wasser, dem „Nektarteich". Mit seiner glänzenden Kuppel, die Maharaja Ranjit Singh im Jahr 1803 mit 400 kg Blattgold belegen ließ, gehört er zu den schönsten Indiens. Früh morgens und spät abends wird das heilige Buch der Sikhs in einer Prozession zwischen Akal Takht im Westen und **Har Mandir**, dem „Goldenen Tempel" getragen. Die Gesänge der Gläubigen verleihen dem märchenhaften Goldenen Tempel eine besonders friedvolle Stimmung. Im Kontrast dazu zeigt das **Sikh-Museum** nahe dem Haupteingang die aufgrund von häufigen Verfolgungen martialische Tradition dieser Religion.

In **Wagha ⓮**, dem einzigen Grenzübergang nach Pakistan, ist die allabendliche **Grenzschließungszeremonie** (Beating Retreat) ein vielbesuchtes nationalistisches Spektakel, für das bereits eine Tribüne gebaut wurde.

HARYANA UND PUNJAB

AMRITSAR (☎ 0183)

Punjab Tourist Information Centre, gegenüber der Railway Station, Hotel Pigaoure,Tel. 2402452, Mo-Fr 9-17 Uhr.

Crystal Restaurant, Crystal Chowk, tgl. 11-24 Uhr, chinesische, indische und kontinentale Küche. **Kwality**, The Mall Ecke Lawrence Str., u. a. gutes Fish & Chips.

Goldener Tempel, Information Office am Haupteingang, tgl. 7-20 Uhr.

CHANDIGARH (☎ 0172)

Chandigarh Tourism, veranstaltet auch Stadtrundfahrten; Sector 17, Interstate Bus Terminus, 1. Stock, Tel. 2700054, www.chandigarhtourism.gov.in. Tourist Offices: Haryana, Tel. 2702955, Himachal, Tel. 2708569. **Punjab Tourism**, Punjab Archive Bhawan, Plot No 3, Sector 38A. Chandigarh, Tel. 4663140, www.punjabtourism.gov.in.

CHINESISCH: **Dragon**, Sector 15. **Ginza**, Sector 14.
FAST FOOD: **Hot Shoppe & Hot Millions**, Sector 17. **City Heart 2.**
INTERNATIONAL: **Four in One**, Sector 17, Tel. 26516. **Kwality**, SCO 20, Sector 17, Tel. *INDISCH:* **Mehfil**, Sector 17, Tel. 29439. **Bawarchi**, Sector 9, Tel. 21361. **Indian Coffee House**, Sector 22, Tel. 25504.

Government Museum & Art Gallery, Sector 10 C, Tel. 25568, 10-16 Uhr, Mo, Fr und an gesetzlichen Feiertagen geschl. **Museum of Fine Arts**, Arts Block, Punjab University, Tel. 22779, 14-17 Uhr (im Sommer); 10-13 Uhr (im Winter). Mo geschlossen. **National Portrait Gallery**, Sector 17, Erdgeschoss der Staatl. Bücherei, Mo-Fr 9-17 Uhr. **Rock Garden**, Sector 1, 9-13 und 15-18 Uhr (im So bis 19 Uhr). **Sukhna Lake**, beim Rock Garden, Ruderbootverleih, tgl. 8-18 Uhr. **Aakar Art Gallery**, No. 4 Sector 17.

Post Graduate Institute of Medical Sciences and Research & Nehru Hospital, Sector 12, Tel. 22513, 26513. **Health Center & Poly Clinic**, Sector 22, Tel. 26164. **General Hospital**, Sector 16, Tel. 541005.

Lohri (Mitte Januar) wird bei Kerzenlicht und Süßigkeiten aus Sesamsamen gefeiert. Ein jährliches Fest von internationalem Ruf ist das Rosenfest (Februar/ März) im Rosengarten. *Baisakhi* (13. April) fällt zusammen mit dem Beginn der Erntezeit. Im letzten Quartal finden eine Regatta auf dem Sukhna- See und das *Dussehra*- und *Diwali-Fest* (Oktober/ November) statt.

General Post Office, Sector 17, Tel. 21070, Geöffnet 10-17 Uhr.

Central Telegraph Office (24 Stunden). Sector 17, Tel. 23033.

Chandigarh bietet eine breite Palette von Handarbeiten. *Bagh* und *phulkari*, mit Stickereien verzierte Decken, Taschen, Leinen, Kleider. Die Haupteinkaufszonen liegen im Sector 17 und 22.

Flüge nach Delhi, Leh, Jammu, Kullu; innerhalb Punjabs nach Ludhiana und Amritsar, auch Bhatinda und Patiala haben Flugverbindung mit Delhi. Der Hauptbahnhof, 8 km außerhalb, hat Zugverbindung mit Delhi, Calcutta und Bhiwani (in Haryana). Busse nach Delhi, Jammu-Srinagar, Shimla und Punjab: ab Hauptbusbahnhof im Sector 17.

AUSFLÜGE: Rundfahrt zu Rose Garden, Museen, Rock Garden und Sukhna Lake im Touristenbus ab Shivalikview Hotel stündl. zwischen 10.30 und 16.30 Uhr. Außerdem Tour zu den Pinjore Gardens.

SULTANPUR BIRD SANCTUARY

46 km südwestlich von Delhi, zu erreichen mit dem Auto über den Delhi-Jaipur-Highway oder mit dem Zug Richtung Rewari/Jaipur, Haltestelle Garhi Harsaru Junction, weitere 5 km zu Fuß oder mit der Autorikscha. Geöffnet 1. Apr. bis 30. Sept 6.30-18 Uhr, 1. Okt bis 31. März 6.30-16.30 Uhr. Beste Zeit für einen Besuch ist zwischen September und März am frühen Morgen.

HARYANA / PUNJAB /
UTTAR PRADESH

0   50   100 km

© Nelles Verlag GmbH, München

AGRA / TAJ MAHAL

UTTAR PRADESH

Die wasserreichen Ebenen von Uttar Pradesh (U. P.) liegen zu Füßen des Himalaya-Vorgebirges und werden vom Ganges und seinen Nebenflüssen genährt. Die Fruchtbarkeit dieser Gegend hat den Aufstieg der indischen Zivilisation enorm begünstigt: Der Hinduismus wurde hier weiterentwickelt, Buddhismus und Jainismus hier geboren, und unbedeutende Fürstentümer wuchsen zu mächtigen Königreichen heran.

Die Zentren der altindischen Kultur sind Mathura, Sarnath und Varanasi; in Lucknow, Agra oder Fatehpur Sikri hingegen entstanden neue kulturelle und politische Zentren der indisch-islamischen Kultur. Uttar Pradesh ist eine Hochburg dieser Tradition, die am besten in der Architektur erkennbar ist, sich aber auch in der Musik, in Tanzformen wie dem *kathak* sowie in der Urdu-Poesie ausdrückt. 1946 jedoch flohen bzw. emigrierten viele Muslime.

Heute gehört der Staat zu den am dichtesten besiedelten Gebieten Indiens und ist eine Brutstätte für politische Unruhen und Spannungen zwischen Hindu-Mehrheit und Muslim-Minderheit. Große Teile des Staates sind noch etwas rückständig, aber auf Reisende warten einige großartige Sehenswürdigkeiten, besonders in Agra und Varanasi.

★AGRA

Nachdem ★**Agra** ⓯ jahrhundertelang nur von sekundärer Bedeutung war, trat die Stadt an den Ufern des Yamuna 1504 als Hauptstadt von Sikander Lodi hervor und entwickelte sich zu einem Machtzentrum. Deshalb ließ auch Babur, der Begründer des Mogul-Reiches, hier nach 1526 seine Zelte aufschlagen.

Agras Monumente drücken sowohl den individuellen Geschmack der aufeinander folgenden Herrscher als auch

Links: Abendzeremonie an den Ghats von Varanasi.

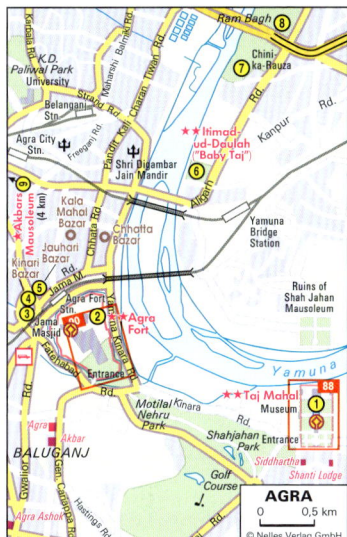

die Entwicklung einer einzigartigen Architektur aus, die in der vollendeten Harmonie des Taj Mahal gipfelte.

★★Taj Mahal

Seit über zwei Jahrhunderten singen Reisende und Dichter Lobeshymnen auf das ★★**Taj Mahal** ①, dessen Silhouette als Synonym für ganz Indien gilt. Der Tod seiner geliebten Königin Mumtaz Mahal („Perle des Palastes") im Jahr 1631 bewog den Mogul-Herrscher Shah Jahan, ihrem Andenken ein Mausoleum von beispielloser Schönheit zu weihen. Die besten Künstler und 20 000 Arbeiter bauten 22 Jahre an diesem Grabmal, 37 Architekten sollen daran beteiligt gewesen sein. Fleckenloser weißer Marmor wurde in den Steinbrüchen von Makrana (Ajmer) gebrochen, Sandstein von Fatehpur Sikri gebracht, ausgewählte Edelsteine und Halbedelsteine wurden aus dem ganzen Orient zusammengetragen – u. a. Lapislazuli, Karneol, Türkise, Jade und Jaspis.

Als Gartengrab in der Tradition der Gräber von Khan Khanan und Humay-

Karte S. 84-85, Stadtplan S. 87, Info S. 106-107   87

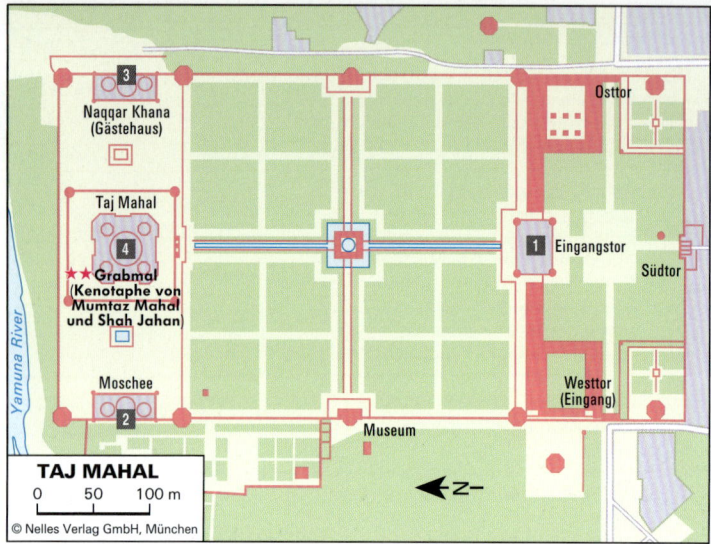

TAJ MAHAL

0   50   100 m

© Nelles Verlag GmbH, München

un in Delhi konzipiert, lässt das Taj Mahal ("Krone des Palastes") seine Vorbilder weit hinter sich: Das Mausoleum erhebt sich nicht in der Mitte, sondern am hintersten Ende des Gartens und betont dadurch die vollkommene Symmetrie der Anlage. Sie wird vervollständigt durch die harmonische Ergänzung des gegenüberliegenden riesigen **Eingangstors** 🔲, des ausgedehnten Gartens und der angrenzenden Gebäude – der **Moschee** 🔲 auf der Westseite des Taj Mahal und des spiegelbildlich erbauten **Naqqar Khana** 🔲 (Gästehaus) auf seiner Ostseite. All diese Gebäude sind proportional aufeinander abgestimmt; zusammen lassen sie das Gesamtensemble des Taj Mahal erscheinen "wie eine schöne Prinzessin, umgeben von vier aufmerksamen Zofen".

Details zu beschreiben birgt die Gefahr in sich, ein Werk wie das Taj Mahal auf eine pure technische Leistung zu reduzieren. Aber wir können seine skulpturähnlichen, die Form harmonisieren-

Rechts: Denkmal einer unsterblichen Liebe – das Taj Mahal.

den Eigenschaften nicht übergehen – die Erhabenheit der Kuppel mit den zurücktretenden Bögen der Eingangstore, die wiederum mit ihren bogenförmigen Nischen die Alkoven des Grabes aufgreifen; oder den alles überstrahlenden, leuchtend weißen Marmor mit seinem dezenten, lyrisch anmutenden Farbenspiel der Blumenornamente. Unter der Zwiebelkuppel des **★★Grabmals** sind die **Kenotaphe** 🔲 (Scheingräber) von **Mumtaz Mahal** und **Shah Jahan**, der hier von seinem Sohn Aurangzeb beigesetzt wurde (die echten Gräber liegen in einer unterirdischen Kammer). Die Kenotaphe und der sie umgebende Zaun zeichnen sich durch besonders feine **★★Einlegearbeiten** in der so genannten *pietra-dura*-Technik aus. Bis zu 48 winzige Halbedelstein-Stücke wurden so dicht aneinander gesetzt, dass die Blüten keine Bruchnaht erkennen lassen.

Obwohl es fast 60 m emporragt, behält das Taj Mahal in seiner hellen Klarheit und Schlichtheit den Charakter eines kostbaren Juwels. Das Spiel des Lichts auf dem Marmor macht aus ihm

einen Spiegel unterschiedlicher Stimmungen, je nach Tageszeit; ein besonderes Erlebnis ist der Sonnenaufgang am Taj Mahal, wie auch der Anblick bei Sonnenuntergang vom anderen Ufer aus (bei den Ruinen des Shah-Jahan-Mausoleums).

Am Taj Mahal herrschen strengste Sicherheitsvorkehrungen, es dürfen nur kleine Taschen, keine Speisen, Getränke, Kaugummi, Feuerzeug, keine Taschenmesser, Zigaretten etc. mitgenommen werden. Mineralwasser wird mit Eintrittskarte und Schuhüberziehern ausgegeben. Es gibt einen Aufbewahrungsschalter am Eingang.

**Agra Fort

Das imposante **Agra Fort ② (**Rotes Fort**) am Ufer des Yamuna ist einzigartig. Hier entwickelte sich ab 1565 unter Akbar erstmals das Baukonzept der Mogule. Doch sind die meisten der von ihm konstruierten Paläste und Gebäude innerhalb des Forts zerstört und durch strahlend weiße Marmorbauten seines Enkels Shah Jahan ersetzt worden. Neben den soliden Festungsmauern aus Sandstein, die sich über 2,5 km hinziehen, und den hochaufragenden Torbauten ist der Palast **Jehangir Mahal** ■ mit seinem verzierten Gitterwerk und seinen Schnitzereien das einzige noch existierende Gebäude aus der Zeit Akbars.

Der **Diwan-i-Khas** ■, das Gebäude für private Audienzen, wurde von Shah Jahan erbaut. Die Atmosphäre der Räume wird durch elegante Pfeiler und mit Blätterwerk verzierten Bögen bestimmt, die zu einem Kennzeichen seines Stils geworden sind. Der berühmte Pfauenthron stand hier, bevor er nach Delhi kam. An den Diwan-i-Khas angrenzend liegen die „paradiesartigen Wohnungen", die Shah Jahan für Mumtaz Mahal erbauen ließ; sie umfassen den **Musamman Burj** ■ (Oktogonaler Turm), **Shish Mahal** ■ (Spiegelpalast), **Khas Mahal** ■ und das Hammam, das königliche Bad. Ironischerweise musste Shah Jahan hier seine letzten Lebensjahre verbringen, eingesperrt von seinem ehrgeizigen Sohn Aurangzeb. Es gibt auch zwei schöne

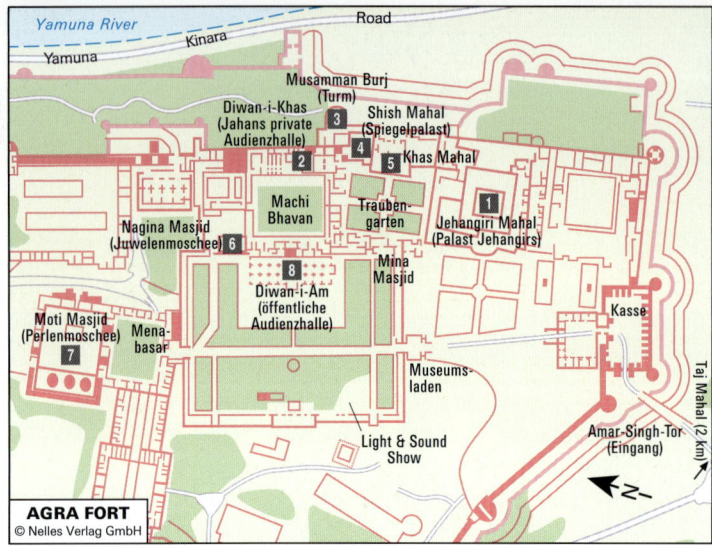

AGRA FORT
© Nelles Verlag GmbH

Moscheen im Fort – **Nagina Masjid** 6 (Juwelenmoschee) und **Moti Masjid** 7 (Perlenmoschee). Diese Bauwerke gehören zu den besten Beispielen eines Architekturstils, der aus der Fusion von islamischer und hinduistischer Tradition entstand und später in Shah Jahans „Herrschaft des Marmors" gipfelte.

Weiter findet man im Fort den wohlproportionierten **Diwan-i-Am** 8, die Halle der öffentlichen Audienzen mit ihrem reich verzierten Marmorthron. Ein großer Teil des Goldes, Silbers und der Edelsteine, die in diesen Gebäuden verarbeitet wurden, sind von den Jats im 18. Jh. geraubt worden.

Weitere Sehenswürdigkeiten in Agra

Nordwestlich der Bahnlinie trifft man mitten in der Altstadt auf die **Jama Masjid** 3, eine ebenfalls unter Shah Jahan 1648 erbaute Moschee. Über die

Rechts: Das Agra Fort, imposante Festungsanlage aus der Zeit des Mogulherrschers Akbar (1565).

geschäftigen Gassen, die alle auf die Moschee zu laufen, erreicht man den **Kinari Bazaar** 4 und den **Jauhari Bazaar** 5. Agra ist das größte Schuhproduktionszentrum Indiens. Es ist auch berühmt für seine Vielfalt an Produkten der Marmoreinlegetechnik, für seine *zardozi* (Goldstickereien), Teppiche, seine *petha* (kristallisierter Kürbiszucker) und *dalmoth* (würzige Linsen).

Auf der anderen Flussseite, 3 km stromabwärts, liegt das ****Itimad-ud-Daulah** 6, das Mausoleum von Mirza Ghiyas Beg, dem Schwiegervater Jehangirs. Nachdem er seinen Wert am Hof des Moguls unter Beweis gestellt hatte, wurde ihm vom Herrscher der Titel „Itmad-ud-Daula", Pfeiler des Staates, verliehen; sein Mausoleum, das unter diesem Namen bekannt geworden ist, wurde unter dem Patronat seiner Tochter Nur Jahan 1628 vollendet. Dieses „juwelenbestückte Schmuckkästchen" ist ein Prachtstück der Mogul-Architektur. In seiner vollständigen Marmorverkleidung mit kunstvollen ***Halbedelstein-Einlegearbeiten** ist es ein kleiner Vorläufer des Taj Mahal und

heißt deshalb im Volksmund „**Baby-Taj**".

Unweit vom Itmad-ud-Daula liegt das **Chini-ka-Rauza** ⑦, erbaut 1639 vom Perser Afzal Khan, der hoher Beamter am Hof von Shah Jahan war. Eine Kuppel überragt den Bau, die Überreste von **Fliesenmosaiken** lassen noch den persisch-afghanischen Stil erkennen.

Etwas weiter nördlich ist von Babur der erste Mogul-Garten namens **Ram Bagh** ⑧ angelegt worden, als Ort der Erholung von den „heißen, staubigen Ebenen Hindustans". Heute ist der Garten in vernachlässigtem Zustand.

★Akbars Mausoleum ⑨ liegt bei **Sikandra**, 9 km nordwestlich von Agra, in einem Park, in dem sich (hungrige) **Languren**, **Axishirsche** und **Hirschziegenantilopen** (*black buck*) tummeln. Durch ein riesiges, üppig verziertes **Torgebäude** gelangt man zu dem monumentalen roten Sandsteingrabmal, aus dem vier Marmorminarette ragen. Das kaiserliche Mausoleum, von Akbar geplant und begonnen, wurde von seinem Sohn Jehangir im Jahr 1605 vollendet.

★★FATEHPUR SIKRI

★★Fatehpur Sikri ⑯, 37 km westlich von Agra, ist, obwohl aufgegeben und größtenteils nur noch in Ruinen existent, eine faszinierende Stadt; noch immer sind die roten Sandsteingebäude der einstigen Herrscherfamilie so gut erhalten, dass es scheint, als habe Akbar den Palast erst gestern verlassen. Eine Geschichte rankt sich um ihre Gründung: Auf dem kahlen Höhenzug oberhalb des Dorfs Sikri lebte ein Sufi-Heiliger namens Sheik Salim Chishti. Angeblich suchte ihn Akbar auf, um seinen Segen für einen männlichen Nachkommen zu erbitten, und der Weise prophezeite ihm drei Söhne. Gleich nach der Geburt des ersten Sohnes (Jehangir) 1569 errichtete Akbar die großartige Jama Masjid in der Nähe des Aufenthaltsorts des Mystikers. Als 1571 ein zweiter Sohn folgte, beschloss der dankbare Herrscher, hier eine mächtige Stadt zu bauen.

Die besten Baumeister waren damals bereits dabei, das Fort von Agra zu errichten. Von Akbars Enthusiasmus mit-

gerissen, gaben sie nun bei Sikri einer königlichen Stadt Gestalt, die „größer und besser als London" war. 1573 benannte Akbar die Stadt um in Fatehpur, Stadt des Sieges, zum Gedenken an seinen Triumph über Gujarat.

Der Brite Ralph Fitch besuchte Fatehpur Sikri 1585 und berichtete, dass die Strecke von Agra hierher ein einziger Basar war, auf dem man alle Schätze des Orients kaufen konnte. Die von einer 10 km langen Mauer umgebene Stadt war auf einem Höhenzug erbaut; der Palast lag im Südosten, wo der Hang steil vom höchsten Punkt bei der Jama Masjid abfällt. Unterhalb des Palasts lagen die Häuser der Adligen, Basare, Karawansereien, Handwerksbuden, Schulen, Bäder – und Ställe für 5000 Elefanten, 1000 Geparde und 30 000 Pferde.

Das **Agra Gate** ist noch immer der Hauptzugang zur „Geisterstadt des Großmoguls". Die Straße führt zunächst durch Ruinen. Hinter diesen Ruinen stößt man auf den gut erhaltenen **Diwan-i-Am** 1. Sein imposanter Innenhof, die Arkadengänge und der geschnitzte Sandstein scheinen von der Zeit unberührt geblieben zu sein. Hier präsentierte Akbar sich dem Volk und hielt Gericht.

An der Rückseite des Diwan-i-Am liegt der große **Pachisi-Hof** 2. In seinem Pflaster ist ein kreuzförmiger **Spielplan** eingelassen, auf dem der König mit seinen Adligen oft das Würfelspiel *pachisi* spielte – junge Tänzerinnen dienten angeblich als Spielfiguren.

Alle Gebäude, die an diesem Platz liegen, gehören zum Männerbereich des Palastes. Bemerkenswert sind der von innen wunderschöne **★Diwan-i-Khas** 3 (Akbars private Audienzhalle mit skulptiertem **Thronpfeiler**, den Motive aus den vier Weltreligionen zieren), der **Astrologenpavillon** 4 mit Jain-Ornamenten (neben der **Schatzkammer**) und der fünfstöckige Pavillon **Panch Mahal** 5. Im Panch Mahal hielt Akbar sich oft an Sommerabenden auf, um mit den Damen seines Harems die kühle Brise zu genießen.

Oben: Fatehpur Sikri, die Residenz des Großmoguls Akbar.

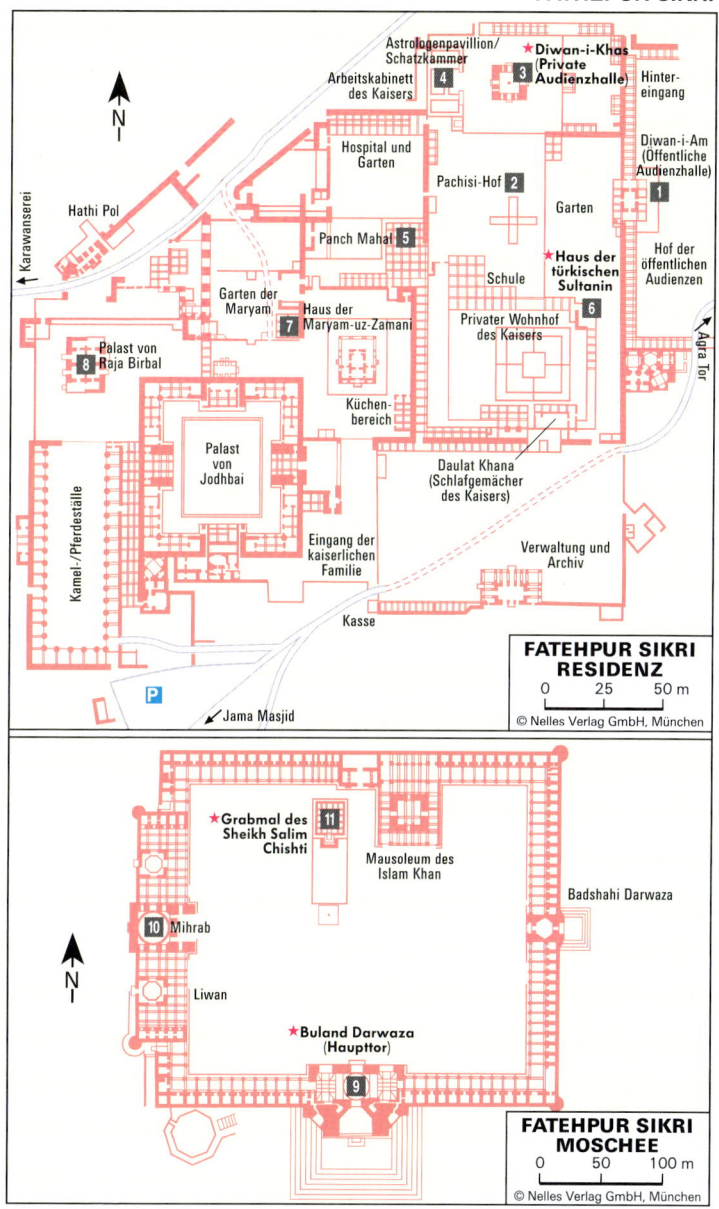

FATEHPUR SIKRI
RESIDENZ
0   25   50 m
© Nelles Verlag GmbH, München

Astrologenpavillion/
Schatzkammer

★ Diwan-i-Khas
(Private
Audienzhalle) 3

Arbeitskabinett
des Kaisers

4

Hinter-
eingang

Diwan-i-Am
(Öffentliche
Audienzhalle)

1

Hospital und
Garten

Pachisi-Hof 2

Garten

N

Karawanserei

Hathi Pol

Panch Mahal 5

Schule

★ Haus der
türkischen
Sultanin 6

Hof der
öffentlichen
Audienzen

Garten der
Maryam

Haus der
Maryam-uz-Zamani 7

Privater Wohnhof
des Kaisers

Agra Tor

Palast von
Raja Birbal 8

Küchen-
bereich

Palast
von
Jodhbai

Kamel-/Pferdeställe

Daulat Khana
(Schlafgemächer
des Kaisers)

Eingang der
kaiserlichen
Familie

Verwaltung und
Archiv

Kasse

P

Jama Masjid

★ Grabmal des
Sheikh Salim
Chishti

11

Mausoleum des
Islam Khan

Badshahi Darwaza

10 Mihrab

N

Liwan

★ Buland Darwaza
(Haupttor)

9

FATEHPUR SIKRI
MOSCHEE
0   50   100 m
© Nelles Verlag GmbH, München

Der ganze Bereich linker Hand war durch eine Mauer abgetrennt und bildete den Harem. Auch hinter dem Panch Mahal lebten Frauen, eine jede in ihrem eigenen Haus. Die schönsten dieser Häuser sind der **Palast der türkischen Sultanin** 6, das **Haus der Maryamuz-Zamani** 7 mit Resten von Malereien (sogar Götterbilder finden sich hier, die zeigen, dass Akbars hinduistische Frauen weiterhin ihrem Glauben treu bleiben durften) und das so genannte **Haus Raja Birbals** 8 (in Wirklichkeit vermutlich ein Haremsgebäude) mit exquisiten Steinarbeiten.

Man muss sich inmitten dieser verlassenen Paläste Akbars das Leben vor 400 Jahren vorstellen: Hier war das Machtzentrum eines riesigen Reiches, von einem Herrscher regiert, der ein Zeitgenosse von Elisabeth I. von England war; ein Mann, der sich als von Gott auserwählt betrachtete, „einen großartigen Plan zu realisieren"; ein außerordentlicher Staatsmann und Feldherr, der vielseitig interessiert war und sogar eine neue Religion gründete: *Din-i-Illahi*, eine Synthese aus Islam, Hinduismus, Buddhismus und Jainismus. Zur bunten Hofrunde Akbars gehörten hervorragende Generäle und Finanzleute, Dichter und Biografen, Theologen der verschiedenen religiösen Richtungen (selbst Jesuiten!) und berühmte Musiker wie Tansen. Eine Bibliothek mit 24 000 Manuskripten wurde in Fatehpur Sikri von den besten Künstlern und Schreibern der Zeit zusammengestellt. Hier wurde die Miniaturmalerei der Mogulzeit geboren sowie die Sanskrit-Klassiker und Turki-Chroniken ins Persische übersetzt.

Außerhalb des eigentlichen Palastbereiches befindet sich eins der bemerkenswertesten Gebäude aus Akbars Zeit, die große Freitagsmoschee *Jama Masjid. 1573 gab er das eindrucksvolle *Buland Darwaza 9, das 40 m hohe

Rechts: Mathura, legendärer Geburtsort des Gottes Krishna.

Haupttor in Auftrag. Die **Gebetsnische** 10 (*mihrab*) liegt seitlich dieses Haupttores im Westen, da sie ja nach Mekka ausgerichtet sein musste. Im Innenhof findet sich das von Shah Jahan erbaute **Grabmal** des Weisen **Sheikh Salim Chishti** 11 mit wunderschönen Marmorornamenten. Viele Pilger und Pilgerinnen kommen hierher, um am Grab des Sufi-Scheichs ein Gelübde zur Erlangung von Söhnen abzulegen.

Trotz all dieser Prachtentfaltung hat Akbar in Fatehpur Sikri nur 14 Jahre gelebt. Manche glauben, dass er wegen akuten Wassermangels wegging, andere, dass Probleme im Nordwesten des Landes seine Anwesenheit in Lahore erforderten. 1610 war die Stadt bereits verlassen, und nur die königlichen Gemächer wurden für spätere Herrscher erhalten. Endgültige Zerstörung haben die Jats im 18. Jh. angerichtet, nur dem Sandstein konnten sie nichts anhaben.

MATHURA

Mathura 17, an den Ufern der Yamuna gelegen, wird als Geburtsort Krishnas verehrt. Die bereits in den Berichten des Ptolemäus erwähnte Stadt ist zwar noch immer Wallfahrtsort und eine der sieben heiligsten und ältesten Städte Indiens, doch die muslimische Herrschaft der letzten Jahrhunderte hat keine alten Tempel stehen lassen.

Das *Mathura-Museum ist wegen seiner bedeutenden frühbuddhistischen Skulpturen aus der weltberühmten Mathura-Schule sehenswert: Die Sammlung 2000 Jahre alter Kushana-Kunst ist die beste in ganz Indien.

Lohnend ist ferner eine **Bootsfahrt** auf der **Yamuna** entlang der Ghats. Das Vishram Ghat aus dem Jahr 1814 ist das Zentrum der religiösen Aktivitäten.

In der Nachbarstadt **Vrindavan** 18, hat Krishna seine Jugend verbracht, dort reihen sich Ashrams und Tempel aneinander. Einen guten Einblick in das religiöse Leben Vrindavans gibt der **Sri Krishna Balaram ISCON Tempel**, in

dem Hare Krishna Anhänger seit Jahrzehnten 24 Stunden täglich Hare Krishna singen und während der mehrfach täglich abgehaltenen Arati-Zeremonien ekstatisch tanzen. Der **Govind Dev Tempel** (1590) ist das historisch bedeutendste Heiligtum.

★LUCKNOW

★**Lucknow** ⑲, die Hauptstadt von Uttar Pradesh, liegt am Ufer der Gomati. Trotz Industrialisierung ist Lucknow noch geprägt vom Erbe der etwas dekadenten Nabob-(*Nawab*-)Wesire von Awadh. Einst Gouverneure des Mogulreiches, wurden sie im 18. Jh. zu Gegnern der Briten und mussten sich schließlich unterwerfen; 1856 annektierten die Briten dieses begehrte Areal, was unter anderem den Sepoy-Aufstand von 1857 auslöste. Als Gründer der heutigen Stadt gilt Asaf-ud-Daula (1775-97). Bis 1856 hatte die Stadt einen Ruf als Zentrum der indischen Schiiten, Urdu-Dichtung und verfeinerter Lebensart erworben. Sie erreichte ihre Blütezeit unter der Herrschaft des letzten Nabob, Wajid Ali Shah, einem Förderer von Musik und Poesie.

Teile Lucknows sind noch heute Zeugnis dieser vergangenen Epoche. Nahe des **Chowk** mit seinen engen, überfüllten Basaren, auf denen altes Silber, mit *zari*- und *chikan*-Stickerei verzierte Objekte (beide Kunstfertigkeiten datieren aus den Zeiten der Nabobs) und muslimische Speisen verkauft werden, liegt das schiitische Heiligengrab ★**Bara Imambara**, von Asaf-ud-Daula 1784 erbaut. Das auffälligste Merkmal dieser riesigen, 50 m langen Halle, die für schiitische Trauerrituale während des Moharrem-Festes dient, ist das Fehlen von Stützpfeilern. Innen gibt es zahlreiche *tazia* (Repliken der Gräber bei Kerbela), manche mit bunten Glasfenstern, und in einem Obergeschoss das *bhul bhulaiya*, ein Labyrinth mit einer Reihe endloser Korridore.

Neben der Imambara steht das **Rumi Darwaza**, ein ornamentiertes Tor aus Ziegelstein und koloriertem Stuck, das wegen seiner Ähnlichkeit mit einem Tor in Konstantinopel auch als Türkisches Tor bezeichnet wird.

Von weniger imposanten Ausmaßen ist die **Husainabad Imambara**, die Ali Shah 1837 als sein Mausoleum errichten ließ und den **Silberthron** der Nabobs beherbergt. Ein heiliges Wasserbecken erstreckt sich vor dem reich verzierten Bauwerk mit seinen vergoldeten Kuppeln. Gegenüber liegen das **Baradari** (Sommerhaus) und der **Uhrturm**.

Die weiter westlich zu erkennende **Jama Masjid**, eine unter Ali Shah erbaute Moschee, gehört zu den wenigen, die für Nicht-Muslime tabu sind.

Die ***Britische Residenz** veranschaulicht ein Drama der britischen Kolonialherrschaft: An ihren Ruinen sind noch Einschusslöcher zu sehen. Ursprünglich um 1800 für den britischen Statthalter erbaut, war sie 1857 Schauplatz einer Belagerung während des Sepoy-Aufstands; über 2000 Briten – Männer, Frauen und Kinder – starben hier; sie ruhen auf dem **Friedhof** der nahen Kirche.

Oben: Im Inneren der Bara Imambara (Lucknow) versammeln sich schiitische Muslime zum Moharrem.

Ein herausragendes Bauwerk ist die **Martiniere-Schule**, die von Claude Martin, einem Abenteurer, erbaut wurde, der enorme Reichtümer ansammelte. Sein palastartiges Haus, eine seltsame Mischung aus indischen und westlichen Stilrichtungen, wurde später als Schule genutzt, die auch der Schriftsteller Rudyard Kipling besuchte. Der **Kaisar Bagh**, ein Garten mit mehreren Gebäuden, **Lakshman Tila**, der ursprüngliche Platz der Stadt (jetzt Standort einer Moschee) und der **Zoo** sind weitere Sehenswürdigkeiten in Lucknow.

AYODHYA

Nahe **Faizabad**, der einstigen Hauptstadt von Awadh, liegt die kleine Stadt **Ayodhya** [20] am Ghagara-Fluss, mit zahlreichen Tempeln und *ghats*. Sie zählt zu den sieben heiligen Städten des Hinduismus. Traurige Berühmtheit erlangte sie 1992, als fanatische Hindus die in der Mogulzeit über der legendären Geburtsstätte von Rama erbaute Babri-Moschee zerstörten, um dort wieder einen Tempel zu errichten.

2

Uttar Pradesh

ALLAHABAD

Nachdem Rama aus Ayodhya verbannt worden war, hat er angeblich beim heutigen **Allahabad** ㉑, am Zusammenfluss der beiden heiligsten indischen Ströme Yamuna und Ganges, Zuflucht gesucht. Hindus meinen, dass jeder Besuch der Stadt am *sangam* (Zusammenfluss), dem rituellen Mittelpunkt Allahabads, anfangen und enden sollte. Wenn man an dem bunten Tempel **Hanuman Mandir** vorbei einen Spaziergang zum Flussufer hinunter macht, erblickt man die Festung und in der Ferne über dem Fluss die Stelle, wo die „weißen und dunklen Gewässer sich vereinen". Seit Jahrhunderten ist dies ein Ort höchster Verehrung, der von Pilgern während der jährlichen *Magh Mela* besucht wird. Während der *Kumbh Mela*, die nur alle zwölf Jahre stattfindet und als bester Zeitpunkt für das rituelle Bad gilt, entsteht am Flussufer für kurze Zeit eine riesige provisorische „Zeltstadt" für die dann zu Millionen herbeiströmenden Hindus.

Die von Akbar 1583 erbaute **Festung** ist militärisches Gelände. Im Inneren der Festung dürfen Besucher nur die **Ashoka-Säule** und die **Saraswati Kup** besichtigen, die Quelle des mythischen Flusses Saraswati. Der tolerante Akbar rührte den **Patalpuri-Tempel** nicht an. **Akshay Vat**, ein angeblich unsterblicher Banyan-Baum, wird hier verehrt.

3 km nördlich des Forts liegt der **Anand Bhavan**, der Familiensitz der Nehrus, den Indira Gandhi in ihren letzten Lebensjahren dem Staat als Museum schenkte. Er war eng mit dem Unabhängigkeitskampf verbunden.

★VARANASI (BENARES)

★**Varanasi** ㉒ (Benares), einer der ältesten ununterbrochen bewohnten Orte der Welt, am Ufer des Ganges gelegen, ist die heiligste Stadt Indiens. Seit Jahrhunderten kommen die Pilger hierher, um Erlösung und Trost zu suchen. Diese uralte Stadt zieht immer wieder die Menschen in ihren Bann, denn hinter ihrer teils etwas armseligen Fassade ist sie voller Vitalität. Sie konfrontiert den Besucher mit allen Aspekten des Lebens in seiner ganzen schillernden Widersprüchlichkeit. Nirgendwo ist Varanasi faszinierender als bei den *ghats*, den stufenförmigen Uferbefestigungen, zu denen von Tagesanbruch bis zur Dämmerung ein unablässiger Strom von Menschen drängt. Ohne sich um Beobachter zu kümmern vollziehen die Pilger ihre Rituale, im festen Glauben, sich damit von den Sünden ihres Lebens reinzuwaschen. Unter Bambusschirmen sitzen die *ghatias*, immer bereit, bei den Ritualen zu helfen. Manche sind beim Anblick der Ghats vom Trubel um die **Leichenverbrennungen** schockiert. Die Religion und ihre Botschaft scheinen weit weg zu sein bei so viel Vitalität und Elend, so viel Leben und Tod. Aber allmählich schwinden die Widersprüche, die verborgene Harmonie des Ganzen tritt zutage.

Den einzigartigen Blick auf die spektakuläre, sich über 4 km hinziehende Biegung des **Ganges** mit den Ghats sollte man am besten eine Stunde vor Sonnenaufgang erleben, im weichen ersten Licht, wenn über dem Fluss und den Ghats noch eine zeitlos-ätherische Stimmung liegt. Am besten mietet man ein **Boot** (ca. 100 Rp/Person und Stunde, Feilschen nötig) und lässt sich durch den Frühnebel rudern, so kann man all die Eindrücke langsam in sich aufnehmen – man wird dabei aber nicht allein auf dem Fluss unterwegs sein.

Die ★★**Ghats** beginnen an dem Punkt, wo die **Varuna** in den Ganges mündet und enden beim Asi Ghat, wo die **Asi** in den Ganges fließt. Mehr als einhundert Ghats säumen den Fluss, aber nur wenige können auf einer Straße erreicht werden. Das **Dasaswamedh Ghat** ① ist das bekannteste: hier werden allabendlich spektakuläre **Pujas** gezeigt (Beginn ca. 18.30 Uhr), die bei Touristen höchst beliebt sind. Zu seiner

VARANASI

Inset map (top):

Univ. Book Company
New Garden
Mandapur Road
St. Thomas Rickshaws
Nat. Sarak Chraganj Marg
Luxa Road

North Eastern Railway

Harishchandra Ghat
Sonmony
Internat. Music Centre Ashram
Baba
Bengali Tola
GODOULIA
Pulchwara
New Keshari Ruchikar Byanjan
CHOWK

Lali Ghat
Kedar Ghat
Chauki Ghat
Mansarowar Ghat
Someswar Ghat
Munshi Ghat
Ahalya Bai's Ghat
Rana Ghat
Ganpati
Shitala Temple
Dasaswamedh Ghat
Vishvanoth Gali
Gyanvapi Mosque
Kachauri Lane
Vishwanath Mandir
Mandua Di' Railway Station

Dasaswamedh Ghat Road
Bengali Tola
Man Mandir Ghat
Mir Ghat
Alka
Ganpati
New Vishwanatha Temple
Lalita Ghat
Scindia Ghat
Puja

KAMCH
BAJARDIHA
SUDAMAPUR

Ganges

1 Sri Venkateswar Lodge
2 Internat. Yoga Clinic / Meditation Centre
3 Madhur Milan
4 Ganga Fuji
5 Golden Lodge
6 Yogi Lodge
7 Annapurna Bhavani

0   0,5 km

★ Manikarnika Ghat

Main map:

Harish Chandra
Vishwnath Temple
New Vishwnath Temple
Malaviya Bhavan
BHELUPURA
Dwawrikadhis Mandir

BHU Chemical Engineering Dep.
BENARES HINDU
CHHITTUPUR
BHU Chemistry & Physics Dep.
GURUDHAM COLONY

Benares Hindu University Central Office
UNIVERSITY
Bharat Kala Bhavan Museum
RASHMI NAGAR COLONY
Durga Kund Temple
JAWAHAR COLONY

BHU Medical College
BHU Hospital
Sankat Mochan Temple Ashram
Tulsi Manas Temple
Durga Mandir Temple

BHU Women's College
BHU Main Gate Rickshaws to Goudaulia
Pandit Madanmohan Malviya Marg
Durgakund
ANANDBAGH
Sonarpur Road

Heritage Hospital
Vishwanath Shiva Temple
Bread of Life

NAGWA
Asi Ghat
Hanuman Mandir
Nagwa Ghat
Sitki River View
Palace on the Ganges
Ganges View
Bachraj Ghat
Janaki Ghat
Tulsi Ghat
Shivala Ghat
Dandi Ghat
Anandmayee Ghat

Ganges

Pontoon Bridge
Ram Marg
Nagar Road

Ram Nagar Ghat
Ram Nagar Fort & Museum

RAM NAGAR
NH7
Ram Nagar Road
NH7
CHANDAULI

Mirzapur, Chunar

98

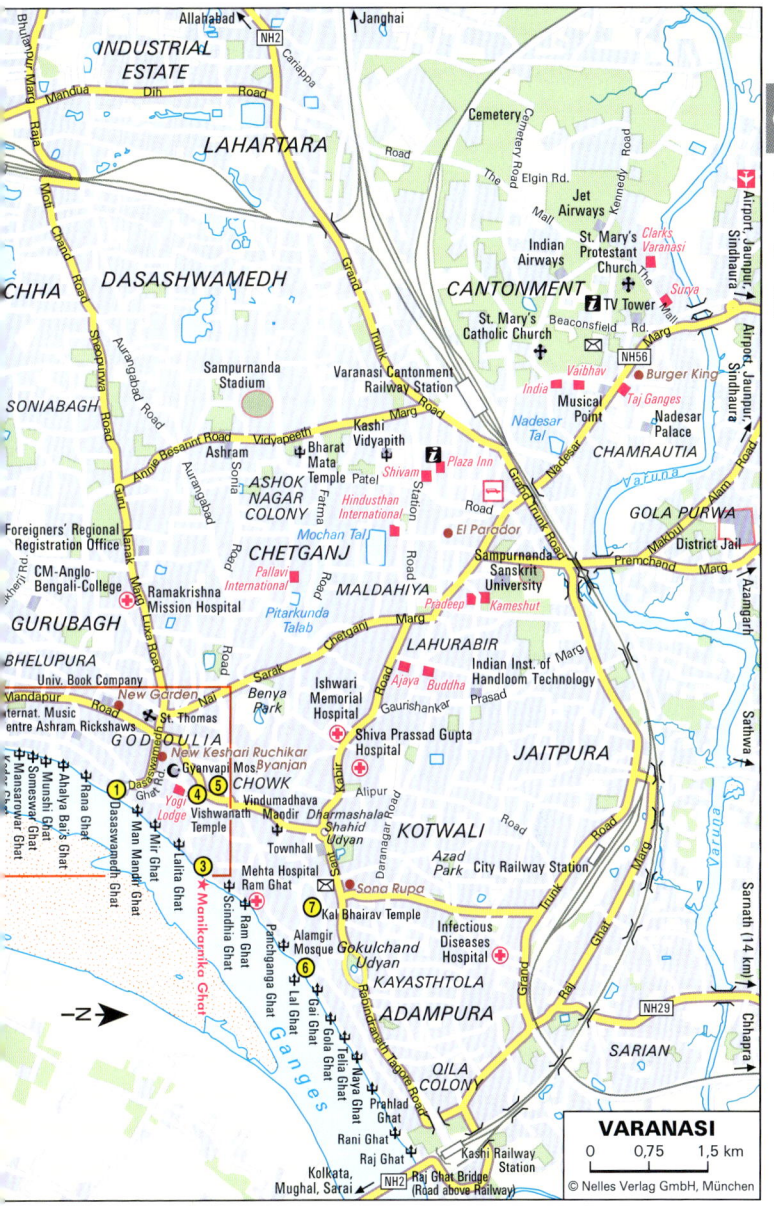

VARANASI

0   0,75   1,5 km

© Nelles Verlag GmbH, München

Rechten liegt ein kleiner **Shitala-Tempel**, der Göttin geweiht, die die Menschen vor Pocken schützt. Außerdem hat dieser Tempel ein *lingam*, das daran erinnert, dass bei diesem *ghat* zehn Pferdeopfer des Königs Divodasa stattfanden und deshalb laut Hindu-Mythologie allen Gnade gewährt wird, die an diesem *ghat* baden. Ein halb versunkener Shiva-Tempel wirkt an dieser Stelle etwas verloren, ebenso wie der Palast des Dom Raja, der angeblich durch seinen Beruf ein riesiges Vermögen angesammelt hat. (*Doms* sind die Manager und Konzessionäre der Verbrennungsghats.)

Während es für einen normalen Inder bereits eine große Gnade ist, in Varanasi verbrannt zu werden (viele Leichname werden zu diesem Zweck in die Stadt gebracht), darf der Gläubige, der in Varanasi stirbt, sicher sein, die Erlösung aus dem Zyklus der Wiedergeburt zu erlangen. Daher kommen viele Menschen, die sich ihrem Lebensende nähern, besonders Witwen, hierher, um auf den Tod zu warten.

Die beiden Verbrennungsghats sind **Harishchandra Ghat** ② und ***Manikarnika Ghat** ③. Für Touristen bilden sie eine Attraktion, und die Bootsleute sind eifrig bemüht, diese beiden Stätten zu zeigen. Für Hindus ist der Tod ein Teil des Lebens, und man versucht nicht zu verbergen, was doch eine unvermeidliche Tatsache ist. Verbrennungen werden von den Hindus gewollt, weil sie glauben, dass der Körper, der die Seele nur zeitweilig beherbergt, ganz zerstört werden muss, um seine Befreiung zu ermöglichen. Das Fotografierverbot an den Verbrennungsghats sollte jedoch unbedingt eingehalten werden.

Nahe des Dashaswamedha Ghat trifft man auf die ***Vishvanath Gali**, eine enge Gasse, in der sich Läden dicht aneinander drängen. Die Gasse endet am **Vishvanath Mandir** ④ („Goldener

Tempel", Zutritt nur barfuß ohne Taschen und Kameras, höchste Sicherheitsstufe!), dem Haupttheiligtum der Stadt, das ihrer höchsten Gottheit, Shiva, geweiht ist. Varanasi soll der Ort sein, an dem der erste *jyotirlinga*, der feurige Lichtstrahl, mit dem Shiva den anderen Göttern seine Überlegenheit demonstrierte, zum ersten Mal durch die Erdkruste brach und zu den Himmeln strebte. Von daher leitet sich auch der zweite Name Varanasis, *Kashi*, ab, was so viel heißt wie Stadt des Lichts. Bis heute ist der *Shiva lingam* Zentrum der Verehrung und Andacht in Varanasi. Der ursprüngliche Vishvanath Mandir wurde von Aurangzeb zerstört, aus seinen Steinen die **Gyanvapi-Moschee** errichtet. Die Holkar-Königin Ahalya Bai ließ den Tempel 1776, mit einem vergoldeten Turm, wieder aufbauen. Im Allerheiligsten steht das schwarze *lingam* auf einem goldenen Podest. Die Umgebung, die zur Vermeidung von religiösen Unruhen wegen der **Moschee** unter Polizeibewachung steht, ist dunkel und eng; lärmende Menschen und singende, betende Priester sind in ihrer Geschäftigkeit befangen. Hier ist das Herz der heiligen Stadt.

Interessant ist das Gebiet um den **Chowk** ⑤, wo Lokale traditionelle Speisen und Geschäfte Kunsthandwerk anbieten – insbesondere **Benares-Brokat**; die Tradition des Brokatwebens stammt aus der Zeit der Moguln.

Die unter dem Mogulkaiser Aurangzeb erbaute **Alamgir-Moschee** ⑥ erinnert an die islamische Herrschaft.

Ein ausführliches Handbuch schreibt den genauen Weg der Pilger vor. Die Stationen umfassen verschiedene Tempel, von denen einige für Nicht-Hindus geschlossen sind. Dennoch sollte man zu ihnen gehen, weil die Wege und die umliegenden Gebiete eine besondere Atmosphäre ausstrahlen.

Zu den vorgeschriebenen Tempeln zählen der **Kal Bhairav** ⑦ („der schreckliche Schwarze"), der als eine furchterregende Inkarnation von Shiva

Rechts: Wie vor 2000 Jahren baden gläubige Hindus an den Ghats von Varanasi.

besonders von den Anhängern der Tantra-Tradition verehrt wird; der **Durga Kund** ⑧, der benachbarte **Tulsi Manas** ⑨ und der **Sankat Mochan** ⑩.

Seit altersher war Varanasi eine Stadt des Lernens und Zentrum der großen Sanskrit-Gelehrten. Die **Benares-Hindu-Universität** wurde 1916 für das Studium der indischen Kunst und Kultur und des Sanskrit gegründet. Hier sollte man auch das **Bharat-Kala-Bhavan-Museum** ⑪ mit seiner ausgezeichneten Sammlung von ***Miniaturmalereien**, Skulpturen und Textilien besuchen. Sehenswert ist auch der mit wunderschönen Holzschnitzereien verzierte **Nepali-Tempel** im Laita Ghat.

Über den Fluss hinweg, in **Ramnagar**, ist im **Palast** des Maharaja von Benares, den man durch ein prachtvolles **Palasttor** betritt, ein **Museum** ⑫ eingerichtet, das einige interessante Objekte zeigt, u. a. eine kunstvoll geschnitzte Elefantensänfte und Kutschen. Einen Monat vor dem *Dussehra-Festival* wird Ramnagar lebendig: Jeden Abend werden dann Szenen aus dem *Ramayana* aufgeführt.

AUF BUDDHAS SPUREN

Für Buddhisten ist Indien vor allem das Land Buddhas und ein Besuch in Indien eine Pilgerreise zu den heiligen Orten des Erleuchteten. Die Geschichte seines Lebens, seine Lehre von den Ursachen des Leidens und dessen Überwindung hatten großen Einfluss auf weite Teile Asiens und sind noch heute, nach über 2000 Jahren, lebendig.

Seine erste Reise unternahm der Buddha im Alter von 29 Jahren von seinem Heimatort Kapilavastu aus nach Vaisali, Rajgir und schließlich Bodh Gaya, wo er sechs Jahre verbrachte und die Erleuchtung erlangte. Daraufhin ging er nach Sarnath, wo er seine erste Predigt hielt und so „das Rad des Gesetzes ins Rollen brachte". Von Sarnath kehrte er nach Rajgir zurück und besuchte dann Sravasti und Kapilavastu, das er zwölf Jahre nicht mehr gesehen hatte. Seine letzte Reise unternahm er mit 80 Jahren, von Rajgir nach Nalanda, Patna, Vaisali, Pava und Kushinagar.

In den 40 Jahren nach seiner Erleuchtung war er viel herumgekommen, aber

BUDDHISTISCHE STÄTTEN

0   50   100 km

© Nelles Verlag GmbH, München

er kehrte nie nach Bodh Gaya zurück, obgleich er diesen Ort am Vorabend seines Todes den vier Stätten hinzufügte, die er als würdig erachtete, um seinen Anhängern als heilig zu gelten. Die anderen drei Orte waren Lumbini, Sarnath und Kushinagar, wo Buddha schließlich ins Nirvana einging. Über das Leben des Buddha wissen wir aus den buddhistischen Texten, die nach seinem Tod in mehreren Konzilen zusammengestellt wurden. Historische Spuren, die mit den genannten Orten zusammenhängen, gibt es jedoch erst aus der Zeit des ersten buddhistischen Großkönigs Ashoka (253-226 v. Chr.). Er ließ an allen wichtigen Stellen *stupas* und andere Heiligtümer errichten und versah sie mit datierten Stifterinschriften.

Sarnath, wo vom 3. Jh. v. Chr. bis ins 11. Jh. n. Chr. buddhistische Bauwerke errichtet wurden, hat, gefolgt von Nalanda und Sravasti, die am besten erhaltenen Ruinen zu bieten.

Rechts: Die Dhamek Stupa in Sarnath markiert die Stelle, wo Buddha das erste Mal gepredigt haben soll.

Die buddhistische Ikonografie entstand im 1. Jh. v. Chr. mit Symbolen wie dem Bo-Baum, Fußabdrücken, dem Rad (Rad der Lehre, *dharmacakra*), dem Ehrenschirm (*chattra*) und dem Stupa, die allesamt Buddha repräsentieren. Zunächst war es nicht üblich, den Buddha in menschlicher Gestalt abzubilden. Die ersten Figuren entstanden erst in der ersten Hälfte des 2. Jh. n. Chr. in den Kunstschulen von Gandhara und Mathura. Insgesamt sind mehr buddhistische Statuen als Bauwerke erhalten.

Zu Lebzeiten Buddhas galten Haine, Teiche und Berge als heilig; beste Beispiele sind das *sal*-Wäldchen am Teich bei Lumbini, der *Bo*-Baum, der Lotos-Teich in Bodh Gaya, der Gazellenhain in Sarnath, der Obstgarten am See bei Nalanda, der Jeeta-Wald bei Sravasti, der Ambapali-Garten und -See in Vaisali und die *sal*-Bäume bei Kushinagar.

SARNATH

Von Varanasi empfiehlt sich ein Abstecher nach **Sarnath** ㉓ (14 km), wo Buddha vor 2500 Jahren seine erste Pre-

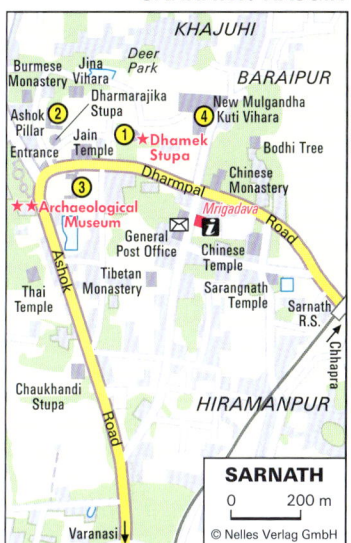

digt hielt. Die Stadt besitzt eindrucksvolle Zeugnisse des Buddhismus, wie den 34 m hohen ***Dhamek Stupa** ① (Dharmacakra Stupa), der angeblich an der Stelle steht, wo Buddha predigte. Ursprünglich gab es einen zweiten, den **Dharmarajika Stupa**, der jedoch zerstört wurde. Etwas westlich stehen die Überreste der **Ashoka-Säule** ② (3. Jh. v. Chr.), ihr wunderschönes ****Löwenkapitell** ist heute Hauptattraktion des ****Archäologischen Museums** ③ und indisches Nationalsymbol (auch auf Banknoten abgebildet). In dem modernen **Mulgandha Kuti Vihar** ④ sind Fresken des japanischen Künstlers Kosetsu Nosi zu sehen.

RAJGIR

Rajgir ㉔ (in Bihar, siehe auch S. 187) besitzt mehr buddhistische Wahrzeichen als die übrigen heiligen Stätten: **Venuvana**, das Bambuswäldchen, wo Buddha und seine Schüler lebten; **Karnada Tank**, der Teich, in dem Buddha badete; **Jivakamarvana**, der Obstgarten, den der Arzt Jivaka

Buddha schenkte; **Gridhakuta Hill** (Berg der Geier), von dem aus der Erleuchtete seine Predigten hielt, und die **Sattapani-Höhle**, in der das Erste Buddhistische Konzil zusammentrat. Das erste buddhistische Bauwerk Rajgirs entstand, als der König von Magadha, Ajatsatru, ein Kloster und einen Stupa für seinen Anteil an der Asche Buddhas errichtete.

Der Reiseweg Buddhas wird zunehmend zu einem Pilgerweg für den Weltfrieden. Die Japaner erbauten in Rajgir einen **Weltfrieden-Stupa** mit vergoldeten Darstellungen Buddhas. Man erkennt den Stupa schon von weitem auf demselben Hügel, auf dem Buddha seine Predigten hielt; er ist mit einer Seilbahn zu erreichen. Die Verbindung des Buddhismus zum Frieden reicht bis 250 v. Chr. zurück, als Kaiser Ashoka sich anlässlich des Blutbades bei seiner Eroberung Kalingas zur Umkehr besann und zum Buddhismus konvertierte.

In Rajgir stehen der japanische Tempel **Nipponzan Myohoji** und der **Centaur Hokke Club**, der für japanische Pilger Veranstaltungen anbietet. In

Rajgir sprudeln auch **heiße Quellen**, die von Hindu- und Jain-Tempeln umgeben sind.

NALANDA

Nalanda ㉕ (Bihar) war eine der größten Kloster-Universitäten der antiken Welt Indiens. Sie wurde im 5. Jh. v. Chr. errichtet und blieb bis ins 12. Jh. n. Chr., als sie von dem Eroberer Bakhtiar Khilji zerstört wurde, eine lebendige Lehrstätte mit Tausenden von Mönchen und Studenten. Der chinesische Reisende Hsüan Tsang studierte hier im 7. Jh.; ihm zu Ehren wurde ein Monument errichtet. Er gehörte zu den vielen Studenten aus Ost- und Südostasien, die hierher kamen, um Logik, Metaphysik, Medizin, Prosa und Rhetorik zu studieren. Die Universität bot kostenlose Studien- und Wohnmöglichkeiten für 10 000 Studenten und 2000 Dozenten.

Oben: Der Buddha von Kushinagar, dem Ort, wo Buddha das Nirwana erreichte. Rechts: Meditation am Mahabodhi-Tempel in Bodh Gaya.

Ihre Bibliothek soll neun Millionen Bände umfasst haben. Die Zerstörung dieser Universität bedeutete das Ende des Buddhismus in Indien.

Über ein Areal von 15 Hektar sind die Ruinen von sechs Tempeln, elf Klöstern, des **Sariputra Stupa**, der von Ashoka zu Ehren von Buddhas bedeutendstem Schüler, dem Mönch Sariputra, errichtet wurde, und vereinzelter Gebetshallen verteilt. Zwischen diesen Ruinen sind uralte Skulpturen, Basreliefs und Fresken zu finden. Darüber hinaus kann man noch ein **Museum** und einen Thai-Tempel besichtigen.

★BODH GAYA

Für Buddhisten ist ★**Bodh Gaya** ㉖ (in Bihar) die heiligste aller Städte, denn hier erlangte Buddha unter einem *Bo*-Baum seine Erleuchtung: Der heutige Baum ist ein Ableger davon; darunter steht der **Diamantthron Vajrasana**, der die Stelle bezeichnet, wo Buddha meditierte. Unweit befindet sich der **Mahabodhi-Tempel** mit einem vergoldeten Abbild des Buddha. Er wurde im

2. Jh. erbaut, später mehrmals beschädigt und restauriert. Hsüan Tsang, der den Tempel im Jahr 635 v. Chr. besuchte, berichtete von 700 vergoldeten Darstellungen des Erleuchteten.

Weiterhin gibt es ein massives **Dharma Chakra**, den **Animalesh Lochan Chaitya** und den **Lotos-Teich**, in dessen Mitte eine von einer Kobra beschirmte **Buddhastatue** steht. Sehenswert sind ferner **Klöster** und **Tempel** in landestypischer Architektur aus verschiedenen buddhistischen Ländern Asiens.

Das **Archäologische Museum** bewahrt wertvolle Buddhastatuen aus Gold, Bronze und Stein.

VAISALI

In **Vaisali ㉗** in Bihar, Geburtsort des Mahavira, stehen die Ruinen zweier **Stupas**, die zum Gedenken des Zweiten Buddhistischen Konzils erbaut wurden. Ashoka ließ zum Andenken an Buddhas letzte Predigt hier ein Löwenkapitell errichten. Daneben findet man **Jain-Tempel** und ein **Museum**.

KUSHINAGAR

In **Kushinagar ㉘** starb Buddha und erlangte das *mahaparinirvana*. Zu den hiesigen Ruinen gehören der **Mukutbandhan Stupa** und eine wunderschöne Plastik des ruhenden Buddha.

In **Gorakpur**, westlich von Kushinagar, befindet sich das **Rahul Sankritayan Museum** mit einer Sammlung buddhistischer *thangka*-Rollbilder.

LUMBINI UND KAPILAVASTU

Lumbini ㉙ (im heutigen Nepal), der Geburtsort Buddhas, wurde 1890 lokalisiert, nachdem er um 1100 in Vergessenheit geraten war. In der Ausgrabungsstätte des **Maya-Tempels** finden sich Ruinen eines Klosters und eines Bassins. In den Ruinen eines Stupas bei Piparwah wurde ein Reliquienbehälter mit einer Inschrift gefunden, durch die man **Kapilavastu**, Buddhas Heimatort, identifizieren konnte (westlich von Lumbini).

Auch in **Sravasti ㉚** kann man Überreste alter **Stupas** sehen.

AGRA (☎ 0562)

Government of India Tourist Office, 191 The Mall, Tel. 2363377, 2363959. Informationsschalter am Kheria Airport (10 km).
UP Government Tourist Bureau, 64 Taj Rd. Tel. 2360517. Auch am Schalter des Agra Cantonment (Bahnhof), Tel. 2568589.

INDISCH: ONLY, mit schönem kleinem Garten, abends mit Musik, Taj Road 45, Tel. 2226834. **Dasa Prakash**, sehr gute südindische Küche, Nähe Meher Kino, Sadar Bazaar Area, Tel. 3463535. **Pinch of Spice**, nordindisch, Wazipura Rd. gegenüber Sangay Kino, Tel. 4009004. **Taj Mahal**, nordindisch, Areesa Hotel, Fatehabad Rd., Tel. 2404805.
INTERNATIONAL: Capri, Hari Parbat. **Taj Restaurant**, Western Gate, Taj Mahal.
VEGETARISCH: **Zorba The Buddha**, Sadar Bazar.

Archaeological Museum, Gemälde, Skizzen, 10-17 Uhr, Fr und an gesetzlichen Feiertagen geschl., Taj Mahal.
In Mathura (53 km Richtung Delhi) liegt das **Mathura-Museum** (Nähe Dampier Park) mit der besten Sammlung von Kushana-Kunst, tägl. außer Mo 10.30-16.30 (1. Juli-15. April), 7.30-12.30 Uhr (16. April-30. Juni).

Lady Lyall Hospital, Noori Gate Rd., Tel. 267987. **S. N. Hospital**, Hospital Rd., Tel. 361314. **Dr. V. N. Kaushal**, Tel. 363550.

Head Post Office, The Mall, Tel. 74000. **Ctr. Telegraph Office** (24 Std.), The Mall, Tel.76914.

Die Stadt ist spezialisiert auf Intarsien und Kunstgegenstände aus **Marmor** und **Speckstein**, Brokat, bestickte Kleidung, Lederschuhe, Teppiche und Schmuck. Die Haupteinkaufszentren von Agra sind Hari Parbat, Sadar Bazaar, Kinari Bazaar, Munro Road, der Taj Mahal- Komplex. Für Pietra Dura-Produkte: Akbar International, 289 Fatehabad Rd., Taj Ganj, geg. Taj View Hotel, oder: Oswal Emporium, 30 Munro Rd.

Flugverbindungen bestehen mit Khajuraho, Bombay, Jaipur und Kanpur. Busverbindungen u. a. mit Delhi, Lucknow, Jaipur, Gwalior. Zwei Züge, der Taj Express und der Shatabdi Express,verbinden Agra mit Delhi.

VARANASI (☎ 0542)

Government of India Tourist Office, 15b The Mall, Tel. 2343744.
Uttar Pradesh Government Tourist Office (UPGTO), Parade Kothi (500 m südöstlich des Bahnhofs) im Stadtteil Cantonment, Tel. 2343413. Außerdem ein Schalter im Bahnhof Varanasi Cantonment (Tel. 2346370) und am Babatpur Airport.

Die besten Restaurants sind Hotels angeschlossen.
Rashmi-Guesthouse, schöne Dachterrasse, Restaurant mit Blick auf den Ganges, Tel. 2402778, www.rashmiguesthouse.com.

Archaeological Museum, 10-16.45 Uhr, Fr geschl., Sarnath. Tel. 63708. **Fort Museum**, Kollektion aus königl. Privatbesitz. 8.30-12 (Sommer), 9-12.30, 14-18 Uhr (Winter), Ramnagar, Tel. 64002. **Bharat Kala Bhawan**, **Banaras Hindu University**, Sammlung: Skulpturen, Terrakotten und Miniaturmalereien, 11-16.30 Uhr, So und während der Universitätsferien geschl.

Benares Hindu University Hospital, B.H.U. Campus, Tel. 2312542.
Heritage Hospital, Tel. 2313977.
APOTHEKEN: **Arun Medical Store**, K65/67 Kabir Rd., Tel. 263618. **Kaladhar Prasad & Sons**, Bichibagh, Tel. 252652.

Head Post & Telegraph Office, Biseshwarganj, Tel. 267150.

Varanasi hat eine lange Handwerkstradition. Der bedeutendste Zweig ist die **Seidenweberei**. Der größte Teil des Rohmaterials kommt aus Südindien. Kupferwaren, Schmuck und Seidenprodukte erhält man in den Haupteinkaufszentren in Chowk, Godoulia, Vishvanath Lane, Gyanvapi und Thatheri Bazaar.

Einige dieser **Feste** finden ausschließlich in dieser heiligen Stadt statt: *Mahashivaratri* (März), Varanasi's Patron Shiva geweiht. *Panch Kroshi* (Apr.), im Fastenmonat, wenn ein großer Pilgerstrom Varanasi besucht. *Buddha Purnima* (im Mai bei Vollmond), ein Volksfest in Sarnath, bei dem die Reliquien Buddhas hervorgeholt werden. *Rathyatra* (Aug.); *Ramlila* (Okt.), in Ramnagar, hier werden Episoden aus dem *Ramayana* vorgetragen. *Bharat Milap* (Okt.-Nov.), Rückkehr aus dem Exil von Rama, dem Helden des *Ramayana; Nagnathaiya* (Nov.), Episoden aus Krishnas Leben; *Chetgany Nakkatiya* (Nov.), amüsante Anekdoten aus dem *Ramayana;* und *Ganga Dussehra*, Erinnerungen an den ereignisreichen Tag, als das Wasser des heiligen Ganges Haridwar erreichte.

Flugverbindungen mit Delhi, Bombay, Agra, Khajuraho, Lucknow, Allahabad, Hyderabad, Patna, Kanpur, Calcutta und Kathmandu (Nepal). Der Flughafen Babatpur ist 22 km von Varanasi / Cantonment entfernt. Varanasi hat Zugverbindungen mit allen wichtigen Zentren Indiens, auch mit den nördlichen und nordöstlichen Liniennetzen der Eisenbahn.
Örtliche Taxis, Auto- und Fahrrad-Rikschas, Tempos und Busse sind immer verfügbar.
Boote für Fahrten auf dem Ganges können gemietet werden. In der Innenstadt geht man am besten zu Fuß.

LUCKNOW (☎ 0522)

ℹ️ **U.P. Govt. Tourist Reception Centre**, Railway Station, Charbagh, Tel. 252533.
Tourist Office, nahe Station Rd., Tel. 2226205.

🍴 *INDISCH:* Sehr gute Mogulküche im **Falaknuma** im Hotel Clarks, Tel. 2220131.
Ritz Continental, in der Nähe des Hotels Ramakrishna.
Kabab Corner, Hotel Gomti, Sapru Marg.
Kwality Restaurant, gute Küche, hygienisch einwandfreies Eis, Hazratganj, Tel. 2223331.
Royal Café, M.G. Marg, Hazratganj.
Choudhary Chat House, Hazratganj.

CHINESISCH: **Mu Man's Royal Cafe**, 51 Hazratganj, Tel. 2227070.

🏛️ **State Museum**, 10.30-16.30 Uhr, freitags und an wichtigen Feiertagen geschl., Banarsi Bagh, Tel. 2235542.
Children's Museum, Sa-Do 10.30-17.30 Uhr, Motilal Nehru Marg, Tel. 252313.

➕ **Balrampur Hospital**, Gola Ganj, Tel. 2244040.

☎️ **General Post Office**, GPO Square, Vidhan Sabha Marg, Tel. 2242887.
Head Post Office, Mahanagar, Tel. 2247771.

🛍️ Spezialitäten sind *chikan*-Stickereien auf Kleidung, *kurtas*, Saris, Tücher und Tischdecken; *zari* (Goldfadenstickereien) und Ziermünzen. Die Stadt ist berühmt für *ittar* (Parfum), Räucherstäbchen und indische Süßigkeiten. Haupteinkaufszentren sind Ameenabad und Chowk in der Altstadt mit idyllischen Gassen und die moderneren Einkaufszentren Hazratganj, Lalbagh und Janpath.

😊 *Lucknow Festival* im November.

🛫 Direkt- und Anschlussflüge nach Delhi, Calcutta, Agra, Varanasi, Patna, Kanpur und Bombay. Der Amousi Airport liegt 14 km vom Zentrum entfernt. Lucknow hat Straßen- und Zugverbindungen mit allen großen Städten Nordindiens. Für den Nahverkehr stehen die üblichen Verkehrsmittel wie Taxis, Auto-Rikschas etc. zur Verfügung.

ALLAHABAD (☎ 0532)

ℹ️ **Regional Tourist Office**, 35 Mahatma Gandhi Road, Civil Lines, Tel. 2601440.

🍴 Das **Baradari Restaurant** des Viersternehotels Kanha Shyam serviert gute traditionelle Mughlai-Küche, Strachey Rd, Civil Lines, Tel. 2560123.

➕ **Apollo Clinic**, Privatklinik mit 24-Std.-Apotheke, Mahatma Gandhi Marg, Tel. 2421131.

IM REICH DER FANTASIE

**RAJASTHAN
GUJARAT
MADHYA PRADESH**

**RAJASTHAN

In Rajasthan werden Träume vom „malerischen Orient" wahr – märchenhafte Burgen und Paläste zeugen vom luxuriösen Lebensstil der Rajas und deren jahrhundertelanger Herrschaft; in einer oft wüstenhaften Landschaft, durch die Kamele ziehen, trifft man auf ein lebensfrohes Hindu-Volk, dessen Kultur sich in leuchtenden Farben, ausschweifenden Festen, fesselnder Musik und einer großen Freude an jeglicher Form von Schönheit ausdrückt – obwohl dieses Volk sich angesichts immer wiederkehrender Dürren in einem ständigen Existenzkampf befindet.

Die Wüste Thar erstreckt sich über den Westen Rajasthans und macht über die Hälfte der 342 214 km^2 großen Gesamtfläche des Staats aus. Sie wird überwiegend von verstreut lebenden, Viehzucht treibenden Halbnomaden bewohnt.

Der bewaldete, über 500 km lange, 300 bis 1700 m hohe und relativ regenreiche Aravalli-Gebirgszug beschert dem fruchtbareren Osten Rajasthans das lebensnotwendige Bewässerungswasser.

Vorherige Seiten: Blick vom Gadi-Sar-See auf die Wüstenfestung Jaisalmer. Links: Reges Treiben auf dem Kamelmarkt von Pushkar.

Geschichtlicher Überblick

Archäologen haben eine frühe Besiedlung Rajasthans bewiesen: die ausgegrabene Siedlung *Kalibangan* stammt aus der gleichen Zeit (3000 v. Chr. bis 1500 v. Chr.) wie Mohenjodaro und Harappa im Indus-Tal und war auf dem gleichen Entwicklungsstand. Bis ins 6. Jh. n. Chr. jedoch fanden die meisten politischen Entwicklungen in der Ganges-Ebene statt. Erst zu dieser Zeit begannen sich in dem dünn besiedelten Gebiet wieder Staaten zu bilden. Die Herkunft der Könige war ganz unterschiedlich; es gab Brahmanen, die aus Handelsstützpunkten stammten, Stammesangehörige, aus Zentralasien eingewanderte Hunnen usw. Allmählich wuchsen sie durch die Entwicklung eines gemeinsamen Ehrenkodexes und weitverzweigter Heiratsverbindungen zu einer Kaste zusammen, den Rajputen (*rajaputra*: Königssohn).

Vom 10. bis zum 12. Jh. beherrschten Rajputen fast ganz Nordindien (u. a. Gujarat, Madhya Pradesh, Gangesebene). Ein gemeinsames Reich bildeten sie nie, ständig trugen sie Grenzstreitigkeiten untereinander aus. Sie schufen jedoch eine gemeinsame Kultur, die sich z. B. im Tempelbau oder in bestimmten Verhaltensweisen äußert. Die Kriegerethik verlangte von Männern wie Frauen, sich nicht in Gefangen-

schaft von Feinden zu begeben, so kam es mehrfach zum *jauhar*, einer Massenselbstverbrennung von Frauen angesichts eines verlorenen Krieges, während die Männer bis zum Tod kämpften.

Das im 12. Jh. entstandene Delhi-Sultanat konnte sich große Teile der Rajputengebiete einverleiben, so dass schließlich nur noch das Gebiet übrig blieb, das von den Sultanen nicht begehrt wurde, das heutige Rajasthan. Dort hielt sich der Widerstand hartnäckig. Es bedurfte des Scharfsinns eines Akbar, des Großmoguls von Indien, um das Problem zu lösen. Er erkannte, dass zur Schaffung eines gefestigten Reiches die Unterstützung der Rajputen unbedingt erforderlich war und unterwarf sie – nicht in einer Schlacht, sondern durch Eheschließungen. Die Prinzessinnen der Rajputen traten dem Harem des Moguls bei, mussten jedoch nicht zum Islam konvertieren. Es wurden in den Palästen sogar Tempel errichtet. Als

Gegenleistung dafür, dass ihn die Rajputen als Herrscher anerkannten, überließ Akbar ihnen führende Positionen bei Hof und im Heer. Durch die Entlohnung für diese Dienste kam zum ersten Mal Wohlstand in die abgelegene Gegend, was sich im Bau von luxuriösen Palästen, aber auch Staudämmen etc. niederschlug. Mit dem Verfall des Mogulreiches im 18. Jh. begannen wieder interne Fehden, die erst mit dem britischen Protektorat aufhörten. Die „Säulen des Reiches" unterstützten die Briten während des Aufstands von 1857, wofür sie mit Titeln und der Bildung der „Fürstenkammer" belohnt wurden. Die unabhängige indische Regierung bot nach 1947 diesen Fürsten an, sich Indien oder Pakistan anzuschließen – unabhängige Staaten der Rajputen waren nicht erwünscht.

Rajasthan nach der Unabhängigkeit

Am 31. März 1949 wurde der Unionsstaat Rajasthan aus 22 ehemaligen Fürstentümern gebildet. Einige Jahre später kam Ajmer hinzu, und seit

Oben: Leuchtend und farbenfroh – Seide aus Rajasthan. Rechts: Versinken in bunten Stoffen kann man im Bazaar von Jaipur.

1956 existiert der Staat Rajasthan in seinen heutigen Grenzen. Da in diesen Staaten kaum strukturelle Veränderungen stattgefunden hatten, waren sie im Vergleich zu den von den Briten verwalteten Gebieten wirtschaftlich ins Hintertreffen geraten. Sie waren feudale Agrarstaaten, in denen kaum Geld erwirtschaftet wurde; die Bauern zahlten Abgaben in Naturalien. Die Fürsten selbst pflegten luxuriöse Gesellgkeiten an ihren Höfen, förderten Kunst und Handwerk. Vor allem die Malerei florierte im späten Mittelalter. Im 16. und 17. Jh. waren die Städte Udaipur, Bundi, Kota, Kishangarh, Jodhpur und Bikaner blühende Zentren der Miniaturmalerei. Heute noch existiert in Rajasthan eine reiche Handwerkstradition.

Die Folklore dreht sich um legendäre Helden wie Pabuji, Ramdeoji, Tejaji, Jambhoji und Gogaji. Man spricht ihnen übernatürliche Kräfte zu und versucht sie gnädig zu stimmen. Aufgrund der weitverstreuten Siedlungen im ländlichen Rajasthan werden viele Jahrmärkte abgehalten – nach dem Mondkalender, an meist geheiligten, mythischen Orten. Hier verbinden sich religiöse Feierlichkeiten mit Geschäftlichem. In Rückzugsgebieten hat sich Stammesbevölkerung gehalten, deren Lebensweise sich von der der hinduistischen Bauern unterscheidet. Bis ins 20. Jh. hinein lebten ihre Angehörigen noch als Jäger und Sammler; heute sind sie zumeist am Rand der hinduistischen Gesellschaft eingegliedert und müssen sich als Hilfsarbeiter durchschlagen.

Seit der Unabhängigkeit wurden in den Bereichen Industrie, Wasserversorgung, Bildung und Bewässerung beachtliche Fortschritte erzielt. Der Indira-Gandhi-Kanal zum Beispiel leitet Wasser in die Wüste, große Areale sind so schon unter den Pflug gekommen. Doch sind noch immer große Gebiete unterentwickelt und von Dürre geplagt.

*JAIPUR

*Jaipur ❶ ist die Hauptstadt und eine der faszinierendsten Städte Rajasthans. Sie wurde 1727 von Raja Jai Singh II. gegründet, und bereits ihre ersten Jahre standen unter einem guten

Stern. Jai Singh war ein ungewöhnlicher Mann. Er stammte aus dem wohlhabenden Haus Amber, das der Dynastie von vier Großmoguln mit unerschütterlicher Treue diente. Trotzdem war der Bau der neuen Hauptstadt nach dem Tod Aurangzebs auch eine Demonstration der Unabhängigkeit. Alte hinduistische Bautraditionen wurden hier eingesetzt, die Stadt auf einem großzügigen 9-Quadrate-Raster angelegt, welches mystische Bedeutung besitzt.

Vom hochgelegenen **Nahargarh Fort** ① bietet sich ein herrlicher Blick über Jaipur; man erkennt sogar die Sanddünen weit im Westen. Vier breite Prachtstraßen durchziehen die Anlage, die für große Prozessionen gedacht waren. Bei den rasterartig angelegten Wohnblöcken, Ladenstraßen und Märkten wurde auf Einheitlichkeit geachtet, die man heute noch gut nachvollziehen kann. Die großzügige Pracht des Stadtpalastes im Zentrum kontrastiert seltsam mit dem Rest der Stadt innerhalb der zinnenbewehrten Mauer mit sieben Toren, die einst die Stadtgrenze bildete. 1853 wurde die Stadt mit einem rosafarbenen Anstrich versehen, der Albert, den Prince of Wales, Ehemann der britischen Königin Victoria, willkommen heißen sollte. Entlang der Hauptstraße lagen Basare, und die zahlreichen Läden an jeder Straßenseite wurden nach ihrer jeweiligen Zunft benannt. Die Zünfte bekamen verschiedene Viertel zugewiesen, die heute noch bestehen. Färber, Juweliere, Steinmetze, Miniaturmaler und Stoffdrucker, um einige zu nennen, bewohnen seit 200 Jahren dieselben Stadtviertel.

Paläste und Kunsthandwerk

Alle Adligen des Landes waren dazu verpflichtet, in der neuen Stadt Paläste zu bauen, denn sie mussten regelmäßig am Hof erscheinen. Viele dieser **Paläste**, wie das **Bissau-Haus** ② und **Khetri Niwas** ③ beim Chand Pol, sind heute Hotels. Auch viele Tempel wurden von den verschiedenen Religionsgemeinschaften errichtet. Als Nordindien 1739 durch die Invasion Nadir Shahs erschüttert wurde, blieb Jaipur unberührt. Kaufleute, Juweliere und Bankiers flüchteten vor den blutigen Kämpfen aus Delhi und Agra und fanden in Jaipur eine neue Heimat. Dadurch wurde die Stadt zum Handelszentrum.

Heute gehört Jaipur zu den am schnellsten wachsenden Metropolen Indiens. Bedeutendste Attraktionen sind die herrlichen Forts und Paläste, die einen Eindruck von der einstigen Pracht vermitteln. Heute ist die Stadt das weltgrößte Zentrum der Smaragdschleiferei. Berühmt ist Jaipur auch durch andere Edelsteinarbeiten, Emailleschmuck, Textilien, handbedruckte Stoffe, blaue Keramik, Teppiche, Miniaturhandwerk und Marionetten. Antiquitätenläden sind zahlreich vorhanden, viele davon in der Nähe des Stadtpalastes.

Wer die Altstadt erforscht, entdeckt eine überwältigende Fülle traditioneller Handwerkskunst. In **Khajane Walon ka Rasta** arbeiten Marmorschnitzer, **Rangwalon ki Gali** ist auf Stoffdruck und Batik spezialisiert, in **Maniharon ka Rasta** gibt es Lackspangen und -armreife, im **Johari Bazaar** und in **Gopalji ka Rasta** findet man Juweliere.

Der ⋆**Stadtpalast** ④ dient zum Teil noch als Residenz des ehemaligen Maharajas und zum Teil als **Museum**. Ein ausgedehnter Besuch lohnt, da Kostbarkeiten der wohlhabendsten Herrscher Rajasthans wie Waffen, Miniaturen und Textilien ausgestellt sind. Der Palast selbst zeugt von einer Ära des Überflusses. Da gibt es den berühmten **Pfauenhof**, über dem sich der **Chandra Mahal**, der Wohnsitz des Maharajas, erhebt; in der **Audienzhalle** stehen die zwei größten **Silbergefäße** der Welt, eigens für den Maharaja Madho Singh hergestellt, in denen er auf seiner Reise nach England, zur Krönung Edwards VII., Gangeswasser für die rituelle Reinigung mitnahm.

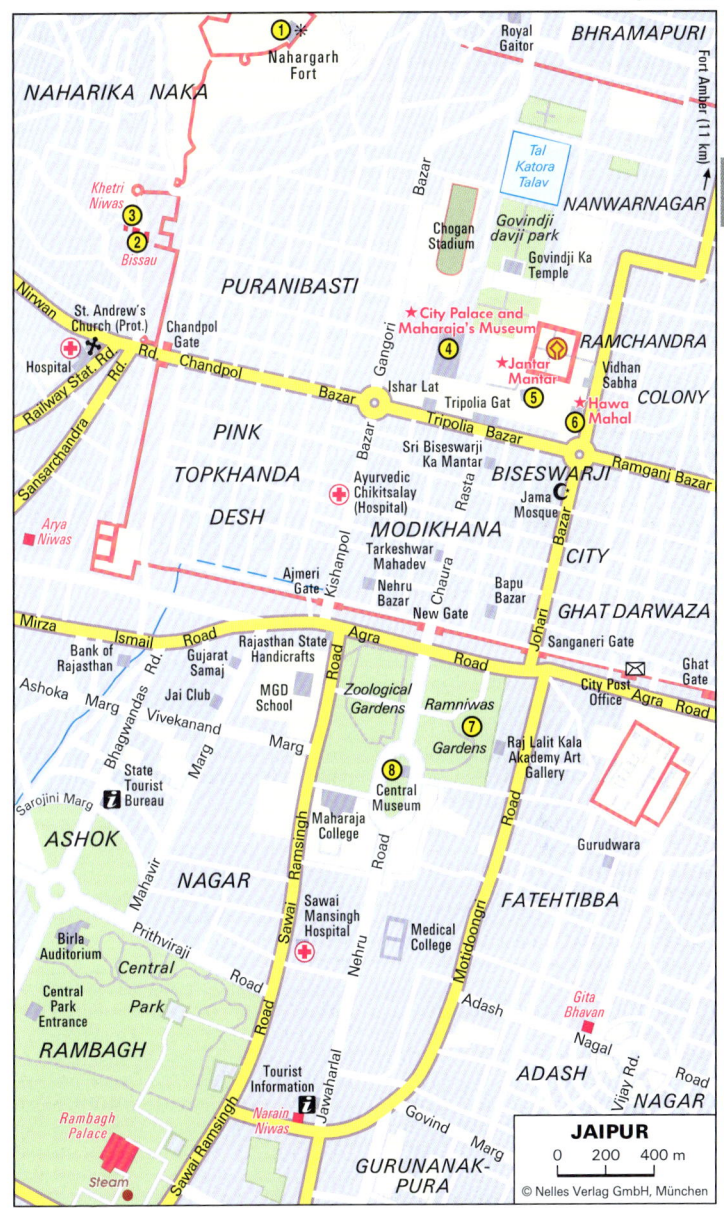

① Nahargarh Fort
Royal Gaitor
BHRAMAPURI
Fort Amber (11 km)
NAHARIKA NAKA
Tal Katora Talav
NANWARNAGAR
Khetri Niwas
③
② Bissau
Chogan Stadium
Govindji davji park
Govindji Ka Temple
PURANIBASTI
Bazar
★ City Palace and Maharaja's Museum
④
RAMCHANDRA
St. Andrew's Church (Prot.)
Chandpol Gate
Gangori
★ Jantar Mantar
⑤
Vidhan Sabha
COLONY
Nirvan
Hospital
Chandpol Rd.
Ishar Lat
Tripolia Gat
Tripolia Bazar
★ Hawa Mahal
⑥
Railway Stat. Rd.
Bazar
Bazar
Sri Biseswarji Ka Mantar
Ramgani Bazar
PINK
Rasta
BISESWARJI
Sansarchandra
TOPKHANDA
Ayurvedic Chikitsalay (Hospital)
Jama Mosque
CITY
Arya Niwas
DESH
MODIKHANA
Tarkeshwar Mahadev
Kishanpol
Chaura
Bazar
Ajmeri Gate
Nehru Bazar
New Gate
Bapu Bazar
GHAT DARWAZA
Mirza
Ismail
Road
Agra
Road
Sanganeri Gate
Johari
City Post Office
Ghat Gate
Bank of Rajasthan
Rajasthan State Handicrafts
Gujarat Samaj
Road
Agra Road
Ashoka
Marg
Bhagwandas Rd.
Jai Club
MGD School
Zoological Gardens
Ramniwas
Raj Lalit Kala Akademy Art Gallery
Vivekanand
Marg
Gardens
⑦
State Tourist Bureau
Marg
⑧
Central Museum
Gurudwara
Sarojini Marg
ASHOK
NAGAR
Mahavir
Sawai Ramsingh
Maharaja College
Road
Nehru
FATEHTIBBA
Prithviraji
Sawai Mansingh Hospital
Medical College
Birla Auditorium
Central Park
Motidoongri
Central Park Entrance
Road
Adash
Gita Bhavan
RAMBAGH
Road
Nagal
Tourist Information
Vijay Rd.
Road
Rambagh Palace
Sawai Ramsingh
Narain Niwas
Jawaharlal
Govind
Marg
ADASH
NAGAR
Steam
GURUNANAK-PURA

JAIPUR
0   200   400 m
© Nelles Verlag GmbH, München

Das **★Jantar Mantar** ⑤ vor dem Stadtpalast war einst eines der größten Observatorien der Welt, von Jai Singh II. 1728-34 erbaut (UNESCO-Welterbe). Er war ein begeisterter Astronom und ließ sich Bücher und Sternenkarten aus aller Welt schicken. Die enorme Größe der Instrumente sollte eine größere Messgenauigkeit garantieren.

Den nahen **★Hawa Mahal** ⑥, den **Palast der Winde**, errichtete 1799 Maharaja Pratap Singh II. Charakteristisch für die Fassade dieses kunstvollen fünfstöckigen Bauwerks sind 953 Nischen und Fenster. Vermutlich diente es Hofdamen dazu, unerkannt die Prozessionen auf der Straße zu beobachten.

Gegenüber dem **Ajmeri-Tor** und **Sanganeri-Tor** liegen die berühmten **Ram Niwas-Gärten** ⑦, 1868 von Ram Singh II. angelegt. Das dazugehörige **Central Museum** ⑧ ist in der **Albert Hall** untergebracht.

Den **Rambagh-Palast** erbaute ebenfalls Ram Singh; die ehemalige Resi-

Oben: Hawa Mahal, der Palast der Winde, Jaipur. Rechts: Auf dem Weg zum Brunnen.

denz des legendären Maharajas Man Singh II. ist bereits 1972 in ein **Palasthotel** umgebaut worden, das 2009 vom Conde-Nast-Führer zum schönsten Hotel der Welt gekürt wurde.

★AMBER

Ein Besuch von Jaipur bleibt ohne eine Fahrt nach **★Amber** ❷ (11 km), dem ursprünglichen Herrschersitz der Maharajas, unvollständig. Der **★Palast von Amber** gehört zu den schönsten Rajasthans. Er wurde auf einem Bergrücken von Raja Man Singh I. (1586-1614) erbaut, einem der ersten Rajputen, die sich dem Großmogul Akbar unterwarfen. Die schönsten Palastbauten in diesem Komplex sind jedoch zu Shah Jahans Zeiten (1628-1658) entstanden. Deutlich wird dies im reich mit Mosaiken verzierten **Sheesh Mahal**, der privaten Empfangshalle, im **Sukh Mahal**, dem bemalten Prunkportal **★Ganesh Pol** und dem wunderschönen **Suhag Mandir**. Der Weg zum Palast hinauf kann man auch auf dem Rücken eines der zahlreichen **Elefanten** zurücklegt

3

Rajasthan

werden. Man sollte sich jedoch frühzeitig vor Palastöffnung an der Aufstiegsebene einfinden, da zur Saison großer Andrang herrscht. Seit kurzem sind weitere Palasträume, auch das Wasserversorgungssystem, für die Öffentlichkeit zugänglich.

Unten im Tal liegt das **Ruinenfeld** des alten Amber – es verlor nach Gründung von Jaipur 1728 seine Bedeutung.

Die Festungsmauern des Palastes sind mit dem höher gelegenen Jaigarh **Fort Amber** verbunden, das Jai Singh II. 1726 erbaute. In Jaigarh soll angeblich ein unermesslicher Schatz verborgen sein, was zu der vielleicht größten (aber letztlich erfolglosen) Schatzsuche aller Zeiten geführt hat.

★ALWAR UND SARISKA-NATIONALPARK

Die Geschichte von **★Alwar** ❸ (140 km nordöstlich von Jaipur) reicht bis 1500 v. Chr. zurück; als unabhängiger Staat unter Pratap Singh ist es erst seit dem 18. Jh. bekannt. Weniger besucht als Jaipur, hat es seinen eigenen Reiz als typische Hauptstadt eines kleineren Rajputen-Staates.

Das **Fort Bala** erhebt sich 300 m oberhalb der Stadt (Besuchserlaubnis erforderlich). Der beachtliche Stadtpalast **Vinay Vilas** wird zum Teil als Regierungsgebäude genutzt; im **Alwar-Museum** findet man eine schöne Sammlung von Skulpturen, Waffen, Schriftrollen und Gemälden.

Bei **Silisehr** ❹ (8 km) steht ein **Palast** (heute Lake Palace Hotel) idyllisch an einem See (mit Bootsverleih).

Der nahe **Sariska-Nationalpark** ❺ in den **Aravalli-Bergen** bietet schöne Natur, aber fast keine Tiger mehr.

★KEOLADEO-GHANA-NATIONALPARK

Bharatpur ❻ besitzt das mächtige **Fort Lohagarh** samt **Museum**, ist jedoch bekannter für sein Vogelschutzgebiet, den **★Keoladeo-Ghana-Nationalpark**. Beste Zeit für einen Besuch ist zwischen Oktober und Februar, wenn viele Zugvögel – unter ihnen der vom Aussterben bedrohte Sibirische Kranich – im Park überwintern.

★SHEKHAVATI

Nördlich von Jaipur erstreckt sich das große Gebiet **★Shekhavati**, in dem sich reiche Geschäftsleute im 19. Jh. prachtvolle Häuser bauten, die über und über bemalt sind. Leider werden unbewohnte Häuser kaum in Stand gehalten und verfallen. Erbauer waren die so genannten *Marwaris*, eine Händlerkaste, die über Jahrhunderte ein weitverzweigtes Binnenhandelsnetz aufgebaut hatte, welches in der Kolonialzeit gern von den Briten genutzt wurde. Marwaris waren mit die ersten, die an dem wirtschaftlichen Aufschwung dieser Zeit teilhatten. Viele der modernen Großindustriellen stammen aus dieser Bevölkerungsgruppe. Ursprünglich war diese Gemeinschaft entlang der Handelswege entstanden, die durch Nordrajasthan führten. Als sich im 19. Jh. die wirtschaftliche Struktur Indiens tiefgreifend wandelte, zogen sie um nach Calcutta.

Ein Teil des neuerworbenen Reichtums wurde in die traditionellen Marwari-Landhäuser im Shekhavati investiert. Es sind mehrstöckige **Havelis** mit komplizierten Grundrissen und zwei oder mehreren Innenhöfen. Die **Wandmalereien** zeigen unterschiedliche Szenen – von Reiterfiguren und *shikars* bis zu Adeligen, Göttern und Göttinnen.

Auf dem Weg nach Sikar (110 km von Jaipur) zweigt eine Straße nach **Samode ⑦** mit seinem schönen ★**Palast** ab (heute ein stilvolles Heritage Hotel). **Sikar ⑧** selbst besitzt eine **Festung** und die sehenswerten **Biyani-Havelis**. Im Umkreis von 150 km gibt es eine ganze Reihe der bekannten Shekhavati-Häuser und einige nostalgische Übernachtungsmöglichkeiten.

Die schönsten ★**Havelis** findet man in ★**Nawalgarh ⑨**, das auch ein **Museum** mit Gemälden und Ausstellungen zur Kultur Rajasthans und ein **Palasthotel** besitzt; außerdem in **Jhunjhunu ⑩** und ★**Mandawa ⑪**. Dieser schöne Ort mit dem **Heritagehotel Castle Mandawa** eignet sich gut als Ausgangsort, um die Gegend zu erkunden. Interessante Havelis gibt es auch in **Fatehpur ⑫** und ★**Mahansar ⑬**. Besonders schön ist hier das **Soney Chandi Ki Haveli**. Im **Narayan Niwas Castle** von 1768 ist heute ein Hotel untergebracht.

BIKANER

Bikaner ⑭, ein Außenposten in der Wüste, war bereits Handelszentrum auf der alten Karawanenstraße aus Zentralasien, bevor der Rathor-Fürst Rao Bika, Sohn des Gründers von Jodhpur, 1486 die Stadt eroberte. Der Bau der riesigen Festung ★**Junagarh** wurde 1587 von Raja Rai Singh, einem Zeitgenossen von Akbar, begonnen. Sie umfasst 37 **Paläste** mit Pavillons, Mosaikhöfen, verzierten Balkonen, Erkern und Tem-

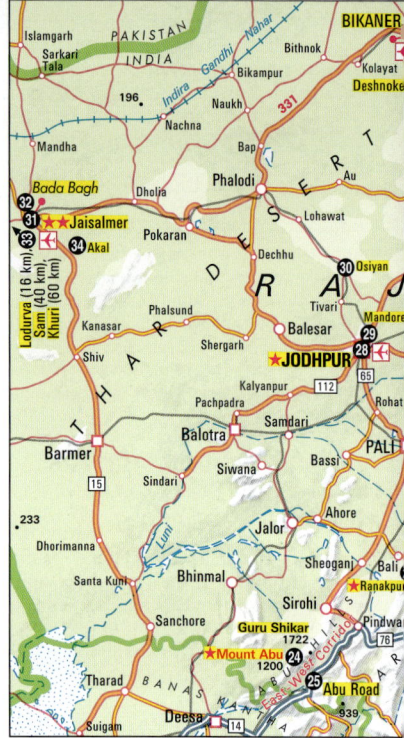

peln. Die Festung wird von der ehemaligen Herrscherfamilie noch zu Feierlichkeiten genutzt, ein Teil ist für Besucher geöffnet. Der **Shish Mahal**, die **Grand Durbar Hall**, der **Karan Mahal** (Audienzhalle) aus dem 17. Jh. und der **Phool Mahal** bringen den Glanz vergangener Zeiten zurück; einige Innenräume gehören zum Schönsten, was die Rajputenarchitektur hervorgebracht hat. Im **Har Mandir** halten Priester Gebetsstunden ab. Das **Museum** zeigt persische und Sanskrit-Schriftrollen sowie Miniaturmalereien.

Außerhalb der Stadt befindet sich der **Lallgarh-Palast**, Ende des 19. Jh. von Sir Swinton Jacob für den damaligen Maharaja Ganga Singh entworfen. Heute sind darin 2 unterschiedlich ge-

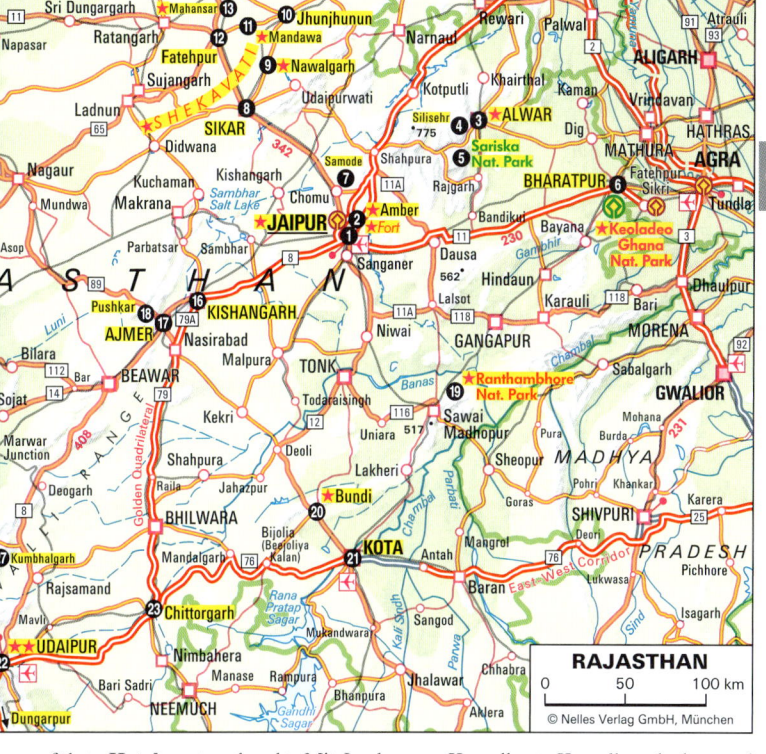

führte **Hotels** untergebracht. Mit Jagdtrophäen, Billardsälen, Rauchsalons und der Bibliothek ist es ein gutes Beispiel für den Lebensstil der britisch beeinflussten Rajputen zur Kolonialzeit.

Die Stadt besitzt das kleine volkskundliche **Ganga Golden Jubilee Museum** und das **Sri Sadul Museum** (mit Raja-Fotografien), außerdem das **Staatsarchiv Rajasthans**. In den engen Gassen zeugen prachtvoll verzierte **★Havelis** aus rotem Sandstein vom Reichtum der Marwaris. Die Altstadt, vor allem um das **Kote Gate**, bildet einen lebendigen Kontrast zu den herrscherlichen Anlagen. Die **Basare** quellen über von einheimischer Handwerkskunst: Wasserflaschen, Schuhe, Portemonnaies und Lampenschirme

aus Kamelhaut, Kamelhaardecken und -teppiche. Überhaupt ist das Kamel hier von großer Bedeutung, wie ein Ausflug in die 10 km von Bikaner entfernte **Kamelfarm** zeigt.

8 km von Bikaner stehen in **Devikund** an den Verbrennungsstätten der Herrscher von Bikaner prachtvolle *Chattris* (Gedenktempel).

Bei **Deshnoke ⑮** (30 km südlich) befindet sich der **Rattentempel** der Wunder wirkenden **Karni Mata**, der Familiengöttin der Rathor-Rajputen von Bikaner. Im Tempel werden Hunderte von freilaufenden Ratten als Inkarnationen von Barden verehrt, aus deren Kaste die heilige Karni Mata stammte. Die imposanten **Silbertore** spendete der Maharaja von Bikaner.

**KISHANGARH, AJMER UND
PUSHKAR**

Kishangarh ⓰, 100 km von Jaipur,
wurde 1611 von Kishan Singh, dem
Bruder des Rajas von Jodhpur, gegründet. Es ist für seine wunderschönen **Miniaturmalereien** aus dem 18. Jh bekannt. Die damals schon stilbildenden
Ateliers wurden durch Zuzug berühmter Künstler wie Surat Ram und Nihal
Chand, die dem Puritanismus am Hof
von Aurangzeb entflohen waren, noch
einflussreicher. Häufigstes Thema waren Krishna und Radha als Liebespaar
in höfischer Umgebung – dieser Stil ist
als *Schule von Kishangarh* bekannt. Sehenswert sind der **Palast Pool Mahal**
von 1872 (heute Hotel) und das **Fort**
aus dem 18 Jh. Die **Altstadt** hat ihren
mittelalterlichen Charakter bewahrt.

Ajmer ⓱, 30 km weiter südwestlich,
liegt in einem malerischen Tal der Ara-

*Oben: Im Karni Mata-Tempel von Deshnoke
(nahe Bikaner). Rechts: Der Ranthambhore-Nationalpark, einst königliches Jagdrevier, ist heute Tigerreservat.*

valli-Berge. Einst war es eine Rajputen-
festung, 1193 wurde es jedoch vom
Muslim Mohammed von Ghor erobert
und zur Sultanatsprovinz gemacht. Das
alte **Fort Taragarh** erinnert noch an die
Frühzeit. Attraktion der Stadt ist die
Dargah Sharif, wo der Sufi-Heilige
Khwaja Muin-ud-din Chishti begraben
liegt. Er starb 1236 als Schutzpatron der
Armen. Heute finden sich seine Anhänger auch außerhalb des islamischen
Glaubens. Das ganze Jahr über besuchen viele Pilger die Dargah im Herzen
der Altstadt.

Taragarh, im Hintergrund des Heiligtums, ist auf der Straße über den Nallah
Bazaar erreichbar. Neben dem Grabmal
befindet sich die ehemalige Sanskrit-
Schule ★**Adhai din ka Jhonpra**, die,
1198 zur **Moschee** umgebaut, heute
wegen ihrer filigranen Steinmetzarbeiten zu den schönsten mittelalterlichen
Bauwerken Indiens zählt. Ajmer besitzt
ein **Government Museum**, einen **Jain-
Tempel** aus dem 19. Jh. und den 1150
angelegten **Anasagar-See**. Die Schönheit dieses zwischen Hügeln gelegenen
Sees wird durch die von Mogulkaiser
Shah Jahan erbauten marmornen Pavillons und Gärten noch gesteigert.

Pushkar ⓲ liegt 11 km nordwestlich
von Ajmer. Der Ort ist den Hindus heilig, denn hier soll Brahma einen Dämon
mit einer Lotusblüte besiegt haben; die
Blütenblätter fielen an drei Stellen herab, an denen sich daraufhin drei Seen
bildeten. Der heilige ★**Pushkar-See** ist
von 52 *ghats* (Ufertreppen) umgeben,
die von Königen und Fürsten errichtet
wurden. Pushkar ist einer der wenigen
Orte mit einem **Brahma** geweihten
Tempel.

Die meiste Zeit ist Pushkar eine verschlafene, nur religiös aktive Stadt mit
über 400 Tempeln. Vor dem November-
vollmond jedoch findet 12 Tage lang
der ★★**Pushkar-Markt** statt, einer der
größten Kamelmärkte der Welt. In den
Sanddünen westlich der Stadt erwacht
dann eine nahezu biblische Szenerie
zum Leben. Dorfbewohner aus ganz

Rajasthan strömen hier zusammen, handeln mit Kamelen und übernachten unter freiem Himmel. 3 Tage vor Vollmond kommen die Frauen in exotischen Gewändern hinzu. Sie baden im See, beten und nehmen am Markttrubel Teil. Der Pushkar-Markt zieht Tausende von Menschen an und gehört mit seinen überwältigenden Ausmaßen und malerischem Anblick zu den Hauptsehenswürdigkeiten Rajasthans.

*RANTHAMBHORE-NATIONALPARK

10 km nördlich der Stadt Sawai Madhopur befindet sich der Haupteingang zu dem fantastischen, 1334 km^2 großen ***Ranthambhore-Nationalpark** [19]. Allein schon wegen seiner wilden, felsigen Landschaft mit Wasserfällen, Seen, verfallenen Tempeln und einem Fort aus dem 10. Jh. lohnt sich ein Besuch. Einst Schauplatz für königliche Jagdveranstaltungen ist der Park heute **Tigerreservat**. Die beste Zeit für eine Safari ist zwischen Dezember und April, wenn es nicht so heiß ist. An den Wasserlöchern und Seen hat man vielleicht die Chance, Tiger, Leoparden, Bären, Krokodile, Sambars, die bedrohte Indische Echtgazelle oder einige der über 300 Vogelarten zu beobachten.

*BUNDI UND KOTA

*Bundi [20] liegt abseits der üblichen Reiseroute (ungefähr 200 km südlich von Jaipur) und ist einer der hübschesten Orte Rajasthans mit gut erhaltener, ummauerter Altstadt und alten Havelis. Der märchenhaft anmutende ***Bundi-Palast** erhebt sich über den grünen Ufern des **Naval Sagar-Sees**, inmitten eines malerischen Tals der Aravalli-Berge. Der Palast steht größtenteils leer, birgt aber – u. a. im Hof **Chitra Shala** – wunderschöne **Wandmalereien** aus der Bundi-Schule, die unter Rao Bhao im 17. Jh. ihre Blüte erlebte. Oberhalb des Palastes wacht das **Fort Taragarh**, mit Blick auf den See **Sukh Sagar**. Südlich der Altstadtmauer lohnt ein Abstieg in den kunstvoll mit Vishnu-Reliefs verzierten Stufenbrunnen **Raniji-ki-Baori**.

UDAIPUR

Mount Abu (130 km), Ajmer (250 km)

FATEHPURA

8 Sahelion-Ki-Bari

NH8

Sukadia Circle

Moti Margi Rd.

Fateh

Sagar

Rock Garden

Moti Magri

Nehru Park

Shilpgram (3 km)

Laxmi Vilas Palace

Hilltop Palace

Fateh Sagar Road

Sahari Road

Panch Vati Rd.

7 Bhartiya Lok Kala Museum

Bhandari Darshak Mandap

Chetak Circle

Main Post Office

Berry's

A M B A M A T A

Ranj Rd.

Ambamata T. Rd.

Hospital Road

Court Rd.

Court Choraya Circle

Ashok Nagar

Shastri Rd.

Swaroop

Silver Van Road

Sagar Road

Hathipol Gate

Ashwani

Delhi Gate

Road

General Hosital +

Brahmpol Road

Chandpol

OLD CITY

Clock Tower **3**

Bara Bazaar

Mochiwada Road

Bhamashah

Townhall

(25 km)

Gangaur Ghat Rd

Bhatiyani Chotta Rd.

Subhash Road

Bagu

Surajpol

Airport Road

Bagore-ki-Haveli
Gangaur Ghat

Badi Haveli

2 Jagdish Temple

Jagat-Niwas Palace
Kankarwa Haveli

★★**City Palace** **1**

★**JAGNIWAS-ISLAND**

Lake Palace **5**

Tibetian Market

Lake Palace Road

Sajjan Niwas Gardens & Zoo **6**

Bazar

Udaipol

Udaipol Rd.

Lake

Pichola

Shiv Niwas Palace

JAGMANDIR-ISLAND

4

Restaurant

Doodh Talai

Sunset Point

Station Road

City Road

Railway Station

NH8

UDAIPUR

0   200   400 m

© Nelles Verlag GmbH, München

Ahmedabad (251km)

Kota ㉑, 37 km südöstlich von Bundi, liegt am Ufer des hier aufgestauten Chambal-Flusses. Der **Palast** (heute Luxushotel) und die **Festung** sind zwar beeindruckend, aber die einst für Miniaturenmalerei bekannte Stadt besitzt nicht den Charme Bundis.

★★UDAIPUR

★★Udaipur ㉒ wurde 1559, angesichts der drohenden dritten Eroberung Chittorgarhs durch das Heer des Großmoguls Akbar, von Rana Udai Singh II. als neue Hauptstadt des Rajputen-Widerstands gegründet. Die Ranas von Udaipur gehörten der Sisodia-Dynastie des Reichs Mewar an, die bis 734 zurückreicht; sie gilt als älteste Dynastie Rajasthans und leistete den Mogulkaisern den stärksten Widerstand. Ihr berühmtester Held war Rana Pratap im 16. Jh., der sich Akbar nie beugte und an den noch vieles in Udaipur erinnert. Von den Prinzessinnen Chittorgarhs,

Oben: Der Stadtpalast von Udaipur entstand im 16. Jahrhundert.

der ehemaligen Hauptstadt, trat bezeichnenderweise keine je dem Harem der Moguln bei.

Udaipur hat sich bis heute den Charakter einer Residenzstadt bewahrt. Das Stadtbild beherrscht seit 1570 der **★★Stadtpalast ①**, die größte Palastanlage ganz Rajasthans, in der „His Highness" der Maharana residiert. Trotz der zahlreichen Anbauten wurde die architektonische Einheit innerhalb der schlichten Mauern hoch über dem Pichola-See gewahrt. Ein Großteil der prunkvollen Anlage dient als **City Palace Museum**; besonders kunstvoll sind der **Mor Chowk**, der **Rubinpalast**, der **Krishna Vilas** und der **Osara**. Das ehemalige königliche Gästehaus, **Shiv Niwas**, ist heute ein Luxushotel der Taj-Gruppe.

Außerhalb des Stadtpalastes befindet sich der **Jagdish-Tempel ②** (1651), der Vishnu geweiht ist. Oft sind dort Gläubige beim Singen von Krishna-Liedern zu sehen.

Ein Vergnügen in dieser Stadt ist ein Bummel durch die Basare. Auf dem Weg vom Palast zum **Clock Tower** und im **Bara Bazar** ③ kann man Handwerkern bei der Arbeit zusehen. Lokale Besonderheiten sind *lahariya bandhani* (Knüpfbatik) oder *pichwais* (Stoffbilder mit dem traditionellen Motiv Krishnas bei Nathdwara), sowie Miniaturen der Udaipur-Malschulen.

Der heute immer wieder austrocknende **Pichola-See** wurde beim Bau der Stadt aufgestaut. Zwei so entstandene Inseln wurden zu Vergnügungsgärten: der **Jag Mandir** ④ aus dem 16. Jh., in dem Prinz Khuram, bevor er Shah Jahan wurde, Zuflucht fand; heute beherbergt der Inselpalast auch ein **Restaurant** und ein Hotel mit einigen Zimmern. Boote dürfen für einen kurzen Aufenthalt anlegen. Der Palast *Jag Niwas* ⑤ ist heute als **Lake Palace Hotel** weltberühmt. Weitere Attraktionen sind der bezaubernde Rosengarten **Sajjan Niwas** ⑥; der Hügel **Machchalaya Magra**, der einen schönen Blick über den See und die Stadt bietet; das Volkskundemuseum **Bhartiya Lok Kala Mandal** ⑦, das auch Tänze und Marionettentheater zeigt; sowie der **Saheliyon ki Bari** ⑧, ein Erholungspark mit Springbrunnen und Marmorelefanten.

Eine Attraktion außerhalb der Stadt ist **Shilpgram**, ein **Kunsthandwerkerdorf**, in dem Kunsthandwerker und Künstler aus Gujarat, Goa, Maharashtra und Rajasthan ihr Können zeigen.

CHITTORGARH

Chittorgarh ㉓ (Chittor, 112 km östlich von Udaipur) erlebte die dunkelsten Stunden der Mewar-Rajputen. Die *Festung war jahrhundertelang der Stolz dieses ältesten Rajputengeschlechts und thront scheinbar uneinnehmbar auf einem imposanten Tafelberg. Die 280 ha umfassende Anlage wurde jedoch von muslimischen Eroberern dreimal erobert, und dreimal begingen Tausende von Frauen und Kindern angesichts der ausweglosen Situation der Belagerten rituellen Selbstmord (*jauhar*), um nicht lebend in die

Hände des Feindes zu fallen. Die Männer zogen gemäß dieser Sitte ihre Hochzeitsgewänder an und ritten in ihre letzte Schlacht. Innerhalb der Festung stehen mehrere **Paläste**, der reich mit Jain-Skulpturen verzierte **Ruhmesturm** (12. Jh.), der *Siegesturm** von 1458 sowie der **Krishna-Tempel** der Dichterin Mira Bai (15. Jh.).

*MOUNT ABU, **DILWARA UND *RANAKPUR

Mount Abu und Ranakpur, westlich bzw. nördlich von Udaipur gelegen, besitzen die schönsten **Jain-Tempel** Rajasthans. Von der **Hillstation** (Sommerfrische) *Mount Abu** ㉔ (1220 m) hat man eine herrliche Aussicht; das der Aravalli-Kette vorgelagerte, bewaldete Bergmassiv erreicht am **Guru Shikar** (1722 m ü. M.; 15 km entfernt) seine größte Höhe – eine malerische Berglandschaft am Rand der Wüste.

Mount Abu ist ein uraltes Pilgerzentrum der Hindus und Jainas. Asketen ließen sich dort in der Wildnis nieder, um ihr Leben der Meditation zu widmen. „Heilige" findet man zwar heute noch hier, aber ungleich mehr Urlauber aus den heißen Städten Gujarats.

Die faszinierenden **Marmortempel** von **Dilwara** (3,5 km nordöstlich von Mount Abu, 12-18 Uhr, Fotografierverbot) aus dem 11.-13. Jh. repräsentieren den Höhepunkt des Tempelbaus der Jainas. Die Steinbearbeitung ist einzigartig. Nach Ansicht der Jainas wird die ursprünglich reine Seele durch den Kontakt mit der Materie verunreinigt. Um die Reinheit wiederzuerlangen, muss man alle Materielle ablegen. Dies soll durch die schmucklose Strenge der Jain-Skulpturen dargestellt werden. Es handelt sich hierbei um so genannte **Tirthankaras** (einer, der eine Furt durch den Strom der Wiedergeburten bereitet). Nach dem Glauben der Jainas gab es 24 *Tirthankaras*, der letzte war Mahavira, ein Zeitgenosse Buddhas und historischer Begründer des Jai-

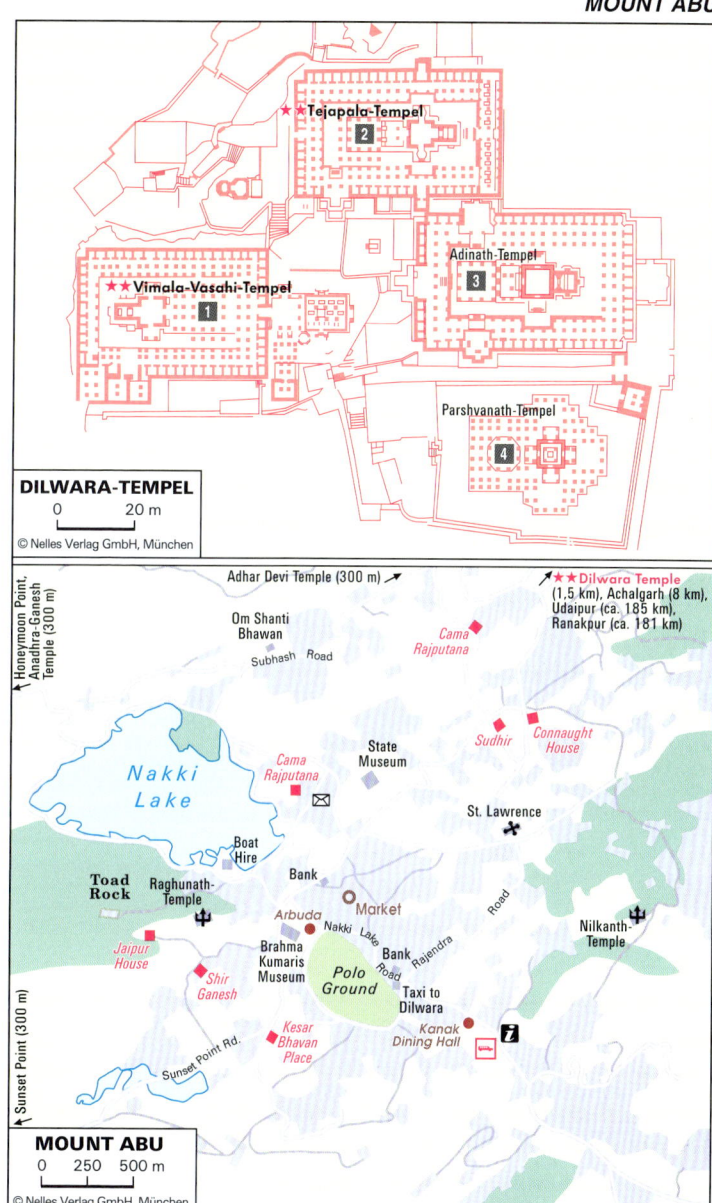

★ **Tejapala-Tempel**
2

Adinath-Tempel
3

★★ **Vimala-Vasahi-Tempel**
1

Parshvanath-Tempel
4

DILWARA-TEMPEL

0   20 m

© Nelles Verlag GmbH, München

Adhar Devi Temple (300 m) ↗

Honeymoon Point,
Anadhra-Ganesh
Temple (300 m)

↗ ★★ **Dilwara Temple**
(1,5 km), Achalgarh (8 km),
Udaipur (ca. 185 km),
Ranakpur (ca. 181 km)

Om Shanti
Bhawan

*Cama
Rajputana*

Subhash   Road

*Nakki
Lake*

*Cama
Rajputana*

State
Museum

✉

Sudhir   *Connaught
House*

St. Lawrence
✠

Boat
Hire

**Toad
Rock**

Bank

Raghunath-
Temple
⚕

Arbuda   ◯ *Market*

*Jaipur
House*

Brahma
Kumaris
Museum

Nakki Lake

Bank

Road

Nilkanth-
Temple
⚕

*Shir
Ganesh*

*Polo
Ground*

Rajendra   Road

Taxi to
Dilwara

Sunset Point (300 m)

*Kesar
Bhavan
Place*

Sunset Point Rd.

*Kanak
Dining Hall*

🛈

MOUNT ABU

0   250   500 m

© Nelles Verlag GmbH, München

nismus. *Tirthankaras* werden als erleuchtete Vorbilder verehrt, die den Kreislauf der Wiedergeburten überwunden haben und erlöst **sind**.

Die meisten Tempel in diesem Komplex wurden von reichen Kaufleuten aus Gujarat errichtet, zu einer Zeit als dort noch ein mächtiges Rajputenreich war. Der **★★Vimala-Vasahi-Tempel** ▐1▐ (1031) ist dem ersten *Tirthankara* **Adinatha** geweiht, er ist über und über mit den feinsten Marmorreliefs bedeckt. Der spätere **★★Tejapala-Tempel** ▐2▐ (auch Neminath oder Luna-Vasahi genannt) von 1230 steht dem Vimala jedoch in nichts nach, wenngleich man hier einen stilistischen Wandel bemerken kann. An der Rückwand findet sich eine interessante Stiftergalerie mit großen, wunderschön gearbeiteten **Marmorelefanten**. Unvollendet blieb der **Adinath-Tempel** ▐3▐ von 1439 mit einer großen Tirthankara-Figur aus Messing. Der **Pashvanath-Tempel** ▐4▐ aus dem 15. Jh. weist bereits den kreuzförmigen

Oben: Der Adinath-Tempel in Ranakpur ist der größte Jain-Tempel Indiens.

Grundriss des Chaumukh-Tempeltyps auf und besitzt einen Turm.

In der Nähe der Tempel gibt es im **Mt. Abu Wildreservat** u. a. Hirsche, Leoparden und Bären; man sollte deshalb dort nicht alleine wandern.

In Mount Abu befindet sich auch ein **Museum**; der beliebte **Nakki-See** (Bootsverleih); **Trevor's Tank**, 5 km entfernt, ein Weiher in einem Vogelschutzgebiet, und die Fortruine **Achalgarh** (8 km) aus dem 14. Jh. mit Shiva- und Jain-Tempel. Indische Besucher spazieren gerne um den kleinen Nakki-See, fahren Boot und gehen abends zum **Sunset Point**, wo dann viel Trubel herrscht. Beschaulicher ist es auf der Aussichtsterrasse des Heritage Hotel **Jaipur House** mit Blick auf den Nakki-See. Das schönste Hotel am Ort ist das Heritage-Palace Hotel **Bikaner House**.

Abu Road ㉕ (27 km) ist Eisenbahnendstation; Devotionalien-Läden drängen sich in der mittelalterlichen Stadt.

★Ranakpur ㉖, am Ufer des Magai gelegen, ist ein friedlicher, abgeschiedener Ort am Fuß der Aravalli-Berge. Der **★★Adinath-Tempel** (Chaumukha)

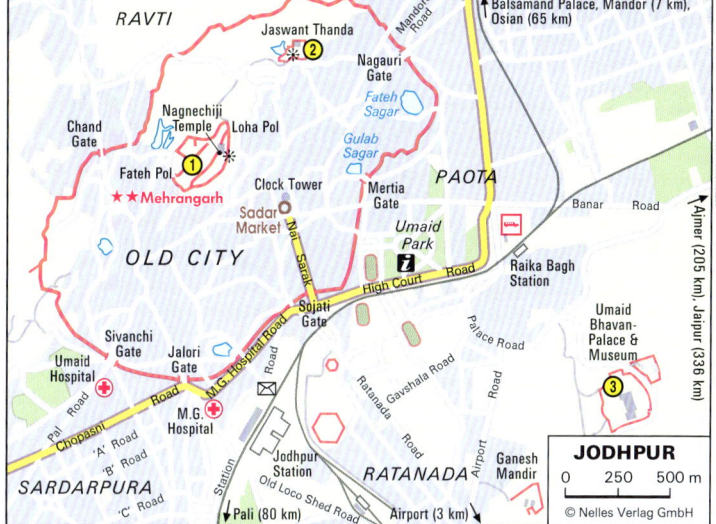

wurde 1432 fertiggestellt. Dieser drei-
stöckige Marmortempel ist der größte
Jain-Tempel Indiens und ebenso fili-
gran gearbeitet wie die Tempel von Dilwara. Der weiße Marmor und die Vielzahl an Skulpturen in Verbindung mit
der Höhe und Luftigkeit der Anlage
bietet ein unvergessliches Erlebnis.

Der *Parshvanath-Tempel weist für
den Jainismus ungewöhnliche erotische
Darstellungen auf.

Von Ranakpur aus lohnt sich die Wei-
terfahrt in die Berge zur beeindruckenden Festung **Kumbhalgarh** ㉗, die majestätisch auf einem Bergrücken thront.

Etwa 110 km südlich von Udaipur
liegt das malerische Städtchen **Dun-
garpur**, in dessen Umgebung viele
Bhils leben. Es gibt einen alten **Stadtpalast** und, etwas abseits gelegen, ein
stimmungsvolles Palasthotel.

*JODHPUR

Die ummauerte „Blaue Stadt"
*Jodhpur ㉘, einst Zentrum des Reichs
Marwar, ist das Tor zur Wüste Thar. Die
Maharajas von Jodhpur gehörten dem

Geschlecht der Rathor an. 1453 eroberte Raja Jodha das Gebiet des heutigen
Jodhpur und gab ihm dann seinen Namen. Bis 1459 ließ er die Festung
Mehrangarh ① errichten, die majestätisch auf einem Felsen 130 m über
der modernen, geschäftigen Stadt
thront. Im Eintritt ist ein guter Audio-
guide (auch in Deutsch) enthalten. Über
einen Serpentinenweg und durch imposante Tore gelangt man ins Innere.
Loha Pol, das Eiserne Tor, trägt angeblich die Handabdrücke von Frauen, die
sich nach dem Tod ihrer Ehemänner auf
deren Scheiterhaufen mitverbrennen
ließen (1953 ließ sich die letzte *sati* aus
der königlichen Familie Jodhpurs lebend verbrennen). Das Loha Pol führt
zum **Nagnechiji-Tempel**, geweiht der
der Familiengöttin der Rathore-Rajpu-
ten von Jodhpur. Von der Festungsmau-
er mit ihren Kanonen bietet sich eine
schöne *Aussicht auf die Stadt.

In den königlichen **Palästen** befinden
sich heute sehr schöne *Museen, die
herrliche Schätze beherbergen, darunter goldene und silberne Elefanten-
howdahs und ein Mogulzelt, das als

tragbarer Empfangssaal in der Wüste diente. Im Schlafzimmer des Maharajas, dem **Takhat Vilas** aus dem 19. Jh., hängen schöne Gemälde. Im **Chokhevala Rang Mahal** (Gartenpalast) finden gelegentlich Dinner statt, bei denen die Gäste von *langa*-Musikanten aus der Wüste unterhalten werden.

An der Zufahrt zur Festung steht das **Jaswant Thanda** ②, das Marmormonument für den Raja Jaswant Singh II. (1899), wo sich ein schöner ★**Blick** auf die Rajputen-Burg bietet.

Die Shopping-Spezialitäten Jodhpurs sind verzierte Lederschuhe, gefärbte Stoffe, Lackwaren, Puppen und Antiquitäten. Unweit des Militärflughafens liegt der gigantische **Umaid Bhavan-Palast** ③ – steingewordener Feudalismus, mit 347 Zimmern – errichtet von 1930 bis 1943 als letzter großer indischer Palast, dient heute teils als Luxushotel. Auf dem Weg dorthin befinden sich mehrere **Antiquitätenläden**.

7 km nördlich der Stadt ist der **Balsamand Palace**, heute ein Luxushotel, ein schönes Beispiel für die Architektur der Rajputen. Aus rotem Sandstein erbaut, liegt es am Ufer eines künstlichen Sees inmitten üppiger grüner Gärten.

Alle Hotels bieten „Wüstensafaris" ins Umland an. so auch in *Bishnoi*-Dörfer, deren Bewohner seit dem 15. Jh. engagierte Umweltschützer sind. Der Begründer dieser Sekte, Jambeshwar, wurde 1451 im Dorf Papasar geboren. Er formulierte die 29 (*bis-noi*) Gesetze, die heute noch befolgt werden.

Mandore ㉙ (9 km von Jodhpur) ist einen Besuch wert. Der pagodenförmige **Ek Thaba Mahal** und die **Heldenhalle** der Parihar-Rajputen aus dem 18. Jh. stehen in einem kleinen Park. Dahinter ragt das **Mandore Fort** auf.

In **Osiyan** ㉚ (50 km nördlich) stehen sehenswerte Hindu- und Jain-Tempel aus dem 8.-11. Jh. Sie liegen über das heutige Dorf verteilt und sind meist archäologische Stätten mit wunderschönem Figurenschmuck. Der **Sachya-Mata-Tempel** ist ein heute noch lebendiges bedeutendes Jain-Heiligtum.

Oben: Blick auf Jodhpur – blau war einst die Farbe der Brahmanen. Rechts: Die Zitadelle von Jaisalmer.

★★JAISALMER

★★Jaisalmer ③ sollte auf der Reiseroute derer nicht fehlen, die den Zauber der Wüste erleben möchten. Hier wurde vor über 800 Jahren auf dem Trikuta-Hügel eine imposante **Zitadelle** errichtet, die sich über eine weite wüstenhafte Ebene erhebt – ein märchenhafter Anblick. Im Jahr 1156 beschloss ein Rajputen-Fürst der Bhattis, Jaisal, seine Hauptstadt Lodurva (16 km) hierher zu verlegen; der Eremit Eesul hatte ihm von der Prophezeiung Krishnas erzählt, dass ein Nachfahre seines Mond-Clans von Trikuta aus herrschen würde.

Eine der Haupteinnahmequellen war einst der Karawanenhandel auf der Gewürzstraße. An militärischer Macht konnten sich die Bhattis nicht mit den anderen Rajputenfürsten messen, sie nutzten jedoch geschickt ihre abgelegene Position. Dem Sultan von Delhi, der sich im 13. Jh. mit Expansionsplänen trug, konnten sie aber auf Dauer nicht widerstehen. Die Festung wurde zweimal angegriffen und sieben Jahre von Alauddin Khiljis Heer belagert. Die Legende berichtet von einem schrecklichen *jauhar* der Rajputenfrauen, während die Männer ihrem sicheren Tod entgegen ritten. Seitdem war der Staat Delhi gegenüber tributpflichtig.

Während der britischen Herrschaft erkannte Jaisalmer die Oberherrschaft der Engländer an. Durch Hungersnöte und später die Grenzziehung nach Pakistan wurde die Stadt Mitte des 20. Jh. fast entvölkert. Am Fuß des Trikuta-Berges entsteht heute zwar langsam eine moderne Stadt, doch hat die aus goldfarbenem Sandstein erbaute und noch bewohnte Festung Jaisalmer ihren mittelalterlichen Charakter bewahrt – wie ein „lebendes Museum". Das Fort ist heute trotz Wüstenklimas durch Sickerwasser bedroht – etwa durch Hotels: Touristen, die dort wohnen, sollten ihren Wasserverbrauch gering halten (siehe www.jaisalmer-in-jeopardy.org).

Schön ist ein Bummel durch die Altstadt und die Festung. Eine kurvenreiche Straße führt durch den malerischen **Basar** für Webdecken und -tücher, Schmuck und bedruckte Stoffe hinauf zur Zitadelle. Der Eingang zur **Festung**

JAISALMER

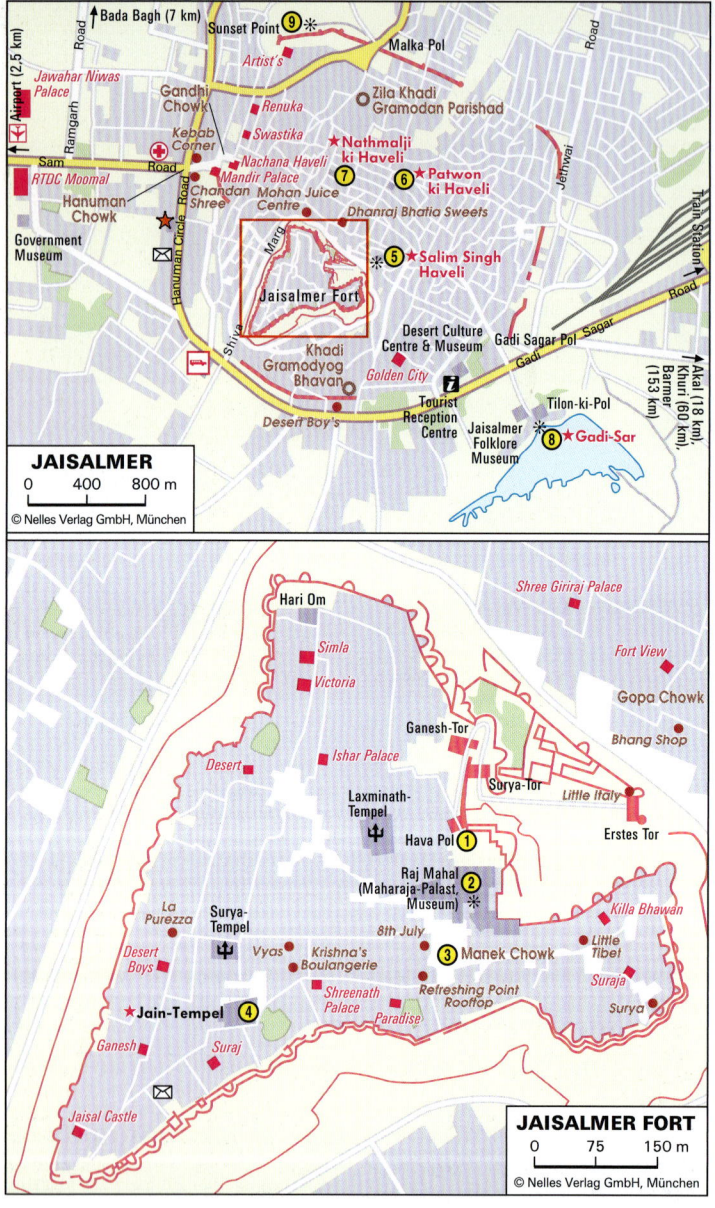

JAISALMER

Bada Bagh (7 km)
Sunset Point ⑨ ☀
Malka Pol
Road
Road
Airport (2.5 km)
Jawahar Niwas Palace
Artist's
Gandhi Chowk
Renuka
Zila Khadi Gramodan Parishad
Ramgarh Road
Kebab Corner
Swastika
★ Nathmalji ki Haveli ⑦
Sam Road
Nachana Haveli
Mandir Palace
★ Patwon ki Haveli ⑥
RTDC Moomal
Chandan Shree
Mohan Juice Centre
Dhanraj Bhatia Sweets
Hanuman Chowk
Marg
Jethwai
Government Museum
☀ ⑤ ★ Salim Singh Haveli
Jaisalmer Fort
Train Station
Shiv
Khadi Gramodyog Bhavan
Desert Culture Centre & Museum
Gadi Sagar Pol
Road
Gadi Sagar
Golden City
Gadi
Akal (18 km), Khuri (60 km), Barmer (153 km)
Desert Boy's
Tourist Reception Centre
Tilon-ki-Pol
Jaisalmer Folklore Museum
⑧ ★ Gadi-Sar

JAISALMER
0   400   800 m
© Nelles Verlag GmbH, München

Shree Giriraj Palace
Hari Om
Fort View
Simla
Victoria
Gopa Chowk
Ganesh-Tor
Bhang Shop
Ishar Palace
Desert
Surya-Tor
Little Italy
Laxminath-Tempel
Erstes Tor
Hava Pol ①
Raj Mahal (Maharaja-Palast, Museum) ② ☀
Killa Bhawan
La Purezza
Surya-Tempel
8th July
Little Tibet
Desert Boys
Vyas
Krishna's Boulangerie
Manek Chowk ③
Suraja
★ Jain-Tempel ④
Shreenath Palace
Refreshing Point Rooftop
Surya
Paradise
Ganesh
Suraj

JAISALMER FORT
0   75   150 m
© Nelles Verlag GmbH, München

führt über einen steil ansteigenden Weg durch vier hohe Tore. Das letzte, **Hava Pol** ①, öffnet sich auf einen freien Platz, auf dem einst die öffentlichen Audienzen abgehalten wurden.

Der Palast **Raj Mahal** ② ist heute als **Museum** der Öffentlichkeit zugänglich; besonders schön ist die **Aussicht** vom Dach über die Stadt und die Wüste.

Am **Manek Chowk** ③ machten einst die Karawanen Halt.

Interessant ist ein Bummel durch die **★Gassen** innerhalb der Festung. Die historische Bausubstanz ist sehr gut erhalten, die Fassaden weisen kunstvolle Steinmetzarbeiten auf, heute werden die Gebäude als Geschäfte und Gästehäuser genutzt. Von einigen **Dachterrassenrestaurants** bietet sich insbesondere bei Sonnenuntergang ein unvergesslicher Rundblick.

Drei **★Jain-Tempel** ④ aus dem 12. bis 15. Jh. sind bekannt wegen ihrer Steinmetzarbeiten – der **Ashtapadi Mandir**, der **Rishabdevji-Tempel** und der **Sambhavnath-Tempel**.

Die hohe Kunst der *silavats*, der Steinmetze von Jaisalmer, kann man in der **unteren Altstadt**, in der **Manek Chowk** bewundern, an den filigranen Fassaden der *havelis*, Herrenhäuser reicher Kaufleute aus dem 18.-19. Jh.

★Salim Singh Haveli ⑤ mit seinem auffällig verzierten Obergeschoss wurde im 18. Jh. errichtet und bietet einen herrlichen Ausblick auf das Fort.

★Patwon ki Haveli ⑥ gehörte einem Brokathändler, der von Afghanistan bis China wegen seiner Waren berühmt war. Es besteht aus fünf Einheiten und wurde erst nach 50 Jahren Bauzeit fertiggestellt. Heute freuen sich dort Schmuck- und Textilhändler über Besucher. **★Nathmalji ki Haveli** ⑦ gehörte dem Premierminister des Rajas, es stammt aus dem späten 19. Jh., an seiner kunstvoll verzierten Fassade ist sogar eine Eisenbahn abgebildet.

Rechts: Balkon an einem Haveli in Jaisalmer.

Vom künstlichen See **★Gadi-Sar** ⑧, südöstlich der Festung, hat man morgens einen schönen Blick auf die „goldene" Zitadelle. Für den Spätnachmittag empfiehlt sich der **Sunset Point** ⑨ im Norden der Stadt.

Ausflüge von Jaisalmer

Interessante Ausflüge führen nach **Bada Bagh** ㉜ mit seinen königlichen Grabmälern oder in die einstige Hauptstadt **Lodurva** ㉝ (16 km) mit dem ornamentreichen **Jaina-Tempel**, in dem noch heute Betstunden abgehalten werden. In **Akal** ㉞ (18 km) gibt es einen **Wood Fossil Park**: Die versteinerten Baumstämme belegen, dass die Wüste vor 180 Mio Jahren bewaldet war.

Lohnend ist ein Ausflug in die **★Wüste Thar**, den man mit einem **★Kamelritt** kombinieren kann. Bei **Khuri** (60 km) und **Sam** (40 km westl. von Jaisalmer, sieht man **Sanddünen** und die karge Schönheit der Wüste, zum **Sonnenuntergang** ist hier jedoch viel Betrieb.

Jeden Februar wird in Jaisalmer das **Wüstenfest** abgehalten.

AJMER (☎ 0145)

Tourist Office, im RTDC Hotel Khadim, nahe der Busstation, Tel. 2627426, Mo-Sa 8-12 und 15-18 Uhr. Außerdem eine Filiale am Bahnhof.

Sheesh Mahal, indische, kontinentale und chinesische Küche, im Mansingh Palace Hotel, Circular Rd.
Mango Masala, chinesische u. indische Küche für Vegetarier, Kuchen und Eis.

Government Museum, Sammlung von Miniaturgemälden und Steinskulpturen, Sa-Do 10-16.30 Uhr, im Akbar Palace.

BIKANER (☎ 0151)

Tourist Information Bureau, Junagarh Fort, Tel. 227445. **RTDC**, im Dhola-Maru Tourist Bungalow, Tel. 5002.

Laxmi Hotel, frische vegetarische Gerichte, Station Rd.
Chhotu Motu Joshi Sweet Shop, „der" Süßwarenladen in Bikaner, Station Rd.

Ganga Golden Jubilee Museum. 10-17 Uhr, Fr geschlossen. **Sri Sadul Museum**, Mo-Sa 10-17 Uhr, Lallgarh Palace.

Einkaufen: am Kote Gate, Mahatma Gandhi Road im modernen Markt. Jahrmarkt im Nov. in Kolayat (50 km SW).

Gangaur (März/April). Man versammelt sich am Junagarh Fort und in der Altstadt beim Kote Gate.

MOUNT ABU (☎ 02974)

Jaipur House, stilvoll speisen auf einer Aussichtsterrasse mit schönem Blick auf den Nakki-See, im Ex-Rajapalast. **Palace Hotel Bikaner House**, Heritage-Hotel, Delwara Road, Tel. 238673. **The Jaipur House Mount Abu**, Nakki Lake, Tel. 235176.

JAIPUR (☎ 0141)

Gov. of Rajasthan Tourist Office im Bahnhof, Tel. 269714. **Dep. of Tourism**, 100 J. L. N. Marg, Tel. 2562857. Informationsbüro am Central Busstand.

Handi, Tandoori-Spezialitäten, Maya Mansions, Mirza Ismail Rd.
Alisar Haveli, Sansar Chandra Road, Tel. 2364685, www.alisar.com.
Pearl Palace Restaurant, gut und günstig, Dachterrasse des Pearl Palace Guesthouse, Kishan Semani Marg, Hathroi Rd.
Niros, veg. und nichtveg., indische und chinesische Küche, M. I. Rd.
Lassiwalla, bestes Lassi, M. I. Rd., gegenüber Niros.
Natraj. sehr gute nord- und südindische vegetarische Küche, Desserts, M. I. Rd.
Copper Chimney, international, schöne Atmosphäre, Maya Mansions, M. I. Rd.
Chic Chocolate, Kuchen, Toasts, Motilal Atal Marg (zw. Station Rd u. M. I. Rd).
Barista's Bhagwan, guter frisch gemahlener Kaffee, Das Rd, gegenüber Raj Mandir Kino.
Amigo Bar, schöner Panoramablick, am Tower, M. I. Rd.

City Palace Museum, 9.30-16.45 Uhr, im Tripoli Gate, Tel. 48146, 49035.
SRC Museum of Indology, 10-17 Uhr. Nilambara Prachya Vidya Path, 24 Gangwal Park, Tel. 248948. **Central Museum**, 10-17 Uhr, Fr geschl., Ram Niwas Garden.

M. I. Road, Nehru Bazar, Chaura Rasta, Johari, Tripolia, Bapu Bazars. **Rajasthan Arts and Crafts** nahe City Palace und **Anokhi**, 2 Tilan Marg (schöne Kleidung).

KINO: **Raj Mandir**, schönes Art-Deco-Kino, Tickets frühzeitig kaufem!

Gangaur (März/April): Große Prozession für Göttin Gauri. Das *Elefanten-Fest* (März/April) wird zu Ehren des elefantenköpfigen Gottes Ganesha gefeiert. Am *Teej* (3. Tag des Mondmonats im Juli/August) ehrt man Parvati und dankt für eine gute Ehe. Folgende überregionale Feste und Märkte in Rajasthan sind lohnend: Der große *Kamelmarkt* von Pushkar (Oktober/November) und der *Merta-Nagaur-Jahrmarkt* (Viehmarkt); der *Baneshwar-Markt* (Februar) und der *Ramdeoji-Markt* (August/September in Pokhran bei Jaisalmer), sowie das *Wüstenfest* in Jaisalmer (Februar/März).

JAISALMER (☎ 02992)

Tourist Reception Centre, tgl. 10-17 Uhr, Gadi Sagar Rd, Tel. 252406.

Monica Restaurant, einheim. u. internat. Küche, nahe dem Forteingangstor. **July 8**, schöne Terrasse, gut für Smoothies und Snacks, Hauptplatz Fort.
Krishnas Boulnagerie, guter Kaffee, Nähe Jain-Tempel im Fort.
Joshi's German Bakery, gute Kuchen, Gopa Chowk, nahe dem Fort.
South Indian Masala Dosa, günstige südindische Snacks, Nähe Fort.

Desert Culture Museum, Ausstellung zur Kultur Rajasthans, tgl. 10-17 Uhr, Gadi Sagar Rd, beim Tourist Rec. Centre.
Jaisalmer Folklore Museum, tgl. 8-19 Uhr, dem Desert Culture Museum angeschlossen, um die Ecke Richtung Gadi Sagar See.
Government Museum, Fossilien, Sa-Do 10-16.30 Uhr, beim RTDC Hotel Moomal.

Hauptpostamt, Mo-Sa 10-17 Uhr, Hanuman Circle Rd.

New Rawal Kot, Jodhpur Rd. **Dhola Maru**, Jhelbai Rd., Tel. 252863.

JODHPUR (☎ 0291)

Fort View, gute und günstige vegetarische Küche, auch Lassi und Süßigkeiten, oben im Govind Hotel.
Mishrilal, bekannt für göttliche Lassis, wie z.B. Makhaniya-Lassi mit Sahne und Safran, oder Malai-Lassi, beim Clocktower.
Parashnath Ice-Cream, beste Adresse für „ungefährliche" Säfte und Kulfi-Eis, High Court Road.
On the Rocks, indisch, mit Garten, beim Hotel Ajit Bhavan.
Kabab Koner, beim Umaid Bhavan. **Pankaj** und **Shundar**, vegetarisch, im Jalori Gate.

Government Museum, 10-16.30 Uhr, Fr und an gesetzl. Feiertagen geschl., Tel. 225753.
Umaid Museum, 9-17 Uhr, Umaid Bhavan.
Old Fort Museum, 8-18 (Sommer); 9-17 Uhr (im Winter).

Antiquitäten beim Umaid Bhawan. Einkaufsgegenden: Sojati Gate, Station Road, Sardar Market, Kandha Falsa, Tripolia, Mochi und Lakhara.

Besondere Feste: Marwar-Fest; Viehmarkt in Nagaur (135 km) und Navsati-Markt in Banganga (bei Bhilara, 78 km), *Shitlamata* (am Stadtrand von Kage, im April) und *Kesariya Kanwarji* (in Umaid Nagar, 42 km).

UDAIPUR (☎ 0294)

Touristen-Informationsbüro, Kajri Tourist Bungalow, Tel. 229535. Am Bahnhof (Tel. 223471) und Dabok-Flughafen (24 km, Tel. 228011).

Jagat Niwas Palace Hotel, gemütliches Restaurant in einem Haveli mit schöner Aussicht, Lal Ghat, am Seeufer.
Cafe Edelweiss, sehr guter Kaffee und Kuchen der deutschen Bäckerei, Gangaur Ghat Rd. **The Gallery**, stilvoller „High Tea" mit Gebäck tägl. von 15-18 Uhr, im Fateh Prakash Palace. **Savage Garden**, gute selbstgemachte Ravioli und ind. Küche, ruhiger, stylischer Innenhof, Chandpole, Gangaur Ghat.

City Palace Museum, 9.30-16.30 Uhr. **Bharatiya Lok Kala Museum**, 9-18 Uhr, Acharya Marg. **Ahar Museum**, 10-17 Uhr, Fr. geschl. **Bagore Haveli Museum**, schön restaurierter Palast am Gangaur Ghat.

Anoki Boutique, Cotton-Blockprint-Kleider zum Festpreis im City Palace Complex. **Markt** von der Palace Road zum Clock Tower; Bapu Bazaar; Bara Bazaar.

Frühlingsfest *Gangaur* mit großer Versammlung an den *ghats*; *Hariyali Amavasya* (Juli/Aug.), Markt an den Ufern des Fatesaghar-Flusses; Markt in Amarakji, am *Raksha Bandhan-Tag* (Aug.), 15 km entfernt. *Dev Jhoolni* oder *Ekadashi Markt* (Sept.); *Rishabdeoji Markt* (Jan.-Feb.) bei dem nach diesem Heiligen der Jain-Sekte benannten Altar; *Sivaratri* in Eklingji zu Ehren von Shiva (März); *Navaratri,* großes Fest für die Göttin Durga (Sept.); *Pratap Jayanti*, Ehrentag für den tapferen Maharana Pratap Singh.

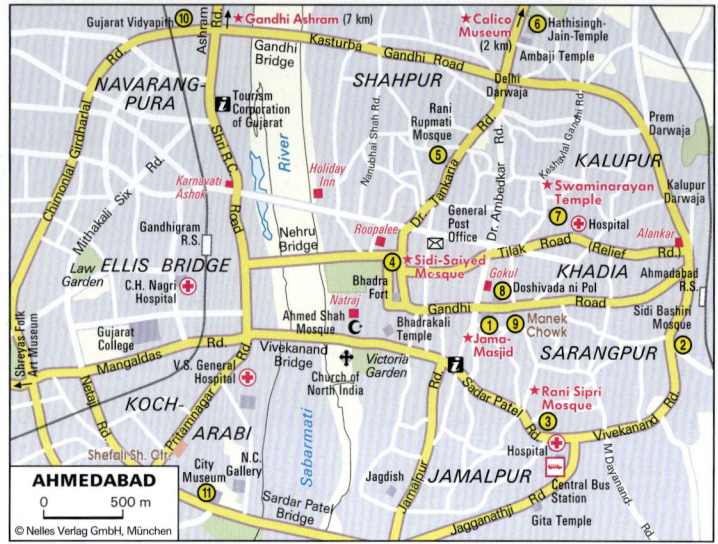

GUJARAT

Gujarat (196 000 km^2) wird im Norden von der Wüste Thar (Pakistan) und den Aravalli-Bergen (Rajasthan), im Osten von Wäldern, im Süden von den Satpura-Bergen umgeben und grenzt im Westen mit 1600 km Küste an das Arabische Meer.

Der Staat lässt sich grob in drei Teile gliedern: Kutch (Kachchh), die wasserarme Halbinsel Saurashtra und die fruchtbare Gujarat-Ebene mit ihren Großstädten und Flüssen, die den Anbau von Erdnüssen, Baumwolle und Bananen ermöglichen.

Der Name Gujarat geht zurück auf das im 1. Jh. n. Chr. eingewanderte indoarische Volk der Gujara. Saurashtra, das sich der britischen Herrschaft nur indirekt unterworfen hatte, bedeutet „die gute Nation" und umfasst die ehemaligen Kathiawar-Fürstentümer.

Kutch (Katsch ausgesprochen) leitet sich von dem Sanskrit-Wort *kachchapa*, „Schildkröte" ab, da die Halbinsel fast die Form dieses Tieres hat. Während des Monsuns, wenn die Salzsümpfe des Rann überflutet sind, ist Kutch vom Festland abgeschnitten.

2001 suchte ein schweres Erdbeben Gujarat heim, dessen Schäden vor allem in Bhuj teils noch sichtbar sind.

Gujarat wird vom Tourismus etwas links liegengelassen; dabei ist es eine vitale Region mit ethnischer und religiöser Vielfalt (Hindus, Muslime, Parsen, Jainas, Christen), was sich auch im Kunsthandwerk ausdrückt. Gujarat steht für Unternehmergeist, der Seehandel etwa hat hier eine lange Tradition.

AHMEDABAD

Gandhinagar ❶, 1960 neu geplant und 26 km von Ahmedabad entfernt, wurde 1970 zur neuen Hauptstadt von Gujarat. Sehenswert ist der moderne **Akshardam Temple** von 1992.

Ahmedabad ❷ galt im 16. Jh. als eine der schönsten Städte Asiens und wurde später als „das Manchester Indiens" bekannt. Ab dem 17. Jh. exportierte es Seiden- und Baumwolltextilien wie Satin, Voile und Brokat. Die erste Spinnerei wurde 1859 eingerichtet, und noch heute stammen 25 Prozent aller indischen Textilwaren aus Ahmedabad. Die große Industriestadt leidet heute an Luftverschmutzung, Verkehrsproblemen und religiösen Spannungen.

Die **Altstadt** und der moderne Teil sind durch Brücken über den Sabarmati miteinander verbunden. Das alte Ahmedabad, 1411 von Sultan Ahmed Shah gegründet, besitzt herausragende Beispiele indo-islamischer Architektur.

Ahmed Shah erbaute 1423 die große ***Jama-Masjid** ①, eine der schönsten Moscheen Indiens, mit 15 Kuppeln und 260 skulptierten Säulen. Berühmt waren einst ihre „schwankenden" Minarette, die 1819 bei einem Erdbeben einstürzten. Die beiden **Schwankenden Minarette** der ehemaligen **Sidi-Bashir-Moschee** ② hingegen stehen noch. Im Südosten des Zentrums ist die kleine, sehr anmutige ***Rani-Sipri-Moschee** ③ von 1514 einen Besuch wert. Die 1572 von einem schwarzen Afro-Inder (*siddi*), einem Sklaven des Sultans erbaute ***Sidi-Saiyed-Moschee** ④ ist wegen ihres kunstvollen steinernen Maßwerks der ***Fenstergitter** berühmt. Sie steht in der **Relief Road**, einer der belebtesten Straßen der Stadt. Sehenswert ist auch die etwas nordöstlich an der Dr. Tankaria Road gelegene **Rani-Rupmati-Moschee** ⑤, deren Minarette jedoch bei dem großen Erdbeben 2001 zerstört wurden.

Die Jainas trugen mit ihrem Handelstalent erheblich zum Reichtum Gujarats bei. Ahmedabad besitzt mehrere Jain-Tempel. Von besonderem Interesse ist der **Hathisingh-Jain-Tempel** ⑥. Er wurde 1848 aus Marmor erbaut und ist mit kunstvollen Steinmetzarbeiten verziert. Im Inneren befindet sich eine Figur des 15. *Tirthankar*, Dharmanath.

Die labyrinthischen Gassen der Altstadt sind von ***Havelis**, traditionellen Häusern mit kunstvoll geschnitzten **Holzfassaden**, gesäumt; die schönsten findet man am ***Swaminarayan-Tempel** ⑦ (1822) und rund um **Doshiwadavi Pol** ⑧.

Sehr gut erhalten ist auch der **Harkunvar Haveli**, nördlich des **Manek Chowk** ⑨, des alten **Basars**, wo man Kunsthandwerk von Gujarat im Überfluss vorfindet: gewebte, handbedruckte oder bestickte Stoffe, Silberschmuck und Antiquitätenläden. Interessant ist auch der sonntägliche Straßenbasar unterhalb der **Vivekanand (Ellis) Bridge**.

Neben traditioneller Kunst kann sich Ahmedabad auch hervorragender moderner Architektur rühmen, Beispiele dafür sind das **National Institute of Design** und das **Indian Institute of Management**.

7 km nördlich von Ahmedabads Zentrum, am Ufer des Flusses Sabarmati, liegt der schlichte ***Gandhi (Sabarmati) Ashram**. Als Gandhi 1915 aus Südafrika nach Indien zurückkehrte, richtete er seinen Ashram bei Kocherab, außerhalb von Ahmedabad, ein. Aufgrund einer Epidemie in Kocherab verlegte er ihn an seinen heutigen Standort. *Hridayakunj* ist die Hütte, die sich Gandhi in seinem Ashram selbst baute. Er lebte hier von 1918 bis 1930 als Führer des indischen Freiheitskampfes. 1930 ging er nach Dandi zum berühmten *Salt Satyagraha* und schwor, erst dann zurückzukehren, wenn Indien die Freiheit erlangt hätte. Ein Teil seiner persönlichen Habe, darunter ein Spinnrad, befinden sich in Hridayakunj. Der Ashram besitzt eine Bibliothek und ein **Museum** (Licht- und Ton-Schau in Gujarati, Hindi und Englisch).

Im Jahr 1929 richtete Gandhi die **Gujarat-Vidyapith-Universität** ⑩ ein, hier arbeitet auch die *Navjivan Press*, ein Verlag, der auf das Werk Gandhis spezialisiert ist. Aus der einst einsamen Gegend ist heute das moderne Handelszentrum **Ashram Road** geworden.

Das **Tribal Museum** an der Ashram Road präsentiert die ethnische Vielfalt Gujarats.

Glücklicherweise sind die herausragenden Produkte von Kunst und Handwerk Gujarats in mehreren Museen erhalten geblieben. Das **City Museum** ⑪

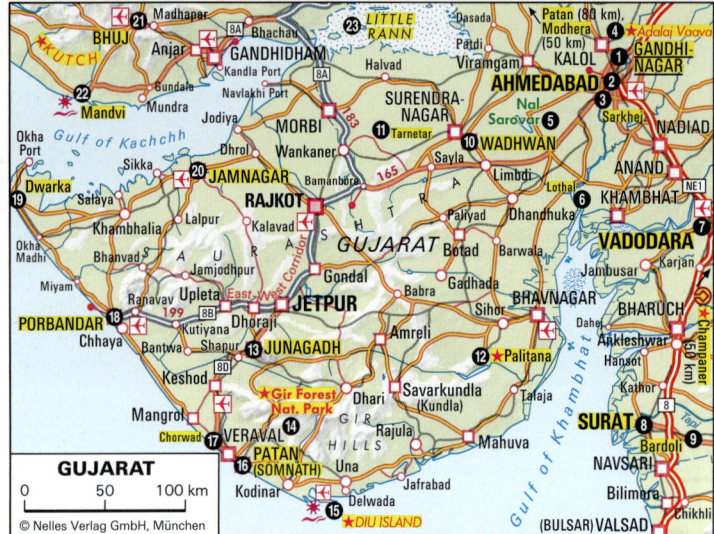

ist im 1954 von Le Corbusier erbauten *Sanskar Kendra* eingerichtet. Die Ausstellung thematisiert die Geschichte Ahmedabads und seine Religionen, zeigt Gemälde, Textilien, Skulpturen, Fotografie und Literatur.

Ein Besuch im Calico Museum und im Shreyas Folk Art Museum (Abavadi) ist ein Muss. Das ★**Calico Museum of Textiles** (Shahibag, 2 km nördlich der Stadt) besitzt seltene Gewebe aus dem 17. Jh. sowie eine Vielzahl an herrlichen Stoffen, Kleidern, Brokaten und Stickereien. Schön ist auch das benachbarte **Pichchwai-Museum** mit Wandbehängen, die aus Tempeln stammen.

Die Sammlung im **Shreyas Folk Art Museum** (südwestlich des Stadtzentrums) beweist die Kreativität der Künstler in Gujarat. Mit ihrem angeborenen Sinn für Form, Farbe und Gestaltung verwandelten sie selbst einfachste Gebrauchsgegenstände in Kunstwerke. Manche dieser Holz- und Metallarbei-

Rechts: Surya, dem Sonnengott, geweihter Tempel aus dem 11. Jh. in Modhera, mit kunstvollen Steinmetzarbeiten.

ten erinnern an modernes Design. Auch die Frauen spielen durch die Herstellung ihrer filigranen und farbenfrohen Stickereien eine bedeutende Rolle in der Handwerkskunst Gujarats.

Eine faszinierende Sammlung traditioneller Metallarbeiten ist im **Vechaar-Museum** ausgestellt, 15 Fahrminuten außerhalb der Stadt. Zu sehen gibt es dort unter anderem metallene Töpfe und Wasserkrüge, Nussknacker, Schlösser und Aussteuertruhen. Im gleichen Komplex befindet sich das **Vishalla Restaurant** mit vegetarischer Gujarati-Küche in rustikaler Atmosphäre, mit traditioneller Musik und Marionettenspiel.

Den runden **Kankaria-See** (südöstlich des Stadtzentrums), wo heute abends **Musikfontänen** und Garküchen locken, legte Sultan Qutabuddin 1451 an. Ein Damm führt zu dem kleinen Sommerpalast mit Garten in der Seemitte, den angeblich Kaiser Jehangir nutzte. Am See gibt es eine Promenade, einen großen **Zoo** und einen Kinderpark, und eine nostalgische **Eisenbahn** umrundet ihn.

AUSFLÜGE VON AHMEDABAD

Einzigartig sind die **Stufenbrunnen**, die *vaava*, gestiftet vom König, Adligen oder Kaufleuten – Treppenanlagen, die in ein Wasserreservoir zur Versorgung der Bevölkerung führen. Diese Stufenbrunnen – teils mehrere Etagen tief – haben wunderschön gemeißelte Säulen und Balken. Aus dem 16. Jh. stammt der **Dada Harini Vaava** bei **Sarkhej** ❸ (18 km südlich von Ahmedabad, Richtung Saurashtra). In Sarkhej liegt das Grabmal **Sarkhej Roja** von Mahmud Shah Begra (15. Jh.).

★**Adalaj Vaava** ❹ (19 km nördlich), 1499 von Königin Rudabai erbaut, ist ein fünf Geschosse tiefer Stufenbrunnen mit Steinsäulen und Bogengängen, in die dekorative, teils erotische Motive sowie filigrane Muster gemeißelt sind.

65 km von Ahmedabad entfernt, ist der **Nalasarovar-See** als **Nal-Sarovar-Vogelschutzgebiet** ❺ ausgewiesen. Zugvögel wie der rosa Pelikan, Flamingo und Storch kommen zwischen November und Februar in dieses Feuchtbiotop.

In **Lothal** ❻, 90 km südlich von Ahmedabad, wurden Reste einer Hafenstadt ausgegraben, die bis etwa 2000 v. Chr. zurückdatiert werden kann. Die Stadt gehörte zum Harappa-Kulturkreis des Indus-Tals; später trieb Gujarat von hier Handel mit ganz Westasien. Das **Museum** lohnt einen Besuch.

Einige interessante Ausflugsziele gibt es im Norden und Nordosten Gujarats. Bei **Modhera** (ca. 50 km nordwestlich von Ahmedabad) steht der ★**Sonnentempel**, den 1026 n. Chr. der Solanki-König Bhimadev I. errichten ließ. Dieser Herrscher ließ auch den Stufenbrunnen **Ranaki Vaava** mit seinen kunstvollen Steinmetzarbeiten erbauen. Bei der Tagundnachtgleiche treffen die ersten Sonnenstrahlen auf das Bildnis des Sonnengottes **Surya** im Allerheiligsten.

Patan (80 km von Ahmedabad) ist für den **Rudramala-Tempel** und seine in der Ikat-Technik handgefärbten- und gewebten *patola*-Stoffe berühmt. Den nahen **Sahasralinga-See** umgeben 1000 **Shiva-Tempel**, die vom Rajputen-König Siddharaj Jaisingh im 13. Jh.

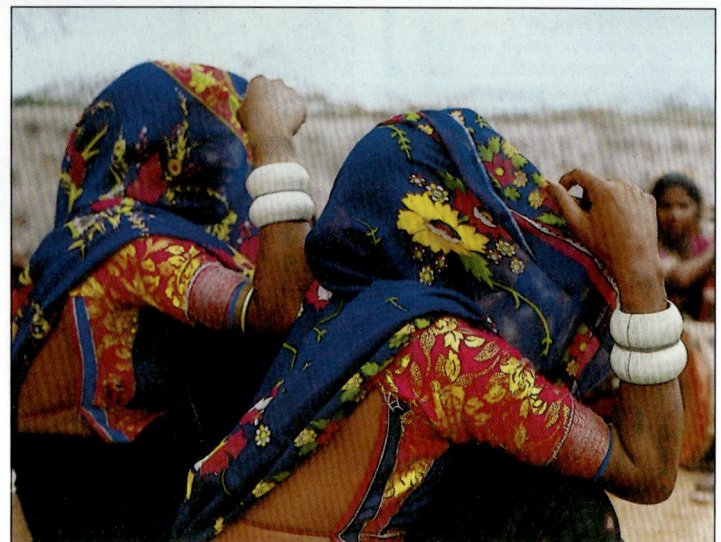

erbaut wurden. Weitere Orte mit kunstvollen Tempeln im Nordosten Ahmedabads sind **Shamlaji** und **Ambaji**.

VADODARA UND SURAT

Vadodara ❼ (Baroda) gehörte einst zu dem von den Gaekwad-Rajputen regierten Fürstentum. Die Paläste **Nazarbag**, **Makarpura**, **Pratap Vilas**, **Laxmi Vilas** und **Bhadra** sind wegen ihrer Kunst- und Antiquitätensammlungen einen Besuch wert. **Kirti Mandir** erinnert an bedeutende Persönlichkeiten der Gaekwad-Familie. Ebenfalls interessant für Besucher sind das **Vadodara-Museum**, das **Planetarium** und der **Surasagar-See**. Der Name der Stadt ist außerdem eng mit ihrer berühmten **Akademie der Schönen Künste** verbunden.

Zum Weltkulturerbe zählt ★**Champaner** (etwa 50 km nordöstlich) mit seiner **Moschee** und dem **Fort** auf dem Berg **Pavagadh** (820 m). Es war 50 Jahre lang, bis zu seiner Plünderung durch Humayun 1533, die Hauptstadt von Gujarat und geriet dann in Vergessenheit.

Surat ❽ (2,6 Mio. Einwohner) war im 17. Jh. Indiens wichtigster Handelshafen, es gab Niederlassungen portugiesischer, holländischer, französischer und britischer Händler. Es besitzt eine **Festung** von 1540 und englische und holländische Prunkgräber aus dem 17. Jh. Surat ist ein Zentrum moderner und traditioneller Textilherstellung (Gold- und Silberbrokaten) und der Diamantenschleiferei. Kulinarische Spezialität ist *undhiyum* (Gemüse, das in einem im Boden vergrabenen Tontopf gegart wird). Das in ganz Gujarat am 14. Januar begangene Drachenfest *Utaraana* wird in Surat besonders aufwändig gefeiert.

Bardoli ❾ im Bezirk Surat war einst ein bedeutendes Zentrum während des Freiheitskampfes Indiens und besitzt das **Sardar Vallabhbhai Patel Museum**. In der Nähe ist **Dandi**, bekannt durch Gandhis *Salt Satyagraha*.

Oben: Stammesangehörige beim großen bunten Tarnetar-Fest in Gujarat. Rechts: Ein Krämerladen in Gujarat.

HALBINSEL SAURASHTRA

Auf der Fahrt von Ahmedabad nach Saurashtra kann man in **Wadhwan** ❿ Nachfahren der Steinmetze, die die Tempel bei Somnath und Dwarka (s. unten) erbauten, bei der Arbeit zusehen.

Westlich liegt **Tarnetar** ⓫. Im August/September ist der dortige **Shiva-Tempel** Zentrum eines bunten dreitägigen Fests. Die Menschen tanzen und singen ausgelassen zu rhythmischer Begleitung auf traditionellen Instrumenten: Das **Tarnetar-Fest* – eine Art Heiratsmarkt für Stammesangehörige – ist ideal, um einmal die Farbenfreude des ländlichen Gujarat zu erleben.

Auf dem Weg zur Südküste der Halbinsel lohnt sich ein Abstecher zur Jain-Tempelstadt ***Palitana** ⓬. Ein langer Treppenweg führt hinauf zum 602 m hohen Berg ***Shatrunjay Hill** mit seinen 863 herrlichen ***Jain-Tempeln**. Der älteste kann bis ins 11. Jh zurückdatiert werden. Der **Tempel des Adishvarnath**, des ersten Jaina *Tirthankar*, gilt als der bedeutendste in dieser ohnehin schon spektakulären Tempelstadt. Die Tempelanlagen sind aus kunstvoll gehauenem Marmor erbaut. Kein menschliches Wesen darf über Nacht auf dem Berg bleiben.

Auch **Junagadh** ⓭ am Fuß des heiligen **Mt. Girnar** ist wegen seiner Jain und Hindutempel bekannt. Die 16 Marmortempel erreicht man nach einem Aufstieg über 5000 Stufen. Der älteste Tempel (1128) ist **Neminath**, dem 22. Jaina *Tirthankar*, geweiht.

*GIR-NATIONALPARK

54 km von Junagadh entfernt liegen die Wälder des **Sasan Gir**, von denen 1295 km² als ***Gir-Nationalpark** ⓮ ausgewiesen sind. Es ist der einzige Ort in Indien, wo man **Löwen** in ihrer natürlichen Umgebung beobachten kann. Hier leben auch Wildschweine, Tüpfel- und Bellhirsche, Antilopen, Hyänen, Schakale und viele Vogelarten.

*DIU – PORTUGIESISCHES ERBE

Im Osten der kleinen Insel ***Diu** ⓯, vor Gujarats Südküste, errichteten 1535 die Portugiesen eine (gut erhaltene) Festungsstadt mit **Fort**, später zudem die Barockkirchen **St. Pauls**, **St. Francis** und **St. Thomas** (letztere dient heute als **Museum**). Dius attraktive **Strände** – der beliebteste heißt **Nagoa** – sind nur eine Flugstunde von Mumbai entfernt und werden bisher fast nur von indischen Touristen und Rucksackreisenden besucht.

SOMNATH UND DWARKA

Bei **Prabhas Patan** ⓰ liegt auf einer Landzunge über dem Meer einer der zwölf bedeutendsten Shiva-Tempel Indiens, **Somnath**, der siebenmal von Muslimen zerstört und wieder aufgebaut wurde (zuletzt 1950). In der Nähe liegt **Bhalka Tirth**, wo Krishna vom Pfeil eines Jägers getötet wurde.

Chorwad ⓱ ist ein ruhiger kleiner Badeort. **Porbandar** ⓲ war einst ein

Oben: Stammesangehörige der Bhil begehen das Holi-Fest in Gujarat.

bedeutender Hafen. Gandhi wurde hier 1869 im Haus **Kirti Mandir** (Gandhi-Gedenkstätte) geboren.

Nach der Legende wurde die heilige Stadt **Dwarka** ⑲, von Gott Krishna erbaut, fünfmal zerstört. Der kunstvoll verzierte ***Dwarkadish-Tempel** ist Krishna geweiht, sein Haupteingang stellt das Tor zum Himmel dar. Krishnas Geburtstag im August wird in der ansonsten eher beschaulichen kleinen Pilgerstadt mit großem Aufwand begangen. Dwarka war ehemals ein Hafenort, und man fand Spuren einer versunkenen Stadt vor der Küste.

Jamnagar ⑳ ist für seine Knüpfbatik-Stoffe bekannt. Der **Lakhota-Palast** beherbergt heute ein **Museum**.

★KUTCH (KACHCHH)

Der Distrikt ***Kutch** hat kaum touristische Infrastruktur, aber viele Dorfgemeinschaften, deren halbnomadische Lebensweise als Viehhirten sich erhalten hat. Die „Kutchis" tragen reich verzierte, farbenfrohe Kleider; die Frauen lieben üppigen Schmuck. Die Wände ihrer Lehmhäuser sind mit eingeritzten Mustern und winzigen Spiegeln verziert. Insbesondere im **Banni-Gebiet** im Norden existiert eine reiche **Kunsthandwerkstradition**.

Bhuj ㉑ ist die Hauptstadt von Kutch. Der 1865 erbaute Ayanamahal, der fantastische **Spiegelpalast**, und die malerische Altstadt wurden 2001 bei einem Erdbeben beschädigt. Das **Kutch-Museum** zeigt eine Sammlung indo-skythischer Schriften. Im nahen **Bhujodi** (12 km von Bhuj in Richtung Ahmedabad) leben **Weber**, die bunte Decken, *dhablas*, und wollene *durries* herstellen. **Mandvi** ㉒, bis 1900 eine bedeutende, befestigte Lastensegler-Hafenstadt, lockt heute mit einem breiten **Sandstrand**. Der Distrikt Kutch ist auch wegen seines zur Monsunzeit von Wasser bedeckten **Schutzgebiets** für **Flamingos** und **Wildesel** im **Little Rann of Kutch** ㉓ bekannt; hier kann man Wasservögel vom Kamelrücken aus beobachten.

Beim *Makar Sankranti* (Jan.) lässt man mit Begeisterung Drachen steigen. Besonders festlich sieht Gujarat während des neun Tage dauernden *Navaratri-Festes* (Sept.-Okt.) zu Ehren der Göttin Durga aus. Eine Freude sind bei dieser Gelegenheit die *Garba-* und *Dandiya Ras-Tänze*. Gleich darauf folgt das *Dussehra-Fest*. Besonders farbenfroh sind die Jahrmärkte in Tarnetar (Aug.-Sept.), Dang Durbar (März), Dakor, Pavagadh und Madhavrai (März-April).

Neun Orte in Gujarat – Ahmedabad, Bhavnagar, Bhuj, Jamnagar, Keshod, Porbandar, Rajkot, Surat und Vadodara – unterhalten direkte Flugverbindungen nach Bombay. Western Railways verkehrt zwischen Ahmedabad und Bombay und nahegelegenen Städten sowie zwischen Delhi und einigen Städten in Rajasthan. Ein Netz von Bundesstraßen und Autobahnen führt zu den Touristenorten.

An erster Stelle bei den Souvenirs stehen die Textilien. Handbedruckte, gefärbte und gebatikte Stoffe können sich mit Webarbeiten (aus Seide, Baumwolle und Gold) in Qualität und Design durchaus messen. Daneben existiert auch ein gut gehender Antiquitätenhandel.

AHMEDABAD (☎ 079)

Gujarat Tourism, an einer Seitenstraße der Ashram Rd, Tel. 6589172, Fax 6582183, Mo-Sa 10.30-13.30 und 14-18 Uhr, zweiter und vierter Sa im Monat geschlossen.

Gopi Dining Hall, Ashram Rd, nahe dem VS Hospital am Westende der Ellisbridge, eins der beliebtesten Restaurants der Stadt für *thali*.
Cona Restaurant, gegenüber vom Kino, günstiges vegetarisches Essen.
Sankalp Restaurant, Seitenstraße der Ashram Road, beim Embassy Market, im Guiness Buch der Rekorde mit der längsten *Dosa* der Welt mit 7,5 Meter, außerdem südindische Gerichte. **Vishalla**, nahe Sarkhej, im Süden der Stadt, man isst am Boden sitzend im rustikalen Ambiente kleiner Holzhütten,

Musik- und Tanzvorführungen, hervorragende vegetarische Küche.

City Museum, im Sanskar Kendra, Tel. 6578369, Di-So 10-18 Uhr, Ausstellung zur Geschichte der Stadt, Gemälde, Textilien, Skulpturen, Fotografie, Literatur. **Shreyas Folk Art Museum**, im Südwesten des Zentrums, Stadtteil Ambavadi, Tel. 6601338, Fr-Di 10-13.30 und 14-17.30 Uhr, Kunsthandwerk und Folklore aus Gujarat. **Calico Museum of Textiles**, Shahibag, Tel. 7868172, Do-Di 10.30-12.30 und 14.45-16.45 Uhr, wunderbare Sammlung moderner und antiker indischer Textilien. **Tribal Museum**, Ashram Rd, Gujarat-Vidyapith, Tel. 7545165, Mo-Fr 11-17.30 Uhr, Sa 11-16.30 Uhr, Völkerkundemuseum.

Hauptpostamt, Ramanial Sheth Rd. **Central Telegraph Office**, Dr. Tankaria Rd, südl. der Sidi Saiyad Moschee.

DIU (☎ 02875)

Tourist Office, Bunder Rd, Tel. 252653, Mo-Sa 9.30-13.30 und 14.30-18 Uhr.

Night Heron, Bunder Chowk, hervorragendes Essen unter freiem Himmel direkt am Wasser. **Apana's Foodland**, Apana Hotel, indisch, chinesisch und guter Fisch. **Nilkanth Restaurant**, gute Fischgerichte.

VADODARA (☎ 0265)

Gujarat Tourism, Jail Rd, Narmada Bhavan, Tel. 2427489, Mo-Sa 10.30-18 Uhr, 2. und 4. Sa im Monat geschl.

Mandap, im Express Hotel, 1,5 km westl. der Bahnstation, besonders gute *Thalis*. **Tropical Woodland**, RC Dutt Rd, hervorragende südindische Gerichte.

Maharaja Fatehsingh Museum, Laxmi Vilas Place Compound, Jawaharlal Nehru Marg, Tel. 256372, Di-So 10.30-17.30 Uhr. **Museum & Picture Gallery**, Sayaji Bag, Tel. 267489, 9-17 Uhr.

Gujarat **3**

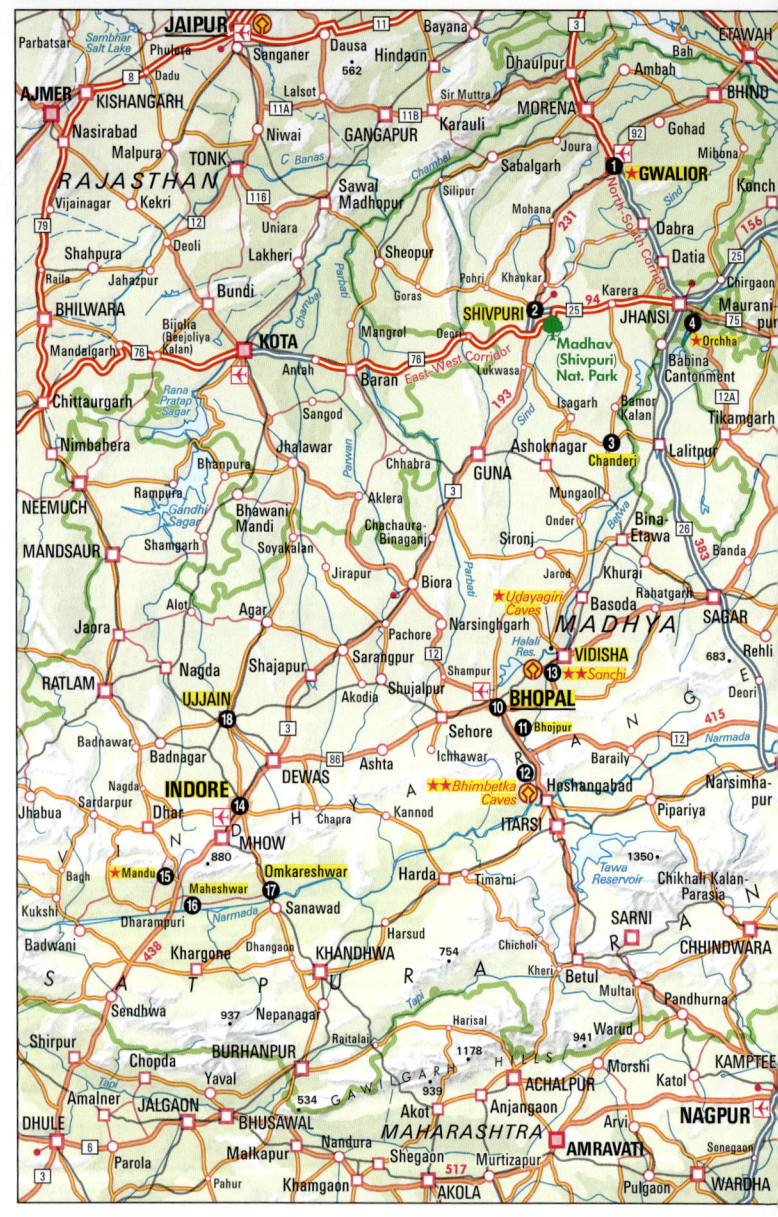

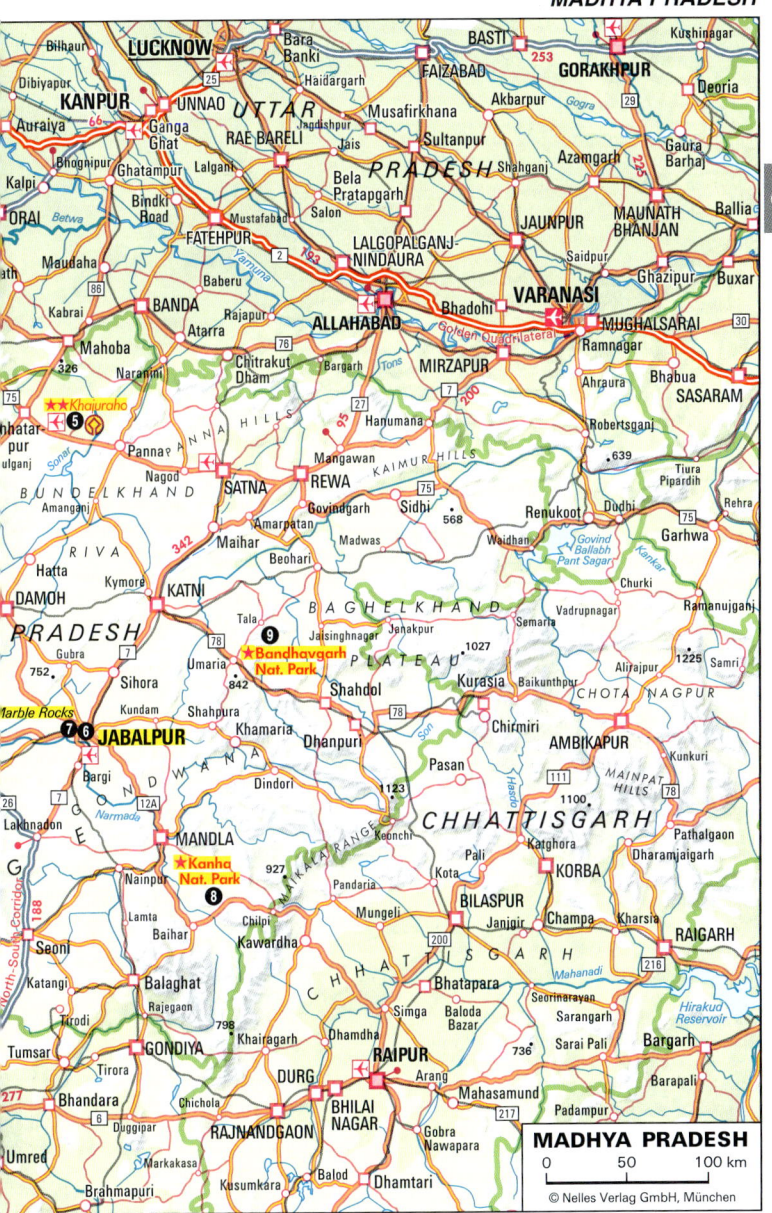

MADHYA PRADESH

Geografisch liegt Madhya Pradesh im Herzen Indiens. Ein Aufenthalt in Madhya Pradesh bedeutet deshalb, ein Stück sehr ursprüngliches Indien abseits der großen Touristenpfade zu erleben. Trotz sehr bedeutender, geschichtsträchtiger Kulturdenkmäler ist hier die Infrastruktur wesentlich bescheidener als etwa in Rajasthan.

Madhya Pradesh war einmal der größte Staat Indiens, bis sich Chhattisgarh im November 2000 als 26. Bundesstaat abspaltete – die Bewohner des rohstoffreichen Chhattisgarh sind noch zu einem großen Teil Angehörige von Stammesgesellschaften. Über beide Staaten erstreckt sich ein Drittel der gesamten Waldfläche Indiens und damit auch zahlreiche Naturparks und Schutzgebiete.

Alle wichtigen Religionen Indiens – Hinduismus, Islam, Jainismus und Buddhismus – konnten sich in dieser Region entfalten.

Da Madhya Pradesh im Herzen Indiens liegt, führten seit jeher wichtige Handelsstraßen durch diesen Staat. Der dadurch blühende Handel sowie der natürliche Reichtum des Bodens und der Flüsse brachten großen Wohlstand. Madhya Pradesh lag glücklicherweise südlich der Regionen, die ständigen Invasionen ausgesetzt waren. Der Umstand, dass das Land trotz seines Reichtums von Plünderungen verschont blieb, führte dazu, dass über 1000 Monumente und zahlreiche Kunstschätze – von der Statue bis zur Stadt – erhalten sind, wobei die Zeitspanne ihrer Entstehung vom Neolithikum bis zur Kolonialzeit reicht.

★GWALIOR

★Gwalior ❶ ist das Tor nach Madhya Pradesh; seine gigantische ★★Festung wacht auf einem Hügel über die Stadt. Kaiser Babur bezeichnete sie einst als „die Perle unter den Festungen der Hindus". Wo man Stunden verbringen

Oben: Eine steingewordene Drohgebärde – die Festung von Gwalior.

kann, ist der dank seiner von Kuppeln gekrönten Rundtürme sehr fotogene ***Man Mandir-Palast** des Rajputenkönigs Man Singh Tomar aus dem 15. Jh., zu dem man durch das **Elephant Gate** gelangt. Bemerkenswert sind das erstaunliche Beleuchtungs- und Kühlsystem, die kunstvollen blauen Fliesenmosaike mit Tierdarstellungen, die unterirdischen Verliese sowie die riesige Feuergrube, in die die Frauen des Palastes sprangen, wenn die Festung von Feinden eingenommen wurde. Auch die beiden Vishnu-Tempel des **Sas Bahu Mandir** sowie der alte **Teli Ka Mandir** (8. Jh.), mit Tänzerinnen-Darstellungen an den Säulen, sind einen Besuch wert.

Direkt unterhalb der Festung, am Haupteingang **Almagiri Gate**, steht der Palast **Gujari Mahal**, erbaut von Man Singh für seine Gemahlin Mrignayani und heute ***Archäologisches Museum**, mit einer der schönsten Sammlungen mittelalterlicher Skulpturen Indiens, dient.

Unweit des Museums liegt das im Mogul-Stil errichtete **Grabmal von Tansen**, einem der größten Sänger Indiens am Hof Akbars. Gwalior ist auch heute noch ein Zentrum klassischer indischer Musik.

Nahe dem **Urwahi Gate** der Festung wurden vom 7.-15. Jh. bis zu 17 m hohe **Jainskulpturen** (Tirthankara) in den Sandstein gehauen.

Das Gwalior des 18. und 19. Jh. war die Hauptstadt der kriegerischen Scindia-Dynastie der Marathen, deren Soldaten das Land vom Westen Indiens bis nach Delhi eroberten. Der teils noch von der Scindia-Familie bewohnte **Jai Vilas-Palast** besitzt zwei der größten **Kronleuchter** der Welt und eine silberne **Spielzeugeisenbahn**, die einst auf dem riesigen Essenstisch die Drinks vorbeibrachte. Die Scindia-Herrscher erbauten ihn nur wegen des Besuchs des Prince of Wales 1875. Im angeschlossenen **Museum** sind u. a. vom Maharaja erlegte, ausgestopfte Tiger zu sehen.

SHIVPURI UND CHANDERI

Shivpuri ❷ wurde von den Scindia als Sommerresidenz genutzt und ist mit seinem Wildschutzpark, dem See und seinen Palästen noch immer ein beliebter indischer Erholungsort. Im **Madhav (Shivpuri) Nationalpark**, in dem Rotwild lebt, gingen einst Maharajas und Kolonialherren auf Tigerjagd. Eine ungewöhnliche Zeremonie findet abends in den **Ehrenmälern** der Scindia statt: Musiker der Gwalior-*gharana* (Musikschule) singen vor den Herrscherstatuen, die für diese Gelegenheit von rituell aufgeputzten Gefolgsmännern bekleidet werden.

Mittelalterlich mutet auch **Chanderi ❸** an, eine traditionelle Weberstadt, die für ihre fein gewebten Saris bekannt ist. Als Unterkunft bietet sich das **Rest House** der Marathen an, das einen herrlichen Ausblick bietet.

*ORCHHA

Am Ufer des Betwa liegt das historische Städtchen ***Orchha ❹**. 1605-1627 war es Residenz des mächtigen Bundela-Rajputen Bir Singh Deo, mit prachtvollen Palästen und Tempeln. Der ***Jahangir Mahal-Palast** bietet einen großartigen Ausblick auf die unterhalb liegende Stadt. **Sheesh Mahal**, ein Teil des Palastes, ist zu einem einfachen, aber stimmungsvollen Palasthotel umgebaut. Ein Spaziergang über den mittelalterlich anmutenden **Basar** mit seinen vielen Süßwarenhändlern führt zum **Ram-Raja-Tempel**, einem Palast, der zum Tempel wurde; besonders stimmungsvoll ist der Tempelbesuch während der täglichen *aarti*-Zeremonie. Der **Chaturbhuj-Tempel** daneben kann auch bestiegen werden und bietet schöne Ausblicke. Lohnende Spaziergänge führen zum **Lakshminarayan-Tempel**, mit schöner Wandbemalung, oder zu den fünfzehn **Chattris** am Fluss, wo einst die Angehörigen der Herrscherfamilie eingeäschert wurden.

Madhya Pradesh **3**

KHAJURAHO

Nach der Legende wurde vor 1000 Jahren Hemvati, die schöne Tochter eines Brahmanenpriesters, beim Baden in einem Teich vom Mondgott verführt; dieser Verbindung entstammte Chandravarman, der Begründer der Rajputendynastie der Chandela, die zwischen 950 und 1050 n. Chr. insgesamt 85 **Tempel** in ****Khajuraho ⑤** errichten ließ, von denen noch 25 erhalten sind. Die aus behauenem Stein erbauten Tempel – architektonische Meisterwerke – sind als UNESCO-Weltkulturerbe eingestuft worden.

Die Tempel sind vor allem wegen ihrer zahlreichen **erotischen Steinfiguren** (Bild S. 12) weltberühmt, doch insgesamt spiegeln die Fülle der Figuren eine Freude an der Darstellung aller möglichen menschlicher Stimmungen wider: *surasundari* oder *apsara* genannte himmlische Schönheiten sind gähnend, sich schminkend, sich die Füße mit Henna bemalend und die Frisur mit einem Spiegel in der Hand prüfend dargestellt. Andere Skulpturen stellen Götter, Halbgötter oder Fabelwesen dar. Lange Friese bilden Jagdszenen oder Prozessionen mit Elefanten, Pferden und Soldaten ab. Einige Skulpturengruppen zeigen fantasiereiche, teils akrobatisch anmutende Formen der sexuellen Vereinigung, deren Freizügigkeit die von keiner Bilderfeindlichkeit belastete Unbekümmertheit der Hindus vor der Ankunft des Islams und der viktorianischen Prüderie widerspiegelt: Fruchtbarkeit und Sexualität ist im Hinduismus ein Ausdruck des Göttlichen.

Die großartige Tempelarchitektur ist bemerkenswert und markiert einen Höhepunkt in der Baugeschichte Zentralindiens. Die luftig erbauten Tempel stehen auf einer erhöhten Basis oder Ummauerung, ihre verschiedenen Bauelemente sind in einer Ost-West-Achse angeordnet. Dabei steigt die Architektur des Daches von den mit Türmchen verzierten Vorhallen im Osten über das mit großen Fensteröffnungen und Balkonen verzierte *mahamandapa* (Tempelhalle) bis zum alles überragenden *shikara* (Tempelturm) über dem Allerheiligsten an. Oftmals erhebt sich der Shikara aus einem Wald kleinerer angefügter Tempeltürme, so wie der durch ihn symbolisierte Weltberg Meru alle Nebengipfel überragt. Sehenswert sind die Verzierungen in der Versammlungshalle, dem *mahamandapa*, gerade auch der Deckenschmuck (eine Taschenlampe ist dabei hilfreich). Wahrscheinlich sind die Tempel wegen ihrer abgeschiedenen Lage mitten im Wald von Zerstörungen weitgehend verschont geblieben. Die wichtigsten Tempel stehen in der „Western Group", weitere Tempel können im Osten und Süden besichtigt werden. Das **Archäologische Museum** nahe dem Eingang zur westlichen Tempelgruppe lohnt einen Besuch.

Western Group

Links hinter dem Eingang südwärts trifft man auf fünf größere Tempel, von denen der majestätische, Vishnu geweihte ****Lakshmana-Tempel ①** besonders sehenswert ist. Er ist das früheste Beispiel eines voll entwickelten Tempels in Khajuraho und besitzt alle wichtigen Elemente: **Eingangshalle 1** (*ardhamandapa*), **Halle 2** (*mandapa*), **Versammlungshalle 3** (*mahamandapa*) und das von einem Umwandlungspfad und drei Vorsprüngen umgebene innerste **Heiligtum 4** (*garbagriha*) unter dem Tempelturm. Sehenswert sind seine üppigen Verzierungen durch Steinfriese und Skulpturen.

Gegenüber steht der kleine, jedoch bemerkenswerte **Varaha-Tempel ②**, in dem **Vishnu** in seiner Erscheinungsform als riesiger **Eber** dargestellt ist.

Im Westen der gepflegten Parkanlage stehen drei großartige Tempel. Der prachtvolle ****Kandariya-Mahadeva-Tempel ③** markiert den Höhepunkt der Chandella-Architektur. Mit 30,5 m

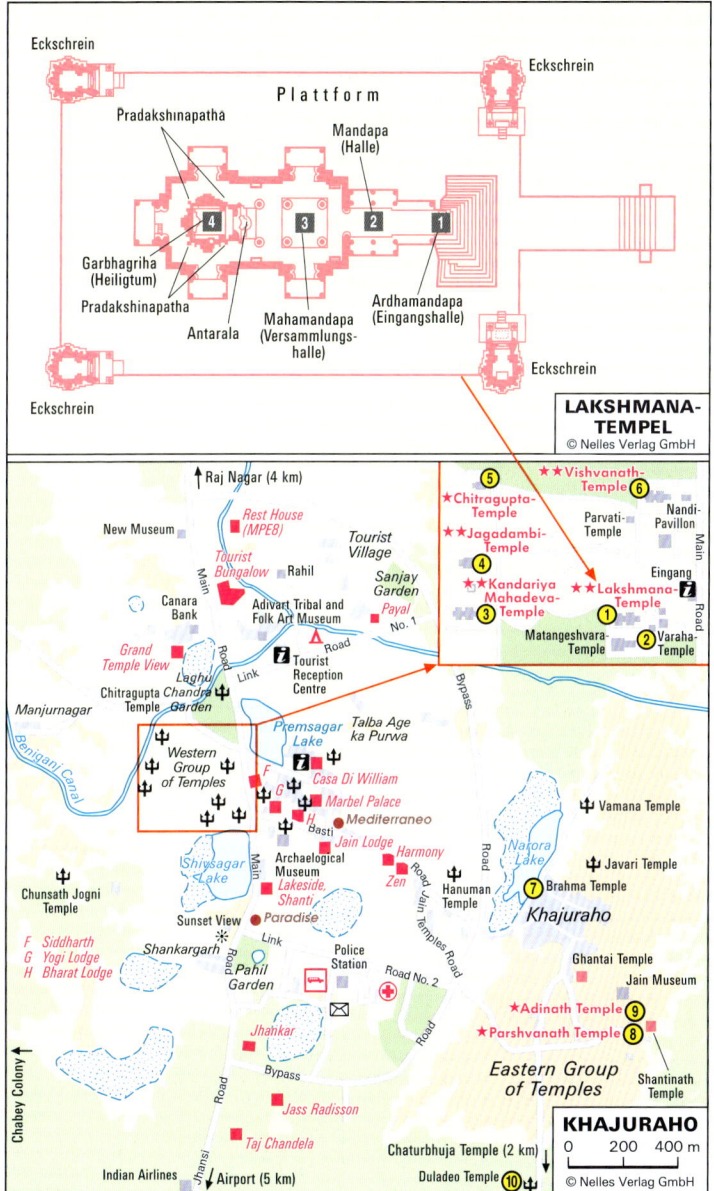

Eckschrein

Eckschrein

P l a t t f o r m

Pradakshinapatha

Mandapa
(Halle)

4   **3**   **2**   **1**

Garbhagriha
(Heiligtum)

Pradakshinapatha

Antarala

Mahamandapa
(Versammlungs-
halle)

Ardhamandapa
(Eingangshalle)

Eckschrein

Eckschrein

**LAKSHMANA-
TEMPEL**
© Nelles Verlag GmbH

↑ Raj Nagar (4 km)

New Museum

*Rest House
(MPE8)*

*Tourist
Bungalow*   Rahil

*Tourist
Village*

*Sanjay
Garden*

⑤ ★★*Vishvanath-
Temple* ⑥

★*Chitragupta-
Temple*

Nandi-
Pavillon

*Parvati-
Temple*

★★*Jagadambi-
Temple*

Canara
Bank

Adivart Tribal and
Folk Art Museum

*Payal
No. 1*

④

Eingang

★★*Kandariya
Mahadeva-
Temple*

*Grand
Temple View*

*Laghu
Chandra
Garden*

ℹ Tourist
Reception
Centre

③

★★*Lakshmana-
Temple* ℹ
①

Chitragupta
Temple

*Matangeshvara-
Temple*

② *Varaha-
Temple*

Manjurnagar

Benigani Canal

♗♗♗
*Western
Group
of Temples*

*Premsagar
Lake*

*Talba Age
ka Purwa*

♗
F
ℹ
G
H ♗
Casa Di William
♗♗ *Marbel Palace*
♗ *Mediterraneo*
Basti

♗ *Vamana Temple*

*Shivsagar
Lake*

Archaeological
Museum

Jain Lodge

Harmony

♗ *Javari Temple*

*Narora
Lake*

Chunsath Jogni
Temple

*Lakeside,
Shanti*

Zen

*Hanuman
Temple*

⑦ *Brahma Temple*

Sunset View

☀

♗ *Paradise*

Khajuraho

Shankargarh

F Siddharth
G Yogi Lodge
H Bharat Lodge

*Pahil
Garden*

Police
Station

Road No. 2

✉ ✚

Ghantai Temple

Jain Museum

★*Adinath Temple* ⑨

★*Parshvanath Temple* ⑧

*Shantinath
Temple*

Chabey Colony ←

Jhankar

Bypass

*Eastern Group
of Temples*

Jass Radisson

Taj Chandela

Indian Airlines   ↓ Airport (5 km)

Chaturbhuja Temple (2 km)

Duladeo Temple ⑩

KHAJURAHO
0   200   400 m
↓
© Nelles Verlag GmbH

Länge und 20 m Breite ist er der größte Tempel in Khajuraho. Der Haupttempelturm ist von 84 kleineren Tempeltürmen umgeben. Die beiden Eingangstore sind Meisterwerke der Steinmetzkunst: Der Figurenschmuck besteht aus schlanken, großen Skulpturen und einer Fülle erotischer Darstellungen. Im März findet hier ein Tanzfestival statt.

Der **⋆⋆Jagadambi-Tempel** ④ daneben war ursprünglich dem Gott Vishnu geweiht, später wurde er der Gemahlin des Gottes Shiva, Parvati zugeordnet. Auch er besitzt einen reichhaltigen, feinen Figurenschmuck.

Hundert Meter nördlich steht der **⋆Chitragupta-Tempel** ⑤, der als einziger Tempel Khajurahos dem Sonnengott Surya geweiht ist.

Außerdem lohnt ein Besuch des **⋆⋆Vishvanath-Tempels** ⑥, der dem Gott Shiva geweiht ist und vorzüglichen Skulpturenschmuck besitzt. Er ist zeitlich zwischen dem Lakshmana- und

Oben: Die Tempelanlagen von Khajuraho ziehen zahllose Besucher an. Rechts: Relief am Kandariya-Mahadeva-Tempel.

dem Kanadariya-Mahadeva-Tempel anzusiedeln, seine Architektur stellt das Bindeglied zwischen beiden Tempeln dar. Der Steinpavillon gehört zum Tempelkomplex und enthält eine Statue von Shivas Reitstier **Nandi**. Südwestlich davon steht ein kleinerer, restaurierter Tempel für Shivas Gemahlin **Parvati**.

Tempel im Osten und Süden

Die östliche Tempelgruppe besteht aus drei hinduistischen und drei jainistischen Tempeln in der Nähe des Khajuraho-Dorfs. Erstere sind an oder in der Nähe des Khajuraho Sagar, eines kleinen Sees gelegen. Der **Brahma-Tempel** ⑦ stammt aus dem Jahr 900 und gilt als ältester Tempel in Khajuraho.

Die **Jain-Tempel** befinden sich in einem modernen Jain-Tempelkomplex; der **⋆Parshvanath-Tempel** ⑧ stammt aus dem 10. Jh. und ähnelt dem Lakshmana-Tempel. Der nahe **⋆Adinath-Tempel** ⑨ ist dem ersten Thirtankara der Jain geweiht.

Der **Duladeo-Tempel** ⑩ im Süden Khajurahos gilt als letzter Tempelbau

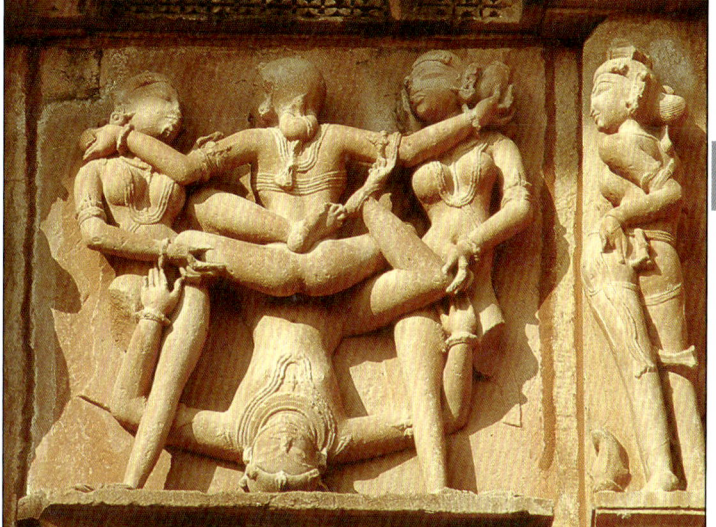

der Chandellas. Noch weiter südlich befindet sich im **Chaturbhuja- Tempel** eine fein gearbeitete, 2,7 m große Statue des Gottes **Vishnu**.

Panna Tiger Reserve

25 km südöstlich lockt das **Panna Tiger Reserve** (Panna-Nationalpark) mit scheuen Tigern, Leoparden und – nahe dem **Madla Gate** am Ken-Fluss – Sumpfkrokodilen und Gangesgavialen.

★KANHA N. P. UND ★BANDHAVGARH N. P.

Jabalpur ❻, im Südosten von Madhya Pradesh, ist vor allem wegen der beeindruckenden **Schlucht** am Narmada Fluss, genannt **Marble Rocks** ❼, bekannt. Mit Ruderbooten kann man die 2 km lange Schlucht entlang fahren. Bei Mondlicht wirken die glatten weißen Felsen besonders eindrucksvoll.

Jabalpur ist zudem geeigneter Ausgangsort für Fahrten in die Nationalparks Kanha und Bandhavgarh, die als die schönsten Indiens gelten. ★**Kanha-**

Nationalpark ❽, 175 km südöstlich der Stadt, gehört mit einer Fläche von 1945 km^2 zu den größten Naturparks des Landes. Die Chance vom Jeep oder vom Elefantenrücken aus Tiger, Indische Bisons oder vielleicht auch einen Leoparden zu sehen, ist in dem offenen Grasland ziemlich gut. Der 195 km nordöstlich von Jabalpur gelegene ★**Bandhavgarh Nationalpark** ❾ ist mit 445 km^2 viel kleiner, hat aber flächenbezogen das größte Tigervorkommen der Welt. Das spektakulär gelegene **Bandhavgarh Fort**, auf 800 m hohen Felsen, und über 150 Vogelarten machen den Park besonders attraktiv.

BHOPAL, BHOJPUR UND ★★BHIMBETKA

Bhopal ❿, die Hauptstadt von Madhya Pradesh, ist 1984 durch einen schweren Unglücksfall in der Chemischen Industrie weltweit bekannt geworden. Giftgas strömte aus den Tanks von Union Carbide und tötete nach offiziellen Angaben 2000 Menschen sofort, 8000 starben an den Folgen.

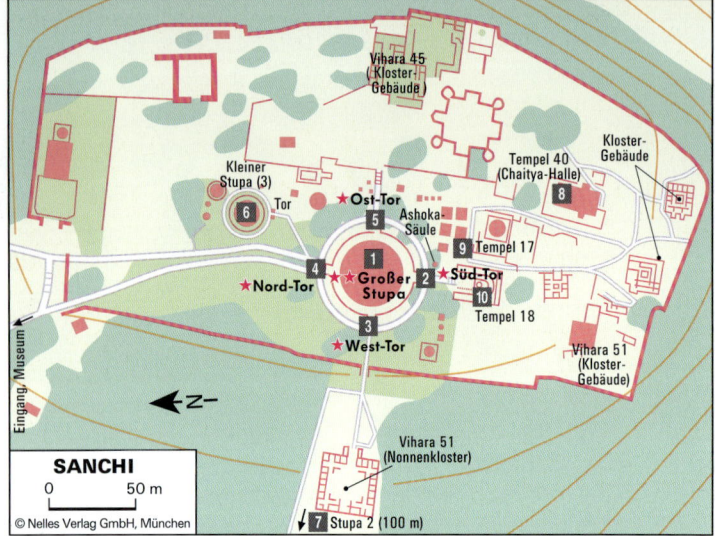

SANCHI

0   50 m

© Nelles Verlag GmbH, München

Vihara 45 (Kloster-Gebäude)

Kloster-Gebäude

Tempel 40 (Chaitya-Halle)

8

Kleiner Stupa (3)

6 Tor ★ **Ost-Tor**

5 Ashoka-Säule

9 Tempel 17

1 ★ **Großer Stupa** **2** ★ **Süd-Tor**

4 ★ **Nord-Tor**

3 ★ **West-Tor**

10 Tempel 18

Vihara 51 (Kloster-Gebäude)

Eingang Museum

Vihara 51 (Nonnenkloster)

7 Stupa 2 (100 m)

Bhopals Altstadt rund um die Freitagsmoschee lohnt einen Besuch. Die **Tajul Masajid** gilt als eine der größten Moscheen der Welt. Das **Staatliche Archäologische Museum** und **Bharat Bhawan** sind desweiteren sehenswert. Der moderne Bau am Ufer eines großen Sees ist mit Kunstgalerie, Repertoiretheater, Kunstwerkstatt, Hörsälen, Bibliotheken, Schulen für klassische und traditionelle Musik ausgestattet und besitzt die größte Sammlung an Volkskunst der Welt.

In **Bhojpur ⓫**, 28 km südlich von Bhopal, steht der großartige **Shiva-Tempel**, den der Rajputenkönig Raja Bhoj (1010-1053), ein Krieger, Gelehrter und Förderer der Künste, erbauen ließ. Beim Betreten des Tempels trifft man auf das riesenhafte *lingam*, Symbol des Gottes Shiva – ein ehrfurchtgebietender Anblick. Vor dem Tempel stehen unvollendete Skulpturen, die Lehmrampe, über die Steine auf den

Rechts: Der große Stupa von Sanchi ist einer der ältesten Baudenkmäler des Buddhismus (3. Jh. v. Chr.).

Dachfirst des Tempels gehievt wurden, und Felsblöcke mit eingeritzten Bauplänen – es scheint, als machten die Arbeiter gerade Pause.

45 km südlich von Bhopal gelangt man zu den **Bhimbetka-Bergen ⓬**, die einige der schönsten **★★Felsmalereien** der Welt und somit bildhafte Zeugnisse jungsteinzeitlicher Kultur bergen; die rd. 500 Malereien umspannen den Zeitraum von 7000 v. Chr. bis in die frühgeschichtliche Epoche. Allein der Anblick der bizarren Felsüberhänge im Teak-Wald ist ein Erlebnis. Die Stätte ist UNESCO-Welterbe.

★★SANCHI UND DIE ★UDAIGIRI-HÖHLEN

50 km nordöstlich von Bhopal liegt **★★Sanchi ⓭**, eine der zum UNESCO-Weltkulturerbe zählenden archäologischen Stätten Indiens. Sanchi besitzt die ältesten erhaltenen Baudenkmäler des Buddhismus, die teilweise mit rund 2000 Jahre alter Steinmetzkunst verziert sind. Am berühmtesten ist der **★★Große Stupa 1** (Stupa 1) aus dem

3. Jh. v. Chr. Er ist von einem hohen Steinzaun umgeben. An ihm ist die Übertragung älterer Holzarchitektur auf Stein besonders offensichtlich. Die vier über 10 m hohen **Eingangstore** (*toranas*) sind mit prachtvollen Steinmetzarbeiten aus dem frühen 1. Jh. und später verziert, die Ereignisse aus dem Leben des Buddha und seiner früheren Leben (aus den Jataka-Erzählungen) darstellen.

Das ***Südtor** 2 ist das älteste, zeigt u. a. die **Geburt Buddhas** und enthält Inschriften, in denen unter anderem die Elfenbeinschnitzer der heute noch existierenden nahen Stadt Vidisha als Urheber der Steinmetzarbeiten genannt werden.

Das ***Westtor** 3 zeigt u. a. die **Versuchungen Buddhas**. Am besten erhalten ist das ***Nordtor** 4 mit Szenen aus dem **Leben Buddhas**. Auf dem ***Osttor** 5 ist u. a. **Mayas Traum** dargestellt.

Die **Reliefs** an den Toren des Großen Stupa und am **Tor des Stupa 3** 6 bilden den Höhepunkt der frühesten Kunst Indiens. Am **Stupa 2** 7 (etwas außer-

halb) sind die ältesten Steinreliefs; ein archaisches **Medaillon** aus dem 2. Jh. v. Chr. zeigt die Übergießung der Glücksgöttin Lakshmi durch zwei Elefanten.

In der Umgebung sind weitere Stupas, Überreste einer **Chaitya-Halle** 8 (Tempel 40), der **Gupta-Tempel 17** 9, der **Tempel 18** 10, Säulen und die Übereste von Klöstern zu sehen.

Das **Museum** am Eingang enthält weitere Skulpturen, Reliefs und Töpferwaren aus der Umgebung.

Rund 8 km von Sanchi entfernt befindet sich in den Ruinen der historischen Stadt **Vidisha** (Besnagar), die **Säule des Heliodoros**, ein Monument zu Ehren eines griechischen Botschafters, der zum Hinduismus konvertierte.

6 km westlich von Vidisha liegen die sehenswerten ***Udaigiri-Höhlen**, eingemeißelt zur Gupta Zeit (320-510 n. Chr.) in ein Felsmassiv. Ein wunderschönes Relief in **Höhle 5** zeigt Vishnu, wie er in seiner Erscheinungsform als ****Eber** (Varaha) die Erde, **Bhumi-Devi**, aus dem Urozean rettet, den der Schlangenkönig verkörpert, und sie mit seinen Hauern emporhebt.

INDORE UND ★MANDU

Etwa 200 km westlich von Bhopal liegt **Indore** ⑭ im Herzen des alten Staates *Malwa*, mit angenehmem Klima: Die Morgendämmerung von Benares, den Abend von Oudh und die Nacht von Malwa rühmte schon 1599 der Poet Ahmad-ul-Umri Turkoman. In Indore sollte man **Lalbagh Palace**, den gut erhaltenen Palast der Holkar-Könige und **Kanch Mandir**, den innen verspiegelten Jain-Schrein besuchen.

Um ★**Mandu** ⑮ – die riesige **Festung** und zeitweise Königsresidenz mit opulenten **Palästen** – ranken sich viele Legenden, so die von dem großen Krieger Ho-shang Shah (gestorben 1435), über Sultan Ghiyas-ud-Din (1469-1500) mit seinem Harem von 15 000 Frauen, über den Besuch des Kaisers Jehangir und über die tragische Geschichte von Baz Bahadur und Rupmati, einem Sultan, der sein Reich für eine Sängerin aufgab, die wiederum für ihn ihr Leben opferte.

Oben: Hindupilger in Ujjain.

Zu sehen sind die Überreste von *Shadiabad*, einer Stadt, die einst als Erholungsort für Fürsten angelegt wurde. Besonders stimmungsvoll in der Abenddämmerung ist ★**Rupmati's Pavillon** – wenn der Wind über die Terrasse streicht, auf der sie ihre süßen Lieder sang, mit herrlichem Blick auf den Fluss Narmada.

Der **Jahaz Mahal** war ein Harems-Lustpalast, in Form eines Schiffes zwischen zwei Seen errichtet. In den kühlen unterirdischen Kammern des **Hindola Mahal** verbrachten die zahlreichen Mätressen Ghiyas-ud-Dins die heiße Jahreszeit. ★**Hoshang Shahs Grabmal** gilt als eines der schönsten Beispiele afghanischer Baukunst; die Architekten Shah Jahans suchten es auf, ehe sie mit dem Bau des Taj Mahal begannen. Sehenswert sind außerdem die große ★**Jami Masjid**, der **Ashrafi Mahal**, **Rewa-Kund** mit **Baz Bahadurs Palast**, der **Nilkanth-Palast** und die **Karawanserei**.

Maheshwar und Omkareshwar

Maheshwar ⑯ ist für seine Saris berühmt, die vor 250 Jahren die bemerkenswerte Rani Ahilyabai einführte. Das **Rajwada** besitzt interessante Erbstücke von ihr, auch die prächtigen *ghats* am Ufer der **Narmada** erinnern an sie.

An der Narmada liegt auch die heilige Stadt **Omkareshwar** ⑰, deren kunstvoller **Tempel** einen der zwölf *jyotirlingas* (Shiva-Schreine) beherbergt.

Ujjain

Eine der heiligsten Städte Indiens ist **Ujjain** ⑱, etwa 50 Kilometer nördlich von Indore. Ujjain hat zahlreiche Tempel, so den berühmten **Mahakal**, der alle 12 Jahre zum *Simhasta*-Fest von Millionen besucht wird. Die Stadt hält die Erinnerung an ihre große Vergangenheit unter Kaiser Ashoka (3. Jh. v. Chr.) und Vikramaditya (4. Jh. v. Chr.) wach.

Das *Marrhai* ist ein Stammesfest; besonders eindrucksvoll sind die Feiern in Bastar und Chhatisgarh. Beim *Bhagoria-Fest* (in Jhabua) gewinnt man einen kleinen Einblick in die Traditionen des Volkstanzes und des Theaters. Die klassischen Künste werden beim jährlichen *Khajuraho*-Tanzfest (März) und dem *Tansen-Fest* in Gwalior gefeiert. Erwähnenswert sind auch die Feste *Mahashivaratri* im März (Khajuraho / Ujjain / Maheshwar), *Buddha Jayanti* im Mai (Sanchi), *Ram Navmi* (Chitrakoot), *Kartik Mela* im Nov. (Muktagiri, Nohta) und die *Kumbh Mela*, die alle zwölf Jahre in Ujjain begangen wird.

Typische lokale Souvenirs sind Textilien: gewebte Baumwoll- und Seidensaris aus Chanderi und Maheshwar, mit Pflanzenfarben handbedruckte Stoffe, Tussahseide aus Raigarh und Bastar (Jagdalpur) und Baumwollstoffe mit *zari* (Stickereien mit Goldfäden) aus Bhopal. Aus Indore kommen Lederwaren und Armbänder aus Glas; kunstvolle Votivlampen, Messbecher und Figuren aus Messing.

BHOPAL (☎ 0755)

M. P. Tourism, Gangotri, 4. Stock, T. T. Nagar, Tel. 778383, Fax 2774289; Infoschalter am Flughafen und am Bahnhof.

Mehfil, Hamidia Rd, abwechslungsreiche, sehr schmackhafte Gerichte. **Kwality**, New Market Rd, Fast Food, Pizza.

Government Archaeological Museum, Banganga Marg, Tel. 263207, 10-17 Uhr, Mo und an gesetzl. Feiertagen geschl. **Tribal Research Development Institute**, Tel. 4492, 10.30-17 Uhr. **Bharat Bhavan**, 13-19 Uhr, Mo geschl.

GWALIOR (☎ 0751)

Madhya Pradesh Tourism, im Hotel Tansen, südöstl. des Bahnhofs, Tel. 2340370, Fax 2340371, Mo-Fr 9.30-17 Uhr.

Volga Restaurant, im Hotel Surya, gute indische Küche.

Usha Kiran Palace Restaurant, Jayendra Ganj, Lashkar, exzellente Speisen in einem ehemaligen Maharadscha-Palast.

Archeological Gujari Mahal Museum, Gwalior Festung, Tel. 8526, Öffnungszeiten: 10-17 Uhr, montags und feiertags geschlossen.
Maharaja Jivaji Rao Scindia Museum, Jai Vilas Palace, Lashkar, Tel. 222290, Öffnungszeiten: 9.30-16.30 Uhr, montags geschlossen.

JABALPUR (☎ 0761)

Tourist Office, am Bahnhof, Tel. 2322111, tgl. 7-21 Uhr.

Yogi Durbar & Bar, Guru Nanak Market, gutes Essen, günstig.

AUSFLÜGE: **Kanha Nationalpark**, 160 km südöstl., Unterkünfte bei **Khatia** am Khatia Gate, hier werden auch Jeep und Elefanten-Safaris gebucht. 3 Visitor Centres im Park, tgl. 8-12 und 15-19.30 Uhr, Öffnungszeiten saisonbedingt.
Bandhavgarh Nationalpark, 197 km nordöstlich, Zugang zum Park in **Tala**, hier auch Unterkünfte und Visitor Centre, ein Besuch des Parks ist nur in der Früh und abends möglich.

KHAJURAHO

Raja Café, guter Platz um nach der Besichtigung zu entspannen, Nähe Tempelkomplex Western Group.

ORCHA

Orcha Resort, gutes vegetarisches Mittagsbuffet, am Betwa-Fluss.

SANCHI (☎ 07592)

Archeological Museum, an der Straße, die zum Bahnhof führt, Sa-Do 10-17 Uhr, wertvolle Skulpturensammlung, unter anderem mit einem Löwenkapitell einer Ashoka-Säule.

1 Himachal Pradesh
2 Uttaranchal
3 Haryana
4 Jharkhand
5 Chhattisgarh

MAJESTÄTISCHE GIPFEL

JAMMU UND KASCHMIR
LADAKH / ZANSKAR
HIMACHAL PRADESH
UTTARAKHAND

Jammu und Kaschmir

4

JAMMU UND KASCHMIR

Indiens nördlichster Bundesstaat **Jammu und Kaschmir** (J & K) bietet die wohl größten geografischen und kulturellen Unterschiede. **Jammu** ist geprägt durch den Pir Panjal-Himalayakamm und seine niedrigeren Vorberge. Es ist Heimat der Dogra-Rajputen, eines hinduistischen Bergvolks mit kriegerischer Vergangenheit.

Jenseits des Himalaya-Hauptkamms (der Klima-, Verkehrs- und Kulturscheide) liegen **Zanskar** und das regenarme **Ladakh** – treffend auch „Klein-Tibet" genannt – mit noch bewohnten Klöstern und farbenfrohen Ritualen des Mahayana-Buddhismus.

Zwischen den beiden unwirtlichen Hauptketten des Himalayas liegen in 1700 m Höhe die paradiesischen Seen des Hochtals von **Kaschmir**, wo bis in die 1990er Jahre der Hausboot-Tourismus und das Kunsthandwerk florierten.

Im ursprünglich hinduistischen und buddhistischen Kaschmir überwiegt seit dem 14. Jh. der Islam, doch bei der Teilung Indiens 1947 schloss sich der hinduistische Raja der Indischen Union an, was zum Krieg mit Pakistan führte.

Vorherige Seiten: Das buddhistische Kloster Dhankar thront auf einem Felssporn im abgelegenen Spiti-Tal. Links: Padmasambhava mit Tantrikerstab im Tempel von Lallung.

Sicherheitshinweis: Separatistische Bestrebungen, teils unterstützt von Pakistan, waren in der Vergangenheit öfter Ursache von Unruhen in **Kaschmir**. 1995 und 2000 wurden Trekker von Islamisten ermordet. Seither gab es öfter Auseinandersetzungen zwischen indischer Armee und muslimischen Separatisten. Vor allem Inder, Israelis und Powder-Skifahrer aus aller Welt machen hier Urlaub. Ein Besuch sollte immer von der aktuellen Sicherheitslage abhängig gemacht werden. Das buddhistische Ladakh gilt als sicher.

JAMMU

Reist man mit dem Zug nach Kaschmir oder Ladakh, endet die Reise – 591 km von Delhi entfernt – in der Stadt **Jammu ❶** an den Hängen der Shivalik-Berge. Vom **Fort Bahu** aus hat man einen schönen Blick auf den Fluss **Tawi**. Das eigenwillige Stadtbild wird von unzähligen Tempeln geprägt, zu denen man durch enge Gassen gelangt. Die vergoldeten Tempel des **Raghunath-Tempelkomplexes** spiegeln das einst fürstliche Leben in der alten Dogra-Hauptstadt wieder. Das **Dogra-Museum** im **Gandhi Bhavan** beherbergt eine ausgezeichnete Sammlung von Pahari-Miniaturmalereien, meist aus der Basohli-Schule. In dem architektonisch seltsamen **Amar-Palast**, den sich ein

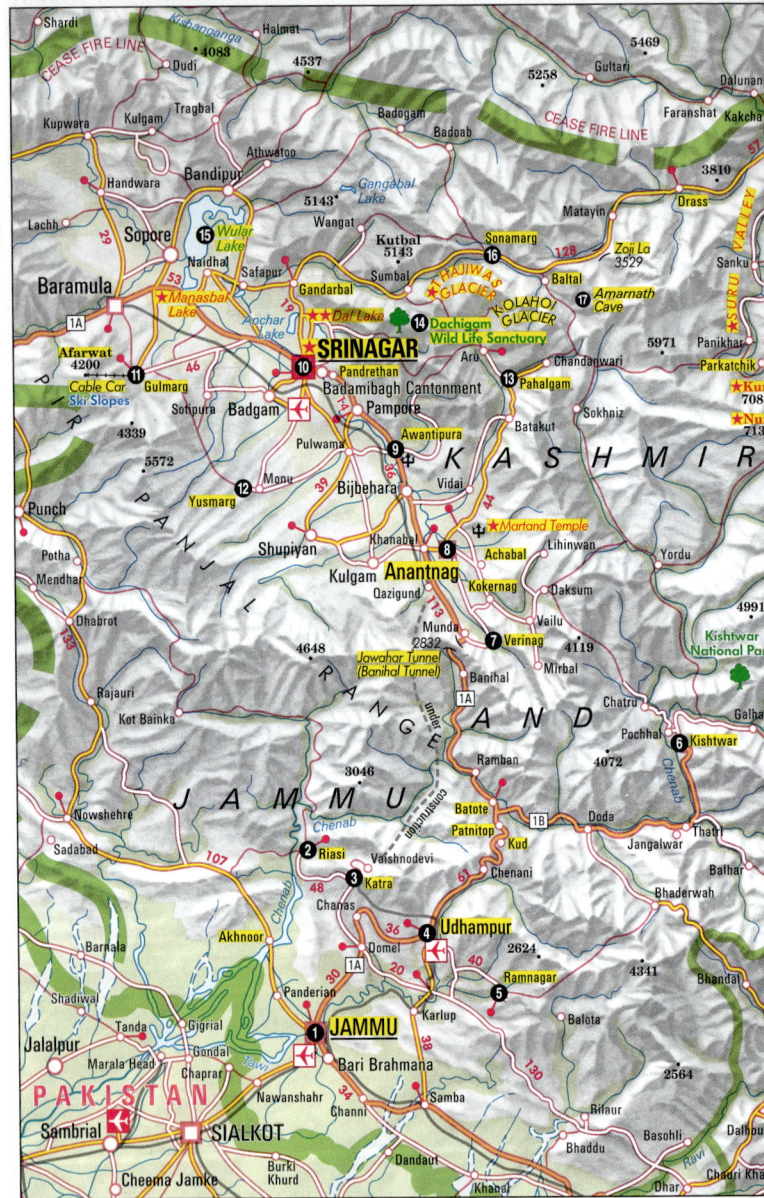

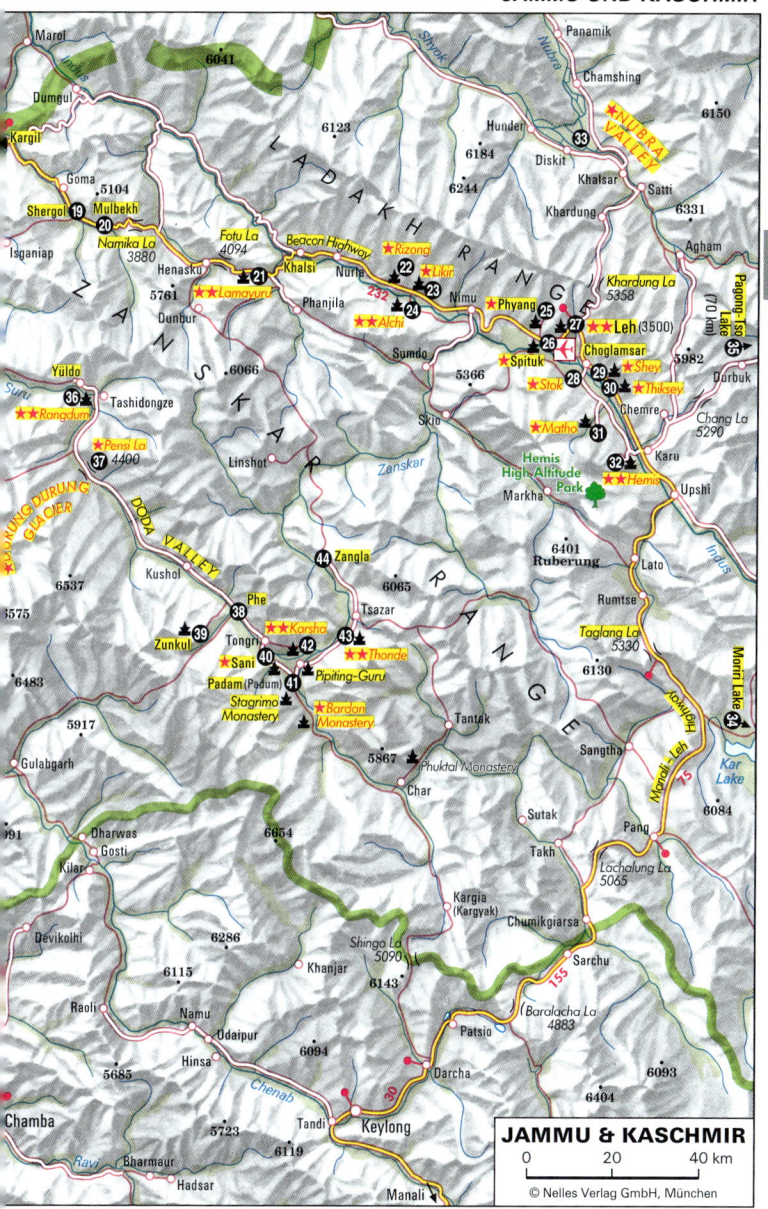

Jammu und Kaschmir · 4

JAMMU & KASCHMIR

0   20   40 km

© Nelles Verlag GmbH, München

Maharaja von einem französischen Architekten entwerfen ließ, befindet sich ein **Museum** für Kunstgewerbe.

Auf dem Weg nach Srinagar kann man 30 km nördlich von Jammu nach **Riasi ❷** (80 km) abbiegen. Der Ort war Stammsitz von General Zorawar Singh und thront, wie auch das **Akhnoor** weiter südlich, majestätisch über dem Fluss Chenab. Die Straße nach Riasi führt an **Katra ❸** (48 km) vorbei, von wo Hindupilger zu Fuß über einen 12 km langen Weg zum **Vaishno Devi-Tempel** mit dem Höhlenschrein der Muttergöttin gehen, dem meistbesuchten Tempel Nordindiens.

Die Straße von Jammu nach Srinagar führt weiter nach **Udhampur ❹**, wo 10 km außerhalb die alten **Tempel** von **Krimchi** stehen. Östlich von Udhampur liegt bei **Ramnagar ❺** der imposante **Rang Mahal-Palast** (Palast der Farben) mit Fresken im Pahari-Stil.

Auf dem Weg in höhere Regionen gibt es Übernachtungsmöglichkeiten in **Kud**, **Patnitop** und **Batote**. Von Batote führt eine Straße ostwärts nach **Kishtwar ❻** (216 km), einer ursprünglich gebliebenen Stadt am **Chenab**, die von beeindruckenden Wasserfällen umgeben ist. Hier beginnen Trekkingtouren nach Lahaul oder Zanskar.

★★KASCHMIR

Der lange **Jawahar-Tunnel** (hinter dem Banihal-Pass, 200 km von Jammu) durchdringt in 2832 m Höhe den Pir Panjal-Kamm. Er markiert die Grenze zwischen dem überwiegend hinduistischen und dem heute überwiegend islamischen Kulturkreis. Während der Fahrt hinunter ins Kaschmir-Tal durchquert man Landstriche mit Weiden und Pappelalleen. Im Sommer ist das Kaschmir-Tal durch seine Reisfelder grün, im Herbst scheint es wegen der roten und gelben Blätter der Platanen

Rechts: Kaschmir – Blick über den malerischen Dal-See von Srinagar.

und Apfelbäume förmlich zu brennen. Bei Pampore (16 km vor Srinagar) färben Safranfelder das Land purpurn. Östlich des Jawahar-Tunnels entspringt bei **Verinag ❼** die **Quelle des Jhelum**; er windet sich durch das Tal von Kaschmir, fließt durch die Altstadt von Srinagar und mündet in den Wular-See. 1612 ließ Mogul Jehangir diese Quelle einfassen, an der 8 Jahre später sein Sohn Shah Jahan den weitläufigen **Mogulgarten** anlegte.

In **Anantnag ❽** (56 km von Srinagar) sprudeln heiße Quellen. 10 km außerhalb der Stadt liegt an der Straße nach Pahalgam der **★Martand-Tempel**, der zwar schlecht erhaltene, aber dennoch sehenswerteste Hindu-Tempel Kaschmirs, 730 n. Chr. erbaut und dem Sonnengott Surya geweiht. Südöstlich von Anantnag findet man weitere **Mogulgärten** in **Achabal** und **Kokarnag**. Den **Avantiswami-Tempel** von **Avantipur ❾** (29 km von Srinagar) ließ im 9. Jh. König Avantivarman errichten. 6 km vor Srinagar liegt der kleine, samt Dach gut erhaltene Tempel von **Pandrethan**, um 930 n. Chr. erbaut; ein Beispiel für den einzigartigen Tempelstil Kaschmirs.

★SRINAGAR

Die Anziehungskraft der Hauptstadt Kaschmirs, **★Srinagar ❿** (1768 m), kommt nicht nur von der traumhaften, von Bergen umrahmten Seenlandschaft, sondern auch vom zentralasiatischen Flair, das einst ein Klima der Toleranz zwischen den Religionsgruppen förderte. Um 1100 war Srinagar noch ein Zentrum buddhistischer und hinduistischer Gelehrsamkeit, erst danach machte sich der Islam breit. Eine Hindu-Minderheit, die alteingesessenen Pandits, harrt – angefeindet – bis heute hier aus. Islamistischer Terror und Übergriffe indischer Soldaten vergifteten dann ab Ende des 20. Jh. das Klima.

In Kaschmir empfiehlt sich der Aufenthalt auf einem der nostalgischen, mit

Schnitzwerk verzierten ****Hausboote** als Alternative zum Hotel. Hausboote waren 1888 eine pfiffige Kompromisslösung, als der damalige Hindu-Maharaja Ausländern Landerwerb verbot, aber Briten sich hier erholen wollten.

Wem der ****Dal-See** ① angesichts mobiler Händler in kleinen Booten, die von Maßanzügen über Lackware und Pelze bis zu Tangkas und Seidenteppichen fast alles direkt am Hausboot verkaufen (feilschen!!), auf Dauer zu geschäftig erscheint, wohnt ruhiger im nördlich anschließenden ****Nagin-See**.

Der **Anchar-See** (13 km) hingegen zieht Vogelfreunde an.

Wenn sich im Sommer auf den Seen prachtvolle Lotusblüten entfalten, Eisvögel fischen und die Sonne scheint, ist ein Aufenthalt auf einem Hausboot besonders reizvoll. Die Ruhe, aufmerksamer Service in familiärer Atmosphäre, Kaschmiri-Küche und Kardamomtee können den Aufenthalt zum unvergesslichen Erlebnis machen. Ein „Muss" ist es, sich in einer **Shikara**, wie ein Maharaja auf einer breiten Polsterliege ruhend, über den See paddeln zu lassen.

Stadtrundfahrt

Vom Ausgangspunkt **Dal-Gate** ② – am Beginn des **Boulevard**, wo die meisten Hausboote, Souvenirläden und Hotels liegen – gelangt man in die **Azad Road**, in der sich ebenfalls einige Hotels befinden. Vorbei am **Tourist Reception Centre** ③ kommt man zur **Zero-Brücke**, an der unmittelbar der **Bund** ④, ein beliebter Spazierweg am Ufer des Jhelum entlang, beginnt.

Die neun alten Brücken der Stadt sind durchnummeriert; jeder Brücke ist eine *kadal* (Amtsstube) angegliedert. Auf dem Weg Richtung **Amira Kadal**, der ersten der neun Brücken, kommt man am **Government Handicrafts Emporium** ⑤ (in der alten Residenz) und einer Reihe von Kunsthandwerksläden vorbei. Am südlichen Jhelum-Ufer befindet sich das **Shri Pratap Singh Museum** ⑥ im ehemaligen Sommerpalast des Maharadscha. In luxuriösem Ambiente sind archäologische Artefakte, Gemälde, alte Münzen u. a. ausgestellt.

Die Brücke **Hawa Kadal** bildet das Zentrum Alt-Srinagars.

Eine vergoldete Spitze krönt den **Raghunath** ⑦, den größten Hindu-Tempel der Stadt. **Fateh Kadal** ist die dritte Brücke, sie liegt im Viertel der Kunsthandwerker, wo sich ein Einkaufsbummel lohnt.

Von erhabener Eleganz ist die **Shah Hamadan-Moschee** ⑧, die 1395 ganz aus Holz gebaut wurde. Zweimal wurde sie seither durch Feuer zerstört und wieder aufgebaut. Auf der gegenüberliegenden Seite des Flusses steht die **Patthar-Moschee** ⑨, 1623 von der Mogul-Kaiserin Nur Jahan erbaut.

Zwischen der **Zaina Kadal** und der **Ali Kadal** liegt das etwas baufällige **Grab von Zainul-Abidin** ⑩, dem Sohn von Sultan Sikander, der die Jama Masjid erbauen ließ. Westlich davon befindet sich die **Moschee des Bulbul Shah** ⑪, eines namhaften Mystikers und Dichters des Kaschmir-Tals.

An der **Safa Kadal** liegt der alte **Yarkand-Markt** ⑫, wo sich die Händler auf den Übergang über den Karakorum-Pass vorbereiteten, um auf der Seidenstraße nach China weiterzureisen.

Die **Jama Masjid** ⑬ wurde 1385 von Sultan Sikander erbaut und bereits dreimal durch Feuer zerstört. Ihrer Aktivität hat das nicht geschadet, besonders imposant sind die 300 Zedernholzsäulen, die das Dach tragen.

Ebenfalls in der Altstadt liegt die **Rozabal-Moschee** ⑭, in der angeblich **Jesus** begraben liegen soll – das Hemis-Kloster in Ladakh besaß einst eine Schrift, die von einer Reise Jesu nach Indien berichtet. Von der Moschee aus kann man zum Westufer des Dal-Sees gelangen.

Der Bau des **Hari Parbat-Forts** ⑮ auf dem **Sharika Hill** (für Besucher nicht zugänglich) wurde schon zur Zeit Akbars (1586) begonnen. Er pflanzte damals auch 1200 Bäume im **Nasim Bagh**, dem ältesten der Mogulgärten, der sich nordwestlich des Sees hinter der Hazratbal-Moschee erstreckt.

Zwischen Dal- und Nagin-See verläuft eine Straße, von der aus man einen

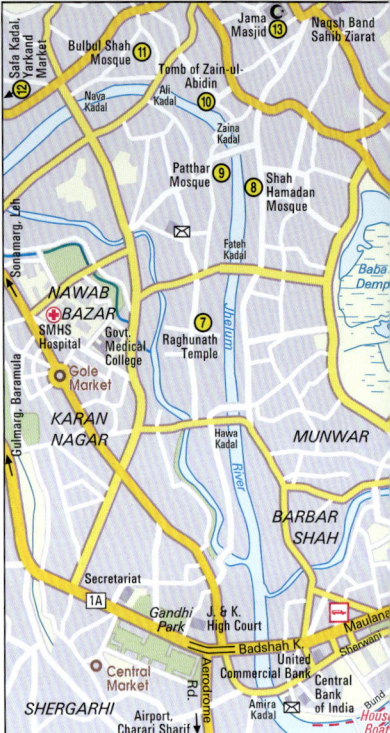

Damm durch den Dal-See erreicht, auf dem man zum Ostufer wandern kann. Vorher passiert man die **Hazratbal-Moschee** ⑯ mit prachtvoller Marmorkuppel. Dieses eindrucksvolle moderne Bauwerk birgt ein Haar des Propheten Mohammed, das 1700 ins Kaschmir-Tal gelangte. 1993 verschanzten sich hier militante Separatisten, die sich erst nach wochenlanger Belagerung der indischen Armee ergaben.

Von hier kann man ein Boot mieten, um entweder zum Dal-Gate zurückzukommen oder um zu einem der bekanntesten Mogulgärten zu fahren, dem ★**Shalimar Bagh**, 15 km von Srinagar entfernt. Diesen Garten hat Kaiser Jehangir für seine geliebte Frau Nur Jahan anlegen lassen. Eine Tonbildschau er-

zählt ihre Liebesgeschichte, weshalb zahlreiche Flitterwöchner, von der romantischen Legende angezogen, sich in *shikaras* hierher rudern lassen.

11 km außerhalb der Stadt befindet sich der ★**Nishat Bagh** (1633) in fantastischer Lage zwischen Dal-See und den Bergen. Mit seinen zwölf Terrassen ist er der größte der Mogulgärten. Erbauer war der Bruder von Nur Jahan. Ihr Gemahl Jehangir soll so eifersüchtig gewesen sein, dass er die Wasserversorgung unterbrechen ließ. Seinen Kopf riskierend, reparierte jedoch der Gärtner die Anlage. Da der Kaiser Blumen über alles liebte, blieb der Gärtner von einer Strafe verschont.

Näher an der Stadt (9 km), oberhalb des **Nehru Memorial Parks**, liegt der gepflegte und kleinste der Mogulgärten Srinagars, der **Chasmi Shahi-Garten**. Zu Fuß erreicht man gleich oberhalb der Gärten die Ruinen des **Pari Mahal** (Palast der Feen), einst eine Schule für religiöse Harmonie. Erbauer war Dara Shikoh, der älteste Sohn Shah Jahans, der im Thronfolgekrieg gegen seinen jüngeren Bruder Aurangzeb verlor. Vom Pari Mahal führt ein Fußweg den Hügel hinab zu der Straße, die am **Oberoi Palace Hotel** (Palast des ehemaligen Maharadschas von Kaschmir) vorbei, zurück ins Stadtzentrum führt.

Auf dem See sieht man, unweit des **Nehru Memorial Park** und des **Boulevard**, zwei Inseln und die berühmten ★**Schwimmenden Gärten** ⑰. Den ★**Schwimmenden Markt** für Obst, Gemüse und Blumen besucht man gleich frühmorgens, wenn das Feilschen beginnt.

Vom Boulevard kann man zum historischen **Shankaracharya-Tempel** ⑱ in 2100 m Höhe hinaufsteigen, mit Blick auf den Dal-See.

AUSFLÜGE IN KASCHMIR

Ausflüge von Srinagar vermitteln einen Eindruck von der Schönheit der Berge. **Gulmarg** ⑪ (im Westen Srinagars) ist der klassische Erholungsort von Kaschmir, umgeben von mächtigen **Nadelwäldern** und ausgedehnten **Blumenwiesen**. Da Gulmarg auf einer Höhe von 2730 m liegt, benötigt man das ganze Jahr über warme Kleidung. Der höchste **Golfplatz** der Welt, Hotels, eine französische **Seilbahn** bis auf 4000 m Höhe am Berg **Afarwat**, Skilifte, **Skipisten** und von Freeridern geschätzte Tiefschneehänge machen Gulmarg zu einem bei Indern ganzjährig beliebten Ferienort. Von den Wanderwegen rund um Gulmarg sieht man den **Nanga Parbat** (8126 m, in Pakistan), den westlichsten Achttausender des Himalaya, erstmals 1953 von Hermann Buhl bestiegen.

Der lange Weg nach **Yusmarg** ⑫ (2700 m) führt über die schönsten Blumenwiesen Kaschmirs. Von Yusmarg verläuft ein 4 km langer **Pony-Reitweg** zu einem schönen Picknickplatz am **Nilnag-See**.

Bereits mehrere Islamisten-Attacken auf Touristen musste **Pahalgam** ⑬ erleben. Es liegt in 2130 m Höhe am **Lidder-Fluss**, den Angler wegen seiner **Forellen** schätzen. Vom Basar bietet sich ein schöner Blick aufs Gebirge. Hier beginnen 3-Tages-Trekkingtouren Richtung Norden zum **Kolahoi-Gletscher**, aber auch eine anstrengendere Tour nach **Panikhar** im östlich gelegenen Suru-Tal, die acht Tage dauert und

über einen 4500 Meter hohen Pass führt; unterwegs trifft man auf rotbärtige Gujjar-Hirten, die mit ihren Ziegen den Sommer auf den Bergweiden in archaischen Blockhütten verbringen. Im Juli und August ist Pahalgam überfüllt mit Hindus, die auf *Yatra*-Pilgerreise zur heiligen **Höhle von Armanath** (⑰) unterwegs sind.

Im Nordosten Srinagars liegt das Ausflugsziel Sonamarg. Auf dem Weg dorthin kann man einen Abstecher zum Tierreservat **Dachigam** ⑭ (21 km von Srinagar) unternehmen, wo die letzten Hangule leben, eine Himalaya-Rotwildart.

In **Gandarbal**, wo der Fluss Sind ins Kaschmir-Tal mündet, führt eine Straße nach Sonamarg (s. u.), eine andere zum **Wular-See** ⑮, dem größten Süßwassersee Indiens. Sehenswert ist auf dem Weg dorthin der malerische **★Manasbal-See** (28 km), an dem ein weiterer **Mogulgarten** Nur Jahans liegt. Im Sommer machen die Lotusblüten und im Winter die Vögel diesen See besonders attraktiv.

Sonamarg ⑯ (2748 m) – was so viel wie Goldene Wiese bedeutet – ist der letzte Ort vor den rauen Höhen des Himalaya. Busreisende auf dem Weg zum Zoji La-Pass machen hier ihre letzte Rast vor Überquerung des Passes. Um die bilderbuchartige Schönheit der alpinen Landschaft zu genießen, kann man einen Spaziergang (4 km) oder einen Ponyritt zum nahen **★Thajiwas-Gletscher** machen. Anstrengender ist der Weg zum entlegenen **Gangabal-See**; für diese Tour benötigt man eine Woche, übernachtet wird im Zelt.

Nahe bei Sonamarg – am Anfang der Straße zum Zoji La-Pass – liegt das Lager von **Baltal**, wo die kurze (14 km), aber anstrengende Wanderung (bzw. Ponyritt) zur **Amarnath-Höhle** ⑰ (3952 m ü. M.), die mit ihrem Eis-Lingam eines der heiligsten Hindu-Pilgerziele ist, beginnt; nach einem letzten Blick auf das grüne Kaschmir wandert man in karger Gebirgslandschaft durch den Himalaya.

Rechts: Himalaya-Tal beim Kloster Lamayuru (Ladakh).

★★LADAKH

Die 435-km-Fahrt von Srinagar über den Zoji La-Pass (Juni-Okt., mit Übernachtung in Kargil) nach Leh, der Hauptstadt Ladakhs, ist eine der atemberaubendsten Reisen der Welt und führt in eine völlig andere Landschaft und Kultur des Himalaya: vom islamischen zum tibetisch-buddhistischen Kulturkreis (aufgrund der unsicheren Lage im Kaschmir-Tal wird jedoch derzeit als Alternative Touristen die Passstraße Manali/Himachal Pradesh – Leh empfohlen). Die ersten 80 km der Straße Srinagar – Leh führen durch das Sind-Tal; da sie hinter **Sonamarg** Einbahnstraße mit wechselnder Richtung ist, sind lange Wartezeiten die Regel. Nach der Passhöhe, dem **Zoji La** (3529 m), wird das frische Grün des Kaschmir-Tals von der Kargheit trockener, vom Monsun kaum erreichter Hochgebirgs-„Mondlandschaft" abgelöst.

Drass, die erste Stadt, soll im Winter die kälteste Stadt außerhalb Sibiriens sein (bis -50 °C). Die Straße folgt dem wilden Dras-Fluss bis zur Bezirksstadt Kargil ⑱ (2650 m), einer Oase mit Pappeln und Weiden, kleinen Hotels und der einzigen Tankstelle zwischen Srinagar und Leh. Diese alte Handelsstadt ist vom schiitischen Islam geprägt; die Bevölkerung des benachbarten **Suru-Tals** betrachtet iranische Ayatollahs als ihre geistigen Führer.

Streckenweise (besonders bei Kargil) verläuft die Waffenstillstandslinie – **Line of Control** – von 1949 zwischen Indien und Pakistan parallel zur Straße von Srinagar nach Leh, und nördlich von Leh liegt seit 1962 von China besetztes Gebiet; endlose Militärkonvois und große Lager der indischen Armee sind am so genannten **Beacon Highway** deshalb oft zu sehen.

Den ersten Anzeichen buddhistischer Kultur in Ladakh begegnet man in **Shergol** ⑲ mit seinem kleinen Höhlenkloster. 8 km weiter, bei **Mulbekh** ⑳, wurde ein **Maitreya-Buddha** in den Felsen geschlagen. Er ist 7 m hoch und ca. 1200 Jahre alt. Die Straße windet sich nun durch die Gebirgseinöde und überquert zwei Pässe, den **Namika La** (3718 m) und den **Fotu La** (4094 m).

Höhepunkt dieser dramatischen Fahrt ist der Anblick des am Hang gelegenen **Lamayuru-Klosters** ㉑, im 16. Jh. Hauptsitz des Kargyüpa-Ordens.

Die Straße führt in Serpentinen, den **Hangroo Loops**, ins Tal und überquert in **Khalsi** (97 km vor Leh) den Indus. Im weiteren Verlauf führen Stichstraßen zu einigen in Schluchten gelegenen Klöstern; besuchenswert sind die Klöster **Rizong** ㉒ und **Likir** ㉓, in dem der Bruder des Dalai Lama Abt ist.

Das **Kloster Alchi** ㉔ (11. Jh.), 62 km vor Leh, ist wegen seiner einmaligen Wandmalereien berühmt. Weiter ostwärts auf dem Beacon Highway lohnt ein Abstecher auf einer Piste zu dem malerischen Ort **Phyang** ㉕ und dem kaum besuchten **Kloster** mit furchterregenden Schutzgottheiten. Das **Kloster** von **Spituk** ㉖ (15. Jh.), hoch über dem Indus und oberhalb des Flughafens von Leh, kündigt schließlich die Hauptstadt Ladakhs an.

Oben: Bunt gekleidete Ladakhis auf dem Winterfest des Klosters Matho. Rechts: Kloster Lamayuru.

**LEH

Bleibenden Eindruck hinterlässt der verfallende **Königspalast**, der die Stadt **Leh** ㉗ (3505 m ü. M. – mit Höhenkopfweh ist zu rechnen!) mit ihren Flachdächern und dem darauf als Brennmaterial gehorteten Reisig überragt. Im Sommer herrscht warmes, trockenes Klima. Am **Main Street Bazar** verkaufen buddhistische Frauen Gemüse und schwatzen miteinander – ein Bild, das man in islamischen Gegenden nicht sieht. Allerdings werden die einheimischen Basarfrauen immer mehr von aufdringlichen zugewanderten Kaschmiri-Händlern verdrängt.

Die Lamas – buddhistische Priester und Mönche – sind hoch geachtet; der Dalai Lama gilt als gottähnliche Inkarnation eines Bodhisattvas. Allerorts stößt man auf *chörten* (weißgetünchte *stupas*) und *mani*-Mauern mit daraufliegenden Gebetssteinen, auf denen *Om mani padme hum* („Das Juwel in der Lotusblume") steht – womit der Bodhisattva Avalokiteshvara gemeint ist. Der Lamaismus beinhaltet Elemente der

präbuddhistischen Bön-Religion, die auch die zeitgenössische Kunst beeinflusst. In Ladakh war es früher Sitte, dass sich mehrere Brüder eine Frau teilten, damit der Familienbesitz ungeteilt blieb. Grundnahrungsmittel sind *tsampa* (geröstetes Gerstenmehl), Buttertee und *chang* (vergorenes Gerstenbier).

Kulturell war Leh einst eng mit Kaschmir verbunden. Erst nach der Islamisierung Kaschmirs, ab dem 13. Jh., verlagerte sich das Zentrum buddhistischer Gelehrsamkeit von Srinagar nach Zentraltibet. Vom 15. Jh. an regierte die Namgyal-Dynastie über Ladakh. Doch 1840 eroberten es Dogras aus Jammu, und der Namgyal-König musste nach Stok umsiedeln. Die Schäden am **Königspalast** in Leh sind Zeugnisse dieser unruhigen Zeit. Auf dem Polofeld unterhalb des Palastes werden Wettkämpfe auf Zanskar-Ponies ausgetragen.

Die *Ladakh Ecological Development Group* entwickelt angepasste Technologien für die Ladakhis und betreibt ein Restaurant mit Infozentrum.

In der Stadt und ihrer näheren Umgebung existieren mehrere Klöster, *gombung*

pas genannt. Vom ★**Kloster Leh** oberhalb des Königspalastes hat man einen herrlichen Blick auf die Stadt. 9 km ostwärts Richtung Hemis liegt **Choglamsar**, ein tibetisches Flüchtlingslager mit Mönchsschule. Auf der gegenüberliegenden Flussseite lohnt ein Besuch des einfach zu erreichenden ★**Stok-Palastes ㉘** von 1814, in dem die Könige Ladakhs lebten. Fünf der mehr als achtzig Räume sind zu besichtigen; ein **Museum** stellt Ziergegenstände der königlichen Familie, Schmuck und traditionelle Kleidungsstücke aus.

Nach 6 km sieht man das Kloster ★**Shey Gompa ㉙** auf einem Felsen. Es ist bekannt wegen seines Orakels, das in Trance die Zukunft vorhersagen kann. Dieses Kloster birgt den größten Goldenen Buddha in Ladakh.

Eine große zeitgenössische Maitreya-Statue sieht man im festungsähnlichen Kloster ★**Tikse ㉚**.

Auf der südlich des Indus entlang führenden Straße erreicht man das Kloster ★**Matho ㉛** mit seinem gerne zu Rate gezogenen Orakel und einem jährlich stattfindenden Orakelfest.

Das bekannteste Kloster des Indus-Tales ist **Hemis** ㉜, das ebenfalls am Südufer des Flusses liegt und eine hochgelegene *Eremitage unterhält. Bei dem berühmten jährlichen **Hemisfest** führen die Mönche einen Maskentanz auf, der den Sieg des buddhistischen Missionars Padmasambhava über die alten Bön-Geister darstellt.

Mit einem Geländefahrzeug lassen sich von Leh aus abenteuerliche Fahrten in entlegene Gebirgsregionen unternehmen, die erst 1994 dem Tourismus (nur Gruppen ab 4 Personen; Sondergenehmigung erforderlich) geöffnet wurden: über den höchsten befahrbaren Pass **Khardung La** (5360 m) ins *Nubra-Tal ㉝; zu dem kristallklaren **Moririsee** ㉞, an dessen Ufer Changpa-Nomaden leben; oder zum einsam in 4242 m Höhe nahe der tibetischen Grenze gelegenen **Pagong-Tso-See** ㉟.

Seit Beginn der Unruhen im Kaschmir-Tal 1989 ist der **Manali-Leh Highway** für Touristen die wichtigste Verbindung nach Ladakh (Linienbusverkehr). Die beschwerliche Fahrt auf der streckenweise sehr schlechten Straße dauert 2-3 Tage und führt über sehr hohe Pässe: Rohtang La (3978 m), Baralacha La (4892 m), Lachulung La (5059 m), am höchsten ist der **Taglang La (5359 m)** – es drohen Kopfweh oder gar Höhenkrankheit. Ausgangsort ist Manali, 479 km südlich von Leh. Grandiose Gebirgspanoramen entschädigen für die Mühen der Fahrt, auf der man unterwegs in Zelten übernachtet.

Wer in Ladakh oder Zanskar Gipfel erklimmen möchte, braucht ein Permit aus Delhi. Für Trekking ist dies nicht nötig, jedoch ein langes Seil für Flussüberquerungen. Die Nächte sind kalt, die Tage heiß: warmen Schlafsack, Daunenjacke, Hut, Sonnenbrille und -creme nicht vergessen!

★★ZANSKAR

Eins der lohnendsten Ziele im Himalaya ist Zanskar mit seinen jahrhundertealten Klöstern des westtibetischen Kulturkreises. Von **Kargil** (⑱) führt eine Asphaltstraße durch das muslimische *Suru-Tal südwärts bis **Parkachik**, wo am Fuß der spektakulären Zwillingsgipfel *Nun (7135 m) und *Kun (7087 m) die nur im Sommer befahrbare teilasphaltierte Straße nach Padam beginnt.

Ab **Yüldo** bekennen sich die Gerstenbauern dieser langgezogenen Gebirgsflussoase zum Buddhismus; drei **Chörten** am Wegrand weisen darauf hin.

In **Rangdum** ㊱ dominiert ein malerisches Gelbmützenkloster aus dem 16. Jh. das Tal und die Ziegenweiden.

Über das „Tor nach Zanskar", den 4400 m hoch gelegenen *Pensi La ㊲ mit Blick auf den *Durung-Durung-Gletscher und haarsträubende Serpentinen, gelangt man ins **Doda-Tal**. Oberhalb von **Phe** ㊳ steht die 300 Jahre alte kleine Gompa **Tashi Chos Ling**. Von der Doda-Brücke lohnt ein Abstecher zur Gompa von **Dzongkul** ㊴.

Dann folgt das Kloster von *Sani ㊵ mit seiner berühmten Leichenstätte, einem **Maitreya-Relief**, dem *Kanika-Chörten* und dem heiligen See.

Padam ㊶, die „Hauptstadt" auf 3600 m Höhe, hat nur 1000 Einwohner. In jeweils halbstündigen Wanderungen sind von hier der Tempel **Pibiting-Guru** und das Kloster **Stagrimo** (30 Mönche) zu erreichen; drei Stunden wandert man auf einer Schotterstraße am Lunak-Fluss entlang zur Klosterburg *Bardan.

Aus dem 11. Jh. stammen die ältesten Fresken der mächtigen Klosterfestung **Karsha** ㊷, die das Zanskar-Tal dominiert.

Ebenfalls in Schutzlage hoch über dem Zanskar-Fluss schmiegt sich das große *Gelugpa*-Kloster **Thonde** ㊸ („Tausend Heiligtümer") an die Felsen. 15 km stromabwärts liegt **Zangla** ㊹ mit einem Nonnenkloster und einer verfallenden Königsburg in aussichtsreicher Lage; die Herrscherfamilie, die einst hier residierte, lebt heute im Dorf.

LEH (☎ 01982)

Tourist Reception Centre, 3 km südl. der Stadt an der Straße zum Flughafen, Tel./Fax 252297, Mo-Sa 10-16 Uhr. **Tourist Office**, Fort Rd., Mo-Sa 10-16 Uhr. Außerdem gibt es Karten und Broschüren am Informationsschalter am Flughafen.

TIBETISCH/CHINESISCH: **Centrepoint**, **Hill Top**, **Mona Lisa** und **La Montessori**, Main St., sehr gutes tib. und chin. Essen. **Tibetan Kitchen**, Fort Road (Tso Kar Hotel), authentische tibetische Gerichte. **Amdo Cafe**, Main Bazaar, gute chinesische Küche, besonders zu empfehlen sind die Frühlingsrollen und gebratenen Nudeln. *PIZZA:* **Mentokling Restaurant**, bei der Moravian Missionsschule, schmackhafte Holzofenpizza. German Bakery, Old Fort Road, gutes Frühstück, Kuchen, Lasagne. *INTERNATIONAL:* **La Terrasse**, Soma Gompa, gutes Frühstück und Nachspeisen, schöne Terrasse. Im **Penguin** guter Kuchen unter Aprikosenbäumen.

Stok Palace Museum, 17 km südl. von Leh, geöffnet im So 8-19 Uhr.

Handicrafts Centre, Malereien auf Papier und Stoff mit Buddha- oder Drachenmotiven. Im **Bazar** Türkise (auch gefälschte!) und viel tibetischer Silberschmuck.

Tägliche Flugverbindung mit Delhi. Die Straße Srinagar-Leh (derzeit aus Sicherheitsgründen nicht zu empfehlen ist), je nach Schneeverhältnissen, von Okt. bis Mai gesperrt, der Manali-Leh-Highway (höchster Pass 5359 m!) etwa von Okt. bis Ende Juli. Genehmigungen für Fahrten in das **Nubra Valley** erteilt das District Directorate in Leh.

SRINAGAR (☎ 0194)

HINWEIS: Vor Abreise Informationen zur aktuellen Sicherheitslage im Kaschmir-Tal und in Srinagar einholen.

Alle ausländischen Besucher des Staates J & K müssen Ankunft und Abfahrt melden – am Foreigner's Regional Registration Office am Flughafen (New Srinagar Airport; Tel. 231521-29) oder in der Stadt (im Büro des Senior Superintendent of Police, Shervani Road, Tel. 77298).

TIBETISCH / CHINESISCH: **Lhasa Restaurant**, Boulevard, mit Garten. **Alka Salka**, Residency Road. *FAST FOOD:* **Tao Café**, Residency Road. *EUROPÄISCH:* **Broad View**, New Secretariat Road. **Kwality**, Hari Singh St. *INDISCH* (Kaschmir- und Mughlai-Küche): **Mughali Darbar**, Residency Rd. **Café de Lintz**, Residency Rd., indische und chinesische Gerichte.

Sri Pratap Singh Museum, Lal Mandi, Tel. 272078, Di-So. von 10.30-16.30 Uhr im Winter, 10-16 Uhr im Sommer.

General Post Office, The Bund, Tel. 276494. **Central Telegraph Office**, Maulana Azad Road.

EINKAUFSZENTREN: Residency Rd., Bouldevard, Dal Gate, Polo View, Budshah Chowk, Lal Chowk, Maulana Azad Rd., Hari Singh St. Empfehlenswert: **Kashmir Government Arts Emporium**, Shervani Rd., Tel. 73011/12.

Baisakhi (April); *Id-ul-Milad* (Geburtstag Mohammeds); *Shab-e-Miraz*, Reliquien des Propheten werden ausgestellt; *Navreh* (März-April), der Neujahrstag der Pandits Kashmirs, und *Amarnath Yatra* (Juli bis Aug.), eine 4-tägige Pilgerwanderung zur Amarnath-Höhle, in der am Vollmondtag ein Eiszapfen als Symbol von Shiva verehrt wird. Jährliche Klosterfeste: *Hemis* (Juli) *Tikse* (Sept.), *Phiyang* (Juli), *Lamayuru* (April), *Stok* (Febr.) und *Leh* (Jan.-Febr.). In Ladakh wird auch *Losar* gefeiert.

Srinagar, Jammu und Leh werden von Delhi aus angeflogen. Die Eisenbahn endet in Jammu. Von hier führt eine Straße nach Srinagar; Busse benötigen für die Strecke (293 km) 12 Stunden.

4

Jammu und Kaschmir

HIMACHAL PRADESH

0   25   50 km

© Nelles Verlag GmbH, München

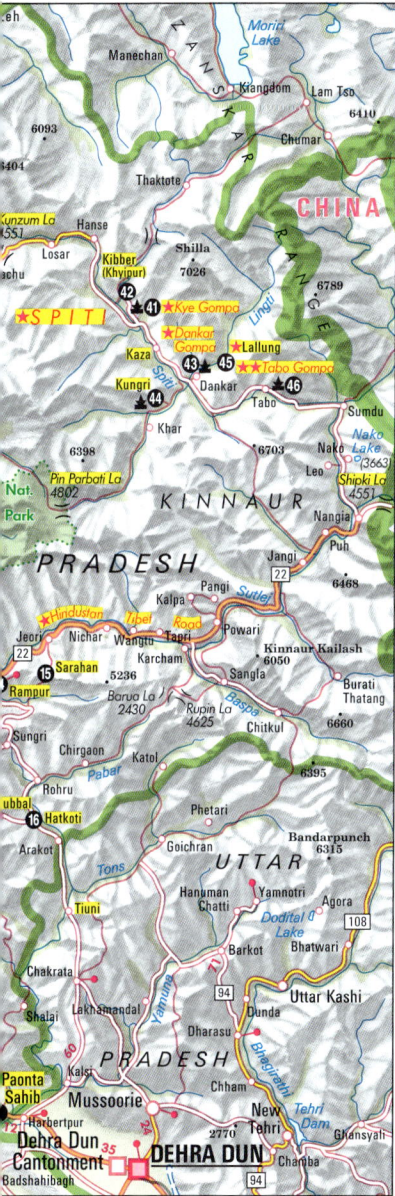

HIMACHAL PRADESH

Himachal Pradesh („Land der schneebedeckten Berge") ist ein Bundesstaat im Himalaya mit unterschiedlichen und sehr reizvollen Landschaften. Das grüne, wellige **Kangra-Tal** öffnet sich gleich unterhalb des **Dhaula Dhar**, einem von zahlreichen schneebedeckten Bergmassiven, zwischen denen sich waldreiche Täler erstrecken. Das kulturelle Leben dort ist geprägt vom Hinduismus, und die Tempel von Himachal gelten als die malerischsten Indiens. Hinter dem ∗**Rohtang-Pass** jedoch, in den hochgelegenen und kargen Tälern **Lahaul** und **Spiti**, hat sich eine buddhistische Gemeinschaft gehalten.

RICHTUNG SHIMLA

Die Straße von Kalka nach **Shimla** (88 km) führt entlang der großen indischen Wasserscheide. Das Einzugsgebiet des Indus liegt westlich, das des Ganges östlich dieser Straße. Hinter Shimla setzt sie sich als ∗**Hindustan Tibet Road** fort und steigt hinauf zum **Shipki La-Pass**, wo der Sutlej, Himachals wichtigster Fluss, eine Schlucht durch den Himalaya gräbt.

Östlich der Straße nach Shimla liegt das alte Fürstentum **Sirmur** mit der architektonisch reizvollen Hauptstadt **Nahan** ❶ (932 m) mit einem Palast und mehreren Tempeln. In **Kala Amb** ❷ (14 km) sind der **Saketi Fossilien-Park** und das **Museum** einen Besuch wert. Von Nahan 45 km in südöstlicher Richtung stößt man auf **Paonta Sahib** ❸, mit einem beeindruckenden Sikh-Heiligtum (mit kleinem **Museum** im Tempel) in schöner Lage am Ufer des Yamuna. Von dort führt eine unbefestigte Straße zur Hauptstraße zurück; dabei passiert man **Renuka** ❹, ein ehemaliges Angelrefugium der Sirmur-Herrscher. Auf dem **Renuka Lake** kann man Boot fahren und der heilige See ist religiöser Anziehungspunkt für zahlreiche Pilger. Im **Renuka Wildreservat** hat man die Chance Löwen in freier Wildbahn zu sehen. Übrigens ist diese Straße, die dicht an den höchsten Punkt des unteren Himalaya heranführt, Teil der Route der *Himalaya Car Rallye*.

Auf der Straße nach Shimla liegt **Solan ❺** (1350 m), ein Ort, der bekannt ist für seinen Whisky. In **Kandaghat** biegt eine Straße nach **Chail ❻** ab. Im **Chail Palast**, der einstigen Sommerresidenz des Maharadscha von Patiala, ist heute ein Hotel. Auf der Fahrt von Chail weiter Richtung Nordosten kommt man am **Himalayan Nature Park** mit seiner für Himachal Pradesh einzigartigen Tierwelt vorbei und gelangt schließlich über **Kufri ❼** (2500 m) mit seinen bekannten Skipisten nach Shimla.

*SHIMLA

*Shimla ❽ (2100 m), die Hauptstadt von Himachal Pradesh, war eines der elitären Zentren des „Raj". Gegründet 1820, avancierte sie 1864 zum Sommerregierungssitz des Britischen Vizekönigs. 1888 feierte man die Vollendung der heute noch imposanten **Viceregal Lodge** (im Renaissance-Stil). Unter der Regentschaft von Lord Curzon wurde die Stadt durch ihr lockeres Leben, Intrigen und koloniales Machtgehabe bekannt; die einzigen Inder, die die Hauptstraße **The Mall** damals betreten durften, waren die Rikschafahrer.

Das britisch geprägte Stadtbild ist nahezu unverändert erhalten geblieben; in der neugotischen **Christ Church** von 1857 finden sonntags noch englische Gottesdienste statt. Wie in Kiplings Zeiten sind die Häuser am Berghang übereinander gebaut. Das **Gaiety Theatre** blieb als Denkmal eines „goldenen Zeitalters" erhalten. Im Norden Shimlas lohnt sich ein Ausflug durch fantastische Landschaft mit tief eingeschnittenen Tälern. In **Mashobra ❾** (2149 m) bieten sich schöne Spazierwe-

Rechts: Terrassenfelder in Himachal Pradesh.

ge und Picknickplätze. **Naldehra ❿** (2050 m) ist besonders für seinen Golfplatz bekannt, er ist der älteste und höchstgelegene der Welt. Nach 56 km (von Shimla) erreicht man **Tatapani ⓫** (656 m) mit heißen Schwefelquellen und schönen Wandermöglichkeiten.

Die Hauptstraße ins Kangra- und Kullu-Tal verläuft in westlicher Richtung von Shimla; für Geländefahrzeuge bietet sich nun als Alternative eine Straße nordwärts über den **Jalori-Pass** an.

Von **Narkanda ⓬** (2700 m) hat man einen herrlichen Blick auf die schneebedeckten Gipfel des **Kinnar Kailash**. Einige Spazierwege führen über die Berghänge von **Hathu**, die im Winter ein beliebtes Skigebiet sind. Hinter dem Ort fällt die Straße schließlich steil ab zum Sutlej; nach Norden über den Fluss führt die Piste über den Jalori-Pass ins Kullu-Tal. Ostwärts erreicht man **Kotgarh ⓭**, das Zentrum von Himachals Apfelanbaugebiet. Die Straße führt weiter nach **Rampur ⓮** (76 km von Narkanda), der Hauptstadt des berühmten alten Bergstaates **Rampur-Bushehr**, mit dem **Padam-Palast** umgeben von schönen Gärten. Einer der Höhepunkte des Gebietes ist der Tempel **Bhimkali** in **Sarahan ⓯**.

Mit Sondergenehmigung (*Permit*) vom HP Tourist Office kann man weiter talaufwärts fahren und durch den landschaftlich und kulturell reizvollen buddhistischen Gebirgsdistrikt **Kinnaur** in das Tal von Spiti reisen.

Auf dem Rückweg von Sarahan nach Shimla führt in **Theog** eine Straße Richtung **Tiuni** in Uttar Pradesh. Sie führt an **Jubbal**, der ehemaligen Hauptstadt, und an **Hathkoti ⓰** (104 km von Shimla) am forellenreichen Fluss **Pabbar** vorbei. Hathkoti ist ein wichtiger Pilgerort für Verehrer der Muttergöttin.

Verlässt man Shimla in westlicher Richtung, trifft man auf **Arki ⓱**, ebenfalls eine alte Hauptstadt mit Festungsanlage. Auf der Hauptstraße gelangt man weiter nach **Bilaspur ⓲**. Diese moderne Stadt liegt flussaufwärts an In-

diens großem Prestigewasserkraftwerk, dem **Bhakra Dam**. Bei sinkendem Wasserspiegel tauchen alte Tempel aus den Fluten wieder auf.

KANGRA-TAL

Hinter Bilaspur zweigt eine Straße Richtung Westen ab, die ins **Kangra-Tal**, einem der schönsten Täler des Himalaya führt. Hier entstand unter Raja Sansar Chand (1775-1823) der Pahari-Stil – eine berühmte Stilrichtung in der Miniaturmalerei. Vorbei am Waldgebiet von **Nadaun** ⓳, eine der ehemaligen Residenzen von Sansar Chand, steht 27 km vor Kangra der Tempel von **Jwalamukhi** ⓴, „Zunge der Göttin". Den Namen verdankt er einer Erdgasflamme, die in den Bergen flackert.

Die Altstadt von **Kangra** ㉑ wurde 1905 durch ein Erdbeben zerstört, doch zeugen die Ruinen des **Forts** noch immer von der geschichtlichen Bedeutung dieser Stadt. Der Reichtum der Tempel Kangras war legendär.

Kommt man über Pathankot ins Kangra-Tal, erreicht man zuerst die Stadt **Nurpur** ㉒, die 1622 nach der Mogul-Kaiserin Nur Jahan benannt wurde. Eine nur saisonal befahrbare Straße führt direkt von Nurpur nordwärts nach Dalhousie (80 km), doch es ist viel sicherer, die westlich parallel verlaufende Straße, die vor Nurpur bereits in Chakki nach Norden abzweigt, zu nehmen.

Der Sommerferienort **Dalhousie** ㉓ (2036 m) mit seinen alten **Kolonialzeit-hotels** – die Briten kamen um 1900 zur Erholung hierher – bildet einen interessanten Kontrast zu Chamba, das weiter östlich im Gebirge liegt. **Chamba** ㉔ war die Hauptstadt eines Bergfürstentums, in dem sich eine eigenständige Kultur mit bemerkenswerten **Tempeln** entwickelte. Die dortigen Hirten (*Gaddis*) stammen aus **Brahmaur** ㉕, einem Gebiet, das zum Trekking geradezu einlädt. Der Fußweg über den **Dhaula Dhar** nach Dharamsala dauert eine Woche, mit dem Auto braucht man einen (sehr langen) Tag. 35 km von Brahmaur entfernt liegt der heilige See von **Manimahesh** ㉖ (3950 m).

Dharamsala ㉗ (1250 m), an den südlichen Hängen des Dhaula Dhar, hat

außer dem **Kotwali Bazar** und einem **Kunstmuseum** nicht viel zu bieten. International bekannt wurde der Ort, seit der Dalai Lama 1960 diese Gegend als Exil gewählt hat. Die tibetische Enklave liegt 550 m höher als Dharamsala im nahen **McLeodganj** ㉘. Noch vor der Ortseinfahrt stößt man auf Überreste der ehemaligen Hill Station, den idyllischen **Friedhof** und die **Kirche vom Heiligen Johannes in der Wildnis**. Auf dem Friedhof ist Lord Elgin begraben, der hier 1863 starb. Der Charakter von McLeodganj ist heute tibetisch; viele Europäer kommen hierher, die am Buddhismus Interesse haben. Es gibt Meditationskurse sowie eine gute Bibliothek.

Setzt man die Fahrt durch das Kangra-Tal fort, gelangt man zu den Teeplantagen von **Palampur** ㉙. In **Baijnath** ㉚ (16 km weiter) steht ein alter **Shiva-Tempel**, der schon 804 n.

Oben: Von den schönen Holzbalkonen in Naggar hat man einen herrlichen Blick auf das Kullu-Tal. Rechts: Mönche im Kloster Dhankar beim Textstudium.

Chr. errichtet wurde. In **Jogindernagar** endet die Bahnlinie. In **Mandi** ㉛ (150 km von Pathankot) befinden sich einige sehenswerte **Tempel**, und der **Palast** im Stadtzentrum lässt die einstige Bedeutung Mandis erahnen. 24 km südwestlich der Stadt liegt der See von **Rewalsar** ㉜, der tibetischen Buddhisten heilig ist – Padmasambhava bestand hier seine Feuerprobe.

*KULLU-TAL

Das Kullu-Tal beginnt bei der **Larji-Schlucht** und öffnet sich bei **Bajaura** ㉝ (15 km südl. v. Kullu). Hier steht der größte **Steintempel** im Kullu-Tal (8. Jh.), zu erreichen über einen 200 m langen Pfad von der Hauptstraße aus. Biegt man in Bajaura nach Nordosten ab, kommt man nach 45 km Fahrt durch das *Parvati-Tal nach **Manikaran** ㉞ (1737 m), zu dessen **heißen Quellen** viele Sikhs pilgern. Von hier führt ein Pfad zum **Pin Parvati-Pass** (4802 m).

Im faszinierenden Dorf **Malana** ㉟ (2652 m), das man von **Jari** (zwischen Bajaura und Manikaran) zu Fuß in ei-

nem Tag erreichen kann, soll noch das Matriarchat herrschen (und besonders reines Haschisch produziert werden).

Südöstlich des Parvati-Tals erstreckt sich der **Great Himalayan National Park** ㊱. Mehrtägige Trekkingtouren führen durch alle Höhenstufen von der subtropischen bis zur alpinen Zone. Ein **Parkeingang**, in dem u. a. Moschushirsche, Bären, Leoparden und über 180 Vogelarten leben, befindet sich auf der Südwestseite in **Gushaini**, erreichbar über eine 28 km lange Straße von **Aut**.

Wieder zurück auf der Hauptstraße folgt nördlich von Bajaura die Stadt **Kullu** ㊲ (1200 m) am Zusammenfluss von Sarvari und Beas. Im Herbst findet hier das vielbesuchte *Dussehra*-Fest statt, bei dem die Masken aller Gottheiten des Tales auf Sänften nach Kullu getragen werden. Von **Katrain** windet sich eine Straße hoch zum **Naggar Castle** ㊳, das heute als Hotel dient; es bietet einen herrlichen Blick über das Tal. Bleibt man auf der Straße östlich des Flusses, passiert man auf dem Weg nach Manali **Jagat Sukh** ㊴ mit einem sehenswerten alten **Holztempel**.

Manali ㊵ (2050 m) ist ein bei Indern, Tibetern, Hippies und Bergsteigern beliebter Ferienort – als Honeymoon-Ziel, zum Relaxen, als Ausgangsbasis für Trekking und Rafting. Die Straße folgt ab hier dem Fluss **Beas** und windet sich dann zum **Rohtang-Pass** hinauf (3978 m).

*LAHAUL UND *SPITI

Nun verlässt man das grüne Kullu-Tal und gelangt nach *Lahaul und *Spiti, wo die Frauen noch lange schwarze Überröcke mit silbernen Paspeln und bunte Seidenwesten tragen. In dieser dünnbesiedelten Gegend verehren die Bewohner überwiegend tibetisch-buddhistische Gottheiten. Lahaul und Spiti sind, sobald der erste Schnee auf dem Rohtang-Pass fällt (meist Ende Oktober), für 7 Monate von der Welt abgeschnitten; erst im Juni des folgenden Jahres sind die Täler wieder zugänglich.

Von **Gramphu** führt eine Straße ostwärts über den 4551 m hohen **Kunzom-Pass** nach *Spiti, das wie Lahaul erst

2002 dem Tourismus geöffnet wurde und nun bis auf einen kleinen Abschnitt an der tibetischen Grenze ohne Sondergenehmigung bereist werden kann. In dieser durchschnittlich fast 4000 m hoch gelegenen kargen und relativ trockenen Region, in der wegen ihres rauen Klimas nur wenige Menschen leben, gibt es einige sehenswerte lamaistische Klöster, wie das nahe dem Verwaltungssitz **Kaza** (3640 m) malerisch auf einem Hügel gelegene ***Kloster Ki ⓐ**, in dem etwa 200 Mönche leben. Das schöne Dorf **Kibber ⓑ** (4205 m) galt lange als höchstes Dorf der Erde. Es ist über eine asphaltierte Straße zu erreichen; in der Umgebung kann man heute noch Fossilien finden.

Das Kloster ***Dhankar Gompa ⓒ** liegt beindruckend auf einer Bergspitze über dem Zusammenfluss von Spiti- und Pin-Fluss. Eine einstündige Wanderung führt zu einem kleinen See oberhalb des Klosters. Das **Pin-Tal** ist zu einem großen Teil Naturschutzgebiet, in

Oben: In der Abgeschiedenheit des Klosters Ki (Spiti) leben etwa 200 Mönche.

Kungri ⓓ befindet sich das größte **Kloster** des Nyingmapa-Ordens. Sehenswert sind hier vor allem die alten Tempel.

In dem hoch über dem **Lingti-Tal** gelegenen Dorf ***Lallung ⓔ** steht ein wegen seiner Stuckfiguren und Wandbemalung besonders sehenswerter buddhistischer **Tempel** aus dem 11. Jh.

Das schönste Kloster ist ****Tabo Gompa ⓕ**, dessen über 1000 Jahre alter Haupttempel ein Kleinod der buddhistischen Kunst des Himalaya darstellt. Von Tabo führt eine (oft wegen Erdrutschen gesperrte) Straße weiter nach Kinnaur in den Süden.

Distrikthauptstadt von ***Lahaul** ist die an der Hauptstraße Richtung Westen malerisch in 3350 m Höhe gelegene Ortschaft **Keylong ⓖ**, zu der in den Sommermonaten eine Busverbindung mit Manali besteht. In naher Umgebung stehen die buddhistischen Klöster **Karding** und **Sashur-Gompa**. In **Darcha ⓗ**, weiter nördlich, beginnen Trekkingtouren über den Shingo La (5090 m) nach Zanskar. Wichtigster Fluss von Lahaul ist der nach Jammu und schließlich in den Indus fließende Chenab, dessen zwei Quellflüsse **Chandra** und **Bhaga** hier zusammenfließen. Sie entspringen nahe dem 4883 m hohen **Baralacha-Pass ⓘ**, über den man im Norden von Lahaul ebenfalls nach Spiti gelangen oder die Reise auf dem **Manali-Leh Highway** nach Ladakh fortsetzen kann.

Von Keylong aus führt eine passable Straße durch das wunderschöne ***Chenab-Tal** nach **Udaipur ⓙ**, dessen prachtvoll geschnitzter ***Mrikula-Devi-Tempel** zu Recht berühmt ist. Oberhalb von Udaipur liegt der auf einer guten Straße erreichbare Pilgerort **Trilokanath**, der Hindus und Buddhisten gleichermaßen heilig ist. Von dort aus kann man eine schöne Wanderung hinunter nach Udaipur unternehmen. Von Udaipur aus kann man auf einem schmalen Weg ins **Pangi-Tal** und weiter bis nach **Kishtwar** wandern.

Wichtigstes Fest ist das *Kulu Dussehra*. In Palampur wird ein besonders farbenprächtiges Fest gefeiert (März/April). Das Tibetan Inst. of Performing Arts organisiert jährlich ein 10-tägiges Fest 1 km von McLeodganj entfernt.

Blumengeschenke – ausschließlich von Frauen und Kindern – werden bei der *Suhi Mela* in Chamba gemacht. Dieser Bezirk ist auch für sein *Minjar*-Fest im Juli/August bekannt.

Im Mai wird in den Zedernwäldern von Deongri (1,5 km von Manali) ein 3-Tages-Fest zu Ehren der Göttin Hadima gefeiert.

Eine Art Karneval findet vom 10. bis 14. Februar statt. Einzigartig sind die 7-tägigen Feierlichkeiten *Shivaratri Mela* im März.

SHIMLA (☎ 0177)

Himachal Pradesh Tourism Development Corporation. Büros in Shimla Ritz Annexe, Tel. 277646 und The Mall, Tel. 2258302. Panchayat Bhawan, Cart Road, Tel. 4589.

Fascination, Eastern Mall, indische u. chinesische Küche.
Indian Coffee House, The Mall, intern. u. südindische Snacks, exzellenter Kaffee.
Himani's, The Mall, gute südindische Snacks.
Nalini, The Mall, vegetarisch.

Himachal State Museum, Nähe Chaura Maidan, Di-So 10-13.30 Uhr u. 14-17 Uhr.

Einkaufsgegenden: The Mall, Lower Basar, Lakkar Basar.

Shimla und Kulu erreicht man auch mit dem Flugzeug. Die Eisenbahn fährt bis Chandigarh, Jogindernagar (in Pathankot umsteigen in eine Schmalspurbahn) und Shimla, von wo man in Kleinbussen, Autobussen oder Taxis weiterfährt.

KULLU (☎ 01902)

Der illegale **Drogenhandel** im Kullu- und Parvati-Tal zieht zwielichtige Gestalten an; etliche Ausländer sind hier bereits verschwunden bzw. ermordet worden!

HPTDC Tourist Office, am Dhalpur Maidan, Tel. 222349, tgl. 9-19 Uhr im Sommer, 10-18 Uhr im Winter geöffnet.

Hotstuff, bei der Touristeninformation, Fast Food mit Pizza u. a., nebenan das **Café Monal**. Gute Restaurants: im **Hotel Shobla**; **Shabnam** im Vaishali Hotel.

Akhaara Basar; Weber-Siedlung in Bhutli (6 km).

MANALI (☎ 01902)

Drogendelikte werden von der Polizei unnachgiebig geahndet.

Tourist Information, b. Hotel Kunzan. Tel. 253531. **Himalayan Mountaineering Institute**, Tel. 252342.

German Bakery, Mission Rd, Kaffee und Kuchen.
Mayur, Mission Road, eines der beliebtesten Restaurants am Ort.
Chopsticks, The Mall, tibetische Küche.
Phuntsok Coffee House, an der Abzweigung nach Vashisht, Frühstück, Snacks und tibetisches Essen am Ufer des Beas.

Roerich Art Gallery, Naggar (78 km von Kulu). Di-So 9-18 Uhr im Sommer, 10-17 Uhr im Winter.

Main Post Office, Model Town, Mo-Sa 9-17 Uhr.

Hauptmarkt, tibet. Basar, tibet. Teppich-Zentrum.

DHARAMSALA (MCLEODGANJ) (☎ 01892)

HPTDC's Tourist Information Office, Kotwali Bazaar, Tel. 223163.

In McLeodganj: **Snow Lion**, Jogibara Rd., beste tibetische Küche. **Ashoka**, Jogibara Rd., gutes Frühstück und die besten indischen Gerichte in der Stadt.

Kotwali Bazaar (in Dharamsala) und Läden in McLeodganj.

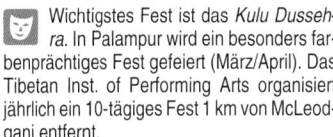

UTTARAKHAND

Die nördlichen Gebirgsprovinzen von Uttar Pradesh bildeten im November 2000 den 27. Staat Indiens: **Uttaranchal**, 2007 umbenannt in **Uttarakhand**. Die dortigen Regionen Garhwal und Kumaon gelten als die schönsten Himalayalandschaften Indiens. Da die Vorberge stärker abgeholzt wurden als die von Kaschmir oder Himachal, bieten sie zwar weniger üppige Waldlandschaft, entschädigen aber mit großartigen Aussichten auf schneebedeckte Berggipfel.

GARHWAL

Größere Nadel- und Rhododendron-Wälder existieren noch nahe dem ehemaligen Erholungsort der Briten, **Chakrata** ❶ (2118 m ü. M.). Er gehört zum Gebiet Jaunsar-Bhabar an der Grenze zu Himachal, einer wenig entwickelten Gegend, in der noch viele traditionelle Jaunsari-Dörfer erhalten sind.

Im Tempel von **Lakhamandal** ❷ (65 km nördlich von Mussoorie) findet man bemerkenswerte **Skulpturen** von Arjuna und Bhima aus dem 4. Jh. n. Chr. Weiter südlich, im Yamuna-Tal, stößt man in **Kalsi** ❸ auf ein **Edikt Ashokas**, das in einen Felsen eingraviert ist; der Kaiser forderte hier seine Untertanen zur Gewaltlosigkeit auf.

Zwischen der Yamuna und dem Ganges liegt das fruchtbare **Doon-Valley** mit seinen Basmatireisfeldern. Oberhalb von Uttarakhands Hauptstadt **Dehra Dun** liegt der Erholungsort **Mussoorie** ❹ (2005 m), mit reizvollen Spazierwegen, Flaniermeile (**The Mall**), **Seilbahn** auf den **Gun Hill** und ★**Himalayablick**.

Vier spirituelle Quellen

Die Yamuna gehört zum Tons-Flusssystem, dessen Quellen weit nördlich im **Har-ki-Dun** (3560 m) liegen. Diese herrliche unberührte, von Gletscher-

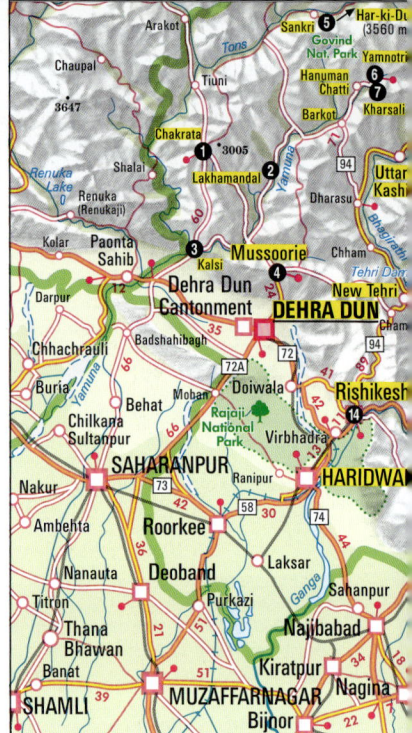

flüsschen durchzogene Landschaft, wo der Hindu-Mythologie zufolge die Helden der alten Epen in den Himmel aufgestiegen sind, ist als **Govind Wildreservat und Nationalpark** ❺ unter Schutz gestellt. Von **Sankri** aus kann man dort Trekkingtouren unternehmen.

Die **Quelle der Yamuna** entspringt in der Nähe von **Yamnotri** ❻ (4421 m) neben einem Heiligtum, dem ersten der **Char Dham**, der vier Heiligtümer von Uttarakhand, die jeder Hindu einmal im Leben aufsucht – die spirituellen Quellen der vier heiligen Flüsse der Hindus. Obwohl eine Straße direkt nach Yamnotri führt, beginnen die meisten Pilger ihren Weg am Ganges: in dem viel weiter südlich gelegenen Ort **Rishikesh** (⓮) oder in der heiligen Vishnu-Pil-

gerstadt **Haridwar** (s. S. 233). Auf den letzten 14 km, ab **Hanuman Chatti**, führt eine leicht ansteigende Straße durch dichten Wald und entlang einer beeindruckenden Schlucht zu den Quellen (3185 m). In diesen heißen Quellen kocht man traditionell Reis und Kartoffeln.

Kehrt man zur Straße zurück, kann man vorher das Flüsschen nach **Kharsali** ❼ überqueren, um einen Blick auf die beiden pagodenähnlichen **Tempel** zu werfen, die sich gegen den Gipfel des **Bandar Punch** (6315 m) in einer eindrucksvollen Silhouette abheben.

Fährt man von **Barkot** (etwas südlich von Yamnotri) über **Uttarkashi**, kann man das zweite Heiligtum, den **Gango-tri-Tempel** ❽, der inmitten eines Ze-

dernwaldes über der Schlucht des **Ganges-Quellflusses Bhagirathi** liegt, an einem Tag erreichen (229 km). Von dort führt die Straße zurück nach Uttarkashi und weiter nach **New Tehri**.

Östlich von Tehri muss man sich zwischen zwei Straßen, die beide nach **Kedarnath** zum dritten Heiligtum von Uttarakhand führen, entscheiden (gleiche Entfernung). Die schmale, nördlichere Straße über **Chirbatiya** ist schöner, die Fahrt über **Srinagar** bequemer. Wer sich für die schönere Strecke entscheidet, kann zudem in **Ghansyali** Richtung **Ghuttu** ❾ fahren, dem Ausgangspunkt für Trekkingtouren zu den Seen von **Sahastra Tal**; ein anderer Pfad folgt dem **Khatling-Gletscher** und führt via **Masar Tal** nach Kedarnath.

Die Teerstraße Richtung Kedarnath endet in **Gauri Kund** ❿, einem Ort mit **heißen Quellen**. Von hier aus wandern Pilger 14 km zum dritten Heiligtum, dem von **Kedarnath** ⓫, nahe der **Quelle des Mandakini**. Dieser Tempel liegt in 3484 Meter Höhe vor einer überwältigenden Himalaya-Kulisse.

Das heiligste der vier *Char Dham* befindet sich in **Badrinath**, 243 km östlich von Kedarnath. Auf dem Weg dorthin ist die Straße von **Gupt Kashi** (südlich von Kedarnath) über **Ukhimath** bis nach **Gopeshwar** eine der schönsten Strecken in Uttarakhand. Vom höchsten Punkt dieser Straße, **Chopta** ⓬, liegt der **Tempel von Tunganath** (3680 m) nur 3 km entfernt. Von hier bietet sich ein schöner Blick auf den Siebentausender **Nanda Devi**.

In **Gopeshwar** ⓭ befindet sich ein berühmter Tempel mit großem Dreizack. Im Nachbarort **Chamoli** trifft man auf die direkte Pilgerstraße von Rishikesh nach Badrinath; sie ist jedoch von Mai bis November mit Bussen und Pilgern verstopft, da der Tempel nur in diesem Zeitraum besucht werden kann.

Rishikesh ⓮, ein ruhiger, besinnlicher Ort umgeben von Hügeln am Ufer des **Ganges** ist perfekt geeignet für Meditation und Entspannung. Der ehemalige Rajapalast in **Narendra Nagar** beherbergt heute das luxuriöse Wellnesshotel **Ananda**.

Fährt man entlang des Flusses **Alaknada** nach Osten, kommt man an fünf *prayags* vorbei, Stellen, wo Flüsse zusammentreffen. Der erste *prayag* ist bei **Devaprayag** ⓯ (70 km von Rishikesh). Hier heißt der Fluss erstmals Ganges. Nach weiteren 35 km stößt man auf die alte Hauptstadt von Garhwal, **Srinagar** ⓰, die nach mehreren Flutkatastrophen ihre einstige Schönheit verloren hat. 34 km von Srinagar liegt **Rudraprayag** ⓱, wo eine Straße nach Kedarnath abzweigt. Vier Kilometer vor diese

ser Kreuzung steht ein Wegweiser zu der Stelle, wo Jim Corbett einen menschenfressenden Leoparden erschoss, der 300 Menschen getötet haben soll.

Die grünliche Mandakini fließt in Rudraprayag mit der eisgrauen Alaknanda zusammen, die von Kedarnath kommt. Der nächste *prayag* ist bei **Karnaprayag** ⓲ (31 km), wo der Pindar mit dem Hauptfluss zusammenfließt. In **Nanda Prayag** ⓳ (22 km) ergießt sich tosend der Sturzbach Mandakini von den Hängen des **Nanda Ghunti** und **Trisul**. Eine Trekkingtour zu dem Basislager für diese Berge entlang dem Mandakini-Tal dauert 10 Tage. Diesen Weg kreuzt ein schöner Wanderweg von **Gwaldam** (㉖) nach **Tapovan** (㉒), früher **Curzon Trail** genannt, da der britische Vizekönig gern diesen Weg ging.

Wer durch das Alaknanda-Tal wandert, vorbei am **Birehi Ganges**, sieht eine von Naturkatastrophen gezeichnete Landschaft: In den durch Erdrutsche entstandenen Staubecken bildeten sich Seen, deren Wassermassen nach mehrmaligen Dammbrüchen immer wieder die Täler verwüsteten. **Joshimath** ⓴ (40 km) ist keine reizvolle Stadt, aber gute Ausgangsbasis für Trekkingtouren in die Umgebung, zu den *buggials*, den Bergwiesen, die zu den großartigsten Attraktionen des Himalaya gehören.

Skifahrer kommen an **Auli** ㉑, in Sichtweite des **Nanda Devi** (7817 m), kaum vorbei. Nirgendwo sonst im Himalaya liegen Berggipfel und Zivilisationskomfort so nahe beieinander. Südöstlich von Joshimath befinden sich die heißen Quellen von **Tapovan** ㉒, noch etwas weiter östlich steht im Dorf **Lata** ㉓, das mit dem Bus erreicht werden kann, der **Tempel von Nanda Devi**.

In **Vishnuprayag** wechselt die Hauptstraße nach Badrinath auf die andere Seite der Alaknanda, und man erreicht nach 18 km **Govindghat**. Von hier führt ein 13 km langer, gut markierter Pfad entlang der schönen Schlucht des **Lakshman Ganges** nach **Ganghariya** ㉔ (Übernachtungsmöglichkeit).

Nach weiteren 4 km erreicht man den **Valley of Flowers Nationalpark**. Zwischen Mitte Juni und Mitte September erblüht hier auf den Wiesen eine unglaubliche Vielfalt an Wildblumenarten vor der erhabenen Bergkulisse. Interessant ist auch die Wanderung von Gangharia zum **Lokpal-See** (4329 m) mit dem Sikh-Heiligtum **Hemkund**.

Badrinath ㉕, das heiligste der vier *Char Dham*, liegt im Tal von Mana. Sein kleiner Tempel ist – da jeder Hindu in seinem Leben einmal hierher zur **Alaknanda-Quelle** gepilgert sein möchte – ständig voller Menschen; darüber hinaus machen die heißen Quellen, ein Basar für Devotionalien und der atemberaubende Gipfel des **Nilkanth** (7068 m) Badrinath zu einer Attraktion.

Garhwal wird auch das Land der Götter, *Dev Bhumi*, genannt, denn mit einer Ausnahme entspringen alle Nebenflüsse des Ganges hier. Nur der Pindar hat seine Quelle in Kumaon. Folgt man seinem Flusslauf von Karnaprayag bis **Gwaldam** ㉖ auf eine Höhe von 1829 Metern, so hat man einen ausgezeichneten Blick auf den **Trisul** (7127 m).

KUMAON

Vergleicht man die Berglandschaft von **Kumaon** mit der Garhwals, so fallen sofort die fruchtbareren Täler auf. Die Straße windet sich durch Pinienwälder (Harzgewinnung) nach **Baijnath** ㉗, einer ehemaligen Hauptstadt mit Tempeln, die schönste indische Kunst bergen. Das breite Tal führt in südöstlicher Richtung nach **Bageshwar** ㉘, das einst für sein Fest der Wintersonnenwende bekannt war. Von hier werden Trekkingtouren zum **Pindari-Gletscher** (s. S. 223) organisiert. Indische Pilger besuchen das ganze Jahr den Shiva geweihten **Bagnath Tempel**. Hinter Bageshwar geht eine Straße nach **Chaukori** ㉙ (46 km), früher Teeplantage und heute Touristenunterkunft; im Winter fasziniert der Blick auf die schneebedeckten Berge.

Pithoragarh

Setzt man seine Reise auf dieser Straße fort, erreicht man nach 58 km **Pithoragarh** ㉚, ein wegen seines schönen

Rundblicks gern besuchter Ort, der mit Hilfe seines 1994 eingerichteten Flugplatzes (Air-Taxi-Service nach Delhi und Lucknow) zu einem Touristenzentrum ausgebaut werden soll. Der Pilgerweg zum Kailash und Manasarovar in Tibet beginnt zwar hier, ist aber ausschließlich Indern vorbehalten.

Almora

Auf dem Weg in die Hauptstadt des Kumaon-Gebiets, Almora, kommt man an **Jageshwar** ③ mit sehenswerten Tempeln in einem herrlichen Zedernwald vorbei. **Almora** ③ (1646 m) ist ein schönes Städtchen mit einer für diese Region typischen Architektur. Von Garhwal führen drei Wege nach Almora. Eine Straße kommt von **Ranikhet** aus über **Adbadri** ③, einer alten Hauptstadt mit mehreren Tempelanlagen, die andere führt durch **Kausani** ③, einem Erholungsort, der durch einen Aufenthalt Mahatma Gandhis bekannt wurde.

Oben: Eine Tigerin im Corbett National Park.

Die dritte Strecke verläuft durch **Binsar** ③, wo man ein 300 km breites Himalaya-Panorama genießen kann. All diese Straßen sind auch im Winter geöffnet, doch die schönste Zeit für einen Besuch im Kumaon ist der März, wenn der Rhododendron blüht.

43 km westlich von Almora liegt das Erholungsgebiet von **Ranikhet** ③. Ein anderer Erholungsort liegt 60 km im Süden, **Nainital** ③, das um einen vielbefahrenen See herum gebaut worden ist. Einige Wanderwege führen durch den dichten Wald rund um den **Cheena Peak** (2611 m). Östlich von Nainital liegen weitere, tiefergelegene Seen, der **Bhim Tal**, **Sat Tal** und **Naukuchia Tal**. Vom **Mukteshwar** (2438 m) bietet sich ein schöner Blick.

Landschaftlich beeindruckend ist die Fahrt von Ranikhet zum ★**Corbett National Park** ③ (70 km). Von hier aus sieht man einen der schönsten Himalaya-Gipfel, den **Changabang** (6864 m). Auf dieser Straße werden die Pinienwälder von Teakwäldern abgelöst, in denen Jim Corbett einst menschenfressende Raubkatzen erlegte.

ALMORA (☎ 05962)

Uttaranchal Tourism Office, in der Nähe des Savoy Hotel, Tel. 230180. **Discover Himalaya**, Main Rd., Tel. 236890, **High Adventure**, Main Rd., Tel. 232277, für Touren in der Umgebung oder zum Pindari Gletscher.

Soni Restaurant, The Mall, vegetarische und nichtvegetarische Gerichte, beliebt.

MUSSOORIE (☎ 0135)

Garhwal Mandal Vikas Nigam (GMVN), Library Bus Stand, Tel. 2632984. **Mountaineering & Trekking Division**, Yatra Office, GMVN Ltd., Muni-ki-Reti, Rishikesh, Tel. 230372.

Nag Panchmi im Nag Mandir (Juli/ Aug.), *Janmashtami Fair* (Aug./Sept.), Herbstfest an *Dussehra* (Sept./Okt.).

General Post Office, Kulri Bazaar, Tel. 2802

Wollkleidung und Korbwaren. Einkaufsstraßen Library, Kulri und Landour Bazaars.

Dehradun's Jolly Grant Airport (60 km von Mussoorie) ist der Flughafen für Flugverbindungen mit Delhi. Der nächste Bahnhof ist Dehradun (35 km).

TREKKING ist während des Monsuns riskant. Nicht alle Gebiete an der sog. Inner Line entlang der Grenze sind für Ausländer offen. 1993 wurde die Genehmigungspflicht weitgehend aufgehoben, so dass jetzt viele begehrte Routen, wie etwa in das Nanda Devi Sanctuary, das Niti-Tal, zum Milam-Gletscher und die Wanderung von Gangotri nach Badrinath über den Kalindi Khal-Pass offen sind. Geschlossen sind noch immer das Kuti-Tal und Garbyang auf der Pilgerroute nach Tibet. Informationen bei **Indian Mountaineering Foundation**, Benito Juarez Road, New Delhi (Tel. 2671211); oder **Garhwal Mandal Vikas Nigam**, 74/1 Rajpur Road, Dehradun (Tel. 226817).

NAINITAL (☎ 05942)

Parvat Tours & Tourist Information Centre, Tallital, Tel. 2656. Das **Haupt-KMVN-Büro** befindet sich im Old Secretariat Building, Tel. 2509, 2543. **Nainital Mountaineering Club** (für Treks), CRST Inter College Building.

New Capri Restaurant, The Mall, Tel. 2690. **Embassy Restaurant**, The Mall, Tel. 2597. **Kwality**, The Mall, Tel. 2506.

Main Post Telegraph Office, Mallital, Tel. 2599; Tallital, Tel. 2704.

Mitte Januar wird das *Uttaraini*-Fest gefeiert, vor der Ernte im Herbst *Hariyala* (Juli/August). Wichtigstes Fest ist das *Nanda Devi Fair*, die zu Ehren der Göttinnen Nanda und Suanda gefeiert werden (Aug./Sept.).

Der nächste Flughafen ist Pantnagar (72 km, Bustransfer 2,5 Std.). In Nainital gibt es Busse, Taxis und Rikschas (in der Touristensaison ist nach 17 Uhr The Mall für den Verkehr gesperrt).

In Pithoragarh nahe der Grenze zu Nepal gibt es einen Flugplatz für Air-Taxis, der den östlichen Kumaon mit Delhi und Lucknow verbindet.

RISHIKESH (☎ 0135)

Uttaranchal Tourist Office, Railway Station Road, Tel. 2430209, Mo-Sa 10-17 Uhr.

Shanti Cafe, Lakshman Jhula Rd., beim Taxi-Stand, sehr gutes italienisches Essen. **New Bhandari Swiss Cottage**, High Bank, Gebäck, Kuchen und im eigenen Holzofen gebackenes Brot. **Neelam Restaurant**, Nähe Haridwar Rd., italienisch, indisch.

Trekking- und Rafting Touren bei: **Red Chilli Adventure**, Lakshman Jhula Rd., Tel. 2434021. **Garhwal Himalayan Explorations**, Kailash Gate, Tel. 2433478, organisiert außerdem das Ganga Nature Camp am Ufer des Ganges (11 km flussaufwärts) zwischen Sept. und Juni.

1 Chhattisgarh 4 Sikkim
2 Jharkhand   5 Assam
3 West Bengal   6 Meghalaya

LAND DER WEISEN UND DICHTER

**BIHAR
JHARKHAND
CALCUTTA
WESTBENGALEN**

BIHAR

Im November 2000 ist aus dem südlichen Bihar Indiens 28. Bundesstaat hervorgegangen: das rohstoffreiche Jharkhand. Bihar und Jharkand bieten eine Vielfalt von Sehenswürdigkeiten, doch nur wenig Touristenunterkünfte. (Die Kilometerangaben in Klammern beziehen sich auf Patna.)

In den beiden Staaten befinden sich die erste Ansiedlung der Ganges-Ebene, die älteste Fernstraße der Welt, das Herzland des ersten indischen Reiches und der zweiten Siedlungswelle auf dem Subkontinent, ein prächtiges Himalaya-Panorama, der älteste Höhlentempel, das größte Festival der Welt und Wasserlöcher, an denen Tiger ihren Durst löschen.

Die Menschen, die vor 3000 Jahren in Bihar lebten, benutzten Kupferwerkzeuge. Aus den Minen von **Singhbhum** schafften sie das Kupfer auf einer 500 km langen Straße an die Orte, wo es verarbeitet wurde; bedenkt man ihre Länge, so kann man sie als die älteste Fernstraße der Welt bezeichnen. Kaiser Chandragupta Maurya baute diese **Grand Trunk Road** im 4. Jh. v. Chr.

nach Taxila (im heutigen Pakistan) aus, so dass sie schließlich eine Länge von 3200 km erreichte. Hinsichtlich Länge und Alter ist sie durchaus mit der Chinesischen Mauer vergleichbar. Sie hatte lange Zeit die Bedeutung einer Reichsstraße. Im 16. Jh. wurde sie von Sher Shah Suri erneuert, später noch einmal im 19. Jh., heute verbindet sie Calcutta mit der Pakistanischen Grenze bei Amritsar.

Rechts und links dieser Straße liegen etliche Anziehungspunkte für Pilger; Jainas besuchen den Tempel auf der Spitze des **Parasnath-Berges** ❶ (249 km), ein Tempel zu Ehren Parshvanaths, der hier im 9. Jh. v. Chr. starb. Die Buddhisten besuchen **Bodh Gaya** ❷ (s. S. 104), wo Buddha die Erleuchtung erlangte. Der Hindu-Tempel von **Mundeshwari** ❸ (196 km), bei Ramgarh, wird als der älteste Tempel Bihars angesehen und ist ein interessantes Beispiel für die Architektur des 11. Jahrhunderts.

RAJGIR UND PAWAPURI

Der heutige Ferienort **Rajgir** ❹ (siehe auch S. 103) war einst Mittelpunkt des bedeutenden Reiches Magadha (6.-1. Jh. v. Chr.). Es lag so günstig, dass es im Zeitalter des Kupferabbaus sowohl die Große Fernstraße als auch die Schifffahrt auf dem Ganges kontrollie-

Vorherige Seiten: Elefanten zu verkaufen auf dem Viehmarkt von Sonepur bei Patna. Links: Straßenszene in Patna.

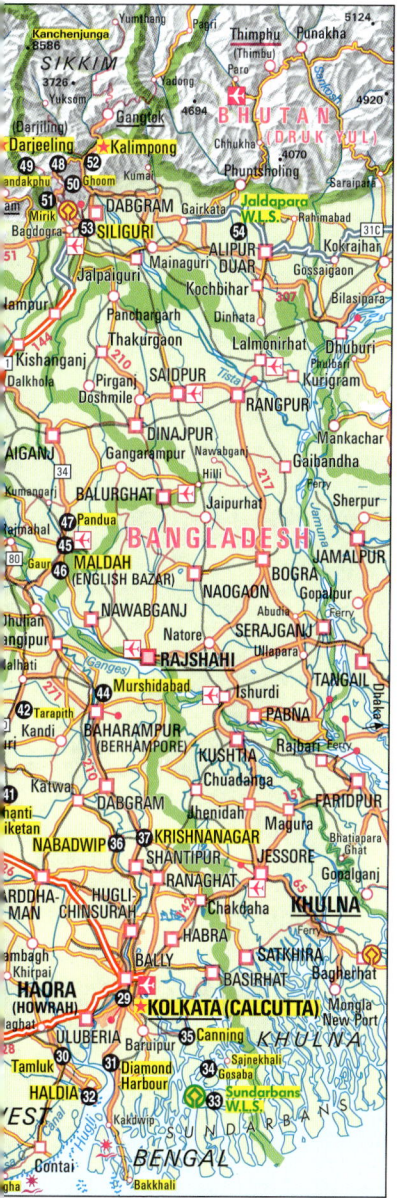

ren konnte. Die Geschichte der Stadt beginnt im 6. Jh. v. Chr., nachdem ein 50 km langer, riesiger Wall auf den Kämmen der umliegenden Berge gebaut worden war. Die Bauten dieser Zeit sind zwar verfallen, doch findet man im Schiefer der Talsohle noch die Abdrücke von Streitwagen. Rajgir ist auch eine heilige Stadt der Jainas, da der Begründer des Jainismus, Mahavira, hier gelehrt hat. Es existieren jedoch auch wichtige Verbindungen zwischen dieser Stadt und Buddha.

In **Pawapuri ❺** (97 km) stehen zwei **Jain-Tempel**, Gedenkstätten für Mahavira, der hier im 5. Jh. v. Chr. starb.

In den **Bergen von Barabar ❻**, südwestlich von Rajgir, befinden sich **Höhlentempel**. In zwei von ihnen findet man Inschriften, die darauf hinweisen, dass diese Höhlen ein Geschenk Ashokas (264-225 v. Chr.) an Ajivika-Mönche waren. Die Wände sind vor 2300 Jahren mit einer Art Politur versehen worden; sie glänzen noch heute.

PATNA

Als Eisenwerkzeuge im 8. Jh. v. Chr. Kupferwerkzeuge verdrängten, verlor auch die Große Fernstraße ihre Bedeutung – zumal sich die Flüsse als geeignetere Transportwege erwiesen. In den letzten Jahren des ausgehenden 6. Jh. v. Chr. bauten die Herrscher des Magadha-Reiches am Ufer des Ganges eine befestigte Stadt, die sie später zu ihrer Hauptstadt machten. Der Name der Stadt änderte sich mehrmals. Kusumpura, Pataliputra und Asimabad sind alte Bezeichnungen von **Patna ❼**.

Als im Jahr 323 v. Chr. Alexander der Große im Nordwesten des Subkontinents einfiel, herrschte die Nanda-Dynastie über das Magadha-Reich und somit über den größten Teil Nordindiens. Der Makedonier griff das Reich jedoch nicht an. Chandragupta Maurya stürzte später die Nanda-Dynastie und erweiterte das Reich bis weit nach Westen. Patna wuchs anschließend zu einer großen Stadt heran. Der griechische Gesandte Megasthenes, der in der Stadt lebte, hinterließ einen Bericht über sie, der später durch Ausgrabungen bestätigt wurde, die eine Halle mit Pfeilern aus Sandstein hinter einer hölzernen Palisade ans Licht brachten. Diese **Ausgrabungsstätte** findet man bei **Kumhrar**, 5 km östlich des Bahnhofs.

Für eine Stadt, deren Geschichte über 2500 Jahre reicht, hat Patna erstaunlich wenig historische Stätten; dass diese angeblich unter dem Schlamm des Ganges begraben seien, ist nur ein Teil der Wahrheit. Nicht nur hier, sondern in ganz Nordindien gibt es einen auffälligen Mangel an Säkularbauten aus der Zeit vor der muslimischen Herrschaft.

600 Jahre lang war Patna keine Landeshauptstadt, für 300 Jahre (nach 1196) nicht einmal eine Provinzhauptstadt. Die buddhistischen Klöster, *viharas*, von denen sich der Landesname Bihar ableitet, und die Universitäten von Nalanda und Vikramshila wurden Ende des 12. Jh. vom Sultan von Delhi, Bakhtiar Khilji, zerstört.

In Patna existieren keine historischen Bauten aus der Zeit von Kumhrar (4. Jh. v. Chr.) bis zu Sher Shahs Festung (1545). Der Bedeutungsverlust Patnas nach dem Überfall Khiljis wird offenkundig durch die Tatsache, dass alle Gebäude, die damals gebaut wurden, außerhalb der Stadtgrenzen entstanden; typisch für die Epoche vom 12.-16. Jh. sind die muslimischen **Mausoleen**: Das Mausoleum des **Ibrahim Baya** liegt auf einem Gebirgskamm bei **Bihar Sharif** (77 km südlich Patnas), die Mausoleen des **Yaha** und des **Shah Daulat** sind in **Maner** (30 km westlich) und die des **Sher Shah**, seines Vaters und seines Sohnes in **Sasaram** (im Südwesten Patnas). Sher Shah errichtete seine Festung und die **Sher-Shah-Moschee** (im östlichen Stadtteil Gulzaribagh) 1540-1545, zur selben Zeit, als

Rechts: Ruderpartie auf dem Ganges bei Patna im Abendlicht.

die Portugiesen einen neuen Handelshafen in Hugli bauten.

Die zweite Moschee, die **Sarif-Khan-Moschee**, wurde 1621 von Pervez Shah, Jehangirs Sohn, erbaut, nachdem die Holländer und Engländer an der Küste Indiens gelandet waren, um Salpeter, Indigo, Stoffe und Opium zu kaufen. Die Holländer hinterließen das heutige **Patna College**. Das britische **Opiumlagerhaus** in Gulzaribagh wurde später der Patna-Kunstschule angeschlossen, wo Miniaturporträts aus Elfenbein angefertigt wurden, die als *Company Art*, als Kunst der Ostindienkompanie, bekannt wurden; heute ist eine Druckerei darin untergebracht. Im **Quila House** (Jalan Museum) ist R. K. Jalan's Sammlung von Jadeerzeugnissen, chinesischem Porzellan und filigranen Silberarbeiten ausgestellt.

1773 gelangte Patna unter britische Verwaltung. Die ganze Provinz wurde vom Mogulkaiser der Ostindienkompanie überschrieben, die sich im Westen der Stadt einrichtete. Die Engländer bauten auch den Stadtteil **Bankipur**, wobei sie sich bemühten, die Atmosphäre einer englischen Kleinstadt zu schaffen; die **Kirche** wurde auf einem großen Platz, dem heutigen **Gandhi Maidan**, errichtet. Ein optisch auffälliges Gebäude ist der **Golghar**, ein halbkugelförmiger Getreidespeicher, 27 m hoch und 1786 errichtet. Er wurde gebaut, um in dieser Zeit häufiger Hungersnöte einen Getreidevorrat anlegen zu können. Von oben hat man einen herrlichen Rundblick über die Stadt.

Zwei Gebäude zeigen typisch britisch-indische Architektur: das **Patna Women's College**, das nach dem II. Weltkrieg gebaut wurde und das **Patna Museum** (1920er Jahre), das eine ausgezeichnete Sammlung von Terrakotta- und Bronzefiguren aus der Zeit der Maurya- und der Gupta-Dynastie beherbergt.

Die schöne Kirche **Padre Ki Haveli** wurde 1775 für österreichische Missionare gebaut, die aus Tibet vertrieben

worden waren. Das marmorverkleidete **Harmandir Sahib**, ein *gurudwara*, wurde erst im 19. Jh. um die Räume herum errichtet, in denen der 10. und letzte Sikh-Guru, Gobind Singh, 200 Jahre zuvor geboren worden war; die Anlage gehört zu den bedeutendsten Heiligtümern der Sikhs.

In Bankipur beginnt der erste Teil des Romans von E. M. Forster *A Passage to India* (1924). Forster änderte nur den Namen der Stadt in Chandrapore, so wie er Barabar in Marabar geändert hatte. Die Kirche, den Maidan und den Club erkennt man schnell wieder. Die Moschee, die die Romanheldin Mrs. Moore heimlich aufsuchte, befindet sich noch an der **Asoka Rajpath**, die durch Muradpur am Fielding's College vorbei in die Stadt führt. Der englische Schriftsteller hatte einen Freund in Khuda Baksh, dessen Sammlung von seltenen orientalischen Schriftstücken und Miniaturmalereien heute in der **Khuda Baksh Oriental Library** aufbewahrt wird.

Das moderne **Patna**, Hauptstadt des heutigen Bihar, wurde um das Jahr 1920 südwestlich von Bankipur gebaut, samt Bahnhof. In den fünf wichtigsten Gebäuden der Stadt – dem **Regierungs**- und dem **Gerichtsgebäude**, dem **Legislative Chamber**, dem **Secretariat** und dem **Hauptpostamt** – kann man der Sommerhitze entkommen.

Bei Patna ist der Ganges breit, und einzelne Uferabschnitte bestehen aus silbrigem Sand. In der Nähe der **Universität** (1917) gibt es eine lange **Fußgängerpromenade** längs des Flusses. Etwas oberhalb liegt der **Bankipur Club** mit seinen Rasenterrassen, auf dem Fluss schaukelt ein schwimmendes Restaurant. Nahe dem Flughafen liegen ein Golfplatz und ein Naturschutzgebiet.

BIHARS NORDEN

Im Monat *Kartik*, im November, wird in **Sonepur** ❽ (25 km nordöstlich von Patna und der Mündung des Gandak in den Ganges) ein Jahrmarkt abgehalten. Hauptsächlich ist es ein Rindermarkt, daneben werden aber auch Elefanten, Kamele, Hasen, weiße Mäuse etc. verkauft. Über 1 Mio. Menschen kommen jährlich hierher.

In der Nähe von **Chapra** ❾ (nordwestlich von Patna) entdeckte man die älteste Siedlung im Gangesdelta, **Chirand's Mound**, die um 3200 v. Chr. gegründet wurde.

Von den Staudämmen des Kosi (380 km) und des Gandak (177 km) hat man einen großartigen Blick auf die schneebedeckten Berge des Himalaya. Das Gebirge erhebt sich aus einer Ebene, die knapp 100 Meter über dem Meeresspiegel liegt, bis zu einer Höhe von mehr als 8000 Metern. Da das Nationalepos *Ramayana*, die Geschichte von Rama und Sita, erzählt von dem weisen Eremiten *Valmiki*, in der Umgebung des heutigen **Gandak-Staudammes** entstand, wird er **Valmikinagar** genannt. In diesen abgelegenen Wäldern an der Grenze zu Nepal wurde der **Valmikinagar-Nationalpark** ❿ gegründet. In Bihars einzigem Tigerreservat gibt es auch Leoparden und Zibetkatzen; vom benachbarten nepalesischen ***Royal Chitwan-Nationalpark** wandern Nashörner und Wildrinder (*Gaur*) ein.

Ayodhya ⓫, woher Prinz Rama stammte, liegt im Westen bei Faizabad. Es wurde 1992 international bekannt, als hier Hindufanatiker die vor etwa 450 Jahren von Muslimen über der legendären Geburtsstätte Ramas errichtete Moschee niederrissen.

Nördlich von Patna liegt das – heute nepalesische – **Janakpur** ⓬, woher Prinzessin Sita, Ramas Gefährtin, kam. Sie wurde im indischen **Sitamarhi** ⓭ (nahe der nepalesischen Grenze) geboren. Bedeutende Tempel findet man in Sitamarhi und Janakan (**Janaki-Tempel**). **Mithila**, wie die Gegend genannt wird, ist landschaftlich reizvoll: Lotusteiche, schattige Mangohaine und Betelnusspalmen prägen die Atmosphäre. **Madhubani** ⓮ ist ein Zentrum volkstümlicher Malerei.

Vom **Kosi-Staudamm** ⓯ südlich von Chatra (Nepal) sieht man die Everest-Region, wo der Kosi entspringt.

JHARKHAND

Ranchi ⓰ (326 km), einst beschaulicher „britischer" Ferienort, ist Hauptstadt des Staats Jharkhand mit 1,5 Mio. Einwohnern. Es liegt 670 m hoch an einem **See**. Die einst dichten Wälder sind stark dezimiert. Im benachbarten Jagannathpur (6 km) steht der **Jagannath-Tempel** von 1691, im Stil des berühmten Tempels von Puri (Orissa). Außerdem bieten sich Ausflüge zu Wasserfällen im Nordosten an, dem **Jonha-Wasserfall** ⓱ (40 km) und dem 100 m hohen **Hundru-Wasserfall** ⓲ (28 km).

Eine Rundfahrt führt von Ranchi südwärts durch wildreiche Wälder. Ca. 75 km südlich lohnt in **Hirni Falls** ⓳ ein Picknick an einem schönen Wasserfall im Wald. Weiter geht es über **Chaibasa** ⓴ nach **Hatgamaria** ㉑, dann über Tensa, **Kiriburu** ㉒, Kumri und Tholkobad nach **Raurkela** ㉓, einer Stadt mit bedeutender Stahlindustrie. Dort, im **Hanuman Batika-Garten** stehen einige Tempel und eine hohe Hanuman-Statue. Der größte Teil der 600 km langen Strecke ist asphaltiert, Brücken überspannen die Flüsse. Die umliegenden Wälder sind jedoch meist zu dicht, um wilde Tiere zu sehen.

Mehr Wild sieht man auf der Route von Ranchi westwärts (500 km) über das Städtchen **Netarhat** ㉔, das reizvoll auf einer Höhe von 1250 m liegt (Büffel), durch das von Bergen umschlossene **Mahuadanr-Tal** zum **Betla (Palamau) National Park** ㉕ (Tiger, Elefanten u. a.), und zurück über **Latehar**.

Jamshedpur ㉖ (455 km von Patna, 129 km von Ranchi) ist eine aus dem Boden gestampfte Industriestadt (u. a. Tata-Stahlwerke). Erholungsplätze sind **Dimna Lake**, **Rivers Meet** und **Dalma Hill**. Das Tata Youth Centre hat in den umliegenden Bergen Kletterrouten angelegt. **Seraikela** ㉗ (40 km) ist bekannt wegen seiner *chhau* (Masken)-Tänze. In **Chaibasa** (⓴) (80 km) und **Dhalbhumgarh** ㉘ (64 km) kann man Specksteinprodukte kaufen.

BIHAR

Es bestehen Luft-, Schienen- und Straßenverbindungen zwischen Patna und den wichtigsten Großstädten Indiens. Sonepur und Vaishali erreicht man von Patna aus über die Straße. Rajgir und Nalanda sind durch eine Bahnlinie und eine Straße mit Patna und auch mit Varanasi verbunden. In Gaya liegt ein wichtiger Endbahnhof, von wo aus man mit Bussen oder Auto-Rikschas nach Bodh Gaya weiterreisen kann. Ranchi und Jamshedpur erreicht man mit dem Flugzeug, der Eisenbahn oder dem Auto. In die Nationalparks von Palamau und Hazaribagh kommt man über Patna und Ranchi; wer mit dem Zug anreist, sollte der Bequemlichkeit halber Ranchi ansteuern, auch wenn es weiter entfernt liegt.

Touristentaxis und örtliche Taxis ohne Taxameter findet man in Patna, Jamshedpur und Ranchi. Andere Nahverkehrsmittel wie Busse, Auto- und Fahrradrikschas und *tongas* bieten ihre Dienste in Patna, Jamshedpur, Ranchi, Gaya und Rajgir an. In Bodh Gaya gibt es Touristentaxis, buchbar über lokale Agenturen.

Da über ganz Bihar eine Unzahl von hinduistischen, buddhistischen, jainistischen und islamischen Heiligtümern verteilt sind, findet gleichsam jeden Tag ein Fest statt. In Patna findet das einen Monat lang dauernde *Pataliputra*-Fest statt. *Dussehra / Durga Puja* wird im Oktober gefeiert. Sechs Tage später wird während des *Chhath Puja*-Festes am Ufer des Ganges die Sonne verehrt. 14 Tage nach dem *Diwali* (Okt./Nov.) findet der vier Wochen dauernde *Sonepur*-Jahrmarkt statt. Indische und auch ausländische Buddhisten treffen sich im April und Mai zum *Buddha Jayanti* in Bodh Gaya und Rajgir. Jedes Jahr im Dezember treffen sich die Buddhisten in Bodh Gaya, um anlässlich der Vertreibung des Dalai Lama gemeinsam zu beten. Die zwei wichtigsten Jaina-Feste sind *Mahavir Jayanti* im April und Deo Diwali (10 Tage nach Diwali); erstgenanntes findet auf dem Parasnath-Berg statt. Ein einzigartiges Fest dieser Region ist die *Samath Sabha* im Juni, die man in Madhubani 14 Tage lang feiert. Im Grunde genommen ist dies ein riesiger Heiratsmarkt, wo Eltern die Horoskope ihrer Kinder mitbringen und über Heiraten verhandeln. Die eigentliche Heiratssaison fällt indes mit dem Frühlingsfest von *Holi* zusammen.

Eine große Anzahl kunsthandwerklicher Artikel von guter Qualität werden extra für den Verkauf hergestellt. Etwas Besonderes sind die Gold- und Silberschmuckarbeiten in **Patna**. In **Bhagalpur** findet man Silberschmuck, Brokat und Tussar-Seide, in **Ranchi** Lackwarenspielzeug, in **Chotanagpur** Handwebstühle und Arbeiten aus Pappmaché, Bambus und *sikki-Gras*, in **Bodh Gaya** Steinvasen und -kugeln, in der **Mithila-Region** volkstümliche Malereien, dazu Metallfiguren und Lederartikel. In **Rajgir** gibt es das India Tourist Handicrafts Emporium an der Talstation der Seilbahn.

PATNA (☎ 0612)

Government of India Tourist Office, Tourist Bhawan, Beer Chand Patel Path, Tel. 2226721. **Tourist Information Centre**, Government of Bihar, Mazharul Haq Path, Fraser Road, Tel. 2225411.

Amrapali, Paryatan Bhawan, Beer Chand Patel Path. **Vaishali**, Hotel Maurya, South Gandhi Maidan. **Palli**, Hotel Pataliputra Ashok, Beer Chand Patel Path. **Rajasthan Restaurant** (vegetarisch), Mamta Rd. (Hotel Mayur).

Radha Kishan Jalan Museum, Oila House, Tel. 41121, während der Woche nach Vereinbarung geöffnet, am Wochenende geschl. **Patna Museum**, Buddha Marg, Tel. 23332, 10.30-16.30 Uhr, montags und an Feiertagen geschl.

Dainapur Civil Hospital, Tel. 7315. **Kurji Holy Family**, Tel. 62516. **Patna City Hospital**, Tel. 241817.

Zu empfehlen sind Patna Market, Ashok Rajpath, Bari Road und New Market. Auch im **Bihar Emporium** an der New Dak Bungalow Road und in der Nähe des East Gandhi Maidan kann man gut einkaufen.

Bihar und Jharkhand

5

★CALCUTTA (KOLKATA)

Die Großstadt ★**Calcutta** ❷❾ (heute **Kolkata**) ist mit etwa 15 Mio. Einwohnern eine der überwältigendsten Erfahrungen, die der indische Subkontinent zu bieten hat. Sie ruft unterschiedlichste Reaktionen hervor, positive wie negative; nur wenige Leute können dieser Vitalität gleichgültig gegenüberstehen. Calcuttas Charakter ist geprägt worden durch den *British Raj*, durch den Handel, durch die Tatsache, dass es schon immer ein Zentrum sozialer Reformen war und nicht aufhört, große kulturelle, politische und intellektuelle Aktivitäten zu entfalten – nicht zuletzt durch die Massen von Menschen, die es in seinen Bann zieht. Calcutta ist die „Stadt der schrecklichen Nächte" genannt worden, eine Stadt, „über die viel diskutiert wird, die oft missverstanden und heftig verteidigt wird, die Dichter, Revolutionäre und Industrielle gleichermaßen für sich in Anspruch nehmen."

Die Ära der Briten

Calcutta war wie Madras (heute Chennai) und Bombay (heute Mumbai) ein kleiner Hafenort, der erst mit dem Handel der British East India Company seinen Aufstieg erlebte. Am 24. August 1690 entschied sich Job Charnock für das Dorf Kalikata als Bauplatz für ein Warenhaus der East India Company. Wirklich zu wachsen begann die Stadt im Jahr 1774, nachdem Robert Clive die Armeen der Nawabs von Bengalen und Oudh besiegt und sich das Recht erstritten hatte, Steuerabgaben von den Provinzen Bengalen, Bihar und Orissa einzutreiben. Dann erst wurde Calcutta **Hauptstadt von Britisch-Indien** (wozu bis Mitte des 20. Jh. auch Burma, das heutige Bangladesch und Pakistan gehörten). 1911 stieg jedoch Neu-Delhi zur Hauptstadt des von 1877 bis 1947 real existierenden *Indian Empire* auf, des Kaiserreichs Indien – Kaiser war der britische Monarch *(Kaisar-i-Hind)*.

Da in Calcutta nicht nur die Stadt selbst, sondern auch Gebäude und Straßen umbenannt wurden, ist es für Raj-Spurensucher ratsam, ein Verzeichnis zu kaufen, in dem die alten Kolonialnamen und die neuen aufgeführt sind.

Fort William ① , nach dem britischen König William I. benannt, wurde 1773 erbaut. Der Maratha-Graben, den man bereits 1740 als Schutz gegen Raubüberfälle angelegt hatte, füllte sich nie mit Wasser; die in der Stadt lebenden Briten nannte man deshalb auch „Ditchers", Grabenbauer – ein Spitzname, der ihnen noch anhaftete, als der Graben längst in eine Ringstraße verwandelt worden war.

Als Sitz des Generalgouverneurs, der ab 1858 auch Vizekönig von Britisch-Indien war, bot Calcutta fast das Bild einer Residenzstadt. Europäische Maler sammelten sich am „Hof" von Calcutta. Das ★**Victoria Memorial** (⑮, siehe S. 200), 1906-21 aus weißem Marmor im Mogulstil erbaut, zeigt ihre Werke, die ein gutes Bild vom Calcutta jener Zeit vermitteln, und präsentiert eine einzigartige Kolonialsammlung (Sound & Light Show auf Englisch Di - So 19.45 - 20.30 Uhr). Auch europäische Architekten zog die Boomstadt an; das **Government House**, das Regierungsgebäude von 1802, heute **Raj Bhavan** ② genannt, ist ein gutes Beispiel für deren klassizistischen Stil im 19. und frühen 20. Jh.

Das **Rathaus** ③ (Town Hall) und das frühere Kriegsbüro (War Office) in den Straßen zu beiden Seiten des Raj Bhavan sind im selben Stil erbaut wie die **Metcalfe Hall** ④ in der Hare Street und das **Writers Building** ⑤, in dem früher die Schreiber der East India Company saßen und das heute der Sitz der westbengalischen Regierung ist; ebenso die **Alte** und **Neue Münze**, **Hastings House** und **Belvedere**.

Im Vorgarten der 1773 erbauten **St. John's Church** ⑥ steht ein **Denkmal** zum Andenken an die Opfer der Tragödie, die unter dem Stichwort „Black

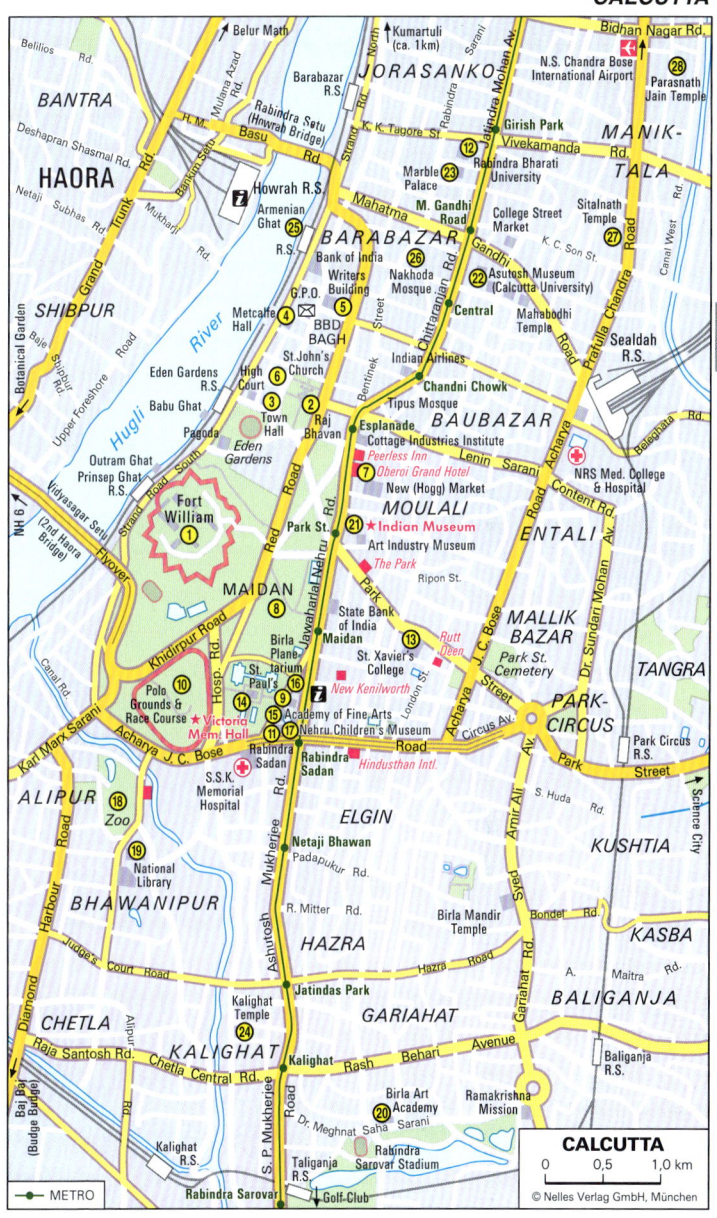

CALCUTTA

0   0,5   1,0 km

© Nelles Verlag GmbH, München

METRO

Hole" in die Geschichte einging: 1756 wurden britische Kriegsgefangene von dem Nawab von Bengalen in einem zu engen Raum gefangen gehalten, wo die Hälfte von ihnen über Nacht gestorben sein sollen. Jenes Haus stand an der Stelle, wo heute die Hauptpost ist.

Claude Martin, ein französischer Söldner, der in Lucknow lebte, sammelte große Reichtümer an und hinterließ sie zum Bau von Schulen in Lucknow, Lyon und Calcutta. *La Martiniere*, ein College für Jungen (Loudon Street 11), 1836 gegründet, erinnert an ihn. Mehrere französische Offiziere hatten sich bei den Briten anstellen lassen und lebten in dieser Stadt. Catherine Grand (1749-1843), die schöne Ehefrau eines französischen Offiziers, wurde durch einen amourösen Vorfall zur Berühmtheit: Philip Francis, der Erzrivale von Warren Hastings, wurde dabei erwischt, wie er durch ein Fenster in ihr Schlafzimmer kletterte. Das Haus der Grands in Alipore kann heute zwar nicht mehr

Oben: Rikscha-Zieher warten auf Kunden (Calcutta).

identifiziert werden, aber ihre Stadtresidenz auf der Chowringhee ist zum **Grand Hotel** ⑦ umgebaut worden. Neben dem Grand Hotel befindet sich ein Gebäude mit breiten waagrechten Mosaikstreifen im Stil von Frank Lloyd Wright. Es hat ein Kolonialgebäude ersetzt, in dem der amerikanische Schriftsteller Mark Twain während seines Besuchs wohnte.

Ein großer Teil der ★**Altstadt** ist heute noch von engen Gassen durchzogen, und besonders um den **Maidan** ⑧ (Calcuttas pulsierender Hauptplatz) und **BBD Bagh** (früher: Dalhousie Square, zwischen St. John's Church und Metcalfe Building) gibt es derart viele Kreuzungen, dass es ständig zu lästigen Verkehrsstaus kommt.

Die frühen britischen Bauten in Calcutta sind im klassizistischen Stil errichtet, später wurde auch der gotische Stil wieder modern. Die einzigen noch stehenden Gebäude im neogotischen Stil sind die **St. Paul's Cathedral** ⑨ (1847) und eine Kopie des „Staadhauses" in Belgien – der **High Court** (1852) in der Nähe der Town Hall (③).

Einige der heute noch existierenden Institutionen sind von den Briten im 19. Jh. gegründet worden. Der älteste **Golf Club** außerhalb der Britischen Inseln wurde 1829 in Calcutta gegrundet. Der Club war ursprünglich in der Nähe des Flughafens, aber 1910 nach Tollygunge (ca. 1 km südlich der Stadt) verlegt. Pferderennen sind allerdings schon 10 Jahre vor Gründung des Golfclubs eingeführt worden; die **Rennbahn** ⑩ befindet sich auf dem **Maidan**, wo die einheimischen Aristokraten den Veranstaltungen beiwohnen. In dem zentralen Oval wird seit 1861 **Polo** gespielt. Die Rennsaison dauert von Oktober bis März, abcr die Haupttermine liegen Ende Dezember und Anfang Januar. Der **Calcutta Cricket Club** wurde ebenfalls um 1860 gegründet, und seit 1884 wird **Indian Football** auf dem Fußballplatz des Maidan gespielt.

Chinesen landeten seit 1830 in Calcutta. Sie kamen als Zimmerleute und Lederarbeiter, um Zuckerrohr anzubauen und Teeplantagen in Assam und Darjeeling anzulegen. Das chinesische Neujahrsfest, das in den Januar oder Februar fällt, wird bei **Ah Chi Ghat**, in der Nähe von **Budge Budge** (südwestlich von Calcutta) gefeiert, wo die erste Zuckerraffinerie stand. **Chinatown** ist nicht mehr so beeindruckend wie einst; eine neue Chinesensiedlung entstand bei **Tangra** im Ostteil der Stadt, wo Lokale – meist Familienbetriebe – kantonesische Speisen zu günstigen Preisen anbieten.

Die Bengalische Renaissance

Calcutta wurde 1783 zum Mittelpunkt der Bengalischen Renaissance, als William Jones die Asiatische Gesellschaft (**Asiatic Society**) gründete. Es war die erste Gelehrtengesellschaft der Welt, die sich mit den Belangen des Orients befasste. Zwei Anlagen verdanken ihre Existenz der Asiatischen Gesellschaft: das ★**Indische Museum** und der **Botanische Garten** mit seinem Herbarium am Westufer des Hugli bei Sibpur; dessen **Banyan-Baum** ist eine besondere Attraktion. Die Luftwurzeln haben sich seit 1787 in einem Umkreis von 382 m ausgebreitet. Der Hauptbaum in der Mitte war einmal 28 m hoch, wurde aber 1925 wegen Pilzbefalls entfernt.

Deutsche, französische und amerikanische Wissenschaftler standen in ständigem Austausch mit der Gesellschaft oder studierten deren Manuskripte. Max Mueller, der bekannteste unter ihnen (nach dem auch alle Goethe-Institute in Indien benannt sind – Max-Mueller-Bhavan), ist nie in Indien gewesen, obwohl er Biografien der führenden Persönlichkeiten der Bengalischen Renaissance veröffentlichte.

Die Erziehung nach britischem Vorbild wurde 1817 im Hindu-College (dem heutigen **Presidency College**) eingeführt. Einer der Lehrer war Henry Derozio, Kalkuttas erster Dichter in englischer Sprache. Auch eine Kunstakademie wurde 1856 gegründet.

Der Bengalischen Renaissance sind bedeutende soziale Reformen zu verdanken – das gesetzliche Verbot von *sati*, der Witwenverbrennung, die Legalisierung der Wiederheirat von Hindu-Witwen und die Anhebung des heiratsfähigen Alters junger Mädchen.

Die Zeit war auch geprägt von Bestrebungen, eine universelle Religion zu entwickeln, die ihren Ausdruck u. a. in der Lehre des Philosophen und spirituellen Lehrers **Ramakrishna** Paramahansa fanden. Abwechselnd lebte er als Muslim oder als Christ, gleichzeitig war er Priester in einem Hindu-Tempel. Zum Abschluss seines Experiments erklärte er: „Alle Religionen führen zu demselben Gott". Sein Schüler **Vivekananda** nahm 1894 am Weltkongress der Religionen in Chicago teil und brachte indische Philosophie sowie die Prinzipien des Yoga in den Westen. Er erbaute das **Belur Math** (s. S. 202) mit Hilfe von Spendengeldern aus Amerika. Dieses Gebäude vereint in sich

5

Calcutta

Merkmale von Gotteshäusern verschiedenster Religionen.

Die Werke des Nobelpreisträgers **Rabindranath Tagore** bilden den Höhepunkt der Bengalischen Renaissance: Er war Dichter, Stückeschreiber und Romancier, er komponierte Lieder und schuf so eine neue Richtung der indischen Musik, die *Rabindrasangeet*. Während seiner letzten 20 Jahre begann er zu malen und entwickelte auch hier einen modernen Stil. In der zum Andenken an Tagore erbauten **Rabindra Sadan** ⑪ auf der Cathedral Road werden Theaterstücke und Konzerte aufgeführt. Neben einer Reihe von Roman- und Theaterschriftstellern hat die Stadt auch berühmte Filmregisseure hervorgebracht: Pramathes Barua, Bimal Roy und Ritwick Ghatak sowie Mrinal Sen und der kurz vor seinem Tod 1992 mit dem Oscar ausgezeichnete **Satyajit Ray**, dem das angeschlossene **Nandan-Filmzentrum** mit zu verdanken ist.

Oben: Kinoreklame in Calcuttas Esplanade. Rechts: Engel der Nächstenliebe – eine Nonne des Ordens von Mutter Teresa.

Der Stadtteil **Jorasanko** beherbergte über sechs Generationen die Tagores; das Haus, in dem Rabindranath lebte, ist heute die **Rabindranath Bharati-Universität** ⑫, wo Andenken an den Universalgelehrten ausgestellt sind.

Das englischsprachige Theater in Calcutta konnte sich nicht mehr vom tragischen Tod der Schauspielerin Esther Leach 1842 erholen, deren Kleider Feuer gefangen hatten; an der Stelle jenes Theatergebäudes steht seit 1860 das prestigeträchtige jesuitische **St. Xavier's College** ⑬. 1895 produzierte der Russe Gerasim Lebedeff ein Stück auf Bengalisch und begründete damit eine Theatertradition, die seither blüht und Berühmtheiten hervorgebracht hat wie Girish Ghosh, Binodini, Sisir Bhaduri, Tripti und Shambhu Mitra.

Die Bengalische Renaissance beeinflusste auch Wissenschaft und Politik. 1876 gründete der belgische Jesuit Lafont die **Indian Association for the Cultivation of Science**, und der geniale Bengale J. C. Bose demonstrierte hier 1895 erstmals seine Entdeckung – Fernsteuerung durch Radiowellen und

Halbleiter. Bis in die 1920er-Jahre waren äußerst fähige Wissenschaftler in der „Calcutta School of Physics" und der „School of Tropical Medicine" mit Forschungsprojekten beschäftigt, die internationale Anerkennung erlangten.

Die **Indian Political Association**, 1878 gegründet, wurde zum Vorläufer des Indischen Nationalkongresses; zu den herausragenden politischen Führern der Stadt zählten Surendranath Banerjea, C. R. Das, M. N. Roy und Subhas Chandra Bose. Letztere hatten internationale Verbindungen: Roy war von 1920 bis 1929 eine wichtige Persönlichkeit in der Kommunistischen Internationale, und Bose stellte ein Heer zusammen, um im II. Weltkrieg mit den Japanern gegen die Briten zu kämpfen.

Calcutta heute

Calcutta ist heute die zweitgrößte Stadt Indiens und eine der größten der Welt. Der Hafen ist nach Bombay der wichtigste des Subkontinents; der Bau des Suezkanals 1869 hatte ihn allerdings für den Handel mit Europa spürbar an Bedeutung verlieren lassen. Und die Verlegung der Hauptstadt nach Delhi im Jahr 1911, die Teilung des Landes 1947, infolge derer die Landesgrenze nur noch 90 km von Calcutta entfernt verlief, kamen erschwerend hinzu. Der Bangladesch-Krieg 1971, der Tausende von Flüchtlingen hierhertrieb, gab der Stadt ein armseliges Image, wie es auch die Verfilmung von Dominique Lapierres Roman *City of Joy* schilderte. Als erstes dachte man damals bei Calcutta an Mutter Theresas Sterbehaus.

Inzwischen ist viel Zeit vergangen, und der Aufschwung Indiens zieht auch in Calcutta ein. Die Stadt wächst, aus 15 km^2 salzigem Marschland wurde fester Grund für 300 000 Menschen.

Die Grundstückspreise gehen in die Höhe, die Kommunikationsmittel haben sich verbessert. Calcutta war die erste und lange die einzige Stadt in Indien, die eine **U-Bahn** besitzt. Eine

großzügige Umgehungsstraße, die in den Osten der Stadt führt, verbindet sämtliche Stadtteile vom **Dum Dum/ Netaji Subhash Chandra Bose International Airport** (17 km nordöstl. der Stadt) aus.

In Downtown weichen heute marode Kolonialbauten moderner Stahl- und Glasarchitektur, aber die Mühlen mahlen in Calcutta langsamer, was vielleicht an der demokratisch gewählten kommunistischen Regierung liegt, die Calcutta seit vielen Jahren prägt.

Calcutta geht mit der Zeit, bewahrt seine traditionelle Eigenheiten, wie z. B. auch die **Laufrikscha**, die hier noch in Betrieb ist. Ihre Betreiber widersetzen sich einem Verbot. Noch fährt auch die **Straßenbahn** durch die imperialen kolonialen Häuserzeilen, was Calcutta seinen besonderen Charme gibt.

Auch auf kultureller Ebene folgt Calcutta seinen Wurzeln und verlängert sie in die Gegenwart, seit jeher gilt Calcutta als **Stadt der Intellektuellen** und Künstler; von den Zeiten Tagores bis heute herrscht hier eine lebendige Literatenszene, und in Galerien gibt es junge Kunst zu entdecken (z. B. CIMA, Project 88).

Die 1997 verstorbene und 2003 seliggesprochene **Mutter Teresa** hatte lange Zeit den Platz von Ramakrishna als lebende Heilige der Stadt eingenommen und wird noch heute von den Menschen, unabhängig von ihrer Religion, verehrt. Als Albanerin geboren, kam sie 1931 nach Calcutta, um in einem Konvent zu lehren. 1948 gründete sie ihren eigenen Orden der Missionare der Mildtätigkeit mit dem Mutterhaus in der Lower Circular Road.

Bettler frequentieren heute noch immer den Kalighat-Tempel, die Tipu-Moschee, den Neuen Markt, Chowringhee und Esplanade, doch sieht man sie heute seltener als noch vor 20 Jahren. Obdachlose kommen zumeist aus den ärmeren Bundesstaaten wie z. B. Bihar und Andhra Pradesh, wo Teile der landlosen Bevölkerung in den Dörfern keine angemessene Lebensgrundlage finden, oder als Flüchtlinge aus Bangladesh, und versuchen in der Großstadt einen neuen Anfang.

Calcuttas Museen

Nur wenige indische Städte haben in Bezug auf Malerei und Bildhauerei so viel zu bieten; Calcutta kann sich einiger bedeutender Museen rühmen. Das *Victoria Memorial ⑭ ist eines der Wahrzeichen Calcuttas. Dieses bedeutendste Monument der Kolonialzeit ist das geistige Kind von Lord Curzon. Das Memorial wurde von Sir William Emerson geplant und nach 15 jähriger Bauzeit 1921 für Besucher geöffnet. Statuen der Kolonialhelden des Raj, die einstmals die Red Road säumten, stehen jetzt überall auf dem Grundstück des Memorials verteilt.

Nahe des Victoria Memorial findet man nahe beieinander drei unterschiedliche Museen. Die **Academy of Fine**

Rechts: Ein Handwerker bei der Arbeit an einer Durga-Tonskulptur in Kumartuli.

Arts ⑮ besitzt eine Gemäldesammlung der Bengalischen Schule (frühes 20. Jh.), sowie zeitgenössische Kunst.

Das **Birla Planetarium** ⑯ war das erste Planetarium Indiens und ist heute eines der größten der Welt.

Etwas südlich an der Chowringhee Road findet man das kleine **Nehru-Kindermuseum** ⑰.

Südlich des Maidan liegt Calcuttas 16 Hektar großer **Zoo** ⑱ (1816), der früher einmal wegen seiner Kreuzungen zwischen Tiger und Löwen bekannt war. Die benachbarte **National Library** ⑲ hat eine wertvolle Manuskriptsammlung in altindischen Sprachen.

Im Süden der Stadt, nahe der Kalighat Metro Station, zeigt die **Birla Art Academy** ⑳ neben Stein- und Bronzeskulpturen aus dem 1. Jh. v. Chr. auch moderne Kunst.

Besonders besuchenswert ist das *Indian Museum ㉑. Anfang des 19. Jh. war es Teil der Asiatic Society. Seit 1878 in den kolonialen Räumlichkeiten an der J. Nehru St., beherbergt die Sammlung auf zwei Ebenen Schätze der frühen indischen Skulpturkunst. Darunter befinden sich die sehr sehenswerten frühbuddhistischen **Reliefs** des Stupa von Bharut aus vorchristlicher Zeit, eine Säule des Mauryakaisers Ashoka mit dem berühmten **Löwenkapitell**, hinduistische Skulpturen, Indus-Tal-Relikte, Mogul-Malerei sowie fossile Skelette von Mammuts und eine kleine Ägyptische Sammlung.

Weiter Richtung Norden kann man im **Asutosh-Museum** ㉒ in der Universität Calcuttas eine Ausstellung zur Volkskunst ansehen.

Originale von Tagore sind im **Rabindra Bharati** (⑫) gesammelt.

Der 1835 erbaute **Marmorpalast des Raja Mullick** ㉓ in der Muktaram Babu Street, der noch immer von seinen Nachkommen bewohnt wird, verfügt über eine **Kunstsammlung**, die u. a. Skulpturen von Michelangelo und Houdon sowie Gemälde von Rubens, Reynolds und Gainsborough umfasst.

Spirituelle Zentren

Der berühmte **Kalighat-Kali-Tempel** ㉔ (oder Khalighat Kalika) wurde erst 1809 errichtet und ist der Schutzpatronin Calcuttas geweiht. Sie ist die Gefährtin Shivas und wird hier in ihrer wilden Emanation als „blutrünstige" Kali verehrt. Blut ist hier jedoch nicht nur mit Tod, sondern auch mit Geburt in Verbindung gesetzt. Es ist einer der sehr seltenen Hindu-Tempel Indiens, in dem Tieropfer dargebracht werden. Das Opfern von Ziegen ist mittlerweile verboten, Hähne dürfen jedoch noch geopfert werden. Sie werden anschließend mitgenommen und verzehrt. Vegetarisch lebende Hindus verüben keine derartigen Opferrituale. Bereits seit dem 15./16. Jh. stand an dieser Stelle ein Tempel, der mit blutigen Ritualen in Verbindung gebracht wurde. Die Wasserstraße, an der der Hindutempel steht, war früher das Hauptbett des **Hugli**. An seinen Ufern fanden sich Spuren früher Siedlungen. Der Tempel ist auch mit der Volksmalerei *Kalighat pat* verbunden.

Die **Armenische Kirche** etwas östlich des **Armenian Ghat** ㉕ wurde 1724 erbaut und ist sowohl stilistisch, als auch wegen eines auf 1628 datierten Grabsteins bemerkenswert.

Die **Nakhoda-Moschee** ㉖ („Kapitänsmoschee") von 1926, weiter östlich, ist Calcuttas größte Moschee, in der 10 000 Menschen beten können.

Vier Jain-Tempel sind in einer schönen Gartenanlage auf der Badridas Temple Road im nordöstlichen Teil der Stadt zu besichtigen. Der Haupttempel **Sitalnath** ㉗ wurde 1867 erbaut. Im Stadtteil Belgachia liegt der sehenswerte **Parasnath-Tempel** ㉘.

Heute werden in der Stadt zwar keine Textilien mehr produziert, aber im **Cottage Industries Institute** auf der Chowringhee Street und im **Handloom House** auf der Lindsay Street sind traditionell gewebte Stoffe zu erwerben.

2 km nördlich der 450 m langen ***Howrah Bridge**, einer der meistfrequentierten der Welt, lohnt ein Besuch der Kunsthandwerker von **Kumartuli**. Sie modellieren um einem Strohkern aus Ton **Götterfiguren**, die bunt bemalt

werden. Diese Götterfiguren werden an religiösen Feiertagen ausgestellt und bewundert, wie etwa Durga an *Durga Puja*. Es findet an drei Tagen im Herbst statt und wird an über 200 Orten gefeiert. Seinen Höhepunkt findet es am Ende mit der Versenkung der kunstvollen Tonskulpturen der Gottheit bei den Babu-, Princep- und Outram Ghats.

WESTBENGALEN

Vor der Teilung Indiens war Bengalen bedeutend größer, da es auch das heutige Bangladesh umfasste. Heute ist das so genannte Westbengalen ein relativ kleiner Staat (87 853 km^2). Es zieht sich langgestreckt vom Himalaya bis zum Gangesdelta. Die Vielfalt der Natur, ausgeprägte kulturelle Wurzeln und Spuren der Kolonialzeit machen Westbengalen so reizvoll.

AM HUGLI, SÜDLICH VON CALCUTTA

Der **Hugli** wird seit jeher von Handelsschiffen befahren. In **Tamluk** ➌ (Karte S. 189) – nördlich von Haldia, dem modernen Hafen Calcuttas – hisste 227 v. Chr. bereits Mahinda, der Sohn von Kaiser Ashoka, die Segel, um nach Sri Lanka überzusetzen. Selbst Ton-Nachbildungen einer römischen Medaille aus Kaiser Augustus' Zeit sind an den Ufern des Flusses gefunden worden. Später sind dann chinesische Dschunken, arabische Dhaus und portugiesische Karavellen den Fluss hinauf gesegelt. Die Portugiesen richteten 1540 einen Handelsposten in Hugli (40 km nördlich von Calcutta) ein. Die Holländer folgten 1625 in Chinsura, die Dänen 1640 in Serampore, die Franzosen 1688 in Chandernagar und die Briten 1690 in Calcutta.

Stromabwärts von Calcutta verbreitert sich der Hugli bei **Diamond Harbour** ➌ (mit einem portugiesischen Fort) zu einem weiten Mündungsdelta. **Haldia** ➌ am Westufer ist eine junge

Hafenstadt und ein Industriezentrum. Etwas weiter südlich liegen **Badestrände** bei **Digha** (185 km) am Westufer und bei **Bakkhali** (132 km) am Ostufer des Hugli-Deltas.

Bakkhali und Diamond Harbour liegen am äußersten Westende des riesigen Gangesdeltas und somit auch im Westen der **Sundarbans**, die dazu gehören (siehe S. 238) – ein Labyrinth aus kleinen Nebenflüssen, auf denen Schiffe von und nach Assam fahren. Die Ufer sind mit dichten **Mangrovenwäldern** bewachsen. Ein Teil dieser ausgedehnten Mangrovensümpfe wurde zum **Sundarbans Wildlife Sanctuary** ➌ – einem Wildschutzgebiet (Permit nötig) mit Affen, Wildschweinen, Axishirschen, Vögeln und mehr als 300 **Tigern**, darunter etliche, v. a. für einheimische Fischer gefährliche Man-Eater.

Von **Gosaba** ➌ kann man zum **Visitor's Centre** des Nationalparks in **Sajnekhali** übersetzen. Interessant ist die dortige Mangroven-Ausstellung sowie die **Schildkröten- und Krokodilfarm**. Gosaba selbst wird von Barkassen auf dem Matla angefahren, die in **Canning** ➌ (53 km) starten.

AM HUGLI, NÖRDLICH VON CALCUTTA

Wenn man von Calcutta aus nordwärts den Hugli entlang reist, stößt man auf einige interessante Orte. **Belur Math** ❶ in **Howrah** ist der Haupttempel und das Zentrum der **Ramakrishna-Mission**, die 1938 von Swami Vivekananda gegründet wurde (S. 197).

Bei **Dakshineshwar** ❷ steht der durch Ramakrishna berühmte ***Kali-Tempel** aus dem 19. Jh.

Über 50 Jahre, bis 1845, als die Engländer es übernahmen, war **Serampore** ❸ ein Handelszentrum der dänischen East India Company. Während dieser Zeit gründeten William Carey und zwei weitere Missionare der Baptisten eine Druckerei (1799) und eine Hochschule (1819), die heute ein theologisches In-

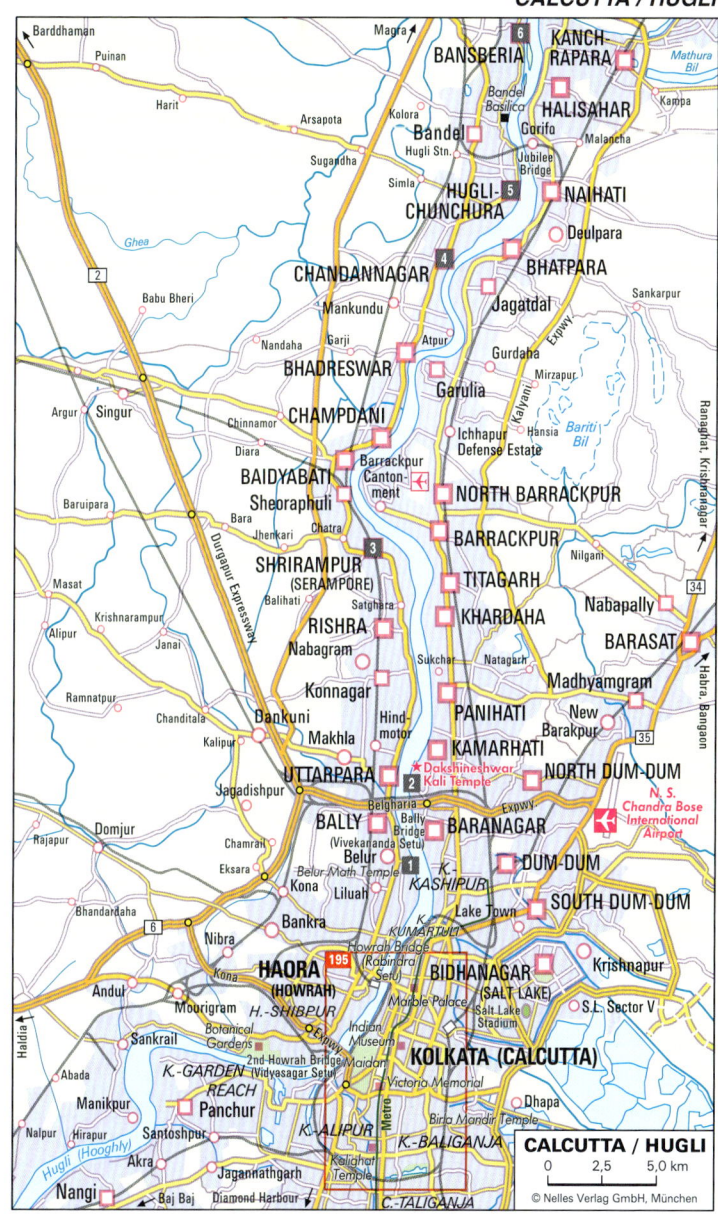

CALCUTTA / HUGLI

0   2,5   5,0 km

© Nelles Verlag GmbH, München

stitut ist. Auch die St. Olaf-Kirche ist von den Dänen erbaut worden.

In **Chandannagar** 4 waren die Franzosen von 1673 bis 1952, und irgendwie spürt man noch heute das französische Flair.

Hugli 5 ist 1580 von den Portugiesen gegründet und damals *Bandel de Ugolim* genannt worden. Allerdings zerstörte der Mogul-Herrscher Shah Jahan die Siedlung 50 Jahre später. Die Kirche **Our Lady of Bandel** wurde 1690 wieder aufgebaut und zieht immer noch zahlreiche christliche Pilger an. **Chinsurah**, das heute mit Hugli zusammengewachsen ist, war von 1625-1826 eine niederländische Siedlung. Hier steht die armenische **St. John's-Kirche**.

Bansberia 6 ist bekannt für seine Terrakotta-Tempel, besonders den **Vasudeva-Tempel** aus dem 17. Jh. und den **Hangeshwari-Tempel**.

NABADWIP UND KRISHNANAGAR

Nabadwip 36, 125 km nördlich von Calcutta, war im 11. und 12. Jh. Hauptstadt Bengalens. Es wird als Geburtsort des Mystikers Chaitanya Mahaprabhu verehrt, der hier im 16. Jh. lehrte. Der Sitz der „International Society for Krishna Consciousness" (die „Hare-Krishna-Leute") ist nicht weit von hier, bei **Mayapur**. Am Ostufer liegt **Krishnanagar** 37, wo Handwerker sich auf das Modellieren in Ton spezialisiert haben.

*BISHNUPUR UND SHANTI NIKETAN

Im Westen, bei der Industriestadt **Durgapur** 38, beginnt das Hügelland. Die Talsperre am **Damodar** ist ein guter Picknickplatz. Jenseits davon sieht man die bei Kletterern beliebten Felsen **Susunia Hill** (440 m ü. M., 67 km von Durgapur) und **Matha Bura**.

***Bishnupur** 39 und Bankura liegen ebenfalls im Hügelland. Erstere ist eine berühmte **Tempelstadt**, deren Bauten mit Terrakotta-Relieftafeln verziert sind; sie ist auch für **Seide** von außergewöhnlicher Qualität bekannt. In **Bankura** 40 werden u. a. dekorative **Terrakotta-Pferde** hergestellt.

Shanti Niketan 41 (212 km von Calcutta), die von dem Dichter Rabindranath Tagore gegründete **Universität**, zieht auch weiterhin Schriftsteller und Künstler an. Sehenswürdigkeiten sind **Uttarayan**, wo Tagore lebte, **China Bhavan** und **Kala Bhavan**, die Kunsthochschule und das Museum. Bishnupur und Bankura erreicht man am besten mit Auto oder Bus, während nach Shantiniketan von Calcutta aus ein Expresszug fährt.

Tarapith 42, 76 km nördlich von Shanti Niketan, ist ein bekanntes Tantrazentrum, in dem der amerikanische Dichter Allen Ginsberg mehrere Monate verbrachte. **Bakreshwar** 43 (57 km von Shanti Niketan) bietet eine Touristenunterkunft neben **heißen Quellen**.

MURSHIDABAD UND MALDA

Murshidabad 44, berühmt für seine Seide, wurde 1705 Hauptstadt Bengalens, als der Mogul-Vizekönig Murshid Kuli Khan seinen Sitz von Dacca hierher verlegte. Sein Grab ist in der **Katra-Moschee**. Der 1837 erbaute **Hazarduari-Palast** beherbergt heute eine Sammlung von Waffen, Porzellan und Gemälden.

Nördlich des Ganges liegt **Malda** 45, das einst ein Handelszentrum für Holländer, Franzosen und Engländer war. Malda kann als Ausgangspunkt für Ausflüge zu den nahegelegenen einstigen Hauptstädten Bengalens – **Old Maldah**, Gaur und Pandua – gewählt werden.

Die 12 km südlich gelegene Ruinenstadt **Gaur** 46 war während der Pala-

Rechts: Blick von Darjeeling auf den Kanchenjunga.

und Sena-Dynastien (8.-13. Jh.) Hauptstadt und wurde schließlich von Paschtunen zerstört. Die noch zu besichtigenden Monumente sind alle aus muslimischer Zeit. Dazu gehören die **Barasona-Moschee** (1526), das **Feroze Minar** (1486) und die **Chilka-Moschee**.

Nach der Zerstörung von Gaur wurde unter Verwendung von dessen Überresten eine neue Hauptstadt, **Pandua** ❹⓻ (18 km nördlich von Malda), erbaut, die allerdings später auch zerstört wurde. Hauptsehenswürdigkeit sind dort im benachbarten **Adina** (2 km) die Ruinen der **Adina Moschee**, der einst größten Moschee Indiens, unter Sikander Shah 1369 erbaut.

*DARJEELING

Von *Darjeeling ❹⓼, der *Hillstation* auf 2134 m ü. M., seit 1837 als Sommerfrische beliebt, hat man eine wunderbare Aussicht auf den **Kanchenjunga** (8586 m), den drittöchsten Berg der Welt. Auf einem schmalen Kamm nahe der nepalesischen Grenze gelegen (die Bewohner sind überwiegend Nepalesen, die ein unabhängiges „Gurkaland" fordern), blickt Darjeeling über eine weite, 1300 m tiefer liegende Senke hinweg auf die Himalayagipfel; der Kanchenjunga ist nur 56 km entfernt. Niedrigere, aber ebenso eindrucksvolle Gipfel in dieser gezackten Reihe sind der konisch geformte **Narsingh** und der anmutige **Siniolchu**.

Um Darjeelings außergewöhnliche Lage richtig würdigen zu können, sollte man die 5-km-Seilbahnfahrt zum Picknickplatz **Singla** auf 3000 m Höhe machen; da die geteerte Straße dorthin 29 km lang ist und eine extrem steile Steigung aufweist, ist die Anfahrt mit der **Darjeeling Rangeet Valley Ropeway** bequemer und ermöglicht schöne Ausblicke auf die **Teeplantagen**. Ein ähnlich steiles Gefälle hat die 23 km lange Straße nach Tista Bazaar auf der Strecke nach Kalimpong.

Darjeelings beliebter Treffpunkt ist der **Chowrasta**, ein kleiner Platz, der dennoch die gesamte Ausdehnung des Höhenkamms einnimmt und eingekeilt ist zwischen den höherliegenden Punkten Jalpahar und **Observatory Hill**

(schöner ***Kanchenjunga-Blick**). Ein Spazierweg beginnt am Chowrasta, führt um den Observatory Hill herum und dann wieder zum Ausgangspunkt zurück. Auf der **Mall** gelangt man zum 1868 eröffneten, gut erhaltenen **Planter's Club** der Teebarone.

Darjeeling ist ideal für lange Spaziergänge, auf denen man einiges besichtigen kann. Zum Beispiel den **Lloyd Botanical Garden** von 1878 und den ***Zoo**, der auf Tierarten aus dem Hochgebirge spezialisiert ist und u. a. Pandas und Schneeleoparden züchtet. Oder das **Mountaineering Institute** (Bergsteigerschule mit Ausrüstungsverleih) mit dem **Everest Museum** des Nepalesen Tenzing Norgay (gest. 1986), der den Mt. Everest 1953 mit Edmund Hillary erstmals bestiegen hat; das so genannte **Shrubbery**, in der der Gouverneur Westbengalens lebt; und das **Naturgeschichtliche Museum**, das eine Samm-

lung verschiedenster Arten aus Bengalen und dem Himalaya zeigt (u. a. ein riesiges ausgestopftes Krokodil), seine **Schmetterlingssammlung** und die Orchideen im Museumsgarten verdienen besondere Erwähnung.

Das 1959 von Flüchtlingen gegründete **Tibetische Selbsthilfe-Zentrum** produziert und verkauft eine große Auswahl tibetischen Kunsthandwerks.

Tigerhügel und ****„Toy Train"**

Der **Mount Everest** (8850 m), der höchste Berg der Erde, ist vom **Tigerhill** (2590 m ü. M.; 11 km südöstlich von Darjeeling) aus zu sehen, wirkt allerdings aufgrund seiner Entfernung von 170 km nicht so imposant wie der nähere **Kanchenjunga**. Die Aussicht vom Tigerhügel bei Sonnenuntergang ist unvergesslich, denn die Farben wechseln innerhalb kürzester Zeit von Grau über Rot zu einem leuchtenden Gold. Aussichtspunkte, die noch näher an den schneebedeckten Gipfeln liegen, sind zum Beispiel das einen Blick auf den Everest bietende **Sandakphu** **㊾**

Oben: Majestätischer Himalaya – das Massiv des Kanchenjunga. Rechts: Ein westbengalischer Geschichtenerzähler vor seinem Publikum.

5

Westbengalen

(57 km) und das 23 km weiter gelegene **Phalut**. Beide Orte liegen etwa 3300 Meter ü. M. und sind beliebte Ziele für Trekkingtouren (im Tourist Office zu buchen), obwohl auch Jeeps bis nach Sandakphu hinauffahren.

In dem 17 km von Darjeeling entfernten **Ghoom** ⑩ (2260 m, auch mit dem „Toy Train" zu erreichen, s. u.) gibt es ein **Tibetisches Kloster**, wo alte, auf Birkenrinde geschriebene Texte aufbewahrt werden. Dort steht auch ein buddhistischer Tempel (1875 erbaut).

Darjeeling kann als Basisstation für Fahrten nach Mirik (45 km), Kurseong (25 km), Kalimpong (38 km); nach Gangtok (124 km), der Hauptstadt von Sikkim, sowie nach Nagya Bazar (dem Grenzübergang nach West-Sikkim) dienen. In **Mirik** ⑪ gibt es einen künstlichen See. *****Kalimpong** ⑫ liegt an der ehemaligen Handelsroute nach Tibet, das **Tharpa Choling-Kloster** und das bhutanesische **Thongsa-Kloster** sind einen Besuch wert.

Darjeeling ist ein Synonym für die feinste aller Teesorten. Die beiden ersten Plantagen wurden bei **Alubari** und **Lekong** angelegt. Ein Besuch bei dem **Happy Valley Tea Estate**, nur 2 km von Darjeeling, ist sehr interessant, da man hier die Verarbeitung der Teeblätter beobachten kann.

Darjeeling ist aber auch ein Synonym für die 1881 fertiggestellte *****Himalayabahn** (DHR / „Toy Train"), die zum UNESCO-Welterbe zählt. Das nur 60 cm breite Schmalspurgleis zieht sich auf einer abenteuerlichen Trasse von **Siliguri / New Jalpaiguri** ⑬ (125 m ü. M.) hinauf nach Darjeeling, durch Teeplantagen und dunstige Bergwelt. Die 88-km-Reise mit der DHR dauert etwa neun Stunden(!). 12 km westlich von Siliguri befindet sich der **Bagdogra Airport**, der nächstliegende Flughafen für eine Reise nach Darjeeling.

Im **Jaldapara-Reservat** ⑭, 115 km östlich von Siliguri, kann man noch Nashörner, wilde Elefanten und Rotwild sehen. Von Siliguri gibt es organisierte Fahrten in den Park, dessen Besuch sich vor allem im März und April lohnt, wenn das frische Gras besonders viele Tiere anzieht (Mitte Juli bis Mitte September geschlossen).

CALCUTTA (☎ 033)

i **Government of India Tourist Office**, 4 Shakespeare Sarani, Tel. 22421402/75, 22420922. **Information Counter**, Calcutta Airport, New Terminal Bldg., Tel. 2572611 Extn. 440. **West Bengal Tourist Bureau**, 3/2 BBD Bagh (East), Tel. 22488271. Information Counters Howrah Railway Station (Tel. 26602518).

In der Traveller-Straße **Sudder Street** befinden sich viele kleine Reisebüros, die Ausflüge organisieren, z. B. **Backpackers**, Tel. 9836177140, shawrajesh79@yahoo.co.in; sowie Geldwechselbüros und Internet-Cafés.

Viele Lokale liegen im Westen der **Park Street**, um **New Market** u. **Sudder St**.
INTERNATIONAL: **Trinca's - The Other Room**, Bar und Tanz, Do geschl., 17 B Park Street. **Garden Cafe**, Oberoi Grand. **Coffee House**, College Street.
INDISCH: **Fluries**, sehr gute traditionsreiche (seit 1920) Süßigkeiten, Café mit schweizer Hintergrund, Park Street.
Bengali Kitchen, sehr gute bengalische Küche, Fisch in Bananenblatt, Auberginen in Kokossoße, Kartoffelcurry, super Dahi(Joghurt), 12.30-15 u. 19.30-23 Uhr, 2 Elgin Lane, gegenüber Forum Mall, Tel. 24861600.
Nizam's, kati roll, typisch Calcutta, ähnlich Dürum Döner, 22-25 New Market.
THAI: **Baan Thai**, südindisch-vegetarisch, Oberoi Hotel, 15 Jawaharlal Nehru Rd.
Malgudi In, Traditionsrestaurant, 24 Camac Street, Tel. 30284764.
Raj Restaurant, gehobene Küche, 10/3 Elgin Rd, 5. Stock, Tel. 30931846.

Indian Museum, herausragende frühbuddhistische und hinduistische Skulpturen (Stupa von Bharut), prähistorische Sammlung, 10-17 Uhr, Fr geschl., 27 Jawaharlal Nehru Rd, Tel. 2299853. **Victoria Memorial**, Kunstsammlung (viktorianisches Zeitalter und Bengalische Renaissance), 10-15.30 Uhr, Mo geschl.. **Academy of Fine Arts**, Sammlung zeitgenössischer indischer Kunst, 15-20 Uhr, Cathedral Rd, Tel. 2444205r. **Birla Planetarium**, Vorführungen auf Englisch tgl. um 13.30 und 18.30 Uhr, Chowringhee Rd, Tel. 22231516. **Birla Academy of Arts & Crafts**, Stein- und Bronzeskulpturen aus dem 1. Jh. v. Chr. und moderne Kunst, Southern Avenue, Tel. 24662843. **Asutosh Museum**, Kunst Ostindiens, 10.30-16.30 Uhr, So geschl., Centenary Building, College Street. **Marmorpalast**, Kunstsammlung, 10-16 Uhr, Do und Mo geschlossen, Muktaram Babu St. **Gurusday Museum**, Folklore-Objekte, Fr-Mi 11.30-16.30 Uhr, Bratacharigam, Thakurpukur, 24 Parganas.

☎ **General Post Office**, BBD Bagh., Tel. 221451. **Central Telegraph Office**, 8 Red Cross Place, Tel. 2234223.

Schmuck und Schnitzereien aus Seemuschelschalen, dekorative Geschenkartikel in *shola pith*, Ledertaschen und Stoffe mit Batiken aus Shanti Niketan sowie Metallarbeiten (*dokra*) oder Terrakotta-Pferde aus Bankura sind typisch.
Staatliche Emporien für gutes Kunsthandwerk zum Festpreis finden sich im Einkaufskomplex **Dakshinapan**, Nähe Gol Park.
Galerie 88, Galerien für zeitgeössische indische Kunst, 28-B Shakespeare Sarani, Tel. 22902274, www.galerie88.in.
CIMA Art Gallery, 43 Sunny Tower, Ashutosh Chowdhury Av, Tel. 24858509.
MODERNE EINKAUSZENTREN: **Emami Shoppers City**, Cord Sinha Road. **Metro Shopping Centre**, 1 Ho Chi Minh Sarani. Shree Ram Aracade, Nähe New Market.

AUSFLÜGE: Chandernagore (39 km); Bandel (43 km); Diamond Harbor (51 km) den Hugli flussabwärts ist ein natürlicher Hafen, von dem Motorboote zu der Sagar-Insel fahren. Ein großer Markt, die Ganges Sagar Mela, wird jährlich Mitte Januar abgehalten. Für Tagesausflüge zu den Stränden von Digha (185 km) und Bakkhali (132 km) ist eine Abfahrt am frühen Morgen empfehlenswert. Ebenfalls lohnend sind Shanti Niketan (150 km) und die Sunderbans (131 km) mit Homestays in ursprünglichen Dörfern und spezieller Fauna – Krokodilen und Tigern.

Der Segen der Göttin des Lernens, Saraswati, wird am *Basant Panchami* (Jan./Feb.) erbeten, besonders von Schülern und Lehrern. An *Holi* oder *Dol Jatra* auf bengalisch (März/Apr.) wird farbiges Wasser verspritzt und Farbpulver geworfen. Die Wagenprozession oder *Rath Yatra* (Juli/Aug.) zu Ehren von Jagannath ist eindrucksvoll. Das größte Fest ist die 5-tägige *Durga Puja* (Sept./Okt.). Am letzten Tag werden Abbilder der Göttin im Ganges versenkt. Während des Festivals der Lichter, *Kali Puja* (in Nordindien *Diwali*, Okt./Nov.), werden Bilder der Göttin Kali zur Verehrung aufgestellt. Ein weiterer Festtag ist Weihnachten.

FLUG: Der Flughafen von Calcutta wird von mehreren internationalen und den meisten einheimischen Fluglinien angeflogen.
BAHN: Howrah und Sealdah sind die beiden Hauptbahnhöfe. Indiens erste **U-Bahn** verkehrt von Esplanade bis Tollygunge (10 km). Indiens einzige **Straßenbahn** (seit 1905) hat zunehmend Probleme im Verkehrsgewühl. Die staatliche Transportorganisation und private Gesellschaften betreiben Busverkehr innerhalb und außerhalb der Stadtgrenzen. Eine **Fähre** führt über den Hugli.

DARJEELING (☎ 0354)

West Bengal Government Tourist Office, auch Trekking-Beratung, 1 Nehru Road, Chowrasta, Tel. 254050.

Glenary's, indische, chinesische und kontinentale Gerichte, Konditorei mit exzellentem Kuchen, Gebäck und herzhaftem Brot, Nehru Rd. **Keventer's Snack Bar**, kleine Auswahl an Snacks, schöne Aussicht, Clubside. **Kunga**, tibetische Spezialitäten, große Portionen, Gandhi Rd. **Dafey Munal Restaurant**, besonders zu empfehlen der Schokoladenpudding mit Rumsoße, Laden La Rd, am Clubside Taxistand. **Devekas Restaurant**, tib. Küche, klein, aber fein, Clubside.

Natural History Museum, regionale Fauna, 10-16 Uhr, mittwochs ab 13 Uhr, Nähe Chourasta. **Himalayan Mountaineering Institute**, Di-So 8.30-13, 14-16.30 Uhr, Jawahar Parbat. **Ava Art Gallery**, 8-12,

12.30-18 Uhr. **Sain Himalayan Art Gallery** und **Hayden Hall** Portraits der Bergbevölkerung, Landschaftsmalerei, Handarbeiten.

General Post & Telegraph Office, Laden-La Road. **Bazaar Post Office**, Market Square.

Abusson-Teppiche, wollene Tücher, Handarbeiten aus Leder und Wolle sowie Tischleinen. Einkaufszentren: Chowrasta, Laden La Road, Market Square, NB Singh und Nehru Road. Souvenirs auch bei Manjusha, West Bengal Emporium, Tibetan Centre u. Hayden Hall.

Lepcha/Bhutia Neujahrstag (Januar). Farbenfrohe Feste werden am Teesta-Fluss zu Makar Sankranti (Januar) gefeiert. Das Tibetan New Year (Februar) wird gefeiert mit Veranstaltungen von Folklore und Tänzen in Klöstern. Bengalis feiern *Durga Puja* (September/Oktober) mit großer Begeisterung.

FLUG: Der nächste Flughafen ist Bagdogra (90 km), der von der Air India angeflogen wird. Verbindungen bestehen mit: Calcutta, Delhi und Guwahati.
BAHN: Schnellzüge enden bei Siliguri / New Jalpaiguri. Bummelzüge brauchen von hier 7 bis 8 Stunden nach Darjeeling; die **Himalayabahn** (DHR) fährt 2x täglich. Alternativ stehen Taxis, Busse und Mini-Busse bereit.
BUS: Busverbindungen gibt es von Darjeeling nach Calcutta, Durgapur, Patna, Siliguri and Phuntsilong (Bhutan). Das Straßennetz verbindet Darjeeling mit Kurseong (32 km), Mirik (43 km), Kalimpong (40 km), Siliguri (80 km) und Gangtok (96 km).

Darjeeling bietet eine Fülle von **Trekkingrouten**: (a): Darjeeling – Manaybharjang – Tonglu – Sandakphu und zurück, 118 km; (b): dieselbe Strecke wie (a) als Sandakphu, dann via Phalut zurück; (c): Darjeeling – Phalut – Raman – Rimbik – Palmajua – Batasia – Manaybhanjang, 180 km; (d): Darjeeling – Phalut – Raman – Rimbik – Jhepi – Bijanbari – Darjeeling, 153 km. Saison: Apr.-Mai, Okt.-Dez. Trekkingtouren inkl. Essen, Ausrüstung und Transport können im Tourist Office gebucht werden, Tel. 254050.

Calcutta / Westbengalen

5

VERBOTENE GRENZEN

SIKKIM

ASSAM

NAGALAND

MEGHALAYA

TRIPURA

MANIPUR / MIZORAM

ARUNACHAL PRADESH

Die nordöstlichen Bundesstaaten und Sikkim gehören zu den schönsten Landstrichen Indiens. Allerdings ergeben sich durch deren Nähe zu den Grenzen mit China, Burma und Bangladesh Beschränkungen – manche Gebiete sind für Touristen ganz gesperrt, andere dürfen nur mit Sondererlaubnis (*permit*) bereist werden.

SIKKIM

Sikkim ist nur ein kleiner Staat (7300 km²), der, eingebettet in die Berge des Himalaya, im Westen an Nepal, im Norden und Osten an China bzw. Bhutan grenzt. Der **Kanchenjunga** ❶ (8586 m), dritthöchster Berg der Erde, bietet einen erhabenen Anblick an der Westgrenze. *Kanchenjunga* wird als die höchste Gottheit Sikkims und der Berg als Göttersitz verehrt (beste Bergsicht im November). Rund 450 Orchideenarten und weite Rhododendronwälder geben der herrlichen Landschaft einen besonderen Reiz (Blüte von März bis Mai).

Lange Zeit war Sikkim ein isoliertes buddhistisches Königreich, das von den Lepcha und Bhotia, Stämmen tibetischen Ursprungs, bevölkert und von der tibetischen Namgyal-Dynastie regiert wurde. Im 18. Jh. musste sich Sikkim gegen Bhutanesen und Nepalesen zur Wehr setzen. Anfang des 19. Jh. wurde das Land in die anglo-nepalesischen

Kriege hineingezogen und 1861 zum britischen Protektorat erklärt. Die Briten förderten auch die Einwanderung nepalesischer Arbeitskräfte nach Sikkim, weshalb 75 Prozent der dortigen Bevölkerung heute Nepalesen sind. 1947 wurde Sikkim zum indischen Protektorat und 1975 zum 22. Bundesstaat, der König musste abdanken. Der historische Seidenstraßenpass **Nathu La** (4328 m), 1962 nach chinesisch-indischen Grenzgefechten geschlossen, ist seit 2006 wieder für Händler geöffnet.

Die Hauptstadt **Gangtok** ❷ liegt auf einem Bergrücken in 1640 m Höhe. Noch in den 1980er Jahren eine malerische Stadt, ist sie in den letzten Jahren unkontrolliert gewuchert. Das interessanteste Gebäude in Gangtok ist die **Tsuklakhang**, die private Andachtsstelle der ehemaligen Herrscher. Die Anmut der traditionellen Architektur wird durch Holzschnitzereien, Malereien, Wandgemälde und -behänge sowie durch die wunderschöne Sammlung buddhistischer Kostbarkeiten gesteigert. Hier fanden Zeremonien und bedeutende religiöse Feste statt. Auch heute noch wird in der Kapelle zum Neujahrsfest, dem Triumph des Guten über das Böse, der *kagyat*-Tanz aufgeführt. In der Nähe befindet sich der Palast der ehemaligen Herrscher Sikkims. Das **Institut für Tibetologie** besitzt eine der schönsten Sammlungen buddhistischer Literatur sowie eine reiche Auswahl an Thangkas. Die Berghänge in der Nähe sind ein **Orchideen-Schutzgebiet**, in dem man nahezu 450 Orchideenarten bewundern kann, außerdem gibt es einen **Rotwild-Park**. Traditionelle Holzschnitzereien, Bilder, Textilien und Bambusartikel sind im **Cottage Industries Institute** erhältlich. Bekannt ist Sikkim auch für Schnaps aus den scharfen Blättern des Betelstrauchs.

In Sikkim liegen 194 Klöster in abgeschiedenen Berggebieten, in denen noch heute lamaistische Riten abgehalten werden und die reiche Sammlungen traditioneller Kunst besitzen.

Rumtek ❸ ist ein bedeutendes Kloster (22 km von Gangtok). Dem Oberhaupt der buddhistischen Kagyupa-Sekte wurde nach der chinesischen Invasion Tibets Zuflucht in Sikkim gewährt. Man bewilligte ihm Land zum Bau eines Klosters, woraufhin in den 1960er Jahren Rumtek entstand, als Kopie des Klosters Tsrsuphu in Tibet.

Das Kloster **★Pemayangtse ❹** weiter westlich ist das zweitälteste (17. Jh.) und bedeutendste Kloster in Sikkim, wenngleich es mehrmals erneuert wurde. In 2085 m Höhe gelegen ist es ein idealer Ausgangsort, um die Umgebung zu erkunden. Ein Besuch der Ruinen des Palastes von **Rabdentse** (Sikkims erster Hauptstadt im 17 Jh.), unterhalb von Pemayangtse, lohnt vor allem wegen der Atmosphäre und dem herrlichen Bergblick.

Eine Wanderung führt zum kleinen ruhigen **Khecheopalri-See ❺**, der von Sikkims Buddhisten sehr verehrt wird und umgeben von Gebetsfahnen inmitten hügeliger Landschaft liegt. Vom See aus sind es noch einige Stunden Fußmarsch zum **Khecheopalri-Kloster**.

In **Tashiding ❻** kann man das heiligste aller Klöster Sikkims anschauen. Es wurde im 17. Jh. von einem der Lamas gegründet, die den Buddhismus nach Sikkim brachten. In **★Yuksom ❼** wurde 1642 der erste *Chogyal* gekrönt,

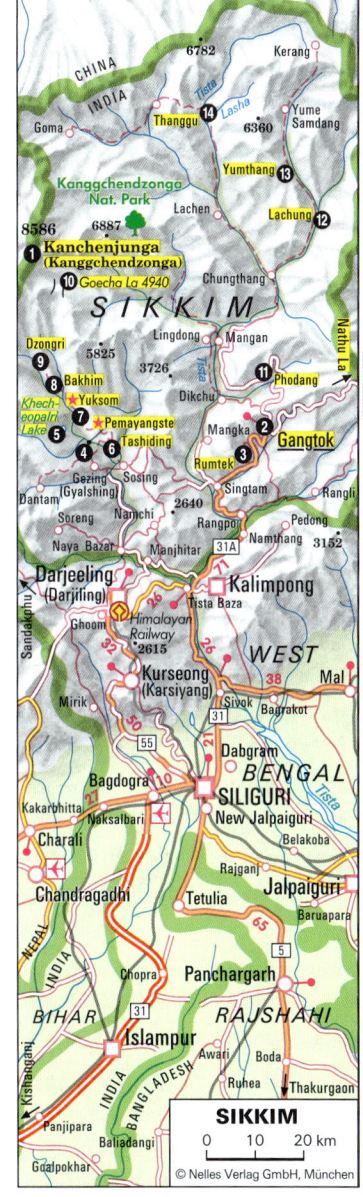

der steinerne Krönungsthron ist in einem kleinen Park noch zu sehen. Der Ort ist Ausgangspunkt für die bekannteste Trekkingtour in Sikkim, den **Khanchenjunga Trek** (88 km). Er führt über **Bakhim ❽** (2740 m) mit einer Höhle und **Dzongri ❾** (4025 m), inmitten von Wiesen mit einigen Wanderhütten, zum **Goecha La ❿** (4940 m) mit atemberaubender Aussicht auf den Khanchenjunga.

Nördlich von Gangtok liegen das sehenswerte Kloster **Phodang ⓫** (37 km) und einige seit 1994 für Ausländer zugängliche Trekkingziele. **Lachung ⓬** eignet sich gut als Standort für kürzere Wanderungen zu Aussichtspunkten, Wasserfällen und zum **Lachung-Kloster**. 24 km weiter nördlich liegt das malerische **Yumthang-Tal ⓭**, überragt von schneebedeckten Gipfeln. Unterhalb von **Yumthang** gelangt man über eine mit Gebetsfahnen geschmückte Hängebrücke zu den **heißen Quellen**. Ein weiteres Trekking-Ziel ist der **Thanggu-See ⓮** (über Lachen zu erreichen).

ASSAM

Assam (78 466 km^2) erstreckt sich entlang des Flusses Brahmaputra, südlich von Arunachal Pradesh und dem Königreich Bhutan. Dieses üppiggrüne Land wird von dem riesigen Fluss und seinen 120 Nebenarmen geprägt, die sowohl Reichtum als auch Verwüstungen mit sich bringen. Durch den vom Fluss mitgeführten Schlamm ist der Erdboden besonders fruchtbar. Bei Hochwasser ist die Gewalt des Brahmaputra furchteinflößend. Die Bewohner Assams hingegen sind sanfte, zufriedene Menschen mit der Lebensphilosophie *laahe laahe*, „langsam, langsam". Für sie ist die Hektik des Großstadtlebens völlig unverständlich.

Assam war ehemals das *Pragjyotishpura* (Licht des Ostens) der Kamarupa-Herrscher. Im 13. Jh. wurde das Königreich jedoch von den Ahom, einem aus Südchina stammenden Thai-Volk, eingenommen, das seine Hauptstadt bei Sibsagar erbaute. Die Ahom regierten bis zum 17. Jh. Danach wurde Assam in politische Auseinandersetzungen zwischen Burma und England verwickelt. Schließlich annektierten die Briten den Staat und erklärten ihn 1874 zur Provinz Assam. Ab 1980 gab es massive Unruhen wegen des drohenden Zustroms von Einwanderern, vornehmlich aus Bangladesh, die sich 1983 zu Kämpfen ausweiteten, bei denen 3000 Menschen starben. Auch in den Folgejahren kam das Land nicht zur Ruhe. Die militante United Liberation Front of Assam (ULFA) sucht mit Gewalt die Unabhängigkeit von Indien. 1991 griff die indische Armee ein und erzwang einen Waffenstillstand, doch befrieden konnte sie das Land nicht.

Guwahati ⓯ (Gauhati) ist nicht nur die wichtigste Stadt Assams, sondern auch das Tor zum Nordosten. Es liegt direkt neben der Hauptstadt Dispur am Ufer des Brahmaputra mit herrlichem Blick über den Fluss. Die Stadt ist berühmt wegen des **Kamakshya-Tempels** in den Nilachal-Bergen (8 km nordwestlich). Sie ist eines der bedeutendsten Zentren des Tantra-Kultes und der Shakti-Verehrung. Der **Umananda-Tempel** befindet sich auf der Pfaueninsel inmitten des Flusses und ist per Boot erreichbar. Besucher spenden den Priestern Geld, die während der Monsunzeit auf der Insel festsitzen, weil die Überfahrt dann zu gefährlich ist. Weitere bedeutende Tempel in der Stadt sind der **Navagraha** und der **Sulkeswar Janardhan**.

Westlich von Guwahati liegt das **Seidenzentrum Sualkuchi ⓰**, wo nahezu jeder Haushalt mit der Seidenweberei zu tun hat. Assam ist wegen seiner goldfarbenen Naturseide berühmt, die *muga* genannt wird. Weitere Seidenarten Assams heißen *pat* und *endi*.

Etwa 80 km nordwestlich von Guwahati kann man im ***Manas Nationalpark** Tiger, Elefanten, Nashörner und Büffel sehen. Da der Park in von Rebel-

ASSAM

0   50   100 km

© Nelles Verlag GmbH, München

len kontrolliertem Gebiet liegt, ist ein Besuch unsicher. Nordöstlich von Guwahati ist in dem bekannten *★Kaziranga-Nationalpark* ⓱ das Indische Nashorn beheimatet.

Assam ist vor allem wegen seiner Teeplantagen berühmt, die seit 1836 von den Engländern angelegt wurden. Heute kommt über die Hälfte der gesamten Teeproduktion Indiens aus Assam. Hauptstadt des Teeanbaugebietes ist **Jorhat** ⓲. Darüber hinaus wird hier inzwischen auch Öl gefördert: 10 Prozent des indischen Erdöls stammen aus Assam. Zentrum der Ölindustrie ist **Duliajan**, im östlichsten Teil des Staates. 83 km nordöstlich von Jorhat, bei **Sibsagar** ⓳, befinden sich die verfallenen Monumente der Ahom-Könige.

ARUNACHAL PRADESH

Arunachal Pradesh (83 743 km²) ist der größte Staat im Nordosten Indiens mit ca. 1,1 Mio. Einwohnern. Die Hauptstadt **Itanagar** ⓴ wurde erst 1982 als völlig durchgeplante Stadt erbaut. Aufgrund der strategischen Lage an der Grenze zu China (China erhebt Anspruch auf dieses bis 1950 zu Tibet gehörige Gebiet) erhalten Ausländer nur für wenige Strecken die obligatorische Reisegenehmigung. In diesem Himalaya-Staat gibt es fast 60 000 km² Regenwald mit einer enormen Artenvielfalt und über 7000 m hohe Gipfel. In einigen Gegenden leben noch heute autarke Stammesgruppen. Eine der größten, die tibetobirmanischen, noch überwiegend animistischen **Apatani**, bewohnen das fruchtbare Hochtal von **Ziro** ㉑. Sie entwickelten schön früh eine ertragreiche Anbaumethode für Nassreis.

Im abgelegenen **Tirap-Distrikt** im Südosten gingen die **Nocte** und die **Wancho** noch bis in die 1940er Jahre auf Kopfjagd.

Rechts: Ein Bauernhaus in der für das Nagaland typischen Bauweise.

Im östlichsten Winkel des Staats leben in dem sich über mehrere Vegetationszonen zwischen 300 und 4000 m Höhe erstreckenden **Naturschutzgebiet Namdapha** noch Tiger, Leoparden und Schneeleoparden. Hier liegt auch der heilige See **Brahmakund**, im Januar zum Makar-Sankranti-Tag baden darin Tausende von Hindus, um sich von ihren Sünden reinzuwaschen.

Im Westen Arunachals, im Siedlungsgebiet der ethnisch tibetischen **Monpa**, liegt in einer Höhe von 3050 m **★Tawang** ㉒, eines der größten buddhistischen Klöster Indiens, 350 Jahre alt und 1683 Geburtsort des sechsten Dalai Lama. Das Kloster ist Zentrum des spirituellen Lebens der Gelugpa (Gelbmützen), einer von vier Sekten, die sich während der Einführung des Buddhismus in Tibet bildeten. Das Kloster erscheint wie eine Festung zum Schutz des unterhalb liegenden Tawang-Tals. Seine strategische Lage macht den historischen Hintergrund der Entwicklung des Buddhismus in Arunachal Pradesh deutlich; der wehrhafte Bau zeugt von einstigen Angriffen der Drukpas, einer buddhistischen Sekte aus Bhutan. In der riesigen Bibliothek werden viele kostbare Schriften aufbewahrt.

NAGALAND

Nagaland (16 527 km²) liegt südöstlich von Assam und grenzt an Burma. Hier leben 16 größere tibetisch-burmesische Volksstämme, die zusammengefasst als „Naga" bezeichnet werden. Die verschiedenen Ethnien unterscheiden sich durch ihre Sprache, manchmal durch ihre Haartracht, aber ganz besonders durch die großen farbigen Tücher, die sie zum Schutz gegen den beißend kalten Wind tragen. Jeder Stamm ist stolz auf seine eigenen Farben und die eingewebten Muster in den Tüchern.

Um 1870, kurz bevor das Gebiet von den Engländern eingenommen wurde, kamen christliche Missionare nach Na-

galand. Etwa 90 Prozent der Einwohner sind deshalb heute Christen. Die Missionare errichteten die erste Schule in der Hauptstadt **Kohima** ㉓. In Kohima liegt der gepflegte Soldatenfriedhof aus der Zeit des II. Weltkriegs und der Auseinandersetzungen mit der japanischen Armee. Nach dem *Shillong Accord* von 1975 erkannten die Nagas die indische Verfassung an. Allerdings blieben noch einige politische Probleme ungelöst, die immer wieder zu Unruhen führen.

Die Nagas haben ausgesprochen vielfältige kulturelle Traditionen, auf die sie stolz sind. Ein Besuch im Bezirk **Mon** ㉔ zeugt von dieser Tatsache: Es gibt hier noch die uralte Institution der Stammeshäuptlinge, wobei manche Häuptlinge sogar über Dörfer bis nach Burma hinein herrschen. Sie tragen voller Stolz wuchtige Armbänder aus Elfenbein, perlenbestickten Schmuck und einen Federkopfputz. Ihre Paläste, zu denen auch Opiumgärten gehören, sind ausgezeichnete Beispiele ihrer Baukunst.

Früher gehörte zur Kriegsführung der Nagas die rituelle Kopfjagd; dieser Brauch existiert jedoch heute nicht mehr. Der Kampf gewann noch mehr Dramatik durch die wunderschöne Kriegsbekleidung, Speere und große Schwerter, die mit gefärbten Ziegenhaarbüscheln geschmückt waren. Die Kopfjagd verlieh entsprechend der Vorstellungswelt der Naga magische Kräfte. Nach ihrem Glauben saß die Seele des Menschen im Nacken, und wenn der Kopf vom Rumpf des Feindes getrennt wurde, wechselte dessen Seele in die des siegreichen Kriegers über, die dadurch gestärkt wurde.

MEGHALAYA

Meghalaya (22 489 km²), im Süden von Assam, ist vielleicht eine der schönsten Berglandschaften Indiens. Die Laitkor-Bergkette um die Hauptstadt **Shillong** ㉕ herum galt einst als heilig, weil die Einheimischen glaubten, dass ihre Vorfahren auf einer goldenen Leiter vom Himmel herabgestiegen waren, um in den Wäldern zu leben. Die Engländer aber jagten in diesen Wäldern und zerstörten damit den traditionellen Glauben und dazu eine ungewöhnliche Art der Walderhaltung.

Im Staat Meghalaya herrscht ein matriarchales System, in dem die Frauen Reichtum und Macht innehaben. Es gibt drei verschiedene Volksgruppen – die Garos im Westen, die Khasis in der Zentralregion und die Jaintias im Osten. Traditionelle Herrscher waren die *siems*, deren unabhängige Stadtstaaten im 19. Jh. von den Briten annektiert wurden. Heute lebt noch ein junger *siem* in seinem Palast aus Bambus, Stroh und Holz, in dem kein einziger Nagel steckt, denn diese sind traditionell tabu.

Alljährlich, auf einem Fest im April, tanzen Jungfrauen in Seidengewändern und mit Schmuck behängt für ihren König. Zwar ist der christliche Einfluss in Meghalaya beträchtlich, die Volkstänze und regionalen Bräuche haben sich jedoch gehalten. Im November wird in den Garo-Bergen das „Fest der 200 Trommeln" zum Ende der Erntezeit begangen.

Im Nordosten, in Shillong, bauten die Engländer ihre herrlichen Sommerbungalows, einen Golfplatz und ein Polofeld. Aufgrund des gemäßigten Klimas in 1500 m Höhe wurde die Gegend zum „Schottland des Ostens". Das beste Beispiel für den weitverbreiteten englischen Landhausstil ist das **Haus des Gouverneurs** mit einem See am Ende des weitläufigen Gartens. Auch das **Pinewood Hotel**, in dem jeden Abend für die Gäste Feuer im Kamin angefacht wird, bietet diese Atmosphäre. Die winzigen Restaurants im **Bara Bazaar** sind einen Besuch wert, will man die einheimische Küche kosten. Shillong war früher berühmt wegen seiner mehrstufigen Wasserfälle, die von den Hügeln herabstürzten; heute findet man sie aufgrund der Abholzung der Wälder kaum noch.

Südlich von Shillong liegt **Cherrapunji** ㉖, bekannt als der regenreichste

Ort der Welt (11 500 mm pro Jahr); den neuesten Rekord hält das nahe Mawsynram mit 11 873 mm Niederschlag.

Nordöstlich von Shillong kann man bei **Nartiang** ㉗ eine beeindruckende Ansammlung von **Monolithen** aus der Zeit der Jaintia-Könige sehen.

TRIPURA

Tripura (10 486 km^2, 3,2 Mio Einwohner) ist ein kleiner, hügeliger, an Bangladesh angrenzender Staat – angeblich das älteste Fürstentum Indiens, dessen Geschichte bis in die Zeit des *Mahabharata* zurückreicht. Die Maharajas regierten dort 1300 Jahre lang und führten häufig Kriege mit den Nachbarvölkern, insbesondere den Nawabs aus Bengalen. Diesen Umstand machten sich die Engländer zunutze, intervenierten und errichteten ein Protektorat. Tripura trat 1949 der Indischen Union bei.

Ein bauliches Glanzstück ist der **Tripura-Palast** im Mogulstil-Garten in der Hauptstadt **Agartala** ㉘. Er wurde für den berühmtesten Herrscher Tripuras, den Maharaja Bhikram, erbaut, der im Alter von 13 Jahren Rabindranath Tagore eine große Zukunft voraussagte und ihm später half, Shanti Niketan zu errichten. Tagores Haus in Agartala wurde von diesem Maharaja erbaut und dient heute als Bürogebäude.

Die Ureinwohner Tripuras sind tibeto-birmanischer Abstammung. Ihre Musik, Tänze, Feste und Anbetungsriten beziehen sich auf die lebensnotwendige Urbarmachung des Dschungels durch *jhoom* (Brandrodung). Von großer Bedeutung ist der Bambus, weil er vielfältig verwendet werden kann. Es werden keine bestimmten Gottheiten verehrt, sondern der Bambus gilt als Verkörperung verschiedener Götter. Die berühmten Hochzeitstribünen und Webstühle werden ausschließlich aus Bambus gefertigt. Seit einigen Jahren wird diese Volksgruppe aufgrund des wachsenden Zustroms von Flüchtlingen aus Bangladesh zur Minderheit.

Rechts: Stammesangehörige in Nagaland.
Ganz rechts: Ein Stammeshäuptling.

150 km nordöstlich von Agartala liegt **Unakoti** ㉙, eine der vier Pilgerstätten des Landes; die anderen drei sind der **Tirthamuk** in Amarpur (60 km), der **Tripura Sundari-Tempel** in Udaipur (55 km) und der **Brahmakunda-Tempel** (45 km). Der **Unakoti-Tempel** wurde im unwegsamen Bergland erbaut, um ihn vor Zerstörung durch Muslime zu schützen, die in Westbengalen und Orissa heilige Bauten verwüstet hatten. Man findet hier schöne Steinfiguren und Reliefs aus dem 12. Jh. Besondere Beachtung verdient die riesige **Shiva-Statue**. Jedes Jahr zum *Pushmela-Fest* erwacht die ganze Umgebung zu einem fröhlichen Treiben.

MANIPUR

Manipur (22 356 km²; die Sicherheitslage ist derzeit schlecht), im Süden von Nagaland, war früher ein Fürstentum. Es heißt, die Herrscher hätten von den benachbarten Königshäusern Gedankengut des Hinduismus übernommen, was dazu führte, dass die größte Ethnie, die Meiteis, sich zum Hinduismus bekannte. Die ursprünglich tibetobirmanischen Meiteis, die in den schönen Tälern leben, machen 60 Prozent der Bevölkerung aus. Sie schufen so viele kulturelle Einrichtungen, wie die Nehru Dance Academy und die Manipur State Kala Academy, dass die Einheimischen oft behaupten, in Manipur sei Kultur ein Industriezweig.

Bekannt sind die Einwohner auch wegen ihren Leistungen in Kampfsportarten wie Speertanz, Schwertkampf und Ringen. Aufgeführt wird auch ein graziöser Trommeltanz, bei dem junge Männer, die von der Hüfte abwärts weiß gekleidet sind, in die Luft springen und dabei längliche Trommeln schlagen. Am berühmtesten ist Manipur jedoch wegen des klassischen *jagoi*-Tanzes.

Die Hauptstadt **Imphal** ㉚ ist durch einen **Markt** bekannt, der ausschließlich von Frauen betrieben wird. Über 16 000 Frauen, aus der Stadt wie aus den Dörfern, kommen täglich hierher. Für sie ist dies sowohl eine Gelegenheit, als soziale Kontakte zu knüpfen, als auch Geschäfte abzuwickeln. Angeboten wird auf dem Markt alles, von Goldschmuck und Seide bis zu getrockneten Pilzen und Schnecken. Das **Matua-Museum** beherbergt eine private Sammlung von Objekten aus dem gesamten Nordosten. Der **Logtak-See** in Manipur ist das letzte Überbleibsel eines einst ausgedehnten Feuchtgebietes in Südasien. Am Südufer lebt in dem einzigartig schönen **Keibut-Lamjao-Nationalpark** ③ die Fischergemeinde Thanga-Karang. Das Gebiet ist der einzige natürliche Lebensraum einer extrem bedrohten Rotwildart, dem Manipur-Sangai.

In Manipur feiert man den Wechsel der Jahreszeiten mit Tänzen. Das ausdrucksstärkste Tanzfest, das *Lai Haroaba*, wird zwischen Frühjahr und Monsunzeit begangen. Es wird mit großem Pomp vor den Gottheiten zelebriert, die bereits lange vor der Einführung des Hinduismus in Manipur existierten. Den Tanzfesten folgen traditionelle Sportarten, z. B. *kang*, das im Schlamm mit einer Lackscheibe gespielt wird. Es handelt sich um ein philosophisches Spiel, das verdeutlicht, dass das Leben von Fähigkeit und von Glück gleichermaßen bestimmt wird und dass Freud und Leid zum Leben gehören.

MIZORAM

Mizoram (21 087 km²) liegt zwischen Bangladesch und Burma. Die Mizo behaupten, die Hälfte der Bevölkerung lebe in Burma, und sie glauben, dass nach dem Tod ihre Seelen auf dem Fluss Rih nach Burma wandern. Die Mizos setzen sich aus den Ethnien der Lusei, Hmar und Pawih zusammen.

Die Briten wurden auf die Mizo aufmerksam, als diese begannen, die Teeplantagen in Assam zu plündern. 1872 hatten die Briten das gesamte Gebiet unter Kontrolle und ließen nur noch Missionare passieren. Aus diesem Grund konvertierten 95 Prozent der Bevölkerung zum christlichen Glauben. Genauso schnell vollzog sich die Einführung der Schulbildung. Heute weist Mizoram die zweithöchste Zahl an Lese- und Schreibkundigen in Indien auf.

Die ursprünglichen Herrscher in Mizoram waren die berühmten Sailo, die Recht über Land und Leben besaßen. Sie mussten jedoch 1950 nach der Einführung moderner politischer Strukturen abdanken. Als Herrscher über die Agrarwirtschaft hatte jeder Häuptling einen Landwirtschaftsexperten bei Hof, der über die Geheimnisse des Waldes und der Landgewinnung durch Brandrodung Bescheid wusste.

1959 sagten „die Wissenden, die Ältesten" eine Hungersnot voraus, was jedoch von Verwaltung und Regierung unbeachtet blieb; durch die tatsächlich eintretende Hungersnot kamen viele Menschen ums Leben. Die Mizo organisierten eine Gruppe von Freiwilligen, die Mizo Famine Front, die auch politisch aktiv wurde und sich *Mizo National Front* (MNF) nannte. Die MNF wurde jedoch in den Untergrund gezwungen. Erst nach 25 Jahren politischer Unruhen wurde 1986 ein Abkommen mit der Zentralregierung getroffen.

Die Mizos sind durch ihre feinen Webarbeiten und Körbe bekannt. Sie sind sehr musikalisch und empfinden Singen als beste Möglichkeit zur Entspannung nach getaner Arbeit. Die traditionelle Mizo-Gesellschaft erhielt sich selbst durch einzigartige Verhaltensweisen, die auf der Philosophie der *tlawmngaihna*, Selbstlosigkeit, basierten. Man findet heute noch Spuren davon – trotz starker Modernisierungsbestrebungen, insbesondere in der Hauptstadt Aizawl. Das **Mizoram State Museum** in **Aizawl** ② beherbergt eine interessante Ausstellung über die Kultur der Mizo. Der **Bara Bazar** ist Treffpunkt für die Stämme, die in den umliegenden Hügeln leben.

Südlich von Aizawl gelangt man durch das Dorf **Serchip** ③, wo Reisende gern auf dem Markt einkaufen, nach **Lunglei** ④, einer idyllischen Stadt nahe einem schönen Urwaldgebiet.

EINREISEBESCHRÄNKUNGEN: Für einige der in diesem Abschnitt erwähnten Orte/Staaten sind **Restricted Area Permits** (RAP) erforderlich. Für **Sikkim** wird bei Beschränkung auf Gangtok, Rumtek, Pema Yangtse und Phodang die Erlaubnis auf Antrag mit dem Visum erteilt. Für Assam, Meghalaya und Tripura gibt es keine Reisebeschränkungen. Für Manipur, Mizoram, Nagaland und Arunachal Pradesh muss ein *Travel Permit* beantragt werden, das auf bestimmte Zeit, Gebiete und Routen beschränkt ist. In **Arunachal Pradesh**: Itanagar – Ziro – Along – Pasighat – Itanagar und Margherita – Miao – Namdapha – Margherita. In **Mizoram**: Hauptstadt Aizwal, Vairante u. Thingdawl.
Man sollte sich vorab über die politische Situation und aktuelle Bestimmungen informieren. Anträge 6 Wochen im voraus mit einem bei Botschaft und Konsulaten erhältlichen Formular beim Innenministerium anfordern(s. S. 240). Weitere Antragstellen sind die Staatl. Büros von Sikkim (Sikkim House, New Delhi u. Foreigners Registration in Gangtok). Permits für Mizoram, Nagaland, Arunachal Pradesh beschaffen indische Reiseveranstalter.

GANGTOK (☎ 03592)

ℹ️ **Sikkim Tourist Information Centre**, am Nordende der MG Marg, Tel. 223425, März-Juni, Sept.-Dez. tgl. 8.30-19 Uhr, sonst 10-16 Uhr.

🍴 In den meisten Hotels gibt es Restaurants: **Snow Lion**, im Hotel Tibet, verschiedenste Gerichte in angenehmer Atmosphäre, **Blue Poppy**, im Hotel Tashi Delek, schöne Terrasse, ideal für tagsüber. **Hotel Lha Khar** und **Hotel Lhakpa**, günstige und sehr schmackhafte Speisen. **Blue Sheep Restaurant**, MG Marg, über dem Tourist Off., exzellente chinesische u. indische Küche.

GUWAHATI (☎ 0361)

ℹ️ **Government of India Tourist Office**, B. K. Kahati Rd., Ulubari, Tel. 2547407; Infoschalter am Flughafen (Tel. 82204), **State Tourist Office**, Station Rd., Tel. 524475 und in Ulubari, Tel. 27102.

🍴 **Sunflower Restaurant**, Panbazar, sehr gut und günstig. **River Queen**, Sukreswar Ghat, „schwimmendes" Restaurant, tgl. 17.30 Uhr „Dinner cruise" auf dem Brahmaputra. **Tandoori**, im Dynasty Hotel, exzellente Küche (besonders die Tandoori-Gerichte), bester Service.

🏛️ **Assam State Museum**, Ambari, Tel. 224193, 10-16.30 Uhr, Mo und jeden zweiten Sa geschl. **Assam Forest Museum**, South Kamrup Division, 10-17 Uhr, Sa 10-15.30 Uhr; So geschl.

✈️ Flugverbindungen (Air India und East West Airlines) nach Delhi, Calcutta, Patna und in alle Hauptstädte der Nordost-Staaten. In die übrigen Teile des Landes fahren mehrere Breit- und Schmalspurbahnen. Straßen führen nach Shillong, Manas, Kaziranga, Dimapur, Kohima, Itanagar, Darjeeling, Gangtok, Imphal und Agartala. Von Guwahati fahren staatliche Busse in alle größeren Städte. Es gibt auch Reisebusse mit Luxusklasse und Video.

SHILLONG (☎ 0364)

ℹ️ **Government of India Tourist Office**, Tirot Singh Syiem Rd., Police Bazaar, Tel. 2225632. **Meghalaya Tourism Development Corporation**, Polo Ground, Tel. 2226220. **Director of Tourism**, Crowborough Building, Tel. 2226054.

🍴 **Broadway Restaurant**, im Broadway Hotel, sehr gute chinesische und indische Gerichte, bei Einheimischen beliebt.

🏛️ **Meghalaya State Museum**, Staatsbibliothek, 10-17 Uhr, So und feiertags geschl. **Butterfly Museum**, Wankhar Co., Riatsamthiah, Sa, So geschl.

☎️ **Hauptpostamt**, Tel. 222162, Telegrafenamt-Auskunft Tel. 22146.

✈️ Der Borjhar Airport in Guwahati ist der nächstliegende (127 km), von dort bestehen Verbindungen der Air India in die Städte des Ostens und Nordostens.

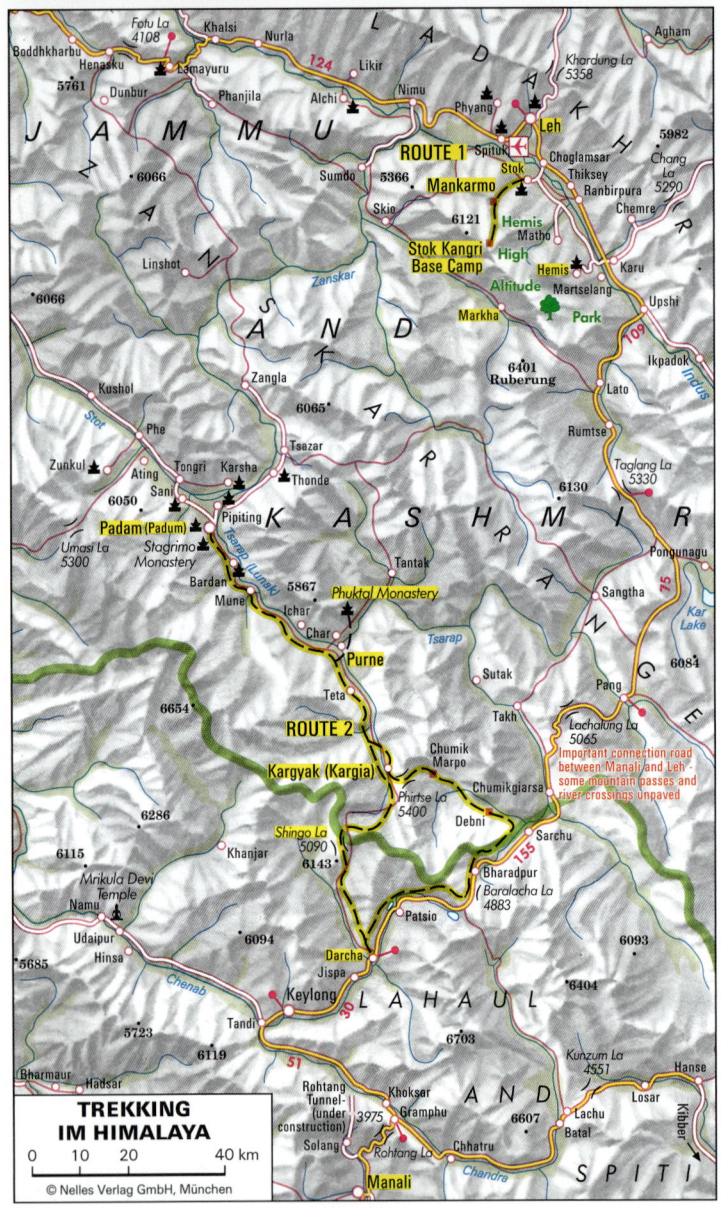

TREKKING
IM HIMALAYA

0   10   20   40 km

© Nelles Verlag GmbH, München

Die beste Zeit für Trekking ist vor dem Monsun (Juni) und danach (September-Oktober). Blumenliebhaber sollten sich jedoch in den Regenmonaten Juli und August auf den Weg machen. Nördlich des Hauptkamms jedoch, in Lahaul und Ladakh, sind die Monsunmonate die beste Trekking-Zeit, da die schweren Regenwolken nur selten bis über die Pässe ziehen.

In großen Höhen muss man sich zum Essen zwingen, nehmen Sie deshalb leichtverdauliche Nahrungsmittel mit, die schmecken; in den Läden der Bergdörfer sind, wenn überhaupt, nur Grundnahrungsmittel wie Reis, Linsen und Kartoffeln zu bekommen. Für größere Touren braucht man zudem Zelt, Schlafsack und Kochutensilien – und somit auch Träger oder Packmulis, die sich meist problemlos organisieren lassen.

Die im Tagesverlauf enormen Temperaturunterschiede erfordern morgens warme Sachen, tagsüber leichte Kleidung und abends wieder Faserpelzpullis oder eine Daunenjacke. Regenponcho nicht vergessen – im Reich des unberechenbaren Schneegottes ist es gefährlich, sich auf Wettervorhersagen zu verlassen.

Fünf Routen in verschiedenen Regionen – leichte bis schwierige – sollen Ihnen einige Möglichkeiten aufzeigen.

Kaschmir

Ein leichter Monsun-Trek für religiös Interessierte (zur Zeit allerdings wegen der Aktivitäten muslimischer Separatisten nicht zu empfehlen!): Der dreitägige Pilgerweg zur Höhle von **Amarnath** (siehe Karte S. 158/159), der durch Blumenwiesen und herrliche Berglandschaft führt, beginnt in **Pahalgam**. Campiert wird am **Sheshnag-See** (3700 m). Nach Überschreitung eines 4500 Meter hohen Passes erreicht man die große Höhle mit ihrem kleinen phallischen *lingam* aus Eis, der als Shiva, Herr des Schnees, verehrt wird.

Ladakh
(Route 1)

Leichter Hochgebirgs-Trek mit guten Chancen, Wild zu beobachten. Vom Dorf **Stok** (gegenüber **Leh** am Indus) führt dieser Dreitages-Trek entlang des Stok-Flusses durch einen Canyon mit bizarren Felsformationen hinauf zum Basislager des **Stok Kangri** (6153 m); Campiert wird z. B. in Hirten-Hütte bei **Mankarmo** (14 km), wo man umgeben von Ziegen, Eseln und Yaks nächtigt. Am nächsten Tag geht man auf den Gipfel im Westen zu und steigt zehn Kilometer zum **Unteren Base Camp** auf. Dabei kann man Ausschau nach dem *baral* halten, dem äußerst seltenen Blauschaf. Der Zeltplatz ist von schroffen Felstürmen umgeben. Wer Gipfelambitionen hat, kann von hier in zwei Tagen – mit Übernachtung im **Oberen Base Camp** – den Kangri besteigen, der als unproblematischer „Trekking Peak" gilt. Vom Oberen Base Camp kann man auch in 12 Trekkingtagen, über hohe Pässe und das **Markha Valley**, **Hemis** erreichen. Ansonsten geht es am dritten Tag zurück nach Stok und Leh. (Beste Zeit: Juli und August.)

Zanskar
(Route 2)

Ein anstrengender 7-9 Tage-Trek mit Pferden über den Himalaya. Man braucht die Pferde nicht nur fürs Gepäck, sondern auch bei gefährlichen Flussdurchquerungen. Diese können tödlich enden und sollten nie allein gewagt werden. Versuchen Sie immer, so früh wie möglich (morgens ist der Wasserstand am niedrigsten) mit Hilfe eines Seils zu queren. Tragen sie Ihr Geld in einem wasserdichten Beutel möglichst hoch am Körper. Pferdeführer findet man in **Manali**, obwohl der Trek erst in

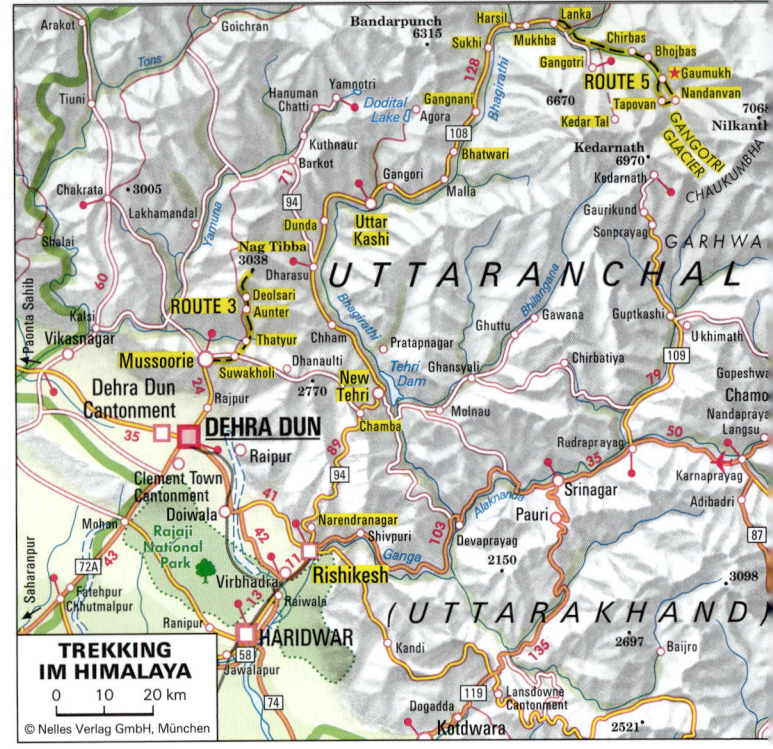

TREKKING
IM HIMALAYA

0   10   20 km

© Nelles Verlag GmbH, München

Darcha, per Bus eine Tagesreise in Richtung Norden, beginnt. Ist man über den Hauptkamm nach Zanskar marschiert – **Kargyak**, das erste Dorf, liegt 4-5 Tage hinter Darcha – kann man das Lunak-Tal bis **Padum** hinunter wandern. Zwischen Darcha und **Purne** gibt es keine Proviantbeschaffungsmöglichkeiten, in Purne empfiehlt sich ein Abstecher zum Höhlenkloster **Phuktal**. Der kürzeste Weg führt über den **Shingo La-Pass** (5090 m); die sicheren Monate sind Juli und August. Der Alternativweg über Baralacha La (4880 m) und Phirtse La (5400 m) führt in noch größere Höhen. Ist man drüben, weichen die leeren grauen Täler mit ihren *mani*-Mauern den verstreut liegenden grünen Feldern um die weißen Dörfer Zanskars.

Garhwal (Route 3)

Ein leichter Drei-Tage-Trek von **Mussoorie** und zurück – geeignet für jede Jahreszeit. Nördlich von Mussoorie sieht man den schwarzen, bewaldeten **Nag Tibba** (3038 m), den „Schlangengipfel". Am besten erreicht man ihn zu Fuß auf der Fahrstraße Richtung Tehri: erst bis **Suwakholi** (11 km) und dann 2 km bergab entlang des Aglar-Flusses durch den Pinienwald über **Thatyur**. (Auf dem Rückweg kann man von hier einen Bus nach Mussoorie nehmen.)

Ein 7 km langer Marsch nach Norden, entlang des Flusses, der am Nag Tibba entspringt, bringt Sie nach **Aunter** am Fuß des Berges. Der Tempel in

Kumaon und Pindari-Gletscher (Route 4)

Ein Klassiker unter den Himalaya-Treks. Die 8 Tage lange Wanderung bietet eine Mischung aus Kultur- und Naturschönheiten. Alles ist geboten – grüne Flusstäler, schneeglänzende Gipfel, dichter Dschungel, majestätische Wasserfälle sowie ein gleißender Gletscher als Krönung aller Mühen. Die ideale Reisezeit ist Oktober, wenn die Berge frei sind. Der **Pindar-Fluss** im Osten des Nanda Devi-Schutzgebiets entspringt aus dem atemberaubenden Eisbruch „Traill's Pass", so benannt nach einem früheren britischen Verwalter, der von einem Dorfbewohner hindurchgeführt wurde. Dessen Urgroßenkel lebt immer noch in **Khati** (am Weg) und zeigt gern sein Besucherbuch mit den Namen berühmter Reisender.

Der Trek beginnt in der Nähe von **Loharkhet** (nördlich von Bageshwar). Man steigt steil nach **Dhakuri** (10 km) auf und wird mit einem atemberaubenden Blick auf den **Nanda Kot** (6861 m) belohnt.

Nach diesem aufregenden Ausblick geht es steil nach **Khati** (9 km) hinunter. Von diesem Dorf verläuft ein Weg zum **Sunderdhunga-Gletscher**, eine weitaus schwerere Tour, die an den Fuß des **Maiktoli** (6800 m) führt. Von der schön gelegenen Hütte von **Dwali** führt ein anderer Weg zum **Kafni-Gletscher** am Fuß des **Nanda Kot**.

Der Dschungel ist eine großartige Mischung aus Farnen und Bambus; die Vogelwelt ist sehr vielfältig. Die Entfernung Loharkhet – Pindari-Gletscher beträgt 45 km, Hütten finden sich in bequemen Abständen von 6 bis 8 km. Die letzte bei **Phurkia** liegt bereits oberhalb der Baumgrenze. Sie wurde an der Zunge des Gletschers errichtet, doch weil sich dieser so rapide zurückgezogen hat – drei Kilometer pro Jahrhundert – muss man heute erst ein Stück laufen, um den herrlichen Eissturz von **Zero Point** (3353 m) aus zu sehen.

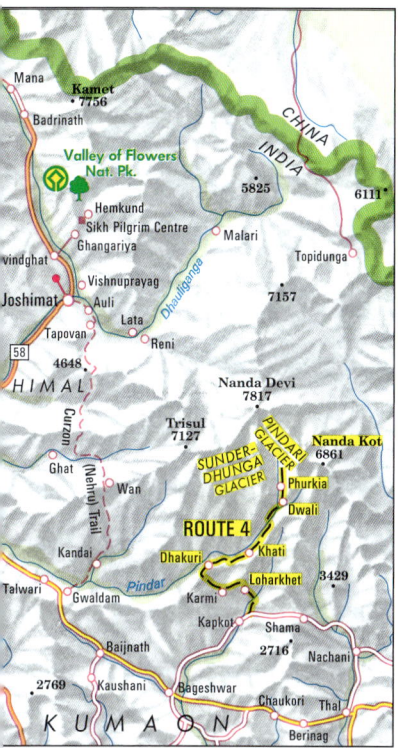

Aunter ist ein hoher, schlanker Steinturm. Der Saumpfad im Wald verläuft östlich des Flusses und führt zu einer Forsthütte bei **Deolsari** (3 km von Aunter); bei der Hütte steht ein hölzerner Tempel im Pagodenstil in einem dichten Nadelwald. Der Aufstieg zum **Nag Tibba** auf dem Waldweg ist 5 km lang, doch ist der Dschungel so dicht, dass es sicherer ist, im Dorf einen Führer zu nehmen. Muntjaks, Wildschweine und Bären sind in dieser Gegend vor allem nachts nichts Ungewöhnliches. Ein kleiner Tempel des Schlangengottes steht westlich des Gipfels (3038 m), wo die Ruine einer alten Waldhütte einen anderen Abstieg ins Yamuna-Tal markiert. Vom Gipfel genießt man einen herrlichen Blick über Garhwal.

Trekking im Himalaya

7

ZUR QUELLE DES GANGES

Der Gangotri-Tempel, 248 km von Rishikesh entfernt, gilt als spirituelle Quelle des heiligsten Flusses im Hinduismus. Jeder Hindu ist bestrebt, einmal im Leben dorthin zu pilgern. Die wirkliche Quelle ist der abschmelzende Gangotri-Gletscher, ca. 19 km südöstlich des Tempels. Die Eishöhle Gaumukh, „Kuhmaul", markiert die heutige Zunge des Gletschers, der zu den größten im Himalaya gehört. Trekking-Touren in diese Himalaya-Region organisiert u. a. das YATRA-Tourist Office in Rishikesh.

Beginnt man die Fahrt in **Rishikesh** (bzw. in Haridwar, 24 km südlich, wo der Ganges aus dem Gebirge austritt), windet sich die Pilgerstraße bald nach **Narendranagar** hinauf, einer kleinen Sommerresidenz des früheren Maharaja von Tehri-Garhwal mit einer Sammlung von Pahari-Miniaturmalereien. Von **Chamba** (60 km) aus verläuft auch eine Nebenstraße nach Mussoorie, einem beliebten Ferienort (55 km). Die Hauptstraße windet sich dann hinab nach **New Tehri** (20 km), dessen Altstadt im neuen Stausee versunken ist.

Die Straße nach Gangotri verläuft am Westufer des Bhagirathi, der in Tehri mit dem Bhilangana zusammenfließt. Letzterer entspringt unterhalb des Thalay-Sagar-Gipfels (auch als Sphetik Prishtwan, 6904 m, bekannt). Auf dem Weg nach Uttarkashi (1158 m) kommt man durch **Dunda**, ein Dorf, in dem sich nomadische Viehhirten aus dem Grenzgebiet zu Tibet niedergelassen haben. **Uttar Kashi** besitzt viele *ashrams* (Meditationsstätten). Im Tempel von **Barahat** steht ein großartiger, über 1000 Jahre alter Dreizack. Auf der anderen Seite des Flusses befindet sich die Bergführerschule **Nehru Institute of Mountaineering**. Von Uttar Kashi

aus kann man einen Ausflug nach **Dodital** (3307 m) unternehmen – der von Dschungel umgebene kleine See ist bei Anglern sehr beliebt. Ab **Bhatwari** (30 km) verläuft der alte Pilgerpfad östlich von **Budh Kedar** und den Seen von **Sahastra Tal**.

Die Straße durchschneidet nun die Hauptkette des Himalaya; die Trasse ist ständig von Unterspülungen und Erdrutschen bedroht. In **Gangnani** kann man heiße Quellen (1855 m) besuchen. Die Fahrt hinauf nach **Sukhi** (2744 m) gibt den Blick auf die andere Seite des Berges frei – auf üppige Nadelwälder und den Fluss, der sich breit über silbrigen Sand hin wälzt. In **Harsil** (75 km) steht ein großes hölzernes Herrenhaus, erbaut vor über 100 Jahren von einem durch Holzhandel reich gewordenen Engländer, dem selbsternannten „Raja" Wilson. Bei Harsil liegt das Dorf **Mukhba**, wo die Göttin Ganga nach hinduistischer Vorstellung den Winter verbringt.

Der Fluss windet sich nun um die Nordseite des Himalaya-Hauptkamms herum nach Osten. Bei **Lanka** (10 km vor Gangotri) treffen der Jad Ganga und der Bhagirathi in einer tiefen Schlucht zusammen. Als die erste Brücke über den 350 Meter tiefen Abgrund von Wilson fertiggestellt worden war, musste er selbst darüberreiten, um den Pilgern ihre Tragfähigkeit zu beweisen.

Mit dem Bau der Autostraße wurde das kleine Dorf **Gangotri** (3048 m) zu einem bedeutenden Pilgerzentrum mit zahlreichen Guesthouses und (ausschließlich vegetarischen) Restaurants. Die Pilger beten zuerst am **Bhagirathi Sheel**, dem Stein, an dem einst der legendäre König Bhagirath Buße getan und so die wasserspendende Göttin Ganga dazu bewegt hatte, zur Erde herabzusteigen.

Der **Gangotri-Tempel** ist etwa 250 Jahre alt. Die schönste Zeremonie ist das abendliche *aarti*, bei dem Lichter geschwenkt und dem Fluss, der alle Sünden fort wäscht, dargeboten wer-

Links: Meditierende Sadhus nahe Gaumukh an der Quelle des Ganges.

Trekking im Himalaya 7

den. Die Lage inmitten dichter Zedernhaine ist beeindruckend, und die sonderbare Veränderung des Flusses schärft die Sinne für Mystisches. Denn der breite Fluss wird plötzlich schmaler und verengt sich nach einem tosenden Wasserfall bei Surajkund noch mehr und zwängt sich dann in eine sehr schmale, tief in den Fels eingeschnittene Schlucht.

Wanderung zur Ganges-Quelle (Route 5)

Bei **Surajkund** stehen die Hütten heiliger Männer. Das skurrilste ist das Häuschen von Sunderananda, dem „Foto-Swami". Manche dieser Heiligen unterliegen einem Schweigegelübde und meditieren auf den Felsen, manche sind nackt und haben sich zum Schutz gegen die Kälte lediglich mit Asche eingerieben, andere genießen durchaus irdischen Komfort.

Oben: Im Einklang mit sich selbst – ein Hindu-Pilger am Ziel seiner Träume, dem Ganges.

Bei Surajkund, wo der Kedar Ganga mit dem Bhagirathi zusammenfließt, beginnt auch der Pfad nach **Kedar Tal**, dem Basislager für Thalay Sagar und Brighupanth (6722 m). Zwei Tage dauert die Wanderung auf dem sehr schmalen und steilen Pfad bis zur Quelle, wobei man häufig oberhalb der Baumgrenze Herden von *bharals* (Blauschafen) zu Gesicht bekommt.

Der Pfad nach ***Gaumukh** ist von Mai bis Oktober begehbar, und manche Pilger marschieren auf der 19 km langen Strecke sogar an einem Tag hin- und zurück. Man passiert nach 10 km **Chirbas** (von Gangotri; 4 Std.), eine Lichtung im Kiefernwald in 2600 Metern Höhe, und übernachtet dann vernünftigerweise in **Bhojbas** (6 km) in der unwirtlichen Höhe von 3792 m (Tourist Bungalow und Restaurant). Hier befindet sich der berühmte *ashram* von Lal Baba, einem Heiligen, der den vorbeiziehenden Pilgern freie Kost und Logis gewährt.

Die schneebedeckten Berge im Hintergrund deuten auf verborgene Schätze hin, die darauf warten, entdeckt zu werden. Der wunderschöne, pyramidenförmige Gipfel **Sudarshan** (6516 m) war bereits vom Eingang des Gangotri-Tempels aus gut sichtbar. Bei Chirbas hat man den Blick auf die drei **Bhagirathi Sisters** genossen, deren höchster Gipfel sich auf 6857 Meter erhebt und die eine herrliche Kulisse auf dem Weg zur Quelle abgeben. Nach der letzten Wegbiegung ragt nun der faszinierende **Shivling** (6543 m) von der anderen Seite des Gletschers her empor, eine majestätische, weiß beflankte Felspyramide.

Die letzten drei Kilometer auf dem Weg vom Ashram zur Quelle sind nahezu flach, der Pfad ist allerdings mit Felsbrocken übersät, und man muss seinen Weg zum Ziel, dem Allerheiligsten des heiligsten Flusses (auf 3892 m Höhe), selbst finden. Die meisten Pilger baden in dem eisigen Wasser, das aus der **Gaumukh-Gletscherhöhle** tost und bereits an seinem Ursprung einen ausgewachsenen Fluss bildet.

Für den gläubigen Pilger bedeutet bereits die Ankunft an der Gletscherzunge einen Höhepunkt. Für den Bergfreund allerdings bleibt dies nicht der einzige Genuss. Er steigt weiter auf zum Gletscher, bahnt sich seinen Weg einige Kilometer an dessen Rand entlang und trifft auf die schönste Gipfelkette der Welt – ein Anblick von unbeschreiblicher Erhabenheit.

Die Ränder des Gletschers sind steil und instabil; am besten begeht man sie am frühen Morgen, bevor die Sonne das Eis antaut. Es gibt zwei Wege: nach Nandanvan (auf der gleichen Seite wie Gaumukh), oder nach Tapovan jenseits des Gletschers. Es können auch an einem Tag beide Strecken begangen werden.

Man startet an der erdigen Seite der Gletscherzunge und sucht sich seinen Weg durch das Geröll am Rand. In der Mitte des drei Kilometer breiten Gletschers gibt es gefährliche Spalten. Man erreicht **Nandanvan** nach sechs sehr beschwerlichen Kilometern. Hier in 4233 Meter Höhe soll sich die wirkliche Gangesquelle befinden. Nandanvan ist das Basislager für den Aufstieg zur Bhagirathi-Gruppe; Nandanvans Reiz für Genusswanderer besteht aber darin, dass es direkt vor dem Shivling liegt und den Blick auf den gesamten Berg freigibt.

Weiter zum Camp Tapovan

Dieses Juwel unter den Berggipfeln ist nur vier Kilometer vom Gletscher entfernt und dient als Orientierungspunkt auf dem Weg über den Gletscher (Vorsicht: Gletscherspalten!). Die steile Randmoräne des Gletschers ist etwas mühsam zu besteigen.

Die Wiesen bei Tapovan sind unbeschreiblich schön und umranken den Fuß des Shivling wie eine Girlande. Im Frühjahr vor der Schneeschmelze verwandeln sie sich kurzzeitig in einen riesigen See. Diese Zeit hat den Vorteil, dass man den Fluss hinter **Bhojbas** auf einer Schneebrücke überqueren kann (ihre Festigkeit muss getestet werden, indem man große Felsbrocken in die Mitte wirft). Um von Gaumukh nach Tapovan zu gelangen, muss die Gletscherzunge überquert werden, d. h., man klettert an der Seite hoch und benutzt die Höhle wie eine Brücke. Hat man das grünschimmernde Eis überschritten, folgt der Pfad quer an einem Schieferhang entlang einem Schafstritt, der zu den Wiesen von **Tapovan** (4600 m; Camp) führt. Im Sommer leben hier heilige Männer in unterirdischen Kammern.

Man kann kilometerweit am **Gangotri-Gletscher** entlang wandern (er verläuft 24 km bis zum Chaukumbha-Massiv, 7138 m). Allerdings ist der Weg sehr beschwerlich – vorbei am Kedarnath (6970 m) und am Khachakund (6617 m). Zahlreiche Nebengletscher führen zu anderen bezaubernden, namenlosen Gipfeln. Dies ist wohl eine der schönsten aller indischen Gebirgslandschaften.

7

Trekking im Himalaya

GÖTTER, RINDER UND ASKETEN

Pantheon des Hinduismus

Die Hymnen des Veda sind – von den Ariern bedrohlich erscheinenden – Naturphänomenen beeinflusst worden. Jede wurde personifiziert, und dem entsprechenden Geist schrieb man übernatürliche Kräfte zu. Später entwickelten sich aus diesen Naturgeistern die Götter des Hinduismus, die man alle für unterschiedliche Erscheinungsformen ein und desselben übergeordneten Wesens hielt und die bis heute von den Hindus angebetet werden. Insgesamt wurden 33 Gottheiten verehrt, die man in 3 Gruppen einteilen kann: die Götter der Erde, der Luft und des Himmels. Die Götter wurden im Vedischen Zeitalter durch Opfergaben wie Butter und *soma*-Saft und das Singen vedischer Hymnen günstig gestimmt. Obwohl die meisten Götter

Oben: Shiva und seine Gattin Parvati mit ihrem Sohn, dem elefantenköpfigen Ganesha, und ihrem „Fahrzeug", dem Stier Nandi.

männlich waren, wurden auch weibliche Gottheiten wie die Göttin der Morgenröte, **Ushas**, oder die Göttin des Flusses, **Sarasvati**, in den Veden verehrt.

Der Feuergott **Agni** war ein wichtiger Gott für die Menschen des Vedischen Zeitalters. Agni leitet sich von einem indo-germanischen Wort ab, das im Lateinischen *ignis* und im Slawischen *ogoni* heißt. Agnis lodernde Flammen erscheinen wie Haare und Zungen, mit denen er die Opfergaben empfängt und zu den anderen Göttern trägt.

Indra war der mächtigste Gott der vedischen Zeit. Er personifiziert das Gewitter, das die Trockenheit beendet und die Dunkelheit vertreibt. Die Wolken erinnern an sich bewegende Festungen, die von Indra angegriffen werden: Also heißt er auch der Zerstörer und wurde deshalb von den Ariern bevorzugt in Kriegszeiten angerufen.

Den alles umschließenden Himmel verkörpert **Varuna**, der Große Herr, in seiner Bedeutung fast so wichtig wie Indra. Er beherrscht Himmel und Erde und trennt sie voneinander; dies wird das Große Gesetz genannt.

Der Gott des Sturmes und des zerstörerischen Blitzes ist der ewig junge **Rudra**. Rudra scheint wie eine glühende Sonne. Im Lauf der Geschichte wurde Rudra mit Agni, dem Feuergott, identifiziert – aus dieser vereinigten Gottheit wurde der großzügige und glückverheißende **Shiva**, der aber auch Schrecken verbreiten konnte und diejenigen tötete, die Angst vor seinem Zorn hatten.

Ebenfalls ein Gott aus dem Vedischen Zeitalter ist **Vishnu**; er ist das Leuchten der Sonne, er ist ein Strahl, der durch den Himmel und die Luft auf die Erde fällt. **Rama** und **Krishna** sind zwei seiner zehn Herabkünfte/Erscheinungsformen (Avatare). Ein anderer wichtiger Gott, der jedoch erst später Bedeutung erlangte, ist **Brahma**, der Schöpfer; er ist identisch mit dem Gott Brihaspati, dem Weltenhüter des Zenits.

Zwar spielten die Gottheiten Rudra, Vishnu und Brahma zu Beginn der Vedischen Zeit nur untergeordnete Rollen, doch die kraftvolle Bildersprache, die sich später um sie herum entfaltete, hob sie in den Pantheon des Hinduismus.

Shiva ist der Gott des Gegensatzes und der Vereinigung des Gegensatzes; das ist das Merkmal dieses furchteinflößenden und glückverheißenden Gottes. In der Dreieinigkeit der hinduistischen Götter gilt Brahma als Schöpfer und Vishnu als Bewahrer. Shiva ist der Zerstörer des Alls, wenn die Zeit gekommen ist; er bringt den Tod. Doch für seine Anhänger ist er sowohl Zerstörer als auch Schöpfer und Bewahrer. Auch Vishnu wird als Bewahrer der erschaffenen Welt begriffen, bis sie erneut zerstört und wieder erschaffen wird. Er ist „Allesbewahrer", der höchste Gott und Erstgeborene der Schöpfung, die weder Anfang noch Ende kennt.

Die Macht der Götter spiegelt sich in ihrer Vielarmigkeit und unzähligen Beinamen wider. Die Göttinnen gelten als Form von **Shakti**, der weiblichen Urkraft des Universums; **Parvati** repräsentiert so die aktive Energie Shivas, **Lakshmi** diejenige Vishnus.

Die heilige Kuh

Die außerhalb Indiens kaum nachvollziehbare Tradition der Verehrung der Kuh (womit der Verzicht auf Rindfleisch verbunden ist) lässt sich etwa 3500 Jahre zurückverfolgen, also bis zu den Ariern, einem indogermanischen Hirtenvolk. Zum Alltag der Arier gehörten Opferrituale, bei denen neben der Opferung heilige Verse rezitiert wurden. Den formalen Ablauf des Opferrituals bestimmten die Brahmanen-Priester; die Opfergaben, hauptsächlich geschmolzene Butter, wurden von der Bevölkerung dargebracht. Im Leben der Menschen hatte die Kuh denselben Stellenwert wie das vedische Feuer oder die Verse der Brahmanen.

Von den domestizierten Tieren war die Kuh das mit Abstand nützlichste Tier, alle ihre Produkte waren verwertbar: Milch, *curd* (Yoghurt), *ghee* (Butterschmalz), der Mist und sogar der Urin (als vielseitiges Heilmittel).

Die Kuh war *kamadhenu*, die Erfüllerin aller Wünsche. Das Füttern und die Pflege einer Kuh wurden als aktive Verehrung verstanden. Im Lauf der Zeit entwickelte sich die Kuh zum Sinnbild der Göttlichkeit, gleichsam zum Wohnsitz der Götter. Die Religion verlangte von den Menschen, einem Brahmanen eine Kuh (*godana*) zu schenken, damit dieser sie anbeten und dadurch die Götter wohlwollend stimmen konnte.

Eine Legende des Veda, die den Kampf zwischen dem brahmanischen Weisen Vasishta und dem König Visvamitra schildert, verdeutlicht die Verehrung, die die Menschen der Kuh entgegenbrachten: Vasishta besaß die Kuh Kamadhenu, die alle Wünsche erfüllte. Deshalb wollte der König die Kuh haben, doch es gelang ihm nicht, sie in seinen Besitz zu bringen. Er musste erkennen, dass die geistige Kraft des Brahmanen – symbolisiert in der Kuh – stärker war als die materielle Macht eines Königs. Er tat Buße und wurde später ein brahmanischer Weiser.

Eine andere Legende erzählt die Geschichte des Weisen Chyavana, der am Zusammenfluss von Ganges und Yamuna seine Bußübungen unter Wasser vollzog. Als an dieser Stelle Fischer ihr Netz auswarfen und den Weisen aus dem Wasser fischten, waren sie ziemlich verstört; der Weise aber beruhigte sie. Er bat sie, zum König zu gehen und ihm zu sagen, dass auch er, der Weise, wie die Fische seinen Preis hätte. Sofort eilte der König herbei und bot Unsummen von Geld, dann die Hälfte seines Königreiches und schließlich – in seiner Verzweiflung – das ganze Reich. Doch immer lehnte der Weise das Angebot ab. Schließlich bot der König eine Kuh als Gegenwert an, und siehe da, der Weise nickte zustimmend.

Die fünf Produkte der Kuh – Milch, Joghurt, *ghee* (Butterschmalz), Urin und Mist – gelten als rituell rein; besonders Butterschmalz, Milch und Joghurt sind wichtig für den Tempelkult. Wenn morgens die Tore des Tempels geöffnet werden, wird eine Kuh hingestellt, damit der Blick des Gottes, wenn er die Augen ins Universum öffnet, als erstes auf die Kuh fällt. Dieser Brauch, der die Götter günstig stimmen soll, wird *Visvarupa Darsana* genannt. Er garantiert den Menschen göttlichen Segen. So hat man früher dem König, nachdem er aufgewacht war, heilige Gegenstände gezeigt, unter anderem eine Kuh.

Es gibt 16 Geschenke – einschließlich einer Kuh –, die ein König oder ein reicher Mann bei passender Gelegenheit machen kann. Bei einer Beerdigung ist das Geschenk einer Kuh unabdingbar, um die Erfüllung der Rituale zu garantieren.

Die Shivaiten reiben ihren Körper und die Stirn mit einer heiligen Asche aus Kuhdung ein.

Krishna, als Kuhhirte eine Inkarnation Vishnus, bevorzugte Kuhmilch und Butter, und mit eben diesen Opfergaben wirbt man um seine Gunst.

Rechts: Auf Spenden wartender Sadhu.

Gurus und Asketen

In Indien ist der Anblick eines orange gekleideten *sadhu* oder *sannyasin* (Wanderasket) keineswegs ungewöhnlich. Entweder ist der Kopf kahlgeschoren, oder er trägt einen langen Bart, verfilztes Haar und wandert mit einer Bettelschale durch das Land. Ebenfalls alltäglich ist die Verehrung, die man ihm entgegenbringt. Häufig begegnet man den *sadhus* an Wallfahrtsorten, wo trotz der Ähnlichkeit ihres Erscheinungsbildes Unterschiede deutlich werden.

Seit den 1960er Jahren haben indische *gurus* (spirituelle Lehrer) die Fantasie der Menschen der westlichen Welt angeregt und wurden zu Kultfiguren hochstilisiert; ein berühmtes Beispiel hierfür war Bhagwan (posthum „Osho" genannt) in Poona, der scharenweise europäische und amerikanische „Sinnsucher" anzog. Überall in Indien existieren *ashrams*, deren Spektrum von einigen kleinen, in abgelegenen Wäldern liegenden Hütten bis hin zu durchorganisierten Siedlungen mit Schulen, Krankenhäusern und anderen sozialen Einrichtungen reicht. Besucher werden in einem solchen *ashram* gerne aufgenommen, auch dürfen sie an den Lehrveranstaltungen des *gurus* und seiner Schüler teilnehmen. Lange Zeit war im Westen der *guru* quasi ein Synonym für Indien. Die *gurus* sind ein integraler Bestandteil der indischen Hindu-Kultur, in der sie vor allem die Rolle eines religiösen Lehrers spielen.

Vor etwa 2000 Jahren tauchten die ersten asketischen *sadhus* in Indien auf, die überzeugt waren, dass die Wurzel allen menschlichen Leidens die materiellen Bedürfnisse sind. So heißt es: „Sobald der Mensch in Objektbegriffen denkt, entwickelt er eine Beziehung zu diesem Objekt, und von diesem Moment an dauert es nicht mehr lange, bis man dieses Objekt besitzen will. Die Folgen dieses Besitzdenkens sind Angst, Hass, Neid. Der Mensch denkt nicht mehr sachlich und verliert seine

Erkenntnisfähigkeit; am Ende gar sich selbst."

Ähnlich dachten die buddhistischen und jainistischen Seher: Will man dem Leiden entfliehen, bedeutet dies, seine Bedürfnisse zu kontrollieren und seine Wahrnehmung zu schulen. Der beste Weg ist die völlige Loslösung vom Irdischen. Im Jainismus kennt man das Fasten bis zum Tod als höchste Form der Entsagung und als Bekundung, dass selbst der Tod nichts bedeutet.

Sobald sich ein Mensch entschieden hat, ein Leben als *sadhu* zu führen, sprengt er die Grenzen seines bisherigen Lebens, die seiner Familie, seiner Heimat, seiner Kastenzugehörigkeit oder die seiner Religion. Er begibt sich in ein Reich ohne Grenzen, das Reich des universalen Bewusstseins, und er wird zu einem Zentrum der Ruhe. Die Ausgeglichenheit und die Selbstbeherrschung der *sadhus* erwecken bei ihren Mitmenschen tiefe Verehrung, die sie sich nur durch ununterbrochene Bemühungen, ständige Bewusstheit und den wahren Willen nach Loslösung von allem Irdischen erhalten. Manchmal gewinnt man den Eindruck, diese Männer verfügten über übernatürliche Kräfte, und sie könnten geistige wie körperliche Schmerzen heilen. In den heiligen Schriften steht, dass diese Kräfte nur für die Heilung der Leiden anderer Menschen genutzt werden dürfen; sollte ein *sadhu* sie zu seinen eigenen Gunsten nutzen wollen, etwa um Ruhm und Wohlstand zu erlangen, dann verliert er diese Kräfte.

Dieses Ideal der *sadhus* wird seit dem Vedischen Zeitalter ungebrochen überliefert. Trotzdem gibt es unter ihnen genügend Scharlatane, die den gesellschaftlichen Rang eines *sadhus* für ihre Bereicherung auszunutzen wissen. Selbst vor 1500 Jahren war man sich der Gefahr des Missbrauchs des Status eines *sadhus* bewusst. In einer Verszeile aus der Shankara-Zeit heißt es: „Safrangelbe Roben oder seidene Kleidung, ein geschorener Kopf oder verfilzte Locken sollen die Mitmenschen blenden, um sich als *sadhu* den Bauch vollzuschlagen. Unter einer Million *sadhus* gibt es vielleicht einen, der ernsthaft die Wahrheit sucht."

DIE SIEBEN HEILIGEN STÄDTE

1 HIMACHAL PRADESH
2 SIKKIM
3 ARUNACHAL PRADESH
4 NAGALAND
5 MANIPUR
6 MIZORAM
7 TRIPURA
8 MEGHALAYA

DIE SIEBEN HEILIGEN STÄDTE
© Nelles Verlag GmbH, München

DIE SIEBEN HEILIGEN STÄDTE DER HINDUS

Im Hinduismus ist das Leben ein magischer Überfluss an Energie, ein Einfließen des Göttlichen. Gewissen Orten werden heilige Kräfte zugeschrieben, die dem Pilger sofortige Segnung verleihen und seine Seele vor weiterem Unheil bewahren. Während der Epoche des klassischen Hinduismus (ca. 4. Jahrhundert n. Chr.) wurden all diese Orte in Sanskrit-Versen besungen, deren Rezitation zur Erlösung führen konnte, die aber auch als Leitfaden für Pilger dienten. So war beispielsweise das reine Aufzählen der sieben heiligen Flüsse gleichbedeutend mit einem rituellen Bad.

Derzeit (denn die Traditionen haben sich seit dem 4. Jh. geändert) sind die sieben heiligen Städte des Hinduismus: **Ayodhya** (Geburtsort Ramas), **Mathura** (Geburtsort Krishnas), **Dwarka** (das legendäre Königreich an der Küste, wo Krishna in den Himmel aufstieg), **Haridwar** (der günstigste Ort für die Versenkung der Asche von Verstorbenen), **Varanasi** (beim Bad im Ganges kann man die Erlösung finden), **Ujjain** (wichtige Manifestation Shivas) und **Kanchipuram** (jahrhundertealtes Zentrum der hinduistischen Lehre in Südindien).

Ayodhya – Geburtsort Ramas

Die große Bedeutung des Pilgerorts **Ayodhya** hat sich besonders deutlich 1992 gezeigt, als Hindufanatiker im Namen Ramas eine – von Muslimen im Jahr 1528 über dessen Geburtsstätte errichtete – Moschee niederrissen und dadurch Unruhen provozierten.

Mathura – wo Krishna tanzte

Mathura, der Geburtsort Krishnas, und Dwarka ziehen Anhänger anderer Sekten an, die Radha und Krishna verehren. Der Hinduismus spricht sämtliche psychologische Nuancen zwischenmenschlicher Beziehungen an, wobei er sich eher mit den Feinheiten des Lebens als mit den Alltäglichkeiten befasst. Rama und seine Gemahlin Sita repräsentieren das höfische Beispiel tugendhafter Herrscher, Radha und Krishna hingegen verkörpern ein eher dörfliches Liebespaar.

In der Nähe von Mathura liegt **Vrindavan**, wo sich das göttliche Liebespaar traf. Jedes religiöse Fest dort ist eine farbenfrohe Erinnerung an diese göttliche Romanze.

Dwarka

Eher zurückhaltend ist die Stimmung in **Dwarka**, die Krishnas reifere Natur als Berater der Helden des *Mahabharata* widerspiegelt. Dwarka gehört nebenbei auch zu den vier spirituellen Himmelsrichtungen des Hinduismus. Der Philosoph Shankaracharya bestimmte es als den am weitesten westlich gelegenen Tempel, wo die Pilger auf ihrer Rundreise durch den Subkontinent bei den Nachkommen der Lehrer, die er damals an diesen vier Orten eingewiesen hatte, Belehrung erfahren können.

Haridwar – Tor zu Gott

Haridwar ist dank seiner mythischen Bedeutung als Platz, an dem einer von vier Tropfen des Unsterblichkeitsnektars *amrita* auf die Erde fiel (die drei anderen landeten in Allahabad, Nasik und Ujjain), einer der bedeutendsten Pilgerorte. Wer hier im Ganges badet, muss sich an Ketten festhalten, um nicht vom Strom mitgerissen zu werden.

Die abendliche Andacht bei Har-ki-Pauri ist eines der faszinierendsten religiösen Rituale der Welt. Mit Blumen und einer Öllampe geschmückte Blattschiffchen werden in der Abenddämmerung auf dem Fluss ausgesetzt und treiben dann einem ungewissen Schicksal entgegen. Diese Symbolik ist sehr bewegend und gibt dem Besucher Gele-

Die Kumbh-Mela-Feier

genheit, die drängelnde Menge von Bettlern, Priestern, Betrügern und wunderlichen Käuzen zu beobachten, die in sämtliche heiligen Orte eindringt, wo einfache Menschen, die oft nichts als ihren Glauben besitzen, zusammenkommen.

Haridwar bedeutet „das Tor zu Vishnu", da man von hier aus die wichtigen Vishnu-Pilgerorte im Himalaya besuchen kann. Der Name bezieht sich jedoch auch auf die Erlösung der Seele bei der Verbrennung des Körpers. Der Hauptfluss in Haridwar ist heute der Ganga Canal; der alte Flusslauf führt durch die südlich gelegene Vorstadt Kankhal, wo der orthodoxe Pilger seine *yatra* (Pilgerreise) antreten muss. In Haridwar wird alle zwölf Jahre die große *Kumbh Mela* gefeiert, bei der Millionen Hindus im Ganges baden (zuletzt 2010).

Oben: Sadhus beim rituellen Badefest Kumbh Mela in Haridwar, das dreißig Millionen Gläubige besuchen. Rechts: Souvenir aus Mathura – Lackdosen mit dem Flöte spielenden Krischna.

Die *Kumbh Mela*-Feier findet wie in **Haridwar** alle 12 Jahre (der Umlaufzeit des Jupiters um die Sonne) in drei weiteren Städten statt (rotierend im Drei-Jahres-Rhythmus): Prayag bei **Allahabad** (2013), wo die Flüsse Ganges und Yamuna – und Millionen Gläubige – zusammenströmen; **Nasik** in Maharashtra, in der Nähe der Godavari-Quelle; und in **Ujjain**.

Zudem wird alle sechs Jahre noch ein *Ardh* (halbes) *Kumbha* abgehalten, das die Vorfreude der Gläubigen auf das von Sünden befreiende Haupt-Badefest noch steigert.

Diese *Melas* gehen bis in das 13. Jh. zurück und spiegeln die Vorliebe des Hinduismus für große Feste und Hierarchien wider. Die verschiedenen Sekten sammeln sich in Lagern am Flussufer; ihre Vertreter reichen von hoch gelehrten, aber bescheidenen Eremiten bis hin zu Sadhus mit Nagelbrettern. Die kriegerischen nackten Naga-Orden, deren Haupttreffen die Kumbh Mela ist, entstanden zur Verteidigung des Hinduis-

mus gegen den Islam. Die Reihenfolge, nach der die verschiedenen Asketenorden im Ganges baden, ist für den friedlichen Ablauf der *Mela* entscheidend; früher gab es deswegen öfter gewaltsame Auseinandersetzungen.

Varanasi (Benares)

Auf seinem Weg entlang dem Ganges erreicht der Pilger schließlich die heiligste Stadt des Hinduismus, **Varanasi**, deren Zauber bis ins kleinste Detail ihren Ruf bestätigt. Das brodelnde Leben am Fluss prägt diese Stadt, denn der Pilger stillt an den *ghats* (Uferstufen) seine tiefsten Sehnsüchte. Wie der Hinduismus selbst überwindet Varanasi alle Schwierigkeiten mühelos. Der uralte Sarnath Stupa, die mittelalterliche Moschee und die moderne Eisenbahnbrücke – alles verschmilzt in der ältesten ununterbrochen bewohnten Stadt der Welt zu einer harmonischen, unauflöslichen Einheit.

Der **Vishvanath-Tempel** verlieh Varanasi den Beinamen „Kashi". Hier manifestierte sich Shiva erstmals in Form eines *jyotirlingams* (Lichtsäule) als mächtigster Gott der Shiva-Verehrer.

Ujjain

Die Stadt **Ujjain**, am Ufer des Shipra, eines Nebenflusses der Yamuna, besitzt ebenfalls einen *jyotirlingam*-Tempel, den **Mahakaleshwar Madir**, und zählt zu den heiligsten Städten Indiens. Bei der Kumbh Mela im Jahr 2004 badeten hier allein am letzten Tag 7 Millionen Hindus.

Kanchipuram

Die siebte der heiligen Städte des Hinduismus ist **Kanchipuram** in Südindien, dessen ältester Tempel, der **Kailasanatha** aus der Zeit der Pallavas im 8. Jh., noch erstaunlich gut erhalten ist. Der größte Shiva-Tempel hier heißt **Ekambareshvara** und stammt aus dem 16. Jh. Es heißt, Kanchipuram verbände das Wissen Ujjains, die Hingabe der Vaishnav-Städte und die Askese Shankaracharyas, dessen Leichnam hier zurückgeblieben sein soll.

NATIONALPARKS

1 HIMACHAL PRADESH
2 SIKKIM
3 ARUNACHAL PRADESH
4 NAGALAND
5 MANIPUR
6 MIZORAM
7 TRIPURA
8 MEGHALAYA
9 ASSAM

NATIONALPARKS
© Nelles Verlag GmbH, München

NATIONALPARKS

In Indien findet man noch immer eine große Vielfalt an geschützten Wäldern und seltenen Tierarten.

Der **Dachigam National Park** (21 km von Srinagar, Kaschmir) ist ein ursprüngliches alpines Ökosystem, das sich von 1700 Meter bis in Höhen von 4300 Meter hinauf erstreckt. Dort lebt der stark vom Aussterben bedrohte Kaschmir-Hirsch (*hangul*) sowie eine ansehnliche Population schwarzer und in höheren Lagen brauner Himalaya-Bären, die man vor allem im Sommer beobachten kann. Ferner gibt es dort Moschus-Hirsche, Füchse, Murmeltiere und eine reiche Vogelwelt. Die beste Zeit zur Beobachtung des seltenen Kaschmir-Hirschs ist der Winter, wenn sich die Tiere wegen der Schneemassen in tieferen Lagen aufhalten.

Corbett Tiger Reserve

Der **Corbett National Park** und das **Project Tiger Reserve** liegen in Uttarakhand, 300 km östlich von New Delhi. Dieser älteste Nationalpark Indiens ist zugleich einer der schönsten, gelegen in den grünen Vorbergen des Kumaon-Himalaya. Er bietet mit seinen laubwerfenden, v. a. aus Salbäumen bestehenden Mischwäldern, weiten Grasflächen und ständig wasserführenden Flüssen Lebensraum für Tiger, deren Beutetiere und auch wilde Elefanten, die im Sommer aus den umliegenden Wäldern einwandern. Der Corbett National Park befindet sich im Herzen des Gebietes, wo Jim Corbett um 1920 die meisten Menschenfresser-Tiger erlegte. Besucher können auf Elefanten durch den Park reiten, außerdem existiert ein recht gutes Straßennetz. Man bekommt relativ leicht *chital*, *sambar* – die größte Hirschart Indiens – Muntjaks, Wildschweine, Warane, Ghaviale (fischfressende Krokodile) und von den über 500 Vogelarten Rebhühner, Bankiva-Hühner, Fasane, Habichte, Bussarde, Adler und Paradiesfliegenschnäpper zu sehen. Viel Fotosafariglück braucht man für Tiger und Leoparden.

Westlich des Corbett-Nationalparks liegt der **Rajaji-Nationalpark** mit einer Fläche von 820 km^2, der ebenfalls Elefanten, Leoparden, Hyänen und Tiger beheimatet.

Dudhwa, Manas und Kaziranga

Südöstlich von Corbett befindet sich der **Dudhwa National Park** im **Terai**-Tiefland: ein dichter, oft sumpfiger Dschungel an der Grenze zwischen Indien und Nepal am Fuß des Himalayas. Dudhwa ist bekannt für seine große Population der bedrohten Hirschart *barasingha*, auch Tiger und deren Beutetiere sind zahlreich vertreten, die Vielfalt der Vogelwelt ist enorm. Das Nashorn war in Dudhwa ausgerottet, bis man um 1985 Rhinos aus Kaziranga (Assam) und Chitwan (Nepal) hier ansiedelte.

In Richtung Grenze nach Bhutan, 176 km von Guwahati in Assam, liegt das **Manas Tiger Reserve**. Hier herrscht üppig-grüner tropischer Regenwald vor. Das Reservat wurde nach dem Manas-Fluss, der es durchfließt, benannt und ist der einzige bekannte Lebensraum der wunderschönen Goldlanguren, einer Affenart. Hier lebt eine größere Population von Tigern, wilden Büffeln und Elefanten; die farbenfrohe Vogelwelt reicht vom bedrohten großen Indischen Nashornvogel bis zum winzigen Mennigvogel. Es ist nicht leicht, in Manas Tiger zu Gesicht zu bekommen, Büffel und Elefanten kann man jedoch gut beobachten. Zudem gibt es Lippenbären, Sambars, Wildschweine und Muntjaks. Die Vielfalt der Insektenarten ist faszinierend. Ein unvergessliches Erlebnis stellt eine Bootsfahrt auf dem Fluss dar. Im Dschungel leben auch Gaurs und Nashörner, wobei letztere von Wilderei bedroht sind.

Flora und Fauna in **Kaziranga** (221 km von Guwahati) sind vielfältig und gut zu beobachten. Nashörner,

8

Nationalparks

Wasserbüffel und kleine Herden von *barasin-ghas* stehen auf den Wiesen und in den Sümpfen, Bankiva-Hühner stolzieren umher, und am Himmel kreisen Fischadler und Weihen. An den zahlreichen, dichtbewachsenen Wasserläufen sind häufig wilde Elefanten zu sehen. Der an einer Seite vom Brahmaputra und auf der anderen Seite von einem Highway begrenzte Kaziranga-Park beherbergt einige Exemplare des Indischen Panzernashorns. Im Winter kommen Wanderenten, Gänse und andere Wasservögel hierher, an klaren Tagen zeigt sich im Hintergrund der Himalaya. Fotopirsch zu Fuß ist gefährlich; man kommt auch per Reitelefant oder Jeep nah an Nashörner heran.

Die Sundarbans

Die **Sundarbans**, weitläufige Mangrovensümpfe, sind heute Nationalpark, UNESCO-Welterbe und das Tigerreservat mit der größten Tigerpopulation Indiens und der geringsten Entfernung zur nächsten Großstadt: Calcutta ist nur 70 Kilometer entfernt. In diesem Gebiet wird mehr als anderswo die Anpassungsfähigkeit des Tigers deutlich, der hier ein exzellenter Schwimmer geworden ist. Auf den ersten Blick erscheinen die Sundarbans nur wie Sumpfland und niedriger grüner Dschungel. Bei näherer Betrachtung jedoch treten faszinierende Lebensformen zutage: Winkerkrabben, Schlammspringer, Meereskrokodile und -schildkröten sowie Tiger – die sich selten sehen lassen, aber extrem gefährlich sind. Alljährlich fallen ihnen Dutzende einheimische Holzsammler und Fischer zum Opfer. Gegen Abend kann man oft Axis-Hirsche und Wildschweine beobachten. Bei Sajnekhali existiert eine Wasservogelkolonie . Die einzige Möglichkeit, die Sundarbans zu erleben, ist, per Boot auf den winzigen Flüsschen zwischen den Mangroven durchzuschippern.

Ranthambhore, Ghana und Sariska

Die Tiger von **Ranthambhore** lassen sich weit weniger durch die Nähe des Menschen stören als die in Corbett, Dudhwa oder in den Sundarbans. Dieses Tigerreservat mit Nationalpark besteht aus nahezu unfruchtbarer Felslandschaft und niedrigem Dschungel, der von grünen Lichtungen unterbrochen wird. Aufgrund dieses offenen Dschungels und dank Wasserstellen können die Tiere, auch Tiger, gut beobachtet werden. In Ranthambhore konzentrieren sich Sambars, Axis-Hirsche, Hyänen, Leoparden und Krokodile um drei kleine natürliche Seen, die im Winter auch Zugvögel anziehen. Mit Glück sieht man die wunderschöne, heute bedrohte Indische Echtgazelle *chinkara*, Nilgai-Antilopen und Wildschweine.

Zwischen Ranthambhore und dem Sariska Tiger Reserve, 176 Straßenkilometer von Delhi, liegt das vermutlich bekannteste Vogelschutzgebiet der Welt, der **Keoladeo Ghana National Park** (UNESCO-Weltnaturerbe). Der ursprünglich künstlich angelegte Sumpf besteht nun aus einem 29 km^2 großen Seensystem, durchzogen von Fahrwegen und Pfaden und unterbrochen von Gebieten, in denen Sambars, Nilgai-Antilopen, Wildschweine, Axis-Hirsche, Pythons und eine Vielzahl verschiedener Vogelarten leben. Berühmt ist der Ghana indes für seine Wasservögel. Im September verwandeln Störche, Löffler, Silberreiher, Ibisse, Reiher und andere Vogelarten die Akazienbäume in eine riesige krächzende, flatternde und zwitschernde Kinderstube. Kurz nach der Brutzeit kommen die Zugvögel aus Russland, aus China und Indiens äußerstem Norden: Abertausende von Enten und Gänsen. Im November ist eine Attraktion geboten – die Ankunft des Sibirischen Kranichs.

Rechts: Chital- oder Axis-Hirsche posieren für den Fotografen im Sariska-Reservat, Rajasthan.

Sariska National Park, 200 km südwestlich von Delhi, ist ein großes Tigerreservat und von Delhi aus am besten zu erreichen. Sambars, Axis-Hirsche, Nilgai-Antilopen und Affen sind hier gut zu beobachten; einen Tiger zu sehen ist allerdings Glückssache, da Sariska große Probleme mit Wilderei hat und 2005 der Park tigerfrei war. Ab 2009 wurden einige Tiger aus Ranthambore dort wieder angesiedelt. In diesem trockenen, laubabwerfenden Wald sind an Wasserstellen Beobachtungstürme aufgebaut.

Pench, Kanha und Bandhavgarh

Der riesige **Pench-Nationalpark** liegt etwa 70 km nördlich von Nagpur, zum Großteil in Madhya Pradesh (etwa 10 % des Parks gehören zu Maharastra, www.pench.net). Dieses Biotop hat Kipling einst zum „Dschungelbuch" inspiriert und war auch Schauplatz der BBC-Serie „Tiger, Spy in the Jungle", die mit versteckten Kameras operierte. Entlang des Pench River lassen sich Sambar-Hirsche, Schakale, Languren, Leoparden und auch Tiger beobachten.

Wohnen kann man in komfortablen Jungle Lodges z. B. der Taj- oder Tuli-Gruppe (Baghvan Taj Wilderness Lodge, www.tajhotels.com; Tuli Tiger Corridor, www.tulihotels.com).

Die beiden Nationalparks von **Kanha** und **Bandhavgarh** in Madhya Pradesh eignen sich gut zur Tigerbeobachtung vom Auto oder vom Elefantenrücken. Die Tiger leben hier ungestört neben den anderen Großsäugern: den Elefanten. Der Dschungel besteht aus Laubbäumen, in Kanha aus Bambuswäldern, unterbrochen von Lichtungen, die häufig von Axis-Hirschen und *barasinghas* aufgesucht werden. Zu beobachten sind auch die *chousingha*-Antilope, die Hirschziegenantilope sowie Wildhunde. Bandhavgarh besitzt außerdem eine verlassene Festung und alte Höhlen.

Gir Forest (Sasan Gir)

Indische Löwen, bis zum 17. Jh. noch häufig, existieren nur noch im **Gir Forest** in Gujarat; 2010 wurden über 400 gezählt. In **Kutch** (Kachchh) in Gujarat lebt noch der Indische Wildesel.

8

Nationalparks

VORBEREITUNGEN

Klima / Reisezeit

Die Temperaturen in Indien sind sehr unterschiedlich; sie können – je nach Region und Jahreszeit – unter dem Gefrierpunkt oder über 45 °C liegen. Nordindien hat überwiegend kontinental-subtropisches Klima. Die empfehlenswerte Reisezeit ist zwar allgemein von Oktober bis März (Ladakh: Juni bis September), aber eine Reise in anderen Monaten ist ebenso möglich. Im Sommer (März bis Mai), wenn es in den Ebenen sehr heiß und trocken wird, ziehen sich wohlhabende Inder in Erholungsorte in den Bergen wie Kullu-Tal oder Darjeeling zurück.

Ein Wetter-Schreckgespenst ist der indische **Monsun**: Jahr für Jahr zieht er auf demselben Weg über den Subkontinent; seine Regenwolken hängen von Juni bis September über dem Land. Aber da sie nicht überall gleichzeitig abregnen, kann man ihnen ausweichen.

Im Winter herrscht in hochgelegenen Regionen wie Ladakh ein sehr raues Klima. In den tiefergelegenen Gebieten ist es in dieser Zeit sonnig und angenehm bis kühl. Beachtlich sind die großen Tagesschwankungen von bis zu 20 °C. Ab März wird es rapide wärmer, bis es im Mai und Juni südlich des Himalaya unerträglich heiß wird.

Bekleidung

Reiseroute und Reisezeit sind ausschlaggebend für die Bekleidung. Im Winter kann im ganzen Norden ein warmer Anorak nicht schaden; besonders morgens und abends kann es kalt werden. Von März bis Oktober reicht eine leichte Wolljacke. Verzichten Sie auf synthetische Kleidung, lockere Baumwoll- oder Seidensachen sind das angenehmste. Insgesamt sollte auf saubere und gepflegte Kleidung geachtet werden. Die Inder achten nachlässig gekleidete Menschen nicht. Nackte Oberarme und Beine sollten für Männer wie für Frauen tabu sein.

Visum

Visum: Ein gültiger Reisepass und ein Visum sind Voraussetzung für die Einreise (www.indianembassy.de). Der Antrag auf Erteilung des **Touristenvisums** muss auf zwei (im Internet bei den für das jeweilige deutsche Bundesland zuständigen externen Visa-Dienstleistern herunterzuladenden) Formularen erfolgen, denen zwei biometrische Passfotos und eine Buchungsbestätigung für ein Rück- oder Weiterreiseticket beizufügen sind (www.in.de.coxandkings.com, www. igcsvisa.de, https://indianvisaonline.gov.in/visa/). Erläuterungen dazu: http://www.indienaktuell.de/indien-info/visum/).

Das Touristenvisum kann für mehrmalige Einreisen und bis zu 180 Tage Gültigkeit (ab Tag des Ausstellungsdatums!) für ca. 50 € plus Bearbeitungsgebühr beantragt werden. Allerdings müssen zwischen zwei Indienaufenthalten – Ausreise und erneuter Einreise – mindestens zwei Monate liegen.

Zuständig ist die dem Wohnsitz nächstgelegene Auslandsvertretung.

Deutschland: Indische Botschaft, Tiergartenstr. 17, 10785 Berlin, Tel. (030) 25 79 58 20, 25 79 56 11, Fax 25 79 56 20. Indisches Generalkonsulat, Friedrich-Ebert-Anlage 26, 60325 Frankfurt, Tel. (069) 153 00 50, Fax 55 41 25, Visum: (069) 74 08 76 46, Fax 74 08 76 47. Generalkonsulat Indien, Graumannsweg 57, 22087 Hamburg, Tel. (040) 33 80 36, 32 47 44, Fax 32 37 57. Indisches Generalkonsulat, Widenmayerstr. 15, 80538 München, Tel. (089) 21 02 39-0/-40/-41/-42, Fax 21 02 39 80. www.cgimuenchen.de.

Österreich: Indische Botschaft, Kärtner Ring 2, 1010 Wien, Tel. (01) 505 86 666, Fax (01) 505 92 19. www.indianembassy.at.

Schweiz: Indische Botschaft, Kirchenfeldstr. 28, 3005 Bern, Tel. (031) 351 11 10, 351 10 46. www.indembassybern.ch.

Für den Besuch von Sperrgebieten (*Restricted Areas* und *Protected Areas*) ist eine **Sondergenehmigung** (*Permit*) nötig, die mit dem Visum zu beantragen ist (ca. 40 Euro). Für den Besuch der Staaten Arunachal Pradesh, Manipur, Mizoram, Nagaland sowie für Trekking in West- und Nordsikkim werden diese Permits nur für Reisegruppen ab 4 Personen ausgestellt. Für einige Andamanen- und Lakkadiven-Inseln sowie nach Sikkim wird die Genehmigung mit dem Visum ausgestellt; für die Touristeninseln der **Andamanen** erhält man das 30-Tage-Permit auch bei Ankunft in Port Blair gratis.

Vom Besuch Assams wird zeitweise abgeraten, in Indien kann man sich über die aktuelle Sicherheitslage informieren bei: Secretary, Ministry of Home Affairs (Foreigners Division), Government of India, Lok Nayak Bhavan, Khan Market, New Delhi 110003, Tel. 619709.

Zoll

Auch wer durch die grüne Zollschranke geht, muss mit stichprobenartigen Gepäckuntersuchungen rechnen. Als zollfreie Artikel gelten Gegenstände des persönlichen Bedarfs wie Schmuck, eine Kamera, Campingausrüstung usw. Außerdem noch 200 Zigaretten und 0,95 l Alkohol. Weitere Kameras sowie Videokamera und Notebook sollten deklariert werden. Auch teure Wertgegenstände sowie professionelles Equipment müssen deklariert werden. Die Einfuhr von Drogen, lebenden Pflanzen, ungemünztem Silber und Gold sowie von Waffen ohne Waffenschein ist verboten. Aus Indien ausführen darf man weder Antiquitäten, die über 100 Jahre alt sind, noch Tierhäute oder andere gegen den Artenschutz verstoßende Artikel.

Währung/ Geldumtausch/ Devisen

Landeswährung ist die Indische **Rupie**, unterteilt in 100 Paise. Im Umlauf sind Münzen zu 25 und 50 Paise und 1, 2, 5, und 10 Rupien; Banknoten im Wert von 5, 10, 20, 50, 100, 500 und 1000 Rupies. Indische Rupien dürfen offiziell weder ein- noch ausgeführt werden.

Geldumtausch: Wechselkurs (Aug. 2012): 1 € = 68 Rs. Geld sollte man nur bei Banken oder autorisierten Geldwechslern tauschen. Reiseschecks und Bargeld in Euro werden zu einem korrekten Kurs gewechselt. Mit einer gängigen Kreditkarte oder EC/Maestro-Karte kann man in den meisten Städten Bargeld am Geldautomaten abheben, mit der Kreditkarte in vielen Geschäften und Hotels bezahlen (allerdings wird manchmal eine Gebühr verlangt).

Devisenvorschriften: Fremdwährung darf jederzeit in Form von Münzen, Scheinen oder Reiseschecks in beliebiger Höhe eingeführt werden – vorausgesetzt, man deklariert den Betrag beim Zoll: Geldbeträge von über 5000 Dollar in bar oder in Reiseschecks müssen deklariert werden. Der Geldumtausch muss durch eine Quittung belegbar sein, um später beim Verlassen des Landes übrig gebliebene Rupien zurücktauschen zu können.

Gesundheitsvorsorge

Eine Impfung ist nur notwendig, wenn Sie zehn Tage vor der Einreise nach Indien ein Gelbfiebergebiet besucht oder durchfahren haben (vor allem Gebiete in Afrika und Südamerika). Offiziell benötigt man keine Impfung, doch Impfungen gegen Hepatitis, Tetanus, Tollwut, Polio und Typhus sind anzuraten. In manchen ländlichen Gebieten ist die Japanische Encephalitis eine Gefahr, ebenso das Denguefieber – hier hilft nur, sich vor Stichen zu schützen! Etwa durch vollständige Bekleidung, Lotionen oder Moskitonetz.

Es herrscht im ganzen Land in Höhenlagen unter 2 000 m ein geringes **Malariarisiko** (ca. 50 % Malaria tropica / P. falciparum, ansonsten Malaria tertiana); das größte Risiko besteht während und nach der Regenzeit, wenn die übertragenden Mücken besonders zahlreich und stechfreudig sind.

9

Reise-Informationen

In die Reiseapotheke sollten Sie folgende Medikamente packen: Eventuell Malariatabletten – abhängig von Reiseziel und Reisezeit (ein Tropeninstitut konsultieren; meist genügt es, für den Notfall ein „Stand-by"-Malariamittel dabei zu haben) –, Mittel gegen Brechreiz und Durchfall, Antibiotika, Lotion gegen Insekten und Sonnenschutzmittel, ein Antiseptikum, Verbandszeug, Mineral- und Salztabletten (für Trekkingtouren evtl. Mittel wie Certisil zur Wasser-Entkeimung). Entsprechende Medikamente erhält man in allen Apotheken; solche, die an Krankenhäuser angeschlossen sind, haben rund um die Uhr geöffnet. Hohes Risiko für Darmerkrankungen durch Viren, Bakterien, Amöben und Würmer: Wasser sollte man abkochen, ansonsten empfehlen sich Mineralwasser oder versiegelte Erfrischungsgetränke; zu meiden sind Salat, rohes Gemüse, bereits geschälte Früchte, Mayonnaise, Eiswürfel und Leitungswasser! Durchgekochte oder gebratene Nahrungsmittel, die frisch vom Herd kommen, sind normalerweise unbedenklich.

Reisemedizinische Informationen dazu im Netz: www.fit-for-travel.de

Sehr zu empfehlen ist der Abschluss einer Auslandskrankenversicherung mit Rückholversicherung.

Ausreise

Die Rückflug-Reservierung muss bei manchen Fluggesellschaften zwei Tage zuvor rückbestätigt werden. Für das Einchecken am Flughafen sollte man mindestens zwei Stunden veranschlagen. Jeder Passagier muss vor dem Einchecken in ein Flugzeug oder in ein Schiff eine Hafen- oder Flughafengebühr zahlen (die aber manchmal schon im Ticket enthalten ist). **Airport Tax** ab Delhi (international): 1461 Rp (2012).

REISEWEGE NACH INDIEN

Etwa 60 internationale Fluggesellschaften fliegen internationale Flughä-

fen in Indien an: Ahmedabad, Amritsar, Bangalore, Bombay (Mumbai), Delhi, Goa, Guwahati, Hyderabad, Kolkata, Kochi, Madras (Chennai), Trivandrum (Thiruvananthapuram).

REISEN INNERHALB INDIENS

Fluglinien

Die besten und sichersten innerindische Fluglinien sind privat: JET-Airways und Kingfisher Airlines haben ein weitverzweigtes Streckennetz und operieren auch international. Spicejet, Indigo, Jetlite, Kingfisher Red und GoAir sind moderne Billigfluggesellschaften. Paramount Airways und MDLR sind weitere, kleinere Privatlinien. Die staatliche Air India/Indian Airlines fliegt neben 70 inländischen Zielen auch Afghanistan, Bangladesh, die Malediven, Nepal, Pakistan und Sri Lanka an, außerdem Europa, Nordamerika, China und Japan.

Während der Touristensaison von Oktober bis März muss man sich bei allen Gesellschaften rechtzeitig um Plätze bemühen und sollte spätestens eine Stunde vor Abflug am Flughafen einchecken. Zubringerbusse verbinden einige Hotels mit dem Flughafen.

Manche Fluggesellschaften (JET Airways, Air India) bieten Flugpässe für eine bestimmte Auswahl an Flugregionen und Zeitdauer an.

Für Studenten unter 30 Jahre kann es sich lohnen, nach Sondertarifen zu fragen. Flüge können am billigsten direkt übers Internet gebucht werden:
www.jetairways.com,
www.flykingfisher.com,
www.airindia.in oder www.yatra.in

Eisenbahn

Das indische Eisenbahnnetz ist mit über 62 000 km das größte Asiens und das viertgrößte der Welt. Es ist das Transportmittel erster Wahl für denjenigen, der Indiens Vielfalt kennen lernen möchte. Es gibt verschiedene **Klassen**: Die 1. Klasse mit und ohne Klimaanlage, klimatisierter Liegewagen („AC-2 tier"), die normale 1. Klasse ohne Liegemöglichkeit, und *aircon chair cars* mit Liegesitzen. Für die rustikale 2. Klasse-Liegewagen Non-AC sollte Bettzeug mitgebracht werden. In den Schnellzügen wird Essen und Wasser (wie im Flugzeug) gereicht. Die „Bummelzüge" werden meist von fliegenden Händlern versorgt. Am Bahnsteig sind Wasser und Zeitungen erhältlich.

In großen Bahnhöfen wie z. B. Bombay, Delhi und Madras (Chennai) befinden sich spezielle Buchungsbüros für Ausländer, die auf vielen Strecken außerdem bei der Reservierung Vorrang erhalten. Besonders zeitsparend ist die Fahrt mit den indischen „Intercity"-Zügen, wie dem *Shatabdi Express* von Delhi nach Bhopal (mit Stopp in Agra), oder dem *Rajdhani Express* Delhi-Bombay, Delhi-Calcutta. *Indrail-Pässe*, die zwischen 15 und 1060 US$ kosten und für die oben genannten Klassen gelten, erhält man bei Asra-Orient, Kaiserstraße 50 in 60329 Frankfurt/M., Tel. 069/2562720, info@asraorient.de. Diese Pässe haben eine Gültigkeitsdauer von einem bis zu 90 Tagen. Reservierungen sind auch online möglich unter www. indianrail.gov.in

Palast auf Rädern: Die prächtig ausgestatteten Salonwagen dieses Renommierzuges, die einst von indischen Prinzen und britischen Kolonialherren benutzt wurden, gehören jetzt verschiedenen Hotelketten und verlassen jeden Mittwoch Delhi (von Sept. bis April) nach Jaipur, Udaipur, Jaisalmer, Jodhpur, Bharatpur, Fatehpur Sikri und Agra. Die Reisedauer beträgt eine Woche, der Zug fährt in der Nacht, so dass die Passagiere tagsüber die Sehenswürdigkeiten besichtigen können. Der Preis von US$ 1200-2000 pro Person schließt die Mahlzeiten ein, außerdem Führungen und Eintrittsgelder, Elefanten- und Kamelritte, Bootsfahrten und ein kulturelles Unterhaltungsprogramm. Weitere Rundfahrten sollen in Kürze hinzukommen. Genauere Informationen erhalten Sie beim GITO oder von der Rajasthan Tourism Development Corporation, Palace-on-Wheels, Bikaner House, Pandara Rd. (nahe India Gate), New Delhi, Tel. 011-2338 1884.

Busse

Während der Stoßzeiten sollten Nahverkehrsbusse gemieden werden. Busverbindungen zwischen Städten bieten verschiedene Unternehmen an, eingesetzt werden komfortable und einfache Busse. Luxusbusse haben meist Aircondition. Expressbusse verkehren auf Langstrecken, oft sorgen Videofilme für lautstarke Unterhaltung. Für Langstrecken bei Nacht empfehlen sich „Sleeper-Busse" mit Betten.

Taxis

Die offiziellen Taxis sind gelb und schwarz lackiert und fahren mit Taxameter, blaue Taxen sind mit A/C ausgestattet. Der Betrag der Taxiuhr muss manchmal mit einer Tabelle umgerechnet werden. Private Taxis sind an dem Nummernschild zu erkennen. Die Gebühren unterscheiden sich von Bundesstaat zu Bundesstaat, sind aber meistens nicht höher als ca.15 Rupien pro km. In einer dreirädrigen Autoriksha können offiziell drei Personen ohne Aufpreis mitfahren. Da die Benzinpreise schwanken und die Fahrer ihre Taxameter nicht immer sofort neu einstellen, zeigen die Taxameter nicht immer den tatsächlichen Preis. Bitten Sie den Fahrer um die Preistafel oder zahlen sie sechs bis zehn Prozent mehr als angezeigt. In der Nacht werden Zuschläge verlangt. An den Flughäfen werden die Taxikennzeichen sowie Namen und Ziel des Fahrgastes notiert. An internationalen Flughäfen gibt es einen *prepaid* (im voraus zu bezahlenden) Taxiservice und für Transitreisende einen Zubringerbus zu den nationalen Flughäfen. Bevor Sie mit einem Taxi losfahren, achten Sie darauf, dass das Taxameter vor der Fahrt auf Null bzw. auf den Mindestpreis zurückgestellt wurde.

9

Reise-Informationen

PRAKTISCHE TIPPS

Alkohol

Die bis vor einigen Jahren noch in mehreren Staaten bestehende Prohibition gilt heute nur noch in Gujarat. Touristen können sich in Bombay oder Delhi eine Ausnahmegenehmigung in den Pass stempeln lassen.

Ansonsten ist Alkoholkonsum besonders in vegetarischen Restaurants in der Regel verboten, andere Restaurants benötigen eine Lizenz zum Alkoholausschank, was dazu führt, dass manchmal das Bier in der Teekanne serviert wird. In großen Hotels und modernen Restaurants werden neben importierten auch einheimische Weine und Sekt angeboten: Chateau Indage oder Sula sind gute Weinerzeuger. Auch der indische Rum und Whisky sind in der Regel durchaus trinkbar.

Banken

Die Schalter der ausländischen und inländischen Banken sind von Montag bis Freitag von 10 bis 14 Uhr geöffnet, am Samstag von 10 bis 12 Uhr. Einige Banken haben auch abends und sonntags geöffnet. An gesetzlichen Feiertagen, am 30. Juni und am 31. Dezember bleiben die Banken geschlossen.

Buchhandlungen

Englischsprachige Titel – darunter Bestseller der Weltliteratur, oft zu sehr günstigen Preisen – findet man in den Buchhandlungen der Städte. Ausländische Zeitschriften und Zeitungen sind jedoch nur in den Großstädten zu bekommen.

Einkaufen

Indien hat eine lange kunsthandwerkliche Tradition. Selbst Gegenstände des täglichen Bedarfs werden kunstvoll hergestellt. Der Unterschied zwischen handgewobenen Textilien und Fabrikkleidung ist nicht zu übersehen. Falls Sie befürchten, beim Einkauf übers Ohr gehauen zu werden und einen „Touristenpreis" bezahlen zu müssen, kaufen Sie in staatlichen Kaufhäusern oder bei amtlich lizenzierten Geschäften; eine Liste dieser Geschäfte gibt es beim GITO. Ansonsten gilt Handeln! Das ist beim Kauf von Souvenirs und Kunsthandwerk üblich und kann auch Spaß machen.

Essen / Nordindische Küche

Dank einer Vielfalt von Zutaten und Gewürzen besticht die indische Küche mit ungeahnten Geschmacksnuancen. Reisende aus dem Westen sind überrascht, wenn sie erfahren, dass der Begriff „Curry" eine Erfindung der englischen Kolonialherren ist. „Curry" ist eine Verballhornung des Tamil-Worts *kari*, was lediglich „Sauce" bedeutet.

Die indische Küche kennt etwa 25 verschiedene Gewürze, und je nach Gericht wird eine bestimmte Gewürzzusammenstellung frisch im Mörser zerstampft, z. B. Chili und Pfeffer für besondere Schärfe, Ingwer für leichte Schärfe und für die Verdauung, dazu noch Kardamom, Muskat, Zimt, Kümmel, Kreuzkümmel, Nelken, Gelbwurz und Knoblauch. Safran gibt dem Reis sein delikates Aroma und die gelbe Farbe. Viele *Masala*-Soßen enthalten den scharf-süßlichen Koriander; *Garam Masala* ist eine aromatische Mixtur, meist aus scharfem Pfeffer, Nelken, Zimt, Kardamom und Kümmel. Auch Pfefferminze, Lorbeer, Sesam, Fenchel, Zwiebelsamen und Senf finden in der indischen Küche Verwendung.

Gekocht wird meist mit *Ghee* (geklärter Butter), oft auch mit Sesam-, Senfsamen- oder Kokosöl. Im Norden Indiens wächst der beste Reis, der *Basmati*.

Die indischen Fladenbrote (*Roti*) kommen in vielen Variationen – heiß serviert und verführerisch duftend sind sie einfach köstlich. Die Wartezeit bis zum Hauptgerichts verkürzt man sich mit dem Knabbern von *Pappadams* (hauchdünne, kross frittierte Fladen aus dem Mehl von Hülsenfrüchten, oft aus

Linsenmehl). Ein Berg heißer *Chapatis* (Fladen aus Mehl und Wasser) gehört zu jeder Mahlzeit. Mit Butter bestrichen heißt das Brot *Paratha*, im Ofen gebacken *Nan* und frittiert *Puri*.

Beliebte Snacks sind *Masala Dosa* (scharf gewürztes Gemüse in einer Teigtasche aus Linsenmehl), *Pakora* (in Fett ausgebackene Gemüsestücke im Teigmantel, z. B. Blumenkohl, Auberginen, Kartoffeln), *Samosa* (dreieckige, mit Gemüsecurry gefüllte Pastetchen) und *Chana* (gewürzte Kichererbsen, mit *Nan*-Brot serviert).

Eine Spezialität Nordindiens ist die **Tandoori-Küche**, benannt nach dem *tandoor*, einem traditionellen Lehmofen, der mit Holzkohle beheizt wird. Die Gerichte werden in einer besonderen Mischung aus Gewürzen und Joghurt mariniert, bevor sie in diesem Ofen gegart werden. Der Punjab, Heimat des *tandoor*, besitzt eine deftige Küche, die von Eroberern aus dem Nordwesten beeinflusst wurde – von Griechen, Persern, Afghanen und Mongolen. Besonders köstlich sind *Tandoori Murgh* (Huhn), *Murgh Tikka* (mit Pfefferminze und Knoblauch marinierte Hühnerstücke ohne Knochen), *Shikh Kebab* (Lammhackfleisch-Röllchen im *tandoor* gegrillt), *Tandoori Jhinga* (Garnelen) und *Tandoori Pomfret* (Fisch).

Weitere beliebte Punjabi-Gerichte sind *Murgh Makhani* (Huhn in Butter) und *Raarha Meat* (geröstetes Lamm).

Die **Kaschmiri-Küche** ist mild mit fein abgerundeten Aromen; Gewürze werden eher sparsam verwendet, viele Gerichte enthalten Joghurt oder auch Mandeln. In Kaschmir sollte man *Rogan Josh* (Lammcurry) oder *Gushtaba* (gewürzte Fleischbällchen in Joghurtsauce) probieren.

Die **Mughlai-Küche** kommt aus der nördlichen Ganges- und der Indus-Ebene. Die Mogule förderten die indische Kochkunst und wurden deren begeisterte Anhänger. In Awadh, dem heutigen Lucknow-Distrikt in Uttar Pradesh, entwickelte sie sich zu ihrer vollen Blüte. Einige Awadh-Köstlichkeiten sind *Murgh Mussalam* (gefülltes Huhn), *Gosht Korma* (ein unvergleichliches Lamm-Curry, das mit Safran, Muskatblüte und Kardamom gewürzt ist), *Nahari* (Lamm-Curry, das zum Frühstück mit Sauerteig-Brot gegessen wird), *Sabzi Gosht* (Eintopf aus Lamm, Rüben oder Zucchini und Spinat, mit Senföl zubereitet), *Phaldari Kofta* (Bällchen aus rohen Bananen in einer reichhaltigen Tomatensauce) und *Dhingri Dulma* (eine mit Kreuzkümmel abgeschmeckte Mischung aus Pilzen und Quark). *Kakori* und *Galouti* sind zwei *kebab*-Spezialitäten.

Bei *Biriyani*-Gerichten wird das Fleisch (Huhn oder Lamm) mit köstlich gewürztem, orangefarbenem Reis vermischt, der oft noch zusätzlich mit Nüssen und Trockenfrüchten angereichert ist. Das Reisgericht *Pulao* ist eine simplere Version des *Biriyani*.

Beim sehr scharfen *Vindaloo*-Curry wurde das Fleisch vorher in Essigmarinade eingelegt, und für die reichhaltigen *Korma*-Gerichte wird das geschmorte Fleisch in einer milden Sauce aus Joghurt oder Sahne serviert.

Saag Gosht besteht aus Fleisch und Spinat.

Viele **vegetarische Gerichte** kann man auch als Beilagen bestellen: *Dhal* (das senf-ockerfarbene Linsenpüree aus roten Linsen) und *Dhal Makhani* (schwarze Linsen in reichhaltiger Soße), *Mattar Paneer* (Käse und Erbsen in Sauce), *Alu Dum* (süßliches Kartoffelcurry mit Nüssen), *Alu Chhole* (sauer-gewürzte Kichererbsen und gewürfelte Kartoffeln), *Sarsonda Saag* (Gemüse aus Senfblättern mit Butterflocken), *Chholia Te Paneer* (Kichererbsen mit gebratenen Käsewürfeln) und *Bharta* (Auberginen mit Zwiebeln und Tomaten vom Holzkohlengrill), *Sabzi* (Gemüsecurry), *Bhujias* (frisches Gemüse).

Dahi (Joghurt) oder *Raita* (Joghurt mit Gemüse, meist Gurken, ähnlich dem griechischen Tzaziki) gibt man oft über den Reis, um dessen Schärfe zu mildern; *Chutneys* sind scharfe, meist süß-saure Saucen mit eingelegtem Gemüse oder Obst (z. B. *Mango-Chutney*, *Coconut-Chutney*, *Lime-Chutney*).

Von erfrischender Kühle ist *Lassi* (gequirlter Joghurt), süß oder gesalzen oder mit Mangosaft vermischt.

Thali: In vielen Restaurants werden preiswerte, vegetarische *Thali*-Menüs angeboten. *Thali* ist eigentlich die Bezeichnung für ein rundes Metalltablett mit einer Anzahl kleiner Metallschalen; in ländlichen Gegenden kann das „Tablett" auch aus Bananenblättern bestehen. In den verschiedenen Schälchen findet man z. B. Reis, *Dhal*, Joghurt und Gemüsecurry, begleitet von Pickles, *Chapatis* und *Pappadams*.

Ein Vorurteil westlicher Besucher ist, dass es in der indischen Küche keine nennenswerten **Nachspeisen** gäbe. Basis vieler Süßspeisen ist Käsequark oder Milch, die solange gekocht wird, bis sie eingedickt ist. Einige indische Süßigkeiten, die ihresgleichen suchen, sind *Jalebi* (frittierte Teigspiralen in Sirup), *Kulfi* (eine Art Eiscreme mit Pistazien und/oder Mandeln), *Halwa* (nicht zu verwechseln mit türkischem Halva), *Gulab Jamun* (Süßigkeit aus Milch, Joghurt und gemahlenen Mandeln in Sirup), *Rasgulla* (kleine süße Quarkbällchen, mit Rosenwasser parfümiert) oder *Firni* (Reispudding mit Mandeln, Rosinen und Pistazien).

Das nachfolgende Hindi-Vokabular soll Ihnen die Auswahl im Restaurant erleichtern.

Speisekarte

alu . . . . Kartoffel
alu dum . . Kartoffelcurry mit Joghurt, Tomaten und Zwiebeln
alu gosht . . . . Eintopf aus Kartoffeln und Lamm
alu gobi . Kartoffeln und Blumenkohl mit Kümmel
baingan . . . . Aubergine
bhindi . . . . Okra

bhoona . . . . dicke, gewürzte Sauce
chai . . . (Milch-) Tee (mit Gewürzen)
chamach . . . . Löffel
chana dal . . . . Kichererbsen
chawal . . . . Reis
chhuri . . . . Messer
chini . . . . Zucker
dahi . . . . Joghurt
dhal . . . . Linsen
dumphuk . . . . gedünstet
dudh . . . . Milch
gajar . . . . Karotten
gosht . . . . . Fleisch, meist Lamm
jhinga . . . . Garnelen
jhal frazi . scharfe Sauce mit Tomaten, Zwiebeln und Chilis
kanta . . . . Gabel
kebab . . gegrillte Fleisch- oder Fisch-Spießchen
khumbhi . . . . Pilze
kima . . . . Hackfleisch, meist Lamm
kofta . . . . Bällchen aus Hackfleisch oder Gemüse
korma . . . . . in milder Sahne- oder Joghurt-Sauce
macchli . . . . Fisch
makkhan . . . . Butter
makhani . . . . in reichhaltiger, buttriger Sauce
masala . in scharfer Gewürzmarinade
masala chai . . . . Gewürztee
matar . . . . Erbsen
mirch . . . . Chili
mirch nahin dalna . . bitte keine Chilis
murgh . . . . Huhn
murgh masalam . Huhn in Sahnesauce mit Joghurt, Gewürzen und Nüssen
namak . . . . Salz
paneer . . . . Würfel aus Käsequark / Hüttenkäse
pani . . . . Wasser
piaz . . . . Zwiebel
phool gobi . . . . Blumenkohl
pulao/pilau . . angebratener, dann mit Gewürzen (Nelken, Zimt, Kardamom) gekochter Reis
sabzi . . . . Gemüse
sag . . . . Spinat
saym . . . . grüne Bohnen
shabdeg . . Lamm mit weißen Rüben
tikka . . . . . . gebackene, marinierte

Fleischstückchen aus dem Tandoor-Lehmofen

yakhni . . . . Lamm-Eintopf

Feste / Feiertage

Da sich die Termine für die indischen Feste nach dem Mondkalender richten, sollte man sich beim GITO eine Liste mit den Fest- und Ferienterminen besorgen. Einige Feiertage sind jedoch festgelegt: Tag der Republik (26.1.), Unabhängigkeitstag (15. August), Gandhi Jayanti (2.11.) und Weihnachten (25.12.). Die wichtigsten Termine indischer Feste finden Sie in den Info-Boxen der Reisekapitel.

Nächste Kumbh Melas:

Ort	Maha	Ardh	Monate
Allahabad	2013	2019	Jan.- Feb.
Haridwar	2010	2016	März-April
Ujjain	2016	2010	April-Mai
Nashik	2019	2013	Juli-Sept.

Fotografieren

Fotografieren ist an den meisten Orten erlaubt. Dort, wo es verboten ist, etwa bei militärischen Anlagen, Brücken und bestimmten Heiligtümern, weisen große Tafeln auf das Fotografierverbot hin.

Führer

Touristenführer, die Englisch oder eine andere Fremdsprache beherrschen, kann man in allen größeren Touristenzentren über ein Reisebüro oder über GITO mieten. Die Führer sollten im Besitz einer Lizenz des Indian Department of Tourism sein, sonst werden sie in einigen Monumenten nicht eingelassen. Für wichtige historische Bauwerke hat der Archaeological Survey of India eigene Handbücher herausgegeben.

Gewichte und Maße

In Indien gilt für Gewichte und Maßeinheiten das metrische System. Goldschmuck und bestimmte Silberartikel werden nach Gewicht verkauft, ausgedrückt in *tola*, einer traditionellen Gewichtseinheit, die etwa 11,5 Gramm

entspricht. Der Wert der Edelsteine hängt von ihrem Karat ab (ein Karat entspricht 0,2 g). Die Inder haben für die Zahl 100 000 ein eigenes Wort, *lakh*; 10 Millionen heißen *crore*.

Kino

In größeren Städten werden – teils in modernsten Multiplex-Kinos – auch englischsprachige Filme gezeigt, in den Provinzkinos oft nur in Hindi oder der entsprechenden Landessprache. Ein Kinobesuch ist im filmbegeisterten Indien immer ein Erlebnis, sei es in einem alten Art-Deco-Palast oder in einer trendigen Liege-Lounge im neuen Multiplex-Kino.

Literaturtipps für Indien

Q&A (Rupien! Rupien!): von Vikas Swarup; die Romanvorlage für den oscargekrönten Film *Slumdog Millionaire*, komisch und erschütternd zugleich.

The White Tiger (Der weiße Tiger): von Aravind Adiga; der Booker-Preis prämierte spannende Lesestoff schildert die Schattenseiten des modernen Indien aus der Sicht eines mörderischen Chauffeurs.

A Princess Remembers (Eine Prinzessin erinnert sich): Die lesenswerten Erinnerungen der legendären Maharani von Jaipu Gayatri Devi.

Raj (Die Maharani): Ein packender Historienroman von Gita Mehta.

Delhi von Khushwant Singh, Porträt der Hauptstadt, kurzweilig, frivol, mit vielen historischen Exkursen.

God of the Small Things (Der Gott der kleinen Dinge): von Arundhati Roy, Booker-Preisgewinnerin und politische Aktivistin, Hauptschauplatz ist das südindische Kerala.

Two Lives (Zwei Leben): Vikram Seths Roman über das Leben seines Onkels und seiner deutsch-jüdischen Tante, beide treffen sich in London – der indischen Diaspora und dem jüdischen Exil – wieder.

Midnight's Children (Mitternachtskinder): Booker-Preis-prämiert und

9

Reise-Informationen

wortmächtig – selbst Briten brauchen für die dicke Lektüre ein Lexikon; **The Moor's Last Sigh** (Des Mauren letzter Seufzer); **Shalimar the Clown** (Shalimar der Narr) – alle drei von Salman Rushdie.

God's Little Soldiers (Gottes kleine Krieger): Kiran Nagarkars Bestseller über Fundamentalismus.

A Fine Balance (Das Gleichgewicht der Welt): Rohinton Mistry thematisiert auf fesselnde Weise das harte Schicksal von Unterkastenindern in Bombay.

Netzspannung

Stromspannung 230 Volt (Wechselstrom). Flachstecker, wie für Handyladegeräte oder elektrische Zahnbürsten, passen problemlos. Für Schuko-Stecker ist ein Adapter nötig.

Post

Die Post arbeitet recht zuverlässig, Briefe kann man sich an die Hauptpostämter der Großstädte schicken lassen, wo sie bis zur Abholung gelagert werden: Name (Nachname unterstreichen), General Post Office, *poste restante* (postlagernd). Briefe sollte man nicht in einen Briefkasten werfen, sondern zum nächsten Postamt bringen und sofort abstempeln lassen.

Presse

Die große Zahl indischer Publikationen (3800 Tageszeitungen!) macht deutlich, welches Interesse Indien dem modernen Zeitgeschehen entgegenbringt.

Täglich in englischer Sprache erscheinende Zeitungen sind *The Times of India*, die *Hindustan Times*, *The Hindu*, *The Telegraph* und der *Indian Express*. Die beiden Zeitschriften *India Today* (vierzehntägig) und *Sunday* (wöchentlich) greifen Geschehnisse außerhalb Indiens allerdings kaum auf. *Tehelka* ist ein kritisches Magazin à la Spiegel. *Destination Traveller* ist die Zeitschrift für Reisende und Touristen. *Time-Out*-Veranstaltungsmagazine erscheinen in großen Städten und sind sehr zu empfehlen.

Telekommunikation

Telefonieren ist in Indien kein Problem. Praktisch sind die privat betriebenen Fernsprech-Shops (Aufschrift „STD/ISD"), günstig auch für Auslandstelefonate. Die digitale Anzeige zeigt Einheiten und Preis in Rupien an. Bei Gesprächsende wird abgerechnet, meist eine Rechnung gedruckt und bar bezahlt. Besonders billig ist das Telefonieren über das Internet in Netphone Shops. In Städten gibt es Internetshops zum E-Mailen (ca. 50 Rp/Stunde) oder Skypen. Vorwahl für Indien: 0091.

Europäische Handys funktionieren auch in Indien (GSM 900 u. 1800) und können preisgünstig mit der SIM-Karte eines indischen Netzbetreibers wie Air Tel, Vodafone oder BSNL bestückt werden. Eine Pre-Paid-Card kostet rund 150 Rupies (ca. 3 Euro);. zur Ausstellung und Freischaltung braucht man eine Reisepass-Kopie, Passbild und etwas Zeit, da die Sicherheitsvorschriften wegen diverser Terroranschläge streng sind. Die Karte kann dann einen Monat lang beliebig oft aufgeladen werden.

Touristen-Information

Das Department of Tourism der indischen Regierung hat 18 überseeische Informationsstellen (s. u.) und 21 inländische Informationsbüros (siehe Info-Boxen). Sie stehen Besuchern in allen Belangen helfend zur Seite – seien es Fragen zum Visum, zur Gesundheit oder zu Exportbestimmungen. Außerdem geben sie Broschüren über jedes Reiseziel in Indien heraus. GITO (Government of India Tourist Office, www.tourismofindia.com/toi-german).

Verhaltensregeln

Beim Betreten von Tempeln, Moscheen, Gedenkstätten und Heiligengräbern muss man die Schuhe ausziehen und an entsprechenden Aufbewahrungsstellen abgeben. In *gurdwaras* der

REDEWENDUNGEN IN HINDI

Hindi sprechen etwa 50 Prozent der Bevölkerung, und es ist die vorherrschende Sprache des Nordens. Insgesamt gibt es 14 Hauptsprachen und 200 Dialekte in Indien. Englisch wird von vielen verstanden und gesprochen, so dass die folgenden Ausdrücke in Hindi eher Freude an dieser ganz anderen Sprache vermitteln sollen.

Hallo / Auf Wiedersehen.	*Namaste*
Wie heißen Sie?	*Aap ka shubh naam?*
Ich heiße ___.	*Mera naam ___ hai.*
Ich wohne in ___.	*Mera ghar ___ mein hain.*
Wo ist der / die / das ___?	*___kidhar hai?*
Wie weit liegt ___ entfernt?	*___kitni dur hai?*
Wie komme ich nach ___?	*___kaise pahunch sakte hain?*
Wieviel kostet das?.	*Iski kimat kya hai.*
Das ist teuer!	*Ye bahut mehenga hai.*
Kann ich einmal die Speisekarte haben?.	*Mujhe menu dikhaiye.*
Ich hätte gerne etwas zu trinken..	*Mujhe kuch piini hai.*
Bitte ohne Eis!	*Baraf nahin daaliye.*
Die Rechnung bitte!	*Bill laayiye.*
Ich bleibe hier ___ Tage.	*Mein ___ din ke liye yahan hun.*
Wo leben Sie?	*Aap kidhar rehte hain?*
Was ist das?	*Ye kya hai?*
Was macht er?	*Vo kya kar rahe hain?*
Ich fühle mich nicht wohl.	*Meri tabeyat thik nähin hai.*
Wie spät ist es?.	*Kya bajaa hai?*

ich	*mai*	weniger	*kam*	1	*ek*
du	*aap*	mehr	*zyada*	2	*do*
wir	*ham*	kommen Sie	*aaiye*	3	*tin*
Okay	*achha*	gehen Sie.	*jaaiye*	4	*char*
ja	*han*	Preis	*daam/kimat*	5	*paanch*
nein	*nähin*	Geschäft	*dukaan*	6	*chche*
groß	*baraa*	Arznei	*dawaa*	7	*saat*
klein	*chhotaa*	Apotheke *dawai ki dukan*		8	*aath*
heute	*aaj*	Markt	*bazaar*	9	*nau*
Nachmittag	*dopahar*	Postamt	*dak khana*	10	*das*
Abend	*shaam*	Zimmer	*kamra*	20	*bis*
Nacht	*raat*	Gemüse	*sabzi*	30	*tis*
Woche	*hafta*	Wasser	*pani*	40	*chalis*
Monat	*mahina*	Tee	*chai*	50	*pachaas*
Jahr	*saal*	Milch	*dudh*	60	*saath*
sauber	*saaf*	Joghurt	*dahi*	70	*sattar*
schmutzig	*gandaa*	Reis	*chawal*	80	*assi*
heiß	*garam*	Zucker	*chini*	90	*nabbe*
kalt	*thanda*	Salz	*namak*	100	*sau*
bitte	*meherbani se*	Butter	*makkhan*	1000	*hazaar*
danke *shukriya* (Muslim)		Essen	*khanaa*	100 000	*lakh*
dhanyavad (Hindu)		Frühstück	*nashtaa*	10 000 000	*crore*

Sikhs muss man den Kopf bedecken. Mancherorts wird an Lederkleidung, z. B. in Jaintempeln, Anstoß genommen, anderswo ist Fotografieren verboten. Meist sind entsprechende Verbots- und Gebotstafeln ausgehängt.

Die Inder sind sehr aufgeschlossene Menschen, die es zu schätzen wissen, wenn man ihren Gruß *namaste* erwidert. Man grüßt mit vor der Brust zusammengefalteten Händen. Der Handschlag ist ein westlicher Gruß, der sich in westlichen Milieus zunehmend einbürgert. Traditionell berühren sich Unbekannte, v. a. Mann und Frau, nicht mit der Hand.

Drogendelikte, wozu bereits das Marihuanarauchen zählt (außer bei Sadhus), werden hart bestraft.

Zeit

Trotz der Größe des Landes hat Indien nur eine Zeitzone. Indian Standard Time (IST) liegt 4,5 Stunden vor der mitteleuropäischen Zeit. (Wenn es in Delhi 12 Uhr ist, ist es in Berlin 7.30 Uhr).

ADRESSEN

Botschaften und Konsulate

Bhutan: *Calcutta,* 48 Tivoli Court, Pramothesh Barua Sarani, Tel. 033/224 1301. *Delhi,* Chandragupta Marg, Tel. 011/2688 9230.

Deutschland: *Delhi*, 6 Shantipath, Chanakyapuri, Tel. 011/2687 1831. *Calcutta,* 1 Hastings Park Rd., Alipore, Tel. 033/2479 1141.

Nepal: *Delhi,* Barakhamba Rd., Tel. 332 8191.

Österreich: *Delhi*, EP-13 Chandragupta Marg, Chanakyapuri, Tel. 011/260 1112. *Calcutta,* 69/1 Sarat Bose Rd. Tel. 033/247 2131.

Pakistan: *Delhi*, 2/50 Shantipath, Chanakyapuri, Tel. 011/260 0601.

Schweiz: *Delhi*, Nyaya Marg, Chanakyapuri, Tel. 011/260 4225.

Sri Lanka: *Delhi*, 27 Kautilya Marg, Chanakyapuri, Tel. 011/2301 0201-3.

Indisches Fremdenverkehrsamt
Deutschland: Indisches Fremdenverkehrsamt, Baseler Str. 48, 60329 Frankfurt/M, Tel. 069/2429490, Fax 24294977, www.india-tourism.de.

AUTOREN

Helmut Köllner beherrscht als Indologe nicht nur Sanskrit, sondern auch Hindi, ist Experte für Indien-Touristik und indisches Kunsthandwerk. Er verfasste das Kapitel „Delhi". Von ihm stammt auch der *Nelles Guide Myanmar.*

Julia Ziegelmaier, Indien-Studienreiseleiterin und Künstlerin, hat diese Ausgabe überarbeitet und mit vielen aktuellen Tipps versehen. Von ihr stammen auch die Beiträge „Unberührbare" und „Situation der Frau".

Shalini Saran, Reiseschriftstellerin und Fotografin, hat weite Teile Indiens bereist. Ihre Artikel und Fotografien erschienen in vielen Magazinen. Sie lebt in Delhi und hat dort als Redakteurin eines Verlagshauses gearbeitet. Sie verfasste das Kapitel „Rajasthan".

Ravinder Kumar ist Soziologe und Direktor des Nehru Memorial Museum, New Delhi. Zuvor hatte er in Sydney und Allahabad einen Lehrstuhl für die Geschichte Indiens. Er schrieb Teile des Kapitels „Streifzug durch die indische Geschichte".

Nirmal Ghosh, ein in New Delhi lebender Fotojournalist, verbindet Fotografieren, Schreiben und Aktivitäten als Naturschützer in seiner Position bei *The Times of India*. Er verfasste die Kapitel „Haryana und Punjab", „Nostalgische Reise" und „Nationalparks".

Sumita Paul lebte in Uttar Pradesh, bevor sie nach New Delhi übersiedelte. Sie ist u. a. Herausgeberin des *Udit*, eines Magazins der International Airports Authority of India. Sie schrieb das Kapitel „Uttar Pradesh".

Bill Aitken, Religionswissenschaftler, hat in Ashrams im Himalaya gelebt, als Lehrer gearbeitet und war sogar einmal der Privatsekretär einer indischen Maharani. Er ist Koautor der Kapitel „Jammu und Kaschmir", „Ladakh", „Himachal Pradesh", „Uttarakhand", „Zu den Quellen des Ganges", „Trekking im Himalaya" und „Die sieben heiligen Städte".

Hamdi Bey, der für viele bedeutende Zeitungen arbeitet, stammt aus Calcutta. Er verfasste die Kapitel „Bihar", „Calcutta", „Westbengalen" und „Auf Buddhas Spuren".

Zothanpari Hrahsel ist eine Angehörige der Lusei-Ethnie aus Mizoram. Sie studierte an der Jawarharlal Nehru Universität in New Delhi; Thema ihrer Doktorarbeit waren die Ethnien Mizorams. Sie leitet eine Zweigstelle des Indian National Trust for Art and Cultural Heritage und verfasste „Sikkim und der Nordosten".

Varsha Das ist Redakteurin in New Delhi. Sie hat Sanskrit und Hindi studiert und schreibt für Zeitschriften in Gujarati, Hindi und Englisch. Sie schrieb das Kapitel „Gujarat".

Probir Sen war Direktor des Archäologischen Museums und der Tourism Development Corporation von Madhya Pradesh. Er verfasste das Reisekapitel „Madhya Pradesh".

Dr. R. Nagaswamy war Direktor des Department of Archeology in Tamil Nadu, ist einer der führenden Sanskrit-Gelehrten und zudem Experte für südindische Kunst und Kultur. Er verfasste das Feature „Götter, Rinder und Asketen".

ÜBERSETZUNG

G. Berkele, **E. Erpf**, **E. Scholz**

FOTOGRAFEN

9

Reise-Informationen

Indien
Der Norden

Hotelverzeichnis

HOTELVERZEICHNIS

Indien bietet für jeden Geldbeutel und für jeden Geschmack eine entsprechende Übernachtungsmöglichkeit. Die preisgünstigen Hotels entsprechen nicht immer westlichen Vorstellungen von Mindestkomfort. Luxushotels, insbesondere Palasthotels in Rajasthan, sollten in der Saison (von Oktober bis März) im Voraus gebucht werden.

Das – von der Sicherheitslage her noch immer problematische – Kaschmir bietet eine Besonderheit: das Wohnen auf (fest verankerten) Hausbooten. Einige sind luxuriös und mit aufwändigem Schnitzwerk verziert, freundliches Bedienungspersonal an Bord sorgt für das leibliche Wohl. Manche Hausbootbesitzer kooperieren allerdings zu sehr mit den Souvenirs anbietenden „Schwimmenden Händlern" auf dem Dalsee.

Billighotel-Nutzer sollten einen dünnen Baumwoll-Schlafsack, Taschenlampe, Vorhängeschloss und Geldgurt dabei haben.

🅢🅢🅢   Luxus: über 100 €
🅢🅢   Mittel: 20-100 €
🅢   Einfach: 5-20 €

2 DIE EBENEN DES NORDENS

DELHI (☎ 011)

🅢🅢🅢 *AM FLUGHAFEN:* **Radisson**, NH8, Tel. 26779191, www.radisson.com.

Uppal's Orchid, „eco-friendly hotel", NH8, Tel. 25061515, www.uppalsorchidhotel.com.

Hotel Eaton Smart New Delhi, direkt im neuen Terminal New Delhi Airport Transit, für einen Aufenthalt im internationalen Flügel des Hotels ist kein Indien Visum nötig, Tel. 4525000, esnda.resv@hotels.com.

ZENTRAL-NEU-DELHI: **Imperial**, exklusives Kolonialambiente in zentralster Lage, erste Wahl, Janpath, Tel. 23341234, www.theimperialindia.com.

Inter-Continental, 25 Stockwerke, 450 Zimmer, exklusiv, sehr gutes Restaurant, Barakhamba Avenue, Connaught Place, Tel. 23320101, www.ichotelsgroup.com.

Le Meridien, 358 Zimmer, exklusiv, sehr gutes Restaurant, aber etwas unpersönlich, Windsor Place, Tel. 23710101, www.lemeridiennewdelhi.com.

Park, sehr gute Lage in der Nähe des Connaught Place, 230 Zimmer, 15 Parliament St., Tel. 23732477, www.theparkhotels.com.

Metropolitan Nikko, angenehm neu, zentral u. komfortabel, Bangla Sahib Rd., Tel. 23342000, www.hotelnikkodelhi.com.

Hyatt Regency, geräumige Zimmer, sehr gutes Frühstücksbuffet, sehr gute Küche, authentisches China Restaurant.

Shangri-La Hotel, zentral, Nähe Connaught Place, 19 Ashoka Road, Connaught Place New Delhi, Tel. 41191919, www.shangri-la.com.

NEU-DELHI: **The Oberoi**, 300 Zimmer, ruhig u. exklusiv, Dr. Zakir Hussain Marg, Tel. 24363030, www.oberoidelhi.com.

Mariott, neu, exklusiv u. komfortabel, aber weit außerhalb, nahe Qutab Minar, Saket, Tel. 26521122.

Taj Mahal, exklusiver Standard, 1 Man Singh Rd., Tel. 23026162, www.tajhotels.com.

ITC Maurya, Top-Service, exkl. Restaurant, gute Einkaufsmöglichkeiten nahebei, Sardar Patel Marg, Diplomatic Enclave, Tel. 26112233, www.itcwelcomgroup.in.

Siddharth, gutes indisches 5-Sterne-Hotel, 3 Rajendra Place, Tel. 25762501, www.jaypeehotels.com.

ALT-DELHI: **Oberoi Maidens**, koloniales Ambiente, großer Garten mit mächtigen Bäumen, vergleichsweise preiswert, 7 Sham Nath Marg, Tel. 23975464, www.oberoidelhi.com.

🅢🅢 *ZENTRAL-NEU-DELHI:*

Hotel Palace Heights, sehr angen. kleines Boutique-Hotel, zentral, exzell. Dachrestaurant, D-Block, Conn. Place, Tel. 43582610.

Radisson Marina, komfortabel, renoviert und neu gestylt, günstige Lage, G 59, Connaught Circus, Tel. 46909090.

York Hotel, gepflegte Zi. mit AC, renoviert, K-Block, Connaught Circus, Tel. 23415769, www.hotelyorkindia.com, preiswert.

Jukaso Inn, schlicht-elegantes Design, Connaught Pl., Tel. 24350308, www.jukaso.co.in

NEU-DELHI: **Diplomat**, kleines, ruhiges Hotel, 9 Sardar Patel Marg, Tel. 23010204.

Lodhi, Lala Lajpat Rai Marg, Tel. 4362422.

ALT-DELHI: **Broadway**, mit dem trendigen *Chor Bizarre* Restaurant, 4/15 Asuf Ali Rd., Tel. 43663600.

🟢 *ZENTRAL-NEU-DELHI:* **Royal Guest House**, kleine, saubere Zimmer m. AC, Kühlschrank u. Bad, 44 Janpath, Tel. 23586176.

YWCA International Guest House, Jai Singh Road, nahe Connaught Place, Tel. 23360133

YWCA Blue Triangle Family Hostel, für Männer u. Frauen, Ashoka Rd., Tel. 23360133.

PAHARGANJ (Nähe Bahnhof): große Auswahl an günstigen Hotels u. Guesthouses, z. B. **Hare Krishna**, Main Bazar 1572, Tel. 41541341, und **Anoop**, einfach u. preiswert, Main Bazar 1566. Tel. 41541390.

Tourist Deluxe, gutes Preis-Leistungsverh., Qutb Rd., nahe Bahnhof, Tel. 7770985.

Saina International, etwas gehobener, 2324 Chuna Mandi, Tel. 23580879, www.hotelsainainternational.com.

ALT-DELHI: **New City Palace**, günstige Lage nahe der Jama Masjid, Tel. 23279548.

HARYANA UND PUNJAB

Chandigarh (☎ 0172)

🟢🟢🟢 **Mountview**, groß, gut ausgestattete Zi., Pool, Sauna, Sector 10, Tel. 4671111.

🟢🟢 **North Park**, Swimmingpool, Pachkula, nahe Ghaggar Bridge, außerhalb der Stadt, Tel. 2563535.

Sunbeam, Udyog Path, Sector 22B, Tel. 2708100, www.hotelsunbeam.com.

Shivalikview, 104 Zi., gutes China-Dachrestaurant, Sector 17, Tel. 4672222.

Hotel Aroma, stilvolles Mittelklassehotel, Tel. 2700047.

🟢 **Pankaj**, preiswertes Boutiquehotel mit geschmackvollen Zimmern und origineller Bar, SCO 801-802, Sector 22-A, Tel. 2709891.

Amritsar (☎ 0183)

🟢🟢 **Mohan International Hotel**, zwei Restaurants, alle Zimmer mit A/C und Badewanne, Pool, Albert Road, Tel. 2227801.

Hotel Ritz, 45 The Mall, Tel. 2226606, 401295.

🟢 **Grand Hotel**, Queen's Road, gegenüber dem Bahnhof, Tel. 2562424, 2229717.

Mrs. Bhandari's Guest House, Tel. 2228509.

Gurgaon (☎ 0124)

🟢🟢🟢 **The Leela Kempinski**, elegant, geräumige Zimmer,modern ausgestattet, WLAN, TV etc., National Highway 8, Tel. 4771234.

Trident, sehr großzügige schöne, preisgekrönte moderne Anlage mit Außenbereich, sowohl für Restaurant als auch Pool, geräumige luxuriöse Zimmer, großer Pool, gute Küche, 443 Udyog Vihar, Phase V, Tel. 2450505.

The Leela Kempinski Ambience Island, luxuriöses komfortables Hotel, sehr gute Küche, üppiges Dinnerbuffet, gleich dahinter Shopping Center, National Highway 8, Tel. 4771234, www.kempinski.com.

Park Premier, neues 4-Sterne Business Hotel in Gurgaon, 353-357, Sector 29, City Centre Gurgaon, Tel. 4604600.

Ramada Gurgaon Central, neues Business-Hotel in Gurgaon, Site No. 2, Sector 44, Tel. 4886400, www.ramadagurgaoncentral.com

🟢 **Bird Sanctuary**, Tel. 2375242.

Saras, am Damdama Lake, Tel. 2013651.

Kurukshetra (☎ 01744)

🟢 **Neelkanthi Krishna Dham Yatri Niwas**, funktionale, saubere Zimmer, teils mit AC, Tel. 291615.

UTTAR PRADESH

Agra (☎ 0562)

🟢🟢🟢 **Clarks Shiraz**, traditionsreich, mit Pool und großem Garten, 54 Taj Rd., Tel. 2361421, www.hotelclarksshiraz.com.

Grand Imperial, traditionsreiches renoviertes Heritage-Hotel, 30 Zi., schöner Garten, Pool, M.G. Road, Tel. 2251190

The Trident, Garten, Pool im großzügigen begrünten Innenhof, Kinderbetreuung; Fatehabad Rd., Tel. 2235000.

Taj View Hotel, elegantes Haus mit perfektem Service, einige Zimmer mit Taj-Mahal-Blick; Taj Ganj, Fatehabad Rd., Tel. 2331841, www.tajhotels.com.

ITC Mughal, zentrale Lage unweit Taj Mahal, traditionelles Haus, großteils renoviert, sehr schönes neues Spa, Taj Mahal-Blick vom Dach; Taj Ganj, Fatehabad Rd., Tel. 4021700, www.itcwelcomgroup.in.

Oberoi Amar Vilas, exklusivstes Hotel am Ort, zentral mit Taj Mahal Blick, Taj East Gate

Rd., Tel. 2231515, www.oberoihotels.com.
😊😊 **Yamuna View**, mit Garten und Pool, ruhige Lage, exz. China-Restaurant; 6B The Mall, Sadar Bazaar, Tel. 2462990, www.hotelyamunaviewagra.com.
Atithi, gepflegte, funktionale Zimmer, Pool, Fatehabad Rd., Tel. 2330879, www.hotelatithiagra.com.
Grand Hotel, alle Zi. mit Gartenblick, 137 Station Rd., Tel. 2227511, www.agragrandhotel.com.
Mayur Tourist Complex, preiswert, Zimmer in Cottages im Garten, mit Pool, Fatehabad Rd., Tel. 2332302.
😊 **Hotel Sheela**, gut, sauber, preiswert, schattiger Garten mit nettem Gartenlokal, in der Nähe des Taj Mahal, Tel. 2364536, www.hotelsheelaagra.com.
Agra, preiswert, etwas angejahrt, teils AC, 165 Cariappa Rd., Tel. 2363331.
Lauries Hotel, von 1850, einst das erste Haus am Platze, wird zur Zeit renoviert, zentral, mit Pool und Garten, M.G. Road, Tel. 2364536.
Ranjit, billig, allerdings nicht besonders sauber, nahe Bahnhof, 263 Station Rd., Tel. 2364446.

Varanasi (☎ 0542)
😊😊😊 **Nadesar Palace**, 10 Luxussuiten in ehemaligem Maharaja-Gästehaus in einem großen Park; Nadesar Palace Grounds, Cantt., www.tajhotels.com, Tel. 2501011.
The Gateway, 130 Zi., zur noblen Taj-Kette gehörig und neben Nadesar, aber etwas günstiger als jenes, großer Park mit Kutschen, Tel. 2503001.
Clarks Varanasi, etwas angejahrt, schöner großer Pool, nahe Einkaufszentrum; The Mall, Tel. 2501011, www.hotelclarks.com.
Ramada Plaza, neues 5-stöckiges Hotel, Ramada Plaza JHV, The Mall Cantonment, Tel. 251000, www.ramadajhvvns.com.
😊😊 **Pallavi International**, ehemaliger Palast mit schönem Innenhof und Garten, kleiner Pool; Hathwa Market, Chetganj, Tel. 256939-43.
Hotel Ganges View, stilvolles, gepflegtes Haus mit historischem Ambiente, großzügige Zimmer, Blick auf den Fluss und die Ghats, reservieren sinnvoll; Assi Ghat, Tel. 2313218, www.hotelgangesview.com.

Shiva-Ganges-View (Lal Bangla), hübsches histor. Gebäude am Gangesufer mit Balkons, angenehme hohe Zimmer, sehr schöner Ganges-Blick aus den Fenstern und v. a. von der Dachterrasse, niveauvoll, Yoga-Kurse, aber für ein Guesthouse etwas teuer, B14/24 Mansarovar Ghat, Nähe Andra Ashram, Tel. 2450063.
😊 **Hotel Alka**, gute Lage am Meer Ghat, einige Balkonzimmer mit besonders schönem Flussblick, die anderen mit Blick auf den begrünten Innenhof, Tel. 2401681, www.hotelalkavns.com.
Sahi River View Guest House, guter Ganges-Blick, einige Zimmer mit Balkon; Assi Ghat, Tel. 2366730.
Shanti Guest House, einfache Zimmer, hervorragender Flussblick vom Dachterrassenrestaurant, Tel. 392 568.

Lucknow (☎ 0522)
😊😊😊 **Hotel Clarks Avadh**, elegant, schöner Pool, 8 Mahatma Gandhi Marg, Tel. 2216500-9, www.clarksavadh.com.
The Taj Residency, Gomti Nagar, Tel. 2393939, www.tajhotels.com.
😊😊 **Arif Castles**, 4 Rana Pratap Marg, Hazratganj,Tel. 2211313, www.arifcastles.com.
Capoor's Hotel & Restaurant, nostalgisch, etwas angejahrt, zentral, 52 Hazrat Ganj, Tel. 2623958.
😊 **Hotel Kohinoor**, gut und preiswert, 6 Station Road, Tel. 2217693.
Avadh Lodge Tourist Hotel, Tel. 2282861.
UPSTDC Hotel Gomti, geräumige Zimmer, teils mit AC, Sapru Marg, Tel. 2611463.

Allahabad (☎ 0532)
😊😊😊 **Kanha Shyam**, das beste Hotel der Stadt, mit großen stilvollen Zimmern und exzellentem Restaurant, Civil Lines, Tel. 2560123, www.hotelkanhashyam.com.
😊😊 **Presidency**, 19D Sarojini Naidu Marg, Tel. 2623308.
Allahabad Regency, 16 Tashkent Rd., Tel. 2601519.
😊 **Samrath**, 49A Mahatma Gandhi Marg, Civil Lines, Tel. 2624955.
Yatrik, 33 S.P. Marg, Civil Lines, Tel. 2601509, 2601714.

UPSTDC Tourist Bungalow, 35 M.G. Rd., Tel. 2601441.

3 RAJASTHAN, GUJARAT, MADHYA PRADESH

RAJASTHAN

Jaipur (☎ 0141)

☺☺☺ **Rambagh Palace**, sehr elegantes Heritage-Palasthotel mit großem Park, Ex-Maharaja-Sommerpalast; Bhawani Singh Rd., Tel. 2381919, www.tajhotels.com.

Trident, zentrale Lage am Mansagar-See mit Wasserpalast Jal Mahal, gute Küche, übersichtliche Anlage mit Pool, Amber Fort Rd., Tel. 2670101, www.tridenthotels.com.

Jai Mahal Palace, Luxushotel der Taj-Kette, in einem Adelsresidenz aus dem 18. Jh., großzügige Gartenanlage; Jacob Rd., Civil Lines, Tel. 2371616, www.tajhotels.com.

Rajputana Palace Sheraton, Palace Rd., Tel. 5100100, www.sheraton.com.

Rajvilas, sehr exklusives Hotel, Luxuszimmer, Luxuszelte und Villen mit eigenem Pool, Oberoi-Management; etwas außerhalb, Goner Rd. Amber, Tel. 2680101, www. oberoirajvilas.com.

Le Meridien, 6 km außerhalb, 1 Riico Kukas, Tel. 5114455.

Samode Haveli, reich verzierter, stilvoller Adelspalast aus dem frühen 19. Jh.; Gangapol, Old City, Tel. 2632407, www.samode.com.

Samode Palace, sehr schönes, angenehmes Palasthotel, aufwändig restauriert, mit üppigem Dekor; in Samode, 42 km von Jaipur, zu buchen in Jaipur, Tel. 2632370, www.samode.com.

Mansingh, mit Dachrestaurant, Sansar Chand Rd., Tel. 2378771, www.mansinghhotels.com.

☺☺ - ☺☺☺ **Alsisar Haveli Jaipur**, schönes Heritage Hotel mit Charme, Sansar Chandra Road, Tel. 2368290, www.alsisar.com.

☺☺ **Khasa Kothi**, historisches Herrenhaus, mit Pool, Mirza Isamil Road, Tel. 2375151.

Clarks Amer, Jawaherlal Nehru Marg, Tel. 2550616, www.hotelclarks.com.

Fortune Select, neues modernes Hotel mit schönen Zimmern, gutes Preis-Leistungsverhältnis, Bais Godam Circle, C-Scheme, Nähe Nehru Sahkar Bhavan, Tel. 2550616, www.fortunehotels.in.

Diggi Palace, angenehmes, stimmungsvolles kleines Palast-Hotel, zentrale Lage, schöne Zimmer, Grünanlage, Diggi House, Shivaji Marg, C-Scheme, Tel. 2373091, 2366120, www.hoteldiggipalace.com.

Hotel Bissau Palace, 1919 erbaut, günstige Lage am Rand der Altstadt, schöner Speisesaal, Pool; Chandpol, Tel. 2304371, www.bissaupalace.com.

Meru Palace, modernes Hotel, zentrale Lage, Ram Singh Rd., Jaipal, Tel. 2371111.

Megh Niwas, 1950 erbaut, ruhiger Garten mit schönem Swimmingpool; C-9, Sawai-Jai-Singh-Highway, im Wohnviertel Bani Park, Tel. 2322661.

☺ **Mangal**, preiswert, mit vegetar. Restaurant, Sansar Chandra Rd., Tel. 2375126.

Arya Niwas, angenehme großeTerrasse, vegetar. Selbstbedienungsrestaurant, Sansar Chandra Rd., Tel. 2372456, www.aryaniwas.com.

Pearl Palace, einladendes modernes Hotel, Top-Service, angenehmes Dachrestaurant, hervorragendes Preis-Leistungsverhältnis, gepflegte Zimmer mit Ventilator oder AC, reservieren sinnvoll; Hathroi Fort, Hari Kishan Somani Marg, Ajmer Road,Tel. 2373700, mobil 09414066311, E-Mail: pearlpalaceindia@yahoo.com.

Karni Niwas, große Zimmer, teils mit Terrasse, beliebt bei Backpackern, Internet-, Tel.- und Wäscheservice, rund 1 km außerhalb der Altstadt und ca. 500 m zum Busbahnhof, C-5, Motilal Atal Road, Tel. 2365433, karniniwas@hotmail.com.

Jaisalmer (☎ 02992)

☺☺☺ **Fort Rajwada**, relativ neues, großzügiges Hotel mit allem Komfort, mit Anleihen beim alten Maharajastil und teils antikem Dekor, Pool, etwas außerhalb, an der Jodhpur-Barmer Rd., Tel. 253233.

Rang Mahal, recht neues Hotel im alten Stil in Sandsteinoptik erbaut, Grünanlage, schöne Zimmer, TV, Pool, freundliches Personal, 5 Hotel Complex, Sam Road, Tel. 250907.

☺☺ **Jawahar Niwas Palace**, großzügige Zimmer, schöner Blick aufs Fort, Pool, Tel. 252208.

D

Jaisal Castle, Haveli im Fort, lebt vor allem von der Lage, Tel. 252362.

Gorbandh Palace, modern, aber im traditionellen Sandsteindesign, schöner Pool, Sam Road, Tel. 253801, www.hrhhotels.com.

Himmatgarh Palace, schöne Aussicht, großer Pool; 1 Ramgarh Rd., Tel. 2523963.

Heritage Inn, Bungalows in gepflegtem Garten, einladender, großzügiger Pool; 43 Sam Rd., Tel. 252769.

🅢 **Renuka**, sauber und sehr preiswert, gut geführt, nettes Dachrestaurant mit gutem Fort-Blick; nahe Ghandi Chowk, Tel. 252757, hotel-renuka@rediffmail.com.

Golden City, das komfortabelste unter den preiswerten Hotels, keine Backpackerabsteige, netter Pool, viele Zimmer mit Balkon, einige mit AC, zwei Restaurants, eines auf dem Dach mit Zitadellenblick, nahe Gadi Sagar Road, Tel. 251664, www.hotelgoldencity.com.

Bikaner (☎ 0151)

🅢🅢 - 🅢🅢🅢 **Gaj Kesri**, nettes außerhalb gelegenes Hotel, Bypass Road Bikaner, Tel. 2400372, 2201043, www.gajkesri.com.

🅢🅢 **Hotel Lallgarh Palace**, Heritage-Hotel im Maharaja-Palast, mit Hallenbad, Ganganagar Road, Tel. 2540201, www.lallgarhpalace.com.

The Laxmi Niwas Palace, im Maharaja-Palast, üppig mit Steinmetzarbeiten verziert, große, stilvoll eingerichtete Zimmer, nettes Gartenrestaurant, Dr. Karni Singhji Road, Tel. 2202777, www.laxminiwaspalace.com.

Bhanwar Niwas, schönes Haveli mit historischem Flair, in der Altstadt, Rampura Street, Tel. 2529329, www.bhanwarniwas.com.

🅢 **Hotel Harasar Haveli**, ca. 30 Zimmer in unterschiedlichsten Preiskategorien bis *Super Deluxe*, Dachrestaurant; Gajner Road 9, Tel. 2209891, www.harasar.com.

Vijay Guesthouse, schlichte, familiäre Herberge mit Gartenrestaurant, der Besitzer organisiert auch Kamelsafaris, 3 km östl. an der Jaipur Road, Tel. 2231244, www.camelman.com.

Udaipur (☎ 0294)

🅢🅢🅢 **Shiv Niwas Palace**, exklusives altehrwürdiges Luxushotel im Palastbereich, in dem Roger Moore 1982 als James Bond in *Octo-*

pussy wohnte, City Palace, Tel. 2528016-19, www.hrhhotels.com.

Lake Palace, exklusives Luxushotel auf der ehemaligen Lustinsel Jagat Nivas im Pichola See, toller Blick auf das Palastareal, ebenfalls ein *Octopussy*-Drehort, Tel. 2527961-73, www.tajhotels.com.

Laxmi Vilas Palace, Fatehsagar Rd., Tel. 2529711.

Udai Vilas, luxuriöses Hotel der Oberoi-Gruppe am Pichola-See, wird gerne von indischen Celebrities gebucht, www.oberoihotels.com.

Trident, angenehmes Luxushotel mit schönem Garten und Pool, gute Lage neben Udai Vilas Oberoi, Haridasji Ki Magri Mulla Talai, Tel. 2432200, www.tridenthotels.com.

Fateh Prakash Palace, schönes Luxushotel im Palastbereich, www.hrhhotels.com.

Royal Retreat, außerhalb von Udaipur gelegenes nettes Bungalow-Hotel mit Gartenanlage, Badi Hawala Rd., Village Hawala, Tel. 510415, 2412081, www.royalretreatudaipur.com.

🅢🅢 **The Tiger**, komfortables Guesthouse mit schöner, aussichtsreicher Sundowner-Dachterrasse, Spa, Gangaur Ghat, Tel. 2420430.

Anand Bhawan, Fatehsagar Rd., Tel. 2523256.

Lakend, Fatehsagar Lake, Tel. 2521191, www.lakend.com.

Kankarwa Haveli, stimmungsvoll; einfach, aber geschmackvoll eingerichtete Zimmer, z. T. mit Aussicht auf den See, schönes Dachterrassenrestaurant, am Ufer des Pichola-Sees, Tel. 2411457, khaveli@yahoo.com.

Hilltop Palace, einige schöne Balkonzimmer mit Aussicht, Dachrestaurant; außerhalb der Altstadt, 5 Ambavgarh, Fatehsagar Rd., Tel. 2561664.

Jagat Niwas Palace Hotel, umgebautes Haveli in bester Lage, aussichtsreiches Dachrestaurant, Zimmerkategorien von Standard bis Deluxe, 25 Lalghat, nahe Jagdish-Tempel, Tel. 2415547, www.jagatniwaspalace.com.

🅢 **Panorama Guest House**, sehr schöne Aussichtslage, gepflegte, nett eingerichtete Zimmer, Dachrestaurant; Hanuman Ghat, O/s Chandpole, Tel. 2431027, www.www.panoramaguesthouse.in.

Gangaur Palace, charmantes altes Haveli in Seenähe, mit historischem Säulenatrium und

Dachrestaurant *Natural City View*, handgemalte Wandverzierungen in den Zimmern (einige mit Erker und Seeblick), gute Bäckerei im Erdgeschoß; Gangaur Ghat Road, Tel. 2422303,

Distrikt Rajsamand (☎ 02904)

😊😊😊 **Sardargarh**, schönes kleines, etwas abgelegenes exklusives Boutiquehotel in alter Festung, Möglichkeit zu Jeepausflug über die Dörfer, Reiten, Sardargarh, District Rajsamand, Tel. 02908 254591-2, www.sardargarh.in.
😊😊 **Deogarh Mahal**, schönes Palasthotel in malerischer dörflicher Kleinstadt, die zum Spazieren einlädt, Zimmer individuell gestaltet in unterschiedlicher Größe, einige Zimmer neu; Deogarh, Tel. 252777, 253333, www.deogarhmahal.com.

Jodhpur (☎ 0291)

😊😊😊 **Umaid Bhawan Palace**, riesiges Palasthotel aus dem frühen 20. Jh., Tel. 2433316, www.tajhotels.com.
Ajit Bhawan, traditionsreiches Heritage-Hotel von 1900, Zimmer, Cottages u. Luxuszelte, geschmackvoll gestylt, mit exzell. Restaurant u. Pool, noble Gästeliste, Oldtimersammlung, nahe Circuit House, Tel. 2612410, www.ajitbhawan.com.
Taj Hari Mahal, schönes Luxushotel im traditionellen Stil, zentral gelegen, großzügige Zimmer, 5 Residency Rd., Tel. 2439700, www.vivantabytaj.com.
Balsamand Garden Retreat und **Lake Palace**, neu ausgebautes altes Gebäude mit schönen Zimmern im Grünen, im nebenan gelegenen Lake Palace am Stausee ausschließlich luxuriöse Suiten (Doppelbett), ca. 6 km außerhalb von Jodhpur, Mandore Rd., Tel. 2572321-27, www.welcomheritagehotels.com
😊😊 **Karni Bhawan**, mit gutem Rajasthani-Restaurant u. großem Pool, Palace Rd., Ratananda, Tel. 2432220, http://karnihotels.com.
😊 **Singhvi's Haveli**, schön restauriertes Haveli, 11 stilvolle Zimmer, gemütl. vegetar. Dachrestaurant mit guter Küche; Nawjokiya, Ramdevi Chowk, Tel. 2624293, www.singhvihaveli.com.
Govind, 12 Zimmer, einige mit Klimaanlage, gutes vegetarisches Dachrestaurant, Station

Road nahe Hauptpost (GPO) und Bahnhof, Tel. 2622758.

Umgebung von Jodhpur

😊😊 **Fort Chanwa**, nettes kleines Palasthotel mit neuem Zimmertrakt im alten Stil in ursprünglicher dörflicher Umgebung mit Gartenanlage, kleiner Pool, je nach Windrichtung Eisenbahn in Hörweite; Luni, 35 km S von Jodhpur, Tel. 02931 284216, www.fortchanwa.com.
Rohet Garh, charmantes Palasthotel, Möglichkeit zur Jeepsafari, Rohet, 40 km S von Jodhpur, Tel. 02936 268231, 268531.
Manvar Desert Camp, sehr schönes, nicht zu großes Wüstencamp, Möglichkeit zur Jeepsafari über Dörfer und Wüste, Kamelritt in die Dünen, Khiyasaria, an der MDR 32, 90 km NW von Jodhpur, 10 km vor Dechu, nahe Jodhpur-Jaisalmer Highway, Tel. 0291 2511600, Mobiltel. +91 9414129767, www.manvar.com.
Khimsar Fort, schönes Palasthotel in dörflicher Umgebung, Pool, Gartenanlage, Gebäudeteile renoviert, 95 km NO von Jodhpur, 65 km von Osian, www.welcomheritagehotels.com.

Alwar (☎ 0144)

😊😊 **Alwar Hotel**, gut, preiswert, großer Garten mit Restaurant, Manu Marg, Tel. 2700012.
😊 **Meenal** (RTDC), Cottage-Zi. mit AC, Garten, Tel. 09414261237, meenal@rtdc.in
Ashoka Hotel, Tel. 2340780.

Shekhavati (☎ 01592)

😊😊😊 **Castle Mandawa**, athmosphärisches Heritagehotel mit Pool, Mandawa, Tel. 2371194, 2374112, www.mandawahotels.com.
😊😊 - 😊😊😊 **Alsisar Mahal**, sehr schönes Heritage Hotel mit Palastambiente im abgelegenen Örtchen Alsisar, das zum Besuch seiner bemalten Havelis einlädt, Shekavati, Jhunjhunu, Tel. 01595 275271, www.alsisar.com.
Dundlod Fort, Dundlod, Tel. (01594) 252519 (Res.: Dundlod House, Jaipur, Tel. 266276).
😊😊 **Desert Resort Mandawa & Jai Nivas Resort**, zu buchen über Castle Mandawa.
Roop Niwas Kathi, Nawalgadh, Tel. (01594) 222008, www.roopniwaskathi.com.

Ajmer (☎ 0145)

❸❸❸ **Mansingh Palace**, Vaishali Nagar, Tel. 2425855, www.mansinghhotels.com.
❸ **RTDC Khadim**, staatlich, nahe dem Busbahnhof, Savitri Girls College Rd., Tel. 252490.

Pushkar (☎ 0145)

❸-❸❸ **Seventh Heaven**, stilvolles traditionelles Haveli, entspannte Atmosphäre, angenehmes Dachrestaurant, Tel. 5105455.
Pushkar Palace, nettes Hotel, direkt am See gelegen, traditionelles Ambiente, Choti Basti, Tel. 2773001-02, www.hotelpushkarpalace.com.
❸ **Everest**, gepflegte Zi., teils mit AC, sehr hilfsber. Personal, nettes Dachrestaurant, Tel. 2773417, www.pushkar-hotel-everest.com.

Ranakpur (☎ 02934)

❸❸ **Fatehbagh**, neues Haus im alten Palasthotel-Stil, in Ranakpur, 4 km N des Tempels, Tel. 02934 286186, www.hrhhotels.com.
Rawla Narlai, exklusives kleines Palasthotel im Besitz der Maharajafamilie in sehr schöner landschaftlicher und dörflicher Umgebung, Zimmer individuell verschieden; Narlai, 30 km N vom Ranakpur-Tempel, Tel. 09784603000, www.rawlanarlai.com

Mt. Abu (☎ 02974)

❸❸❸ **Palace Hotel Bikaner House**, sehr schönes stilvolles Palasthotel mit renovierten Zimmern, Delwara Rd., Tel. 238673, 235121, 235494, www.palacehotelbikanerhouse.com.
❸❸ **Connaught House**, Charme eines britischen Countryhouses im Grünen, stilvoll sind die Zimmer im alten Trakt., Rajendra Marg, Tel. 238560, www.welcomheritagehotels.com.
Hotel Hillock, gutes Hotel mit gepflegten Zimmern und gutem Service, Nähe Busstop, Tel. 238463, www.hotelhillock.com.
Hotel Jaipur House, nettes kleines Heritage Palast Hotel oberhalb des Nakki See gelegen, sehr schöner Blick auf den Nakki See, Service ortsüblich gemütlich, Zimmer etwas angejahrt, Restaurant so lala, Tel. +91 8003514223, www.hotelsmountabu.com.
Cama Rajputana Club Resort, Bungalowhotel in schöner Gartenanlage, Pool, Haupthaus ehemals brit. Club, Zimmer o.k., Tel. 238205 / 238206, www.camahotelsindia.com.
❸ **Samrat International**, günstiges, sauberes indisches Mittelklassehotel, Nähe Bushaltestelle, Tel. 238173.

Bundi (☎ 0747)

❸❸ **Haveli Braj Bushanjee**, Tel. 232322.
❸ **Royal Retreat**, im Palastgelände, Tel. 2441193.
Rothi Ishvari Niwas, Tel. 232414.

Keoladeo Ghana National Park (☎ 05644)

❸❸ **ITDC Bharatpur Forest Lodge**, im Nationalpark, Tel. 222760.
❸ **Spoonbill**, nahe dem Nationalpark, Tel. 223571, www.hotelspoonbill.com.

Chittorgarh (☎ 01472)

❸❸ **Padmini**, großer Garten, Zimmer mit Aussicht, Chanderiya Rd., Tel. 241718.
Castle Bijaipur, nostalgisches Palasthotel, 40 km südlich von Chittorgarh, Tel. 240099, www.castlebijaipur.com.
❸ **RTDC Panna**, einige Zimmer mit AC, Tel. 241238.
Natraj Tourist Hotel, sehr billig und einfach, Tel. 241009.

Kota (☎ 0744)

❸❸ **Brij Raj Bhawan Palace Hotel**, ein Original-Rajapalast von 1830, Station Rd., Tel. 2450529.
Umed Bhavan, großer Palast mit einem weitläufigen Park, Palace Station Rd., Tel. 2325262.

Ranthambhore (☎ 07462)

❸❸❸ **Sawai Madhopur Lodge** (Taj-Hotel), schöne, ehemalige Art Deco Jagdresidenz des Maharaja von Jaipur, Pool, Ranthambore Rd., Tel. 220541, www.vivantabytaj.com.
Oberoi Vanya Vilas, sehr schönes Jungle Resort mit allem Komfort, Pool, Tel. 069 945192074,www.oberoihotels.com.
Nahargarh, atmosphärisches, großzügiges Palasthotel, Pool, Tel. 252281, www.nahargarh.com.
❸❸ - ❸❸❸ **Forest Resort**, bewachsene doppelstöckige Natursteincottages im Grünen, Pool, Ranthambore Rd., Sawai Madhopur,

Tel. 221120 / 221122, www.ranthambhorforestresort.com.
◎◎ **Anurag Resort**, Ranthambore Rd. Tel. 220451, www.anuragresort.com.
Ankur Resort, Ranthambore Road, Tel. 220697.

GUJARAT

Ahmedabad (☎ 079)
◎◎◎ **Meridien Ahmedabad**, luxuriöses Hallenbad, Sauna, sehr gute Restaurants, nahe Nehru Bridge, am Fluss, Khanpur Rd., Tel. 25505505.
◎◎ **Quality Inn Rivera**, schöner Garten, zuvorkommender Service, gutes Restaurant, Tel. 25601111, www.qualityinnrivera.com.
House of MG, sehr schönes Heritage Hotel, sehr gutes Restaurant mit traditioneller Gujarati-Küche angeschlossen, auch für Nicht-Hotelgäste, www.houseofmg.com.
Ambassador, Khanpur Rd., Tel. 25502490.
◎ **Panshikura**, Ellisbridge (neben Rathaus/Town Hall), Tel. 6575260.
Cadillac, kleine, preiswerte Zimmer, Cinema Rd., nahe der Sidi-Sayyid-Moschee, Tel. 255075558.

Vadodara (☎ 0265)
◎◎◎ **Welcomgroup Vadodara**, R.C. Dutt Rd., Tel. 2330033.
◎◎ **Express Alkapuri**, gutes Preis-Leistung-Verhältnis, hübscher Garten, gemütliche Zimmer, Tel. 2337899, www. expressworld.com.
Surya Palace, Sayajiganj, Tel. 2363366, www.suryapalace.com.
Utsav, Prof. Mank Rao Road, Tel. 2435859.
◎ **Aditi**, Sayajiganj, Tel. 2361188, www.hoteladiti.com.
Rama Inn, Sayajiganj, Tel. 2362831.

Surat (☎ 0261)
◎◎◎ **Holiday Inn**, Athwa Lines, Tel. 2666565, www.holidayinnsurat.com.
◎ **Embassy**, Sufi Bang, Tel. 2443170.
Palazzo, Ring Rd, Tel. 2623018.
Oasis, Varacha Rd., Tel. 2641124.

Jamnagar (☎ 0288)
◎◎ **President**, Teen Batti, Tel. 2557491, www.hotelpresident.in.

Aram, Pandit Nehru Marg, Tel. 2551701, www.hotelaram.com.

Chorwad (☎ 02876)
◎◎ **Palace Beach Resort**, Tel. 288557.

Bhuj (☎ 02832)
◎ **Anam**, Station Rd., Tel. 221390.
Prince, freundlicher Service, Station Rd., Tel. 220370, www.hotelprinceonline.com.

Junagadh (☎ 0285)
◎◎ **Magico Do Mar**, bei Diu-Checkpost, Ahmedpur, direkt am Mandvi Beach, Tel. 252567.
◎ **Girnar**, Majwadi Darwaza, Tel. 221201.

Gir National Park (☎ 02877)
◎◎◎ **Gir Lodge**, ruhig, komfortabel, gutes Buffet-Dinner, Tel. 285521.
◎-◎◎ **Anil Bagh**, gut ausgestattete Zimmer im Haupthaus einer Mangofarm, Reservierung ratsam, Tel. 285590.

Dwarka / Veraval (☎ 02876)
◎◎ **Park Hotel**, Veraval, Tel. 222701.
◎ **Meera**, sauber und günstig, Dwarka, Nähe Power House, Tel. 2361335.

Porbandar (☎ 0286)
◎◎ **Kuber**, Bhavsinghji-Park, Tel. 2241025, www.hotelkuber.com.

Palitana (☎ 02848)
◎◎ **Vijay Vilas Palace,** kleines, sehr familiäres Heritage-Hotel, gute Küche, 4 km von Palitana in Gheti, Tel. 282371
◎ **GTDC Sumeru**, einfache Zi., teils mit Balkon, Restaurant; Station Rd, Tel. 252327.

Bhavnagar (☎ 0278)
◎◎◎ **Nilambag Palace**, Tel. 2424241, www.nilambagpalace.com.
◎◎ **Apollo**, gegenüber Central Bus Station, Tel. 2425251.
◎ **Blue Hill Hotel**, Tel. 426951.

Little Rann of Kutch (Kachchh)
◎◎ **Desert Coursers Camp Zainabad**, bei Zainabad, 45 km westlich von Virawagram (Anfahrt über Dasada), Tel. 2382751.

MADHYA PRADESH

Bhopal (☎ 0755)
❀❀❀ **Noor-us-Sabah-Palace**, VIP-Road, Koh-e-Fiza, Tel. 2749101.
❀❀ **Jehan Numa Palace**, Shamla Hills, Tel. 2540100, www.hoteljehanumapalace.com.
Imperial Sabre, Palace Grounds, Tel. 2540702.
❀ **Lake View Ashok**, empfehlenswertes Restaurant, sehr schöne Aussicht auf den See, Shamla Hills, Tel. 2541600, www.theashokgroup.com.
Deep, hinter Sangam Circle, Tel. 2545339.
Pagoda Hotel and Restaurant, Hamidia Rd., Tel. 2537157.

Gwalior (☎ 0751)
❀❀ **Usha Kiran Palace Hotel**, neben dem Jai-Vilas-Palast, eine der schönsten Unterkünfte der Stadt, sehr schöner Garten, Jayendraganj Lashkar, Tel. 2444000, www.tajhotels.com.
❀ **Hotel Tansen**, gemütliche Zimmer, schöner, gepflegter Garten, ca. 1,5 km vom Busbahnhof, 6A Gandhi Marg, Tel. 2340370.
Metro, Gansh Bazaar, Nähe Gandhi Market, Tel. 225530.
Vivek Continental, Topi Bazaar, Lashkar, Tel. 2427017.

Sanchi (☎ 07592)
❀❀ **Traveller's Lodge**, Tel. 262723.
Buddhistisches Gästehaus, Tel. 262739.
❀ **Railway Retiring Rooms**, Tel. 262743.

Indore (☎ 0731)
❀❀❀ **Taj Residency**, Meghdoot Garden, Tel. 2557700.
❀❀ **President**, 163 Tagore Marg, Tel. 2433156, www.hotelpresidentindore.com.
❀ **Central**, 70-71 M. G. Road, Tel. 2538547.
Kanchan Tilak, 585/2 MG Road, Palasia, Tel. 2538606.
Shree Maya, 12/1 Tagore Marg, Tel. 2518000.

Shivpuri (☎ 07492)
❀❀ **Tourist Village**, 19 Zi., Rest., Bar, nahe Bhadaiya Kund, Tel. 223760 (MP Tourism).
❀ **Chinkara Hotel**, Agra-Bombay Road, Tel. 221297.

Khajuraho (☎ 07686)
❀❀❀ **Taj Chandela**, schöner Pool, großer Garten, stilvolle Zimmer, Tel. 272355, www.tajhotels.com.
Hotel Jass Radisson, großer Pool, Bypass Road, Tel. 272777.
❀ **Hotel Marble Palace**, preiswertes Haus der unteren Mittelklasse, viel Marmor in der Lobby und in einigen der geräumigen, sauberen Zimmer, teils mit AC, Restaurant, nur 200 m zu den Tempeln, zentral, gegenüber Gole-Markt, www.hotelmarblepalace.com, Tel. 274353.
Hotel Siddharth, nettes altes Hotel mit großen Zimmern, teils mit AC, Tel. 274627.
Harmony, gepflegte, gut ausgestattete Zimmer, Garten, für das Gebotene sehr preiswert; Jain Temple Road, Tel. 274135, www.hotelharmonyonline.com.

Kanha National Park
❀❀ - ❀❀❀ **Tuli Tiger Resort**, schönes Jungle Resort, Cottages im traditionellen Stil; **Tuli Tiger Corridor**, luxuröses Zeltcamp mit festen Zelten im Dschungel, kostenfreie Tel.-Nr. 1800 209 9050, www.tulihotels.com.

Bhandavgarh
❀❀❀ **Mahua Kothi**, Luxusresort im Jungle mit allem Komfort, Village Tala, Ditstrict Umaria, Tel. 02266011825, www.tajhotels.com.
❀❀ - ❀❀❀ **Jungle Lodge**, schöne Jungle Lodge im Dorfstil, Cottages und Villas, Tel. +91 11 2685 3760 / 8656, www.tigerresorts.com/junglelodge.html oder www.bhandavgarhjunglelodge.com.

Orchha (☎ 07680)
❀❀❀ **Orchha Resort**, Kanchanghat, Tel. 2330759, www.orchharesort.com.
❀❀ **Sheesh Mahal**, Tel. 252624.
Betwa Cottages, Tel. 252618.

Mandu (☎ 07292)
❀❀ **MPSTDC Tourist Cottages**, Tel. 263235.
❀ **MPSTDC Traveller's Lodge**, Tel. 263221.

Ujjain (☎ 0734)
❀❀ **MPSTDC Shipra Hotel**, University Road, Tel. 2551495.
Suvarna Palace, 23 GDC Rd., Tel. 257411.

4 HIMALAYA

JAMMU

Jammu (☎ 0191)
🆂🆂 **Asia Jammu-Tawi**, Nehru Market, Tel. 2435757, www.asiahotelsjammu.com.
🆂 **Jewel's Jammu**, 20 Zi. mit AC; Jewel Chowk, Tel. 2520801, www.jewelshotel.com.

KASCHMIR
▶ Vor einem Kaschmiraufenthalt sollte man sich nach der Sicherheitslage erkundigen!

Srinagar (☎ 0194)
Hausboote kann man im **Tourist Reception Centre**, Tel. 2450326, reservieren. Aber am besten chartert man eine Shikara (Wassertaxi) am Boulevard und wählt im Dal-See selbst eines aus. Kategorien: Deluxe, A, B, C, D. Ungestörter ist man auf den Booten im Nagin-See.
🆂🆂 **Butt's Clermont Houseboats**, ruhige Lage, Himalayablick, im Norden d. Dal-Sees, n. Mogulgarten Nasim Bagh u. Hazratbal-Moschee. Gute Küche u. Service, Tel. 9056761.
Welcomgroup Gurkha Houseboats, schöne Lage im ruhigen Nagin Lake, Tel. 2421001.
HOTELS: 🆂🆂🆂 **Centaur Lake View**, groß u. luxuriös, empfehlenswertes Restaurant; Srinagar, Cheshma Shah, Tel. 2475631-33.
Grand Palace, Palace Rd., luxuriös, Tel. 2456701-03, www.thegrandhotels.net.
🆂🆂 **Ahdoo's**, Residency Rd., Tel. 2472593, www.ahdooshotel.com.
🆂 **Hotel Swiss**, gepflegt, ruhig, mit großem Vorgarten; Nehru Park, Gagribal Road, Tel. 2472766, www.swisshotelkashmir.com.

Pahalgam (☎ 01936)
🆂🆂 **Pahalgam Hotel**, Tel. 243252, www.pahalgamhotel.com.
Pine- N-Peak, Tel. 243304.
🆂 **Mount View**, Tel. 223221.
Woodstock, Tel. 223259.

Gulmarg (☎ 01953)
🆂🆂 **Hill Top**, Tel. 277.
Highlands Park, Tel. 230.
🆂 **Ornate Woodlands**, Tel. 68

Sonamarg (☎ 0194)
🆂🆂 **Glacier Heights**, Tel. 2417215.
🆂 **Tourist Bungalows**, Tel. 2417208.

Kargil (☎ 01985)
🆂🆂 **Caravan Sarai**, Tel. 232278.
Zoji La, Tel. 232360.
🆂 **Greenland**, großer Garten, Tel. 232342.

LADAKH

Leh (☎ 01982)
🆂🆂🆂 **Omasila**, stilvoll, netter Garten, sehr schöne Aussicht, beliebt auch bei Bollywood-Filmstars; Changspa, Tel. 252119.
🆂🆂 **Lharimo**, angenehmes Hotel im tibetischen Stil; Fort Road, Tel. 252101.
Yak Tail, komfortabel und zentral, aber wenig Flair, Changspa, Tel. 252218.
Dragon, elegant gestylte Zi. mit Panoramafenster, Garten; Old Road Sheynam, nahe d. Zentrum, Tel. 250786, www.the granddragon-ladakh.com.
Galdan Continental, netter Garten, guter Service, 1 Fort Rd., Tel. 252173, 25 24 38, galdan-continental@hotmail.com.
🆂 **Old Ladakh**, der preiswerte „Guest-House-Klassiker" in der Altstadt, Dachterrasse, Ausflugs- und Trekking-Vermittlung, Tel. 252951.
Asia, beliebte Backpacker-Herberge, netter Garten mit Bewirtung, Tel. 253403.
Außerdem zahlreiche weitere preiswerte Guest Houses mit Familienanschluss.

HIMACHAL PRADESH

Shimla (☎ 0177)
🆂🆂🆂 **Oberoi Cecil**, Chaura Maidan, Tel. 2204848, www.oberoicecil.com.
Oberoi Clark's, The Mall, Tel. 2212991.
Woodville Palace, Raj Bhavan Rd., The Mall, Tel. 272763, www.woodvillehotel.com.
🆂🆂 **Asia The Dawn**, Tara Devi, Mahavir Ghat, Tel. 2231162.
Eastbourne, Khillini, Tel. 2201234, www.eastbourneindia.com.
Holiday Home, Circular Rd., Tel. 2212890.
🆂 **Himland East**, Circular Rd., Tel. 2213043.
Marina, The Mall, Tel. 2206148

Kullu (☎ 01902)

😊😊😊 **Apple Valley Resorts**, Mohal, NH21, Tel. 222310.

😊😊 **Hotel Shobla**, zentrale Lage, etwas zurückversetzt von der Hauptstraße, architektonisch sehr ansprechendes Hotel, große Zimmer, empfehlenswertes Restaurant, Tel. 222800, www.shoblainternational.com.

Vaishali, Gandhi Nagar, Tel. 224225, www.vaishalihotel.com/india.

😊 **Alankar Guest House**, Tel. 222785.

Naggar (☎ 01902)

😊😊 **HPTDC Hotel Castle Naggar**, Schlosshotel in Aussichtslage, Tel. 248316.

Manali (☎ 01902)

😊😊😊 **Banon Resort**, gute Lage, schöne Zimmer, in den Cottages großzügige Zimmer mit Balkon, New Hope Orchids, Tel. 253026 / 252490, www.banonresortsmanali.com.

Log Huts, komfortable Bungalows mit mehreren Zimmern, schöner Bergblick, Circuit House Rd. (2 km außerhalb), Tel. 252407.

😊😊 **Piccadily**, The Mall, Tel. 252152.

Ambassador Resort, Chadiari, Tel. 252235.

😊 - 😊😊 **Tourist Hotel Manali**, großzügige Zimmer mit Balkon, Bergblick und Holzboden, gutes Preis-Leistungsverhältnis, sehr freundliches Personal, Tel. 253562, mobil 9218603562, www.touristhotelmanali.com.

Dharamsala (McLeodganj) (☎ 018992)

😊😊 **Glenmore Cottages**, freistehende Cottages im Wald, ideal zum Relaxen – nur 1,5 km vom Dalai Lama, McLeodganj, Tel. 221010, www.glenmoorcottages.com.

Clouds End Villa, Naoroji Rd., Tel. 222109.

😊 **Green Hotel**, Balkonzimmer m. Aussicht, zentral, von Tibetern geführt, Tel. 221200.

Chamba (☎ 018992)

😊😊 **HPTDC Hotel Iravati**, Tel. 222671.

Akhand Chandi, College Rd., Tel. 222371.

Dalhousie (☎ 01898)

😊😊 **Silvertone**, The Mall, Tel. 242329.

HPTDC Hotel Geetanjali, Tel. 242155.

Aroma-n-Claire, Court Rd., The Mall, Tel. 242199.

😊 **Hotel Devdar** (HPTDC), Khajjiar (eine weitere Jugendherberge befindet sich 27 km entfernt, 14 km von Chamba).

Weitere Hotels an der Mall und nahe der Bus-Station.

Chail (☎ 01792)

😊😊😊 **Palace Hotel Chail**, Ex-Maharaja-Sommerpalast in 2230 m Höhe, große stilvolle Zimmer, zudem Cottages, Tel. 2848343.

😊😊 **Himneel Hotel**, umgeben von einem mit Zedern bestandenen Park.

Kangra (☎ 18926)

😊😊😊 **Taragarh Palace**, nobles WelcomHeritage-Haus, Tennis, Pool, Tel. 01892/34.

Lahaul-Spiti / Keylong (☎ 01900)

😊 **HPTDC Tourist Bungalow**, auch Zelte, Keylong, Tel. 222333.

UTTARAKHAND

Mussoorie (☎ 0135)

😊😊😊 **Dunsvirk Court**, Vincent Hill, Upper Rd., Tel. 2632680.

Nabha Resort, Barlow Ganj, Tel. 2632525.

Hotel Connaught Castle, Upper Mall Rd., Tel. 2632210.

😊😊 **Padmini Nivas**, stilvolle, geräumige Zimmer, schöne Aussicht, gepflegter Garten, Tel. 2632793, www.hotelpadmininivas.com.

Savoy, Traditionshaus aus dem 19. Jh., The Mall, Tel. 2632010.

Solitaire Plaza, Picture Palace, Kincraig Rd., Tel. 2632937.

😊 **Broadway**, etwas altmodisch, aber angenehm und preiswert, Camel's Back Rd. (nahe Kulri Bazaar), Tel. 2632243.

Shipra, Picture Palace, The Mall, Tel. 2632494, 2632373.

Haridwar (☎ 0133)

😊😊 **The Haveli Hari Ganga**, angenehme Zimmer in zentraler Altstadt-Lage, Terrasse mit schöner Aussicht auf den Ganges, 21 Pilibhit House, Ramghat, Tel. 226443, Fax 265207, hariganga@sancharnet.in.

Tourist Bungalow, Belawala, Tel. 242637.

Gurudev, Station Rd., Tel. 227101.

Suvidha Deluxe, SN Nagar, Tel. 227423.
🅢 **Midtown**, Rly. Rd., Tel. 2427507, 2423674.

Rishikesh (☎ 01364)
🅢🅢🅢 **Ananada Spa**, Luxus-Wellness-Resort in ehemaligem Rajapalst, Yoga, Ajurveda, Spa, Narendra Nagar, Tel. 01378-227500, www.anandaspa.com.
🅢🅢 **Ganga Kinare**, liegt auf der ruhigen Flussseite, 16 Virbhadra Rd., Tel. 2430566.
Tourist Complex Rishilok, Muni-ki-Reti, Tel. 2430373.
🅢 **GMVN Tourist Bungalows** und einfache Hotels gibt es in Kedarnath, Badrnath, Chamoli, Devaprayag, Rudraprayag, Karnaprayag, Nandprayag und Auli.
Basera, 1 Ghat Rd., Tel. 2430767.
Inderlok, Railway Station Rd., Tel. 2430555.

Nainital (☎ 05942)
🅢🅢 **Manu Maharani Royal Garden**, Tel. 237341-48, 235530.
Grand Hotel, Nainital, The Mall, Tel. 235406.
Swiss Hotel, 1910 errichtete, nostalgische Unterkunft, Nainital, Tel. 236013.
The Naini Retreat, Ayanpatta Slopes, Nainital, Tel. 235105.
🅢 **Arif Castles**, Nainital, Tel. 235801, www.arifcastles.com.
Vikram Vintage Inn, Mallital, Tel. 236179, (Res.: New Delhi 2643-6451).
Belvedere, Mallital, Tel. 235082, 237434.

Almora (☎ 05962)
🅢🅢 **Shikhar**, Aussichtslage, Zimmer mit Balkon, The Mall, Tel. 230253.
Savoy, netter Garten, ruhig, Police Lane, Tel. 230329.
🅢 **Kailash**, originelles Guesthouse mit noch originellerem Besitzer, The Mall, Tel. 230624.

Ranikhet (☎ 05966)
🅢🅢🅢 **West View**, Kolonialstil, Zimmer mit Aussicht, Mahatma Gandhi Rd., Tel. 2261.
🅢 **Moon Hotel**, Upper Mall, Tel. 2382.
KMVN Tourist Rest House, The Mall, Tel. 2297.

Binsar
🅢🅢🅢 **Valley Resort**, Hügellage, schöner Bergblick, Bhainsori, Almora – Bageshwar

Rd., Tel. 011 (Delhi) 26152294.
Auch in weiteren kleinen Orten, wie etwa Pithoragarh, Chaukori und Bageshwar gibt es Tourist Bungalows.

5 BIHAR, JHARKHAND, CALCUTTA UND WESTBENGALEN

BIHAR

Patna (☎ 0612)
🅢🅢🅢 **The Maurya**, beste Adresse am Platz, Zimmer gut, gutes Restaurant, mit Pool, South Gandhi Maidan, Tel. 2203040, www.maurya.com.
🅢🅢 **Chanakya**, Birchand Patel Marg, Tel. 2220590-96, www.chanakyapatna.com.
Pataliputra Ashok, gepflegtes Hotel, schöne Zimmer, Beer Chand Patel Path, Tel. 2226270, www.theashokpatna.com.
Republic, Lawly's Buildg., Exhibition Rd., Tel. 2655021-24.
Samrat International, Fraser Road, Tel. 2220560.
🅢 **Avantee**, Fraser Rd., gegenüber Dak Bungalow, Tel. 2220540-42.
Jaysarmin, Kankar Bagh Rd., Tel. 22354281.

Rajgir (☎ 06112)
🅢🅢🅢 **Indo Hokke Hotel**, luxuriöses japanisches Hotel für Pilger, im Sommer geschlossen, Tel. 255245.
🅢🅢 **Tourist Bungalow Gautam Vihar** (Bihar Tourism), Tel. 255273.

Bodh Gaya (☎ 0631)
🅢🅢 **Hotel Sujata**, neues Haus, geräumige Zimmer, Balkon,gute Küche, Tel. 2200761.
🅢 **Hotel Siddharta** (BSTDC), Tel. 2200127.
Embassy, etwas älter, aber gut ausgestattet; Bodhgaya Road, Tel. 2200711.
Einige **Klöster** vermieten ebenfalls Zimmer.

CALCUTTA (☎ 033)

🅢🅢🅢 **Oberoi Grand**, 15 Jawaharlal Nehru Rd, Tel. 22492323, www.oberoikolkata.com.
Airport Ashok, Calcutta Airport, Tel. 25119111.

Park Hotel, 17 Park St., Tel. 22493121, www.theparkhotels.com.
Taj Bengal, 34 B Belvedere Rd, Alipore, Tel. 22483939, www.tajhotels.com.
Great Eastern Hotel, Old Court House, Tel. 22482311.
 The New Kenilworth, 1-2 Little Russel Street, Tel. 22428394, www.kenilworthhotels.com.
Rutt Deen, 21 B Loudon St., Tel. 22475240.
 Hotel Neelam, sehr günstig, schöne große Zimmer in Altbau, zentral, aber nicht besonders sauber, 11 Kyd Street – Park Street, Tel. 22269198, hotelneelamm@g-mail.com.
Lytton Hotel, 14 Sudder St., Tel. 22491875, www.lyttonhotelindia.com.
Shalimar, 3 S.N. Banerjee Rd., gegenüber American Library, Tel. 22285030.
Lindsay, 8 B Lindsay St., Tel. 22452237, www.hotellindsay.com.

WESTBENGALEN

Darjeeling (☎ 0354)
 Hotel Mayfair, The Mall, Tel. 256376.
 Windamere Hotel, 1862 errichtetes, angenehmes und sehr romantisches Resort inmitten einer weitläufigen Grünanlage, Vollpension im Preis enthalten, traumhafte Aussicht, Observatory Hill, Tel. 254041.
 Bellevue Hotel, The Mall, Tel. 254075.
Central Hotel, Robertson Rd., Tel. 256046.
Hotel Sinclairs Darjeeling, 18/1 Gandhi Rd., Tel. 256431.

Jaldapara (☎ 03563)
 Jaldapara Tourist Lodge, Tel. 262230.
Hollong Forest Lodge, Tel. 252524. Reservierungen: im GTO in Darjeeling, im Tourist Bureau, Siliguri, oder bei WBTDC 3/2 BBD Bagh, Calcutta, Tel. 22488271.
 Bandari Tourist & Youth Hostel, Reservierung: Divisional Forest Officer, Wildlife Division, P.O. Jalpaiguri. Tel. 0353/838.

Malda (☎ 03512)
 Golden Park Hotel, modernes Hotel mit Konferenzzentrum, Narayanpur, Tel. 262251.
Hotel Chanakya, NH 34, Zentrum, Tel. 266620/266694.
 WBTDC Tourist Lodge, Tel. 220123.

Murshidabad (☎ 03482)
 Berhampore Tourist Lodge (12 km entfernt). Reservierung: Tel. 250439, oder WBTDC, Calcutta, Tel. 22488271.

Shanti Niketan (☎ 03463)
 Chhutti Holiday Resort, Tel. 252692.
 University Guest House, Purba Pally, Bolpur. Außerdem **Jugendherberge** sowie **Inspection**, **Dak** und **Forest Bungalows** in Bolpur (2 km entfernt).

Bishnupur (☎ 03244)
 Hollywood Hotel & Resort, 24 Paraganas (South), Tel. 24709372.
 WBTDC Tourist Lodge, Tel. 252013.

Sunderbans (☎ 03219)
 Sajnekhali Tourist Lodge, Sajnekhali / Sunderbans Tiger Reserve, Tel. 236560. Permit notwendig, erhältlich Mo-Sa beim West Bengal Tourist Centre (WBTC) in Calcutta, Tel. 033-2248827, das auch Pauschaltouren mit Lodge-Übernachtung anbietet.

6 SIKKIM UND DER NORDOSTEN

SIKKIM

Gangtok (☎ 03592)
- **Tashi Delek**, alteingesessenes Hotel, Dachrestaurant mit Aussicht, Mahatma Gandhi Marg, Tel. 222991, www.hoteltashidelek.com.
Nor Khill, nostalgisch, stilvoll, komfortabel, vormals Gästehaus des Königs, Kanchenjunga-Blick, Tel. 205637, www.elginhotels.com.
Tibet, stilvolle Zimmer, einige mit Kanchenjunga-Blick, Paljor Stadium Rd, Tel. 222523.
 Mayur, Paljor Stadium Rd., Tel. 222825.
Green, MG Marg, Tel. 223354.

ASSAM

Guwahati (☎ 0361)
 Dynasty, sehr komfortabel, SS Road, Tel. 2516021, www.hoteldynastyindia.com.
Brahmaputra Ashok, M.G. Rd, Tel. 2541064, www.theashokgroup.com.

M